퇴계학파의 사람들 4

선사의 유훈과 후학의 기억

퇴계학자료총서 연구편 4

퇴계학파의 사람들 4 — 선사의 유훈과 후학의 기억

지은이   안동대학교 부설 퇴계학연구소
펴낸이   오정혜
펴낸곳   예문서원

편집 유미희
인쇄 및 제본   주) 상지사 P&B

초판 1쇄   2022년 12월 27일

출판등록   1993년 1월 7일(제307-2010-51호)
주소   서울시 성북구 안암로 9길 13, 4층
전화   925-5914 ㅣ 팩스   929-2285
전자우편   yemoonsw@empas.com

ISBN 978-89-7646-478-1   93150
ⓒ 退溪學研究所 2022 Printed in Seoul, Korea

YEMOONSEOWON #4, 13, Anam-ro 9-gil, Seongbuk-Gu, Seoul, KOREA 02857
Tel) 02-925-5914 Fax) 02-929-2285

값 26,000원

이 책은 안동시의 지원으로 저술되었습니다.

퇴계학자료총서 연구편 4

퇴계학파의 사람들 4

선사의 유훈과 후학의 기억

안동대학교 부설 퇴계학연구소 지음

예문서원

서문

"어른도 스승도 없는 시간
사람은 천방지축
상처만이 남아 있는 공간
세상은 뒤죽박죽"

세상에 문제가 없었던 시공간은 존재하지 않는다. 그렇다고 해서 그 문제를 타성에 맡겨서는 곤란하다. 문제가 당연한 것은 아니란 말이다. 지식인에게 문제는 해결해야 할, 풀어야 할 숙제 같은 것이기 때문이다. 손을 놓고 지낼 수 없는 이유가 여기에 있다. 사회 문제를 고민하지 않는 이를 지식인이라고 해서는 안 되는 이유가 여기에 있다. 행동하지 않는 이를 지식인이라고 해서는 안 되는 이유가 여기에 있다.

어디에서부터 시공간에서 생긴 문제의 실타래를 풀어 갈 수 있을까? 상처를 치료하고 감싸 줄 사람이 있어야 한다. 그런 사람을 우리는 어른이라고 하고 스승이라고 한다. 시대의 아픔을 함께 아파하고 그것을 극복하기 위해 함께 고민하며 해결책을 찾아 부단히 괴로워하는 그런 사람이 필요한 것이다. 그런 사람이 고민하고 제시했던 것이 기록으로 남아 있다. 그 기록은 그 생애를 포괄한다고 할 수 없지만, 지푸라기라도 잡고 싶은 마음에는 넉넉한 그 무엇이라고 할 수 있다.

지식은 스승의 학문 전승을 통해 유지되고 진전된다. 그리고 지식의 계승은 스승과 제자의 문답과 토론의 과정을 거쳐 진행된다. 그렇기에 지식인도 계승

된다고 할 수 있다. 여하튼 그 가운데 대표적인 것이 바로 왕복서신이다. 퇴계 이황과 고봉 기대승 사이에서 7~8년간 전개되었던 사단칠정논변이 그러했다. 인간의 도덕적 감성의 발현과 육체적 감정의 발출의 출처와 양상을 두고 전개되었던 두 거인의 양보 없는 철학적 논쟁이었다.

조선 건국의 목적은 인륜을 회복하는 것이고, 그 방법론으로 채택된 학문이 바로 성리학이다. 성리학은 중국의 사상가 회암 주희에 의해 집대성된 학문체계로, 여말선초에 한반도에 상륙하여 보편 학문으로 자리 잡게 된다. 그 중심에 퇴계 이황이 있다. 퇴계를 조선 성리학의 선하로 일컫는 이유가 여기에 있다. 사서집주와 삼경집전에 대한 해석의 토대를 닦는 동시에, 『심경』과 『근사록』 및 주자서에 대한 이해의 진폭을 확장시킨 인물이 바로 퇴계이기 때문이다.

퇴계학은 퇴계의 지식, 문화, 이념, 정신 등을 총칭한다. 퇴계가 70여 년의 생애를 살았지만, 그의 인생은 제자들에게 계승된다. 스승의 학문이 제자로 전승되어 진전되고 확장되는 것이다. 그리고 그것을 우리는 퇴계학파라고 부른다. 『퇴계학파의 사람들』이라는 작업은 그러한 퇴계학과 퇴계학파를 지금 여기에 호명하고자 하는 최소한의 노력이다. 돌아가신 스승께서 남긴 교훈을 지금을 살아가는 제자들이 기억하고자 한 것이다. 지금 여기 어른과 스승이 없기 때문에 퇴계를 소환하는 것인지도 모르겠다.

"오시에 제생을 보고자 하였으나, 자제가 그만둘 것을 청하니, 선생께서 '죽음과 삶이 함께 있는데, 만나보지 않을 수 없다'라고 하셨다. 드

디어 상의를 입히라고 명하시고는 여러 제자들에게 '평소에 나의 잘못
된 견해로 제군들과 하루 종일 강론하였지만, 이 역시 쉬운 일은 아니
었다'라고 하셨다."

2022년 12월
안동대학교 부설 퇴계학연구소 소장
전성건

_차례

【해제】

『창균선생유고』은 창균蒼筠 김기보金箕報(1531~1588)의 유고遺稿이다. 김
기보는 본관이 안동安東이고 자는 문경文卿이며 호는 창균 또는 금산金山이
다. 증조부는 남대장령南臺掌令을 지낸 김영수金永銖(1446~1502)이고, 조부는
좌승지左承旨를 지낸 김영金瑛(1475~1528)이며, 부친은 사포서별좌司圃署別坐를
지낸 김생락金生洛(?~?)이다. 집안이 대를 이어 벼슬하였으므로 서울에서
태어나 성장했다. 그는 조광조趙光祖(1482~1519)의 제자이자 당대의 은일지
사隱逸之士로서 명망이 높았던 성수침成守琛(1493~1564)의 문하에서 공부했다.
이 밖에도 외조부인 농암聾巖 이현보李賢輔(1467~1555) 및 외삼촌인 이중량李
仲樑(1504~1582)과 이숙량李叔樑(1519~1592) 등에게서 영향을 받았는데, 그 결
과 자연스레 퇴계退溪 이황李滉(1501~1570)의 문인이 되었다. 만년에는 음보
蔭補로 벼슬길에 올라 몇 곳의 현감을 지냈으며, 58세를 일기로 세상을 떠
났다.

김기보가 지은 시문은 다수가 유실되었고, 일부가 후손들에 의해 수습
되어 『창균선생유고』로 정리되었다. 『유고』는 전체 2권으로 구성되어 있
다. 책머리에는 유심춘柳尋春(1763~1834)의 서문이 실려 있으며, 권1에는 「관
동행록關東行錄」을 주축으로 하여 50여 수의 시가 실려 있다. 권2는 소疏, 지
識, 부록으로 구성되어 있다. 「진폐소陳弊疏」는 회인현감懷仁縣監으로 있던
1586년에 지은 것으로서, 과중한 공부貢賦를 감면해 줄 것을 조정에 청원한

내용이고, 「서왕고삼당선생삼귀정현판지書王考三塘先生三龜亭懸板識」는 삼귀정에 걸린 조부의 현판에 대한 후지後識이다. 부록에는 뇌사誄詞 1편, 만사輓詞 2편, 증시贈詩 1편, 「퇴계선생서退溪先生書」 3편, 김원행金元行의 「묘갈음기墓碣陰記」, 김제순金濟淳의 유사遺事가 수록되어 있다. 말미에는 이태순李泰淳(1759~1840)의 발문이 있다.

1. 창균선생의 한평생: 「묘갈음기」[1]

우리 종인宗人 김양근金養根 군君이 하루는 자신의 9대조 행장行狀을 가지고 나를 찾아와 말하길 "우리 선조께서 돌아가신 지 170여 년이 지났는데도 묘표墓表가 없습니다. 이는 감히 태만해서가 아니라 시대가 멀어져서 당시의 일이 희미해졌기 때문입니다. 비록 상세한 실정을 구하길 바랐으나 결국 이루지 못했으니, 만약 더 멀어진다면 더욱 희미해지지 않을까 염려됩니다. 삼가 선생께서 한두 가지 참고할 만한 내용을 가지고 묘표를 써 주시길 청하니, 그만두는 것보다 낫다고 여기신다면 기술해 주시길 바랍니다"라고 하였다.

살펴보니, 공의 이름은 기보箕報이고, 자는 문경文卿이며, 자호自號는 창균蒼筠이다. 안동安東 사람으로 고려의 태사太師를 지낸 휘 선평宣平의 후손이다. 증조부는 장령掌令으로 휘는 영수永銖이고, 조부는 승지承旨로 휘는 영瑛이다. 부친의 휘는 생락生洛이다. 모친은 박씨朴氏로 현령縣令 박성조朴成稠의 따님이다.

공은 사람됨이 꿋꿋하고 고상하였으며, 담론에 능했고, 시문詩文에도 뛰어났다. 젊은 시절부터 퇴계退溪와 청송聽松[2]의 문하에서 공부했는데, 교유한 자들이 모두 당대의 현자賢者였으며, 이동은李峒隱[3] · 조중봉趙重峯[4]과

---

1) 이 글은 渼湖 金元行(1702~1772)이 썼으며, 출전은 『渼湖集』 권18, 「縣監金公墓表」이다.
2) 成守琛(1493~1564)의 본관은 昌寧이고 자는 仲玉이며 호는 聽松이다. 시호는 文貞이다. 동생 守琮과 함께 趙光祖의 제자로서 형제가 다 명망이 높았고 효성이 지극하였다. 기묘사화(1519) 때 스승 조광조가 처형되고 많은 선비들이 화를 입자 과거를 단념하고 두문불출하였다. 나중에 厚陵參奉에 임명되었으나 사퇴하였고, 坡州의 牛溪에 있는 妻家 근처에 은거하였다. 1552년 조정에서 內資寺主簿 벼슬을 내리고 禮山縣監에 임명하고자 했고, 여타 벼슬을 다시 내렸으나 나아가지 않았다. 저술로 『청송집』이 있으며, 牛溪 成渾(1535~1598)이 그의 아들이다.
3) 李義健(1533~1621)의 본관은 全州이고 자는 宜中이며 호는 峒隱이다. 세종의 다섯째

특히 서로 친밀하게 지냈다.

공은 만년에야 벼슬에 나아갔는데 누차 직책을 옮기다가 언양현감彦陽縣監과 회인현감懷仁縣監이 되었다. 회인현감으로 있을 때에는 상소를 올려 백성에게 가중되는 폐해를 알렸고, 선정을 베푼다는 명성이 있었다. 만력萬曆 무자년(1588, 선조 21)에 관사官舍에서 별세하니, 향년 58세였다. 안동 역동驛洞의 유좌酉坐[5) 언덕에 안장하였다. 부인 이씨李氏도 합장되었는데, 부인은 지중추부사知中樞府事 농암공聾巖公 이현보李賢輔[6)의 손녀로서, 이현보는 찰방察訪 이문량李文樑[7)의 부친이다. 세 아들을 두었는데, 장남은 극兢이고, 차남은 태兌로서 모두 덕을 감추고 벼슬에 나아가지 않았다. 삼남은 원元이다. 세 딸은 모두 사인士人에게 출가하였다. 손자와 증손자 아래로는 지금까지 번성하여 수백 명에 이른다.

아! 공의 사우師友의 성대함으로 보건대, 절차탁마하여 스스로 성취를

아들인 廣平大君 李璵의 5대손이다. 그는 당시의 명유들과 교유하며 詩名을 떨쳤고, 후학 양성에 전력하였다. 저서에 『동은유고』가 있다.

4) 趙憲(1544~1592)의 본관은 白川이고 자는 汝式이며 호는 重峰·陶原·後栗이다. 栗谷과 牛溪의 문인이다. 1567년 식년문과에 병과로 급제하였다. 임진왜란이 일어나자 의병을 모아 청주성을 수복하였고, 이후 금산에서 전사하였다. 저서에 『중봉집』이 있다.

5) 酉坐란 서쪽을 등지고 동쪽을 향해 자리 잡은 것을 말한다.

6) 李賢輔(1467~1555)의 본관은 永川이고 자는 棐仲이며 호는 聾巖 또는 雪鬢翁이다. 1498년 식년문과에 급제한 이후 32세에 벼슬에 올라 藝文春檢閣·春秋館記事官·藝文館奉敎 등을 거쳐 1504년 司諫院正言이 되었다. 이때 書筵官의 비행을 탄핵했다가 안동에 유배되었으나 중종반정으로 持平에 복직되었다. 密陽副使·安東副使·忠州牧使를 지냈고 1523년 星州牧使로 재임 중 선정을 베풀어 중종으로부터 表裏를 하사받았다. 이후 정계의 요직을 거치면서 1542년 76세에 知中樞府事에 제수되었으나 병을 핑계로 벼슬을 그만두었다. 李滉·黃俊良 등과 교유했다. 저서로는 『聾巖集』이 있다.

7) 李文樑(1498~1581)의 본관은 永川이고 자는 大成이며 호는 碧梧 또는 綠筠이다. 1520년 이후 음서를 통하여 將仕郞·通仕郞·從仕郞·迪順副尉·秉節校尉가 내려졌으며, 1559년 平陵道察訪에 제수되었다. 이황과 이웃에 살면서 매우 친하였는데 1564년 그와 함께 淸凉山을 유람하면서 학문을 토론하고 시를 읊기도 하였다. 효성이 지극하고 우애가 독실한 사람으로 명성이 자자하다. 저서로는 『碧梧文集』이 있다.

이루었을 터이니, 말과 행실 가운데 칭송할 만한 것이 어찌 적었겠는가? 그러나 지금 그 행적이 사라졌으니 참으로 애통하다. 다만 여러 명공名公의 뇌문誄文이 아직 남아 있으니, 공에 대해 '선학정신仙鶴精神'이라 말한 것도 있고, '호월금회壺月襟懷'라고 말한 것도 있으며, '방국호련邦國瑚璉'이라 말한 것도 있다. 아! 이러한 것만으로도 공의 모습이 어른거리지 않겠는가? 일단 이렇게 기록하여 묘석墓石에 새기도록 한다.

　　　공조참의工曹參議 전행前行 성균좨주成均祭酒 김원행金元行[8]이 쓰다.[9]

---

8) 金元行(1702~1772)의 본관은 安東이고 자는 伯春이며 호는 渼湖·雲樓이다. 1719년에 진사과에 제3위로 급제하였고, 경종 초에 조부 金昌協이 세자 책봉 문제로 참화를 입자 온 집안이 모두 귀양갔으나 원행만 모면했다. 1725년에 조부의 죄가 용서되어, 그의 집안 자손들이 다시 벼슬에 오르게 되었으나, 과거를 포기하고 고향에 머물렀다. 1740년부터 內侍敎官·宗簿侍主簿·司憲府持平·書筵官 등의 벼슬을 내렸으나 모두 사퇴하였다. 1759년 왕세손이 책봉되자 영조는 세손의 교육을 위해 원행을 등용코자 불러들였으나 응하지 않았으며, 이후 또 工曹參議·成均祭酒·世孫贊善에 임명되었으나 역시 나아가지 않았다.

9) 『蒼筤先生遺稿』, 권2, 附錄, 「墓碣陰記」, "吾宗人金君養根, 一日以其九世祖狀文過余曰, 吾祖歿百有七十餘年, 而墓無表, 非敢慢也, 以世遠而事微也. 冀有以得其詳焉, 竟莫能得, 則又懼愈遠而益微也. 謹以一二可稽者爲請, 子以爲賢於已, 則願有述焉. 按公諱箕報, 字文卿, 自號蒼筤, 安東人, 高麗太師諱宣平之後也. 曾祖掌令諱永銖, 祖承旨諱瑛, 考諱生洛, 姓朴氏, 縣令諱成稠女也. 公爲人航髒高爽, 善談論, 長於詞翰. 自少遊退溪聽松之門, 所與交盡一世賢者, 如李峰隱·趙重峰, 尤相得驩甚也. 晚筮仕, 屢遷, 爲彥陽·懷仁縣監. 懷仁時, 上章言民弊, 治有惠聲. 以萬曆戊子, 卒于官, 享年五十八. 葬于安東驛洞酉坐原, 配李氏祔焉, 是爲知中樞府事龍巖公諱賢輔孫女, 察訪諱文樑其考也. 有三子, 長克, 次兒隱德不仕, 季元, 三女嫁適士人, 自孫曾以往, 至今蕃衍, 幾累百人. 噫, 觀公師友之盛, 其磨礱上下, 以自成就, 言行之可爲稱述者, 豈少哉? 今其跡泯焉乃爾, 良可悲夫. 而獨諸名公誄文尙在, 有以仙鶴精神言之矣, 有以壺月襟懷言之矣, 有以邦國瑚璉言之矣. 嗚呼, 此猶可以想公之髣髴否乎? 姑以此書之, 使刻諸墓石. 工曹參議前行成均祭酒金元行撰."

2. 「창균선생유고 서문」

청아하고 고원한 자질로 학문에 힘쓰고, 문예文藝의 아름다움을 갖추며, 진중한 행실을 겸비한 자로 오직 창균蒼筠 김공金公이 있도다. 공은 타고난 자질이 고명하고 속마음이 깨끗하여서 그 빛남이 마치 달빛 머금은 빙호氷壺와도 같았다. 재주는 홀로 옛사람에 견주었고 시사詩詞는 청명하여 그 맑기가 마치 금석金石이 땅에 떨어져 나는 소리 같았다.[10] 또한, 일찍부터 퇴도退陶선생을 따라 배우면서 자주 격려의 말씀 들었으니, 호방함을 제어하고 평실하고 순일한 데로 나아갔다. 번잡하고 화려한 것을 마음과 눈에 가까이하지 않았으며, 행실은 일용 속에서 독실하였다. 선조의 덕을 받들면서는 여전히 부족하다고 생각하였고, 나라를 위하면서는 어린아이를 보호하는 정성을 쏟았다. 집안에 거처하며 자녀를 가르치는 방법에 대해서는 일체를 사우師友와 묻고 배운 바에 귀결시키고자 하였으니, 이로써 공의 고원한 부분이 평소의 행실을 벗어나지 않고, 간직하는 바가 고인에 부끄럽지 않음을 알 수 있다. 아, 지극하도다. 일시에 함께 교유하던 이들이 그를 높이고 칭찬했던 말을 살펴보면, 그가 사문斯文의 도의道義에 대해 풍성한 성취를 이루었음을 알 수 있다. 예컨대 우리 선조 서애西厓선생께서 공을 애도한 말씀에서 "훨훨 춤추는 선학仙鶴과 같아 정신을 일깨우고, 흐르는 강물과 높은 산처럼 탁월한 조예 있어 견줄 데 없네"[11]라고 하였으니, 이 몇 마디 말을 통해 공의 고결하고 강직한 기상을 짐작할 수 있으

---

10) 擲地金聲이란 훌륭한 시문을 뜻한다. 晉나라 孫綽이 「天台山賦」를 짓고 친구 范榮期에게 "이 글을 땅에 던져 보면 金石의 소리가 날 것이다"라고 하였다. 『晉書』「孫綽列傳」에 나온다.
11) 이 내용은 『西厓先生別集』 권4에 실린 「祭金文卿(箕報)文」에 나온다.

니, 마음에는 서로에 대한 깊은 이해가 있어서 허여한 바가 더욱 깊었다고 하겠다. 아! 이는 공의 진영眞影으로서 백세 동안 지울 수 없는 것이 아니겠는가? 공의 유고遺稿는 거의 흩어져 버렸고, 오직 시문詩文 일부와 회인현감懷仁縣監으로 있을 때의 「진폐소陳弊疏」가 있을 뿐이다. 그러나 그것을 읽고 음미하면 여전히 공에 대한 아주 작은 부분이라도 얻을 수 있으니, 예컨대 「적구관우荻邱關雨」와 「경포장편鏡浦長篇」과 같은 경우에는 특히 노선생老先生[12])께서도 찬탄하신 것인데, 후자의 시는 망실되었으니 애석함을 어찌 금하겠는가? 지금 공의 후손이 흩어지고 남은 것을 모으고 후세 사람의 찬술을 덧붙여 한 권으로 구성하여 나에게 한마디 적어 주기를 요청하였다. 나는 선조께서 공을 애도한 말씀을 읊을 때마다 공에 대한 흠모를 그칠 수 없었다. 그리하여 감히 끝내 사양치 못하고, 삼가 이상과 같이 마음에 느끼는 바를 기록하여 돌려보낸다.

경인년(1830) 청화절淸和節(음력 4월)에 유심춘柳尋春[13])이 삼가 쓰다.[14])

---

12) 퇴계선생을 가리킨다.
13) 柳尋春(1762~1834)의 본관은 豊山이고 자는 象遠이며 호는 江皐이다. 柳成龍의 후손이다. 1786년(정조 10)에 사마시에 합격하여 생원이 되고, 학행으로 천거되어 世子翊衛司翊贊을 거쳐 翊衛가 되었다. 1800년(정조 24)에 경연을 열어야 한다고 상소하였다. 1830년(순조 30) 왕의 하교로 3대가 과거에 급제한 것을 치하하고 敦寧府의 도정에 임명하였고, 1854년(철종 4) 아들 柳厚祚가 급제하였으므로 다시 통정대부에 올랐다. 평소에 『朱子大全』을 탐독하여 성리학에 조예가 깊었으며 시문에도 능하였다.
14) 『蒼筠先生遺稿』, 「序」, "以淸高之資而俛於問學, 有文藝之美而兼於質行者, 其惟蒼筠先生金公乎. 公天賦高明, 襟韻飄灑, 瑩瑩如冰壺貯月. 才調孤古, 詩詞淸越, 鏘鏘乎擲地金聲, 而遂從退陶老先生遊, 亟蒙獎詡, 抑其豪逸而就之平實醇如也. 紛華不接於心目, 踐履克篤於日用. 奉先致不貳之思, 爲國效如保之誠. 至於居家訓子之方, 一切要歸於師友問學之功, 則可驗公之高處不越於常行, 而所存無愧於古人. 吁其至矣, 蓋觀夫一時交遊推詡之辭, 可知其斯文道義之盛, 而乃若吾西厓先祖誄公之文, 有曰翩翩仙鶴, 來報精神, 流水高山, 獨指無倫, 卽此數句語, 可以想像公高潔耿介之標致, 而意士峨洋, 所以與之者益深矣. 嗚呼, 此非公之一副眞影百世不默者耶. 公之遺藁散佚殆盡, 獨有詩文若干篇, 懷仁時陳弊一疏, 誦而味之, 尙可以得公之萬一, 若荻邱關雨詩鏡浦長篇, 特爲老先生所賞, 而鏡浦詩又亡矣, 可勝惜哉. 今其聞孫掇拾斷爛之餘, 附以後人所撰述, 合爲一卷, 要不佞一言以識之, 不佞每誦先祖誄公之詞而欽慕之無已者也. 旣不

창균선생유고_ 정종모   23

3. 시: 「관동행록」

【경신년(1560). 선생 30세 때. ○퇴계선생은 편지에서 다음과 같이 말하였다. "병중에 편지를 받고 잘 돌아간 줄 알고 매우 위안이 되었습니다. 지난번에 그대가 다시 관동關東지역에 간다는 말을 듣고 옛사람의 이른바 '마음에 들었던 곳에는 두 번 다시 가지 말라'는 경계를 어긴다는 생각이 들었습니다. 지금 보내온 시를 보니 얻은 바도 있고 헛된 걸음은 아닌 듯합니다. 깊이 경하하는 바입니다."】 15)

1) 「서울을 떠나 백동역16)에 머물며 눈보라를 맞다」17)

여관에서 눈보라를 맞으니	旅館逢風雪
시름 잠긴 이 밤잠 못 이루네.	愁人夜不眠
달빛은 종이 장막을 비추고	色通明紙帳
추위는 모전에 서려 오네.	寒透凍毛氈
주막에는 아쉽게도 술이 없고	村店嗟無酒
주머니에는 돈 없음을 한탄하네.	征囊歎乏錢
답례할 시문18)에 갈 길도 아득하니	瓊瑤迷去路
나귀 등에서 읊조리며 어깨를 들썩이네.	驢背聳吟肩

敢終辭, 遂書所感于心者如此以歸之. 庚寅淸和節豊山柳尋春謹書."

15) 『蒼筠先生遺稿』, 권1, 「關東行錄」, "【庚申時, 先生三十歲. ○退溪先生書云, 病中得書, 知好還, 深慰. 前者, 聞君復有關東之行, 以爲有違於古人所謂得意之處勿再往之戒也. 今見來詩, 所得如許, 不是虛行, 深賀深賀.】"

16) 白冬郵亭은 현재의 경기도 양평군 지역에 있었던 역참을 말한다.

17) 『蒼筠先生文集』, 권1, 「發京宿白冬郵亭遇風雪」.

18) 瓊瑤는 아름다운 玉을 말하며, 답례하는 예물이나 贈答하는 詩文을 뜻하기도 한다. 『시경』에 "나에게 木桃를 주는데 瓊瑤로 갚으리라"는 구절이 있다.

2) 「오원[19]에 묵으며」[20]

피곤하여 오원점에 누우니	困臥烏原店
희미한 등불 깜빡이네.	殘燈翳復明
부모 생각 꿈에도 멈추지 않고	思親夢未了
아이놈은 닭이 운다고 말해 주네.	童僕報雞鳴

오원으로 말을 몰며 새벽별을 보고	驅馬烏原戴曉星
몇 잔의 술에 취했다가 다시 깨는구나.	數盃村酒醉還醒
동쪽 바다와 절경에 정신이 아찔하니	東溟勝地魂飛越
시간 지체되면 일정 다시 따져 봐야지.	若遇挨磨每計程

3) 「대화[21]의 편액에 있는 시에 차운하다」[22]

지는 해와 서풍에 역루에 기대니	斜日西風倚驛亭
강성의 세밑 뜰 가득히 눈 내렸네.	江城歲暮雪盈庭
깊은 밤 홀로 창문 앞에서 잠드니	夜深獨向牕前睡
천 리나 먼 고향 꿈에서 푸르네.	千里家山夢裡靑

4) 「대령에 올라 바다를 바라보며」[23]

대산[24] 첫째 봉우리에 말을 세우니	立馬臺山第一岑

---

19) 烏原은 강원도 횡성군 부근에 있는 지명을 말한다.
20) 『蒼筠先生文集』, 권1, 「宿烏原」.
21) 大和는 강원도 강릉 부근에 있는 지명을 말한다.
22) 『蒼筠先生文集』, 권1, 「次大和板上韻」.
23) 『蒼筠先生文集』, 권1, 「登大嶺觀海」.
24) 五臺山을 말하는 듯하다. 『東國輿地勝覽』 등에 따르면 五臺山은 동쪽의 만월봉, 서쪽
  의 장령봉, 남쪽의 기린봉, 북쪽의 상왕봉, 중앙의 지로봉 등 다섯 봉우리로 이루어

머리로는 하늘의 태양 떠받치고 손으로는 삼성을 어루만지네.

頭擎天日手捫參

푸른 바다 바라보니 술 넘치듯 일렁이고   滄溟望底如盃潦
산에 올라 노나라를 작게 여긴 마음25)을 비로소 믿게 되네.

始信登山小魯心

바다 기운 망망하고 파도는 하늘을 치니   海氣渾渾水拍天
한창려는 시구를 나보다 먼저 얻었네.   昌黎詩句得吾先
지팡이에 기대어 천지의 광활함에 한 번 웃고   倚笻一笑乾坤闊
만 리의 동해 눈앞에 떨어지네.   萬里搏桑落眼前

5) 「망양정26) 시에 차운하다」27)

높은 정자에 앉아 휘파람 부니 큰바람 일고   坐嘯高亭起大風
바다 노을 처음 흩어지고 태양은 붉네.   海霞初散日輪紅
지금에야 비로소 천지의 광활함을 알았으니   如今始識乾坤太
천 리의 동해가 시선 안에 있구나.   千里搏桑一望中

6) 「바다를 바라보며」28)

창해가 작은 술잔 같다고 누가 말했는지   誰道滄溟小似杯

져 있으며, 그 봉우리마다 편평한 대지를 이루고 있어서 붙여진 이름이라고 한다.
25) 『孟子』「盡心上」에 "공자가 동산에 올라가서는 노나라를 작게 여겼고, 태산에 올라가
서는 천하를 작게 여겼다"(孔子登東山而小魯, 登太山而小天下)라는 말이 나온다.
26) 望洋亭은 關東八景의 하나로, 고려시대에 경상북도 울주군 기성면 망양리 해안가에
처음 세워졌으며, 조선시대에 들어서 이전과 중수를 거듭하였다.
27) 『蒼筠先生文集』, 권1, 「次望洋亭詩」.
28) 『蒼筠先生文集』, 권1, 「望海」.

석양 만 리에 거울 빛이 열리네.　　　　　　　斜陽萬里鏡光開

지금 바다에는 오래도록 해일 없으니[29)]　　　　如今海不揚波久

몇 번을 거친 통역 통해 꿩을 바치겠네.[30)]　　重譯應看獻雉來

7)-① 「가흥[31)]의 우관에서 밤에 술 마시며 문득 읊다」[32)]

먼 하늘 구름 걷히니 옥함이 열리고　　　　　　長天雲捲玉函開

마을에서 술 사오니 달이 잔에 가득 차네.　　沽酒前村月滿杯

덧없는 인생 아등바등함이 못내 우습고　　　堪笑浮生長役役

가을의 회포 무거워 주체할 길 없구나.　　　秋懷千斛若爲裁

7)-② 「차운하다」【매헌 금보[33)]】 [34)]

유람하다 첫 국화 필 때 온다던 약속 저버렸고　　觀光虛負菊初開

이 밤의 흥금을 한 잔 술로 달래네.　　　　　此夜心懷付一杯

밝은 달 다시 뜨고 강물 흘러가니　　　　　明月又來江水咽

---

29) 聖君이 德政을 펴고 있다는 뜻이다. 周나라 成王 때에 周公이 섭정하여 천하가 태평해
　　지자, 越裳氏가 와서 주공에게 白雉를 바치며 "우리나라 노인들이 말하기를 '하늘에
　　비바람이 거세지 않고 바다에 해일이 일지 않은 지 지금 3년이 되었다. 아마도 중국
　　에 성인이 계신 듯한데, 어찌하여 가서 조회하지 않는가'(天之不迅風疾雨也, 海不波溢
　　也, 三年於妓矣, 意者中國殆有聖人, 盡往朝之)라고 하기에 조공을 바치러 왔습니다"라
　　고 말했다고 한다. 『한시외전』, 권5 참조.
30) 『後漢書』 「南蠻傳」에 "주공이 섭정한 6년 동안에 예악을 제정하였고, 천하가 화평하
　　였다. 월상국의 사신이 세 마리의 코끼리를 타고 세 단계의 통역을 거쳐 흰 꿩을
　　바쳤다"(周公居攝六年, 制禮作樂, 天下和平, 越裳以三象重譯而獻白雉)라는 내용이 있다.
31) 可興은 지금의 충청북도 충주시 부근에 있는 지명이다.
32) 『蒼筠先生文集』, 권1, 「可興郵館夜飮偶吟」.
33) 琴輔(1521~1585)의 자는 士任이고 호는 梅軒 또는 柏栗堂이며 본관은 奉化이다. 그는
　　과거공부를 단념하고 퇴계 문하에서 수학하였는데, 김기보는 금보의 처조카이기도
　　하다. 저서로 『매헌집』이 있다.
34) 『蒼筠先生文集』, 권1, 「次韻」【梅軒琴輔】.

나그네의 맑은 흥취 주체할 수 없구나.　　　　　　客中淸興浩難裁

8)「횡계 길에서 노송을 보고 짓다」35)

천 척 높이 푸른 솔은 공중에 떠 있고　　　　　千尺蒼鬐入半空
빈산 십 리에는 거센 바람이 부네.　　　　　　空山十里動礐風
재주는 큰 집을 지탱할 수 있지만　　　　　　才調猶堪支大廈
아무도 관심 없어 뛰어난 목공 만나지 못하네.　莫嫌終不遇良工

9)-① 「신계이36)의 시에 차운하다」37)

수레 덮개를 기울이는 순간에도 친근함 느낀다고 하건만　傾蓋應如舊
새로운 만남이 오랜 우정 같지는 않구나.38)　　　　新交非白頭
술잔을 들어 동해 바깥으로　　　　　　　　　　開樽東海外
나그네 시름 모두 보내 버리네.　　　　　　　　　同遣遠遊愁

9)-② 「원운」【계이】 39)

꿈에서 그리던 남녘 모습　　　　　　　　　　夢想曾南郡
해안가에서 문득 만났네.　　　　　　　　　　相逢偶海頭

---

35) 『蒼筠先生文集』, 권1, 「橫溪路中書老松」.
36) 辛乃沃(1525~1595)의 본관은 寧越이고 자는 啓而이며 호는 一竹齋이다. 퇴계의 문인
　　이다. 1558년 진사시에 합격하였고, 柳雲龍, 權好文 등과 교유하였다. 벼슬에 나아가
　　지 않고 도학공부에 전념하였다.
37) 『蒼筠先生文集』, 권1, 「次辛啓而韻」.
38) 『史記』「鄒陽列傳」에 "흰머리가 되도록 오래 사귀었어도 처음 본 사람처럼 느껴질
　　때가 있고, 수레 덮개를 기울이고 잠깐 이야기했지만 오랜 친구처럼 느껴지는 때도
　　있다"(白頭如新, 傾蓋如故)라는 말이 나온다.
39) 『蒼筠先生文集』, 권1, 「原韻」【啓而】.

비바람 부는 저녁 몇 잔의 술　　　　　　　數盃風雨夕

모두 나그네의 시름이구나.　　　　　　　同是客中愁

10) 「도산을 그리며」[40]

구름 밖의 청량산 여전히 푸르고　　　　雲外淸凉未改靑

퇴계에는 아직도 서늘한 기운 쏟아지네.　退溪依舊瀉淸泠

늙고 병들었지만 마음은 불처럼 뜨겁고　白頭病濕心如火

고개 돌려 생각하길 학의 날개를 빌려 볼까.　回首長思借鶴翎

11) 「이운장[41]에 차운하여 여러 동지에게 부치다」[42]

흘러가는 세월은 나는 듯이 빠르고　　　荏苒光陰疾似飛

주렴에는 붉은색과 흰색이 어지러이 내리네.　一簾紅白亂霏霏

하늘의 마음 일정하여 사사로운 뜻 없건만　天心袞袞無私意

인간의 일은 분분하여 온갖 갈래가 있네.　人事紛紛有萬機

구름 밖 산봉우리 푸르름을 반쯤 드러내고　雲外螺鬟靑半露

난간 앞의 창옥은 잇대어 푸르네.　　　檻前蒼玉翠相依

무궁한 광경 시흥을 일으키지만　　　　無窮景物供詩興

부끄럽게도 내 재주는 큰 문장 짓기 어렵구나.　愧我才難巨筆揮

높은 누각의 주렴 올리니 오색구름 흘러가고　高樓簾捲彩雲飛

---

40) 『蒼筠先生文集』, 권1, 「懷仰陶山」.

41) 李元承(1518~1572)의 본관은 永川이고 자는 雲長이며 호는 靑巖이다. 李賢輔의 손자
　　이자 李文樑의 아들이다. 어려서부터 退溪의 문하에서 수학하였다. 1567년에 식년시
　　에 합격하였으나 은거하면서 선대의 유업을 계승하는 일에 전념하였다.

42) 『蒼筠先生文集』, 권1, 「次李雲長(元承)韻寄逃村諸同志」.

턱을 괴고[43] 산을 보니 저녁 안개 자욱하네.　　　　　拄笏看山暮靄霏

반평생의 희비는 속세의 잡념이고　　　　　　　　　半世悲歡皆俗慮

한 해의 풍경은 하늘의 조화라네.　　　　　　　　　一年風景自天機

이별의 심사 창망하여 늘 쓸쓸하고　　　　　　　　　離思蒼茫常落落

꿈속의 넋이 뒤쫓지만 아련하기만 하네.　　　　　　夢魂追逐更依依

언제고 바람과 구름의 만남 이루어　　　　　　　　　何時得遇風雲會

즐겁게 대화하며 옥진을 휘날릴까.　　　　　　　　　談笑樂樂玉塵揮

누각 앞에는 붉은색과 흰색 흩날리고　　　　　　　　樓前紅白已紛飛

바람이 버들꽃 날려 눈발을 만드네.　　　　　　　　風送楊花作雪霏

사물 밖에서 소요하여 세속의 얽매임 없지만　　　　物外優遊無俗累

인간세 어느 누가 위기 있음을 알겠는가.　　　　　　人間誰識有危機

고명한 그대는 날로 발전하여 관건을 열지니　　　　高明日進開關鍵

세속의 학문은 오르는 것 같아도 의지할 곳 없다네.　俗學如登失所依

교분은 이제부터 금을 끊을 만하니　　　　　　　　交契從玆金可斷

바람 내는 도끼 있으니 영 땅 사람의 휘두름 말하지 마소.[44]

　　　　　　　　　　　　　　　　　　　　　　風斤休說郢人揮

---

43) 拄笏은 晉나라 王羲之가 업무를 보라는 상관의 말에 대꾸하지 않은 채 笏로 턱을 괴
　　고서 "서산에 아침이 오니 상쾌한 기운이 이는구나"라고 말한 데에서 온 말이다.
44) 郢 땅의 사람이 코끝에 白土를 파리 날개처럼 묻혀 놓고 匠石을 시켜 그것을 깎아
　　내도록 하였는데, 장석이 바람을 일으키며 도끼를 휘둘러 백토를 모두 깎아 내었는
　　데도 코를 다치지 않았고, 영 땅의 사람도 조금도 동요하지 않고 그대로 서 있었다
　　고 한다. 『莊子』, 「徐無鬼」 참조.

4. 「조부 삼당선생[45]의 삼귀정[46] 현판에 대한 후지」

정자는 나의 증조부 장령공掌令公께서 대부인大夫人을 모시고 즐겁게 노
시던 곳인데, 대부인께서는 80세에 돌아가셨다. 조부 승지공承旨公께서도
역시 대부인을 모시고 이곳에서 노니셨는데, 대부인은 70세에 돌아가셨으
니, 당시 봉양을 게을리하지 않는 마음과 색동옷을 입고 어린아이처럼 행
동하여 부모를 즐겁게 해 드리는 태도가 어떠했겠는가? 불초한 나는 그러
한 점을 닮지 못하고 일찍 부모를 여의어 효도할 곳이 없는 슬픔을 겪었으
니, 선대의 유업이 나에게서 단절되었도다. 어찌 통탄을 금하겠는가? 근래
집에 소장하던 전적 속에서 조부께서 지으신 장율시長律詩 네 수[47]를 얻었
는데 손때가 완연하였다. 항상 슬하에 아들을 보지 못함을 비통해하셨는
데, 그 시를 읊으며 어른의 모습을 상상하니 더욱 슬픔과 애통함을 참을

---

45) 金瑛(1475~1528)의 본관은 安東이고 자는 英之이며 호는 三塘이다. 김기보의 조부이
다. 21세에 사마시에 합격하였으며, 1506년에 별시문과에 급제하였다. 홍문관수찬·
사간원정언·교리·사헌부장령 등 청요직을 지냈다. 1518년 慶尙道災傷敬差官이 되
었다가 곧바로 김제군수로 외직에 나아갔다. 1522년에 다시 사헌부장령이 되었으며,
이어 승정원동부승지를 거쳐 1527년에 강원도관찰사에 보임되었으나 대간의 탄핵
으로 자리에서 물러났다. 저술로『삼당집』이 있다.

46) 三龜亭은 경상북도 안동시 풍산읍 소산리에 있는 조선 중기의 정자이다. 안동김씨
소산마을 입향조인 金三近의 손자 金永銓(1439~1522)이 지례현감으로 있던 1495년
에 지었다. 당시 김영전은 88세의 노모 예천권씨를 즐겁게 하려는 효심에서 아우
金永鍾, 金永鉄와 함께 삼귀정을 건립하였다. 삼귀정이란 정자 앞뜰에 거북이 모양의
돌이 세 개 있어 붙여진 이름이다.

47) 이 시는『三塘集』에「三龜亭四時詞」라는 제목으로 수록되어 있다. 원문은 다음과 같
다. "挾春萬象樂芳時, 人倚江亭與物嬉. 花霧輕薰籠鳥雀, 菰蒲王長蔭魚龜. 煙開遠浦靑浮木,
雨滿前溪綠漲漪. 無賴游絲隨落絮, 不禁輕颺晚風吹. 【春】槐樹陰陰疊影時, 孤鵑啼怨亂鶯嬉.
綠浮岸柳深藏翼, 葉大汀荷穩上龜. 江閣晚煙披墨畫, 麥郊輕浪作風漪. 酒樽最好消長夏, 無限
徹涼滿意吹. 【夏】百蟲迎暮各因時, 萬語千聲自得嬉. 明月一天飛玉鏡, 謫仙何處換金龜. 江
風臬臬搖華髮, 木葉蕭蕭落淺漪. 坐久夜闌披鶴氅, 倚歌誰和洞簫吹. 【秋】雪意漫漫吹歲時,
剡溪寒夜興堪嬉. 千山冷漾倚天劍, 萬戶無聲縮殼龜. 隴首風高生氣勢, 磯頭水落凍灣漪. 短籬
爲訪梅消息, 玉篴何人月下吹. 【冬】"

수 없다. 마침내 현판에 기록하여 처마 사이에 걸어 두고 무궁한 뜻을 간
직하고자 한다.

　　　　융경隆慶 임신년壬申年(1572) 상순에 손자 김기보가 쓰다.[48]

5. 부록

1) 「뇌사」【서애 유성룡】[49]

훨훨 춤추는 선학과 같아　　　　　　　　　　　　　　翩躚仙鶴

정신을 일깨우고　　　　　　　　　　　　　　　　　　來報精神

흐르는 강물과 높은 산처럼　　　　　　　　　　　　　流水高山

탁월한 조예 있어 견줄 데 없네.　　　　　　　　　　獨詣無倫

2) 「만사」【학봉 김성일】[50]

호서 고을 수령이 되어 나가니　　　　　　　　　　　出宰湖西縣

거문고 소리 맑고 정사는 저절로 평안해지네.　　　琴淸政自平

백성들은 오고의 노래[51] 부른다지만　　　　　　　民方歌五袴

---

48) 『蒼筠先生文集』, 권2, 識, 「書王考三塘先生三龜亭懸板後」, "亭乃吾曾王考掌令公奉大夫人遊
衍之所也, 夫人年八十而終. 王父承旨公, 亦奉大夫人繼遊于此, 夫人年七十而終, 當時愛日之
情戲彩之樂當如何哉. 而不肖無狀, 早罹風樹之痛, 先世緖業墜於吾身, 可勝歎哉. 頃者家藏文
籍中, 得王父所製長律四首, 手澤宛然, 常以未及弄璋於膝下爲悲, 咏其詩想儀刑, 尤不勝悲愴,
遂書上板掛諸楣間, 以寓無窮之意云. 隆慶壬申孟春上浣孫箕報識."
49) 『蒼筠先生文集』, 권2, 附錄, 「誄詞」【西厓柳成龍】.
50) 『蒼筠先生文集』, 권2, 附錄, 「輓詞」【鶴峯金誠一】.
51) 五袴란 백성들이 편안한 가운데 부유한 생활을 하게 되었다고 칭송하는 노래이다.
後漢의 廉范(호는 叔度)이 蜀郡太守로 나가 불편한 법령을 없애는 등 민생 위주의 정
사를 펼치자, 백성들이 "염숙도여 어찌 이리 늦게 왔는가. 평생에 속옷도 입지 못했

그대 몸은 이미 삼팽52)에 골골하였네.　　　　　　身已困三彭

율리53)로 돌아가는 배는 늦었고　　　　　　　　　栗里歸帆晚

동향54)에선 큰 꿈을 놀라 깨었네.　　　　　　　　桐鄉大夢驚

푸른 산에 붉은 명정 떠나보내니　　　　　　　　　青山送丹旌

하얀 해는 무덤 속을 비추지 않네.　　　　　　　　白日掩佳城

3)「퇴계선생의 편지」①

병중에 편지를 받고 잘 돌아간 줄 알고 매우 위안이 되었습니다. 지난
번에 그대가 다시 관동關東지역에 간다는 말을 듣고 옛사람의 이른바 "마
음에 들었던 곳에는 두 번 다시 가지 말라"는 경계를 어긴다는 생각이 들
었습니다. 지금 보내온 시를 보니 얻은 바도 있고 헛된 걸음은 아닌 듯합
니다. 깊이 경하하는 바입니다.「적구관우狄丘關雨」는 고풍古風으로 풍자하
는 의미가 심원하니, 오늘날의 목민관이 그것을 본다면 어찌 깜짝 놀라
부끄럽고 두려운 마음이 없겠습니까?「경포장편鏡浦長篇」은 사어가 청아하
고 높아서 몇 번이나 다시 읊고 음미하면 황홀하여 나의 몸이 마치 강문교
江門橋55) 위에 있는 것만 같고, 자리 아래에 서늘한 기운이 생기는 듯하여
자못 울적함이 풀립니다. 매우 다행입니다. 타고난 자질이 이처럼 고명한
데도 전혀 떨쳐 일어나지 않고, 하급의 무리와 함께 어울리는 것을 달게
여기면서 구차하게 세월을 보내고 있으니, 그대를 위해 매우 애석한 일입

는데 지금은 바지가 다섯 벌이나 되는구나"(廉叔度, 來何暮, 平生無襦, 今五袴)라고 노
래했다고 한다.『後漢書』,「廉范傳」참조.
52)三彭이란 三尸神를 말하며, 病魔가 찾아드는 것을 말한다.
53)栗里란 도연명이 은거한 고장을 말한다.
54)桐鄉은 중국 安徽省 桐城縣에 있는 지역을 말한다. 漢나라의 朱邑이 동향의 嗇夫가
　되어 소송과 부세를 맡아 고을을 잘 다스리니, 마을 사람들이 높이 받들었다고 한다.
55)江門橋는 강릉의 경포 호수에서 바다로 물이 나가는 데 있는 다리 이름이다.

니다. 훗날 낭패를 보게 될 때 나의 말을 떠올려 보십시오. 재차 자세한
말은 쓰지 않겠습니다.[56]

4)「퇴계선생의 편지」②

이곳에서 내가 쓴「도산기陶山記」[57)는 무료한 가운데 쓴 것으로 상자에
감추어 두었습니다. 비록 나의 자제들에게도 꺼내 보지 못하게 하였으나
그대를 아끼는 마음이 깊어서 보여 주었던 것입니다. 그러니 어찌 그대가
사림士林에 전파할 것을 짐작이나 했겠습니까? 일전에 정랑正郎 이담李湛[58)
이 편지를 보내서 기문記文 가운데의 오자誤字를 질의해 왔기에 매우 놀랐
습니다.[59] 그대가 처음으로 임당林塘[60)의 집안에 전파하여 결국 모든 사람
이 알게 된 것을 알았습니다. 이것을 본 이들은 비웃었을 뿐만 아니라 반
드시 노여워한 자들도 있었을 것이니, 더욱 부끄럽고 두려울 따름입니다.
그리고 서로 베낄 때 필시 오자誤字를 면치 못하여 문리文理를 이루지 못했
을 것입니다. 그대는 어째서 남의 잘못을 가려 주지 않고 오히려 전파하는

---

56) 『蒼筠先生文集』, 권2, 附錄, 「退溪先生書」, "病中得書, 知好還, 深慰. 前者, 聞君復有關東之
行, 以爲有違於古人所謂得意之處勿再往之戒也. 今見來詩, 所得如許, 不是虛行, 深賀深賀.
如狄丘關雨, 古風諷意深遠, 使當世牧民者見之, 能無惕然愧懼之意乎? 鏡浦長篇, 辭語淸越,
三復吟玩, 怳若身在江門橋上, 座下涼生, 頗慰孤鬱, 深幸深幸. 天賦之質, 若是高明, 而全不勇
奮, 甘與下類爲伍, 苟遣歲月, 爲君深惜. 後日顚躓, 當思吾言, 今不縷縷."
57) 「陶山記」는 「陶山雜詠」을 말한다.
58) 李湛(1510~1575)의 본관은 龍仁이고 자는 仲久이며 호는 靜存齋이다. 1538년(중종
33)에 별시문과에 급제하여 정언 · 수찬 · 지평 등을 역임하였다. 乙巳士禍 때 관직을
삭탈 당했다가 18년 뒤에 복귀하였다. 退溪의 학덕을 높이 평가했던 그는 宣祖에게
退溪를 중용할 것을 요청하기도 하였다.
59) 참고로, 당시 退溪가 李湛에게 보낸 편지에서도 「陶山記」를 거론하면서 "내 記와 詩가
공에게까지 들렸다 하니 크게 당혹스럽습니다"(拙記與詩, 聞徹几間, 深爲汗悚)라고 하
면서 불편한 심기를 토로하는 내용이 나온다. 『退溪集』, 권10, 「答李仲久」 참조.
60) 鄭惟吉(1515~1588)의 자는 吉元이고 호는 林塘이다. 1538년 별시문과에 장원하였으
며, 훗날 대제학 · 우의정 · 좌의정 등을 역임했다.

것입니까? 반드시 속히 원본을 찾아서 불태우고 소란스러운 책망을 피하게 만들어 준다면 매우 다행이겠습니다.[61]

5)「퇴계선생의 편지」③

가을장마가 개고 비로소 도산陶山을 나오니 새로 쌓은 방죽은 모두 홍수에 무너졌으며, 연꽃도 가라앉아 버렸습니다. 마치 백인伯仁이 나 때문에 죽은 것과 같거늘,[62] 쓸쓸한 모습의 참상을 말로 표현할 수 없어 한탄스럽습니다. 한편 매우 괴이한 일도 있었습니다. 섬돌 앞에 심은 것은 모두 국화였는데, 지금 터진 꽃봉오리는 절반이 붉은색입니다. 이 무슨 이치입니까? 그대는 서울에서 자랐기 때문에 필시 견문이 많을 것입니다. 일찍이 이런 일을 본 적이 있습니까?[63]

---

61) 『蒼筤先生文集』, 권2, 附錄, 「又」, "此中陶山拙記, 出於無聊中, 藏諸巾衍, 雖吾子弟, 亦不許出見, 愛君之深, 出而見之, 豈意君傳播於士林中耶? 頃者, 李正郞湛氏馳書, 來質記文中誤字, 不勝驚歎. 審知君初播於林塘家, 終致人人知之, 見者非徒笑之, 亦必有怒之者, 尤不勝愧懼. 且傳寫之際, 必未免訛誤字, 不成文理. 君何不掩人之惡, 而反播之耶, 須速推元本, 卽付丙丁, 俾免嗤嘵之誚, 幸甚."

62) 간접적으로 살인한 것을 말한다. 東晉 元帝 때 외척인 王敦이 반역을 꾀하자, 왕돈의 종제인 王導가 종족을 인솔하고 臺閣에 나와서 待罪하였는데, 周顗가 왕도를 구원하기 위해 애썼다. 왕도는 그 사실을 모르고 있었다. 마침내 왕돈이 石頭城에 웅거하고서 왕도에게 주의의 명망에 대해 질문했는데 왕도가 아무런 대답을 하지 않자 결국 주의를 죽였다. 후에 왕도가 자신의 목숨을 구해 준 주의의 상소를 보고는 "내가 백인을 죽이지 않았지만, 백인이 나로 말미암아서 죽었다"(我雖不殺伯仁, 伯仁由我而死)라고 하였다. 伯仁은 주의의 자이다. 『晉書』, 「周顗列傳」 참조.

63) 『蒼筤先生文集』, 권2, 附錄, 「又」, "秋霖開霽, 始出陶山, 新築塘砌, 盡爲狂潦所破, 淨友亦爲漂沒, 伯仁由我而死, 蕭索之形, 慘不忍言, 可歎. 又有極怪事. 階前所種, 皆是江城黃, 而今見綻蕚, 半是槙紅, 此何理耶? 君生長京華, 見聞必多, 亦有曾見此事否?"

【해제】

『임연재선생문집』은 조선 선조宣祖 때 문신인 배삼익裵三益(1534~1588)의 시문집으로, 6권 3책으로 된 목활자본이다. 배삼익의 본관은 흥해興海이고, 자는 여우汝友이며, 호는 임연재臨淵齋이다. 그는 1534년 안동부安東府의 단지촌丹地村에서 태어났으며, 31세 때 문과에 급제하여 세상을 떠날 때까지 여러 관직을 역임하였다. 그는 비교적 늦은 나이인 27세 때 퇴계退溪 이황李滉(1501~1570)에게 나아가 가르침을 구했는데, 비록 선생 곁에서 수학한 기간이 길지는 않았지만, 평생에 걸쳐 퇴계의 문인들과 넓게 교분을 맺었다.

『임연재선생문집』은 총 6권으로 되어 있으며, 1855년 정재定齋 유치명柳致明(1777~1861)이 서문을 붙여 간행하였다. 권1과 2에는 각각 시 112수와 122수가 수록되어 있다. 대표적으로 「도목팔영桃村八詠」은 고향인 도목촌桃木村의 풍경과 사계절을 노래한 시이고, 양양부사襄陽府使 재직 시에 삼일포三日浦, 낙산사洛山寺 등 관동지역을 유람하고 지은 시도 여럿 있다. 이 밖에도 증답贈答, 차운次韻하거나 송별送別을 기념하여 지은 시가 다수 포함되어 있다.

권3에는 시 113수, 소疏 1편, 계사啓辭 6편, 정문呈文 2편이 수록되어 있다. 특히 「시무십조소時務十條疏」(1584)는 임금에게 올린 정책 건의 열 가지를 나열하고 있다. 그 내용을 요약하면, 큰 근본을 세울 것, 경술經術을 숭상할 것, 절검節儉을 중시할 것, 충언을 수용할 것, 기강을 바로잡을 것,

상벌을 신중히 할 것, 하늘의 노여움을 공경하게 받들 것, 백성의 형편을 헤아리고 관대하게 대할 것, 어진 인재를 등용할 것, 군비를 확충할 것 등이다. 또한 계사啓辭 중에는 육상운송과 해상운송에 대한 건의가 포함되어 있으며, 동성同姓 혼인을 금지할 것을 요청하는 글도 있다.

권4에는 서書 20편, 명銘 1편, 전箋 4편, 축문祝文과 제문祭文 3편, 묘갈명墓碣銘 2편, 묘지墓誌 1편, 조천록朝天錄 1편이 수록되어 있다. 편지는 퇴계 문인을 비롯한 여러 동문과 안부를 주고받은 것이 다수를 이룬다. 조천록은 1587년(선조 20)에 6개월 동안 북경에 사신으로서 다녀온 과정을 일기 형식으로 기록한 것이다.

권5와 6은 부록으로 연보年譜, 선묘어찰宣廟御札, 제황해도관찰사유지除黃海道觀察使諭旨, 교서敎書, 조천별장朝天別章, 사제문賜祭文, 제문祭文 등이 실려 있다. 덧붙여 아들 배용길裵龍吉이 지은 가장家狀 및 유성룡柳成龍이 지은 신도비명神道碑銘, 이정귀李廷龜가 지은 묘지명墓誌銘, 계문제자록溪門諸子錄 등이 수록되어 있다.

1. 임연재의 한평생: 「가장」[1)]

　공의 휘는 삼익三益이고, 자는 여우汝友이다. 그의 선조는 경주慶州 흥해
興海 사람으로 고려 때 휘 경분景分이 곧 공의 비조鼻祖이며, 관직은 검교장
군檢校將軍에 이르렀다. 4세조 휘 영지榮至는 봉익대부奉翊大夫 전리판서典理判
書 상호군上護軍 평양윤平壤尹을 제수받았다. 그의 아들 휘 전詮은 충렬忠烈·
충선忠宣 두 임금을 차례로 섬기면서 벼슬이 성근선력익대좌명공신誠勤宣力
翊戴佐命功臣 삼중대광첨의평리三重大匡僉議評理에 이르고 흥해군興海君에 봉해
졌다. 그의 아들 휘 상지尙志는 통훈대부通訓大夫 판사복시사判司僕寺事이다.
고려 말에 중서랑中書郎이 고사故事를 들어 공을 변절시키려 하자, 공은 관
직을 버리고 남쪽으로 떠나니, 친구가 만류하였으나 따르지 않았다. 드디
어 안동부 서쪽 금계촌金溪村에서 숨어 살면서 측백나무와 대나무를 심고
그 가운데 집을 짓고는 이에 몸소 이름을 지어 뜻을 나타내었다. 본조本朝
에 들어서도 변절하지 않고 생을 마쳤다. 『백죽당집柏竹堂集』을 남겼으나
유실되어서 전하지 않는다. 뒷날 아들 환桓이 귀하게 되어 병조참판에 추
증되었다.

　공은 4남 1녀를 낳았는데 모두 귀하게 현달하였다. 장남은 권權으로
사헌부지평司憲府持平이다. 그 아들은 휘 효장孝長으로 녹사錄事이다. 그 아들
은 휘가 임袵으로 소위장군昭威將軍이니, 곧 임연재의 고조이다. 증조는 휘
이순以純으로 성균진사成均進士이고, 통훈대부通訓大夫 통례원通禮院 좌통례左通

---

1) 「家狀」은 裵三益의 아들 琴易堂 裵龍吉(1556~1609)이 썼으며, 『琴易堂集』에는 「先考通
政大夫守黃海道觀察使兼兵馬水軍節度使府君行狀」이란 제목으로 수록되어 있다. 본 번
역문은 한국고전번역원 한국고전종합DB(https://db.itkc.or.kr)에 수록된 『琴易堂集』
번역을 참조하였다.

禮에 추증되었다. 부인은 김씨金氏로 숙인淑人에 추증되었다. 조부 휘 헌巘은 성균생원成均生員이고, 통정대부通政大夫 승정원좌승지承政院左承旨 겸 경연참찬관經筵參贊官에 추증되었으며, 부인은 박씨朴氏인데 숙부인에 추증되었다. 부친은 휘가 천석天錫으로 병절교위秉節校尉 충좌위부사과忠佐衛副司果이고, 가선대부嘉善大夫 병조참판兵曹參判 겸 동지의금부사同知義禁府事에 추증되었다. 부인은 영일정씨迎日鄭氏로 정부인에 추증되었는데, 처사 세호世豪의 따님으로 가선대부嘉善大夫 검교檢校 한성윤漢城尹인 휘 원후元厚의 5세손이다.

임연재 공은 가정 12년(1534, 중종 29) 갑오년 8월 3일 정유일에, 안동부安東府의 서쪽에 있는 단지촌丹地村의 외조부의 집에서 태어났다. 무오년(1558)에 생원시에 합격하였고, 갑자년(1564)에 병과丙科로 급제하였다. 을축년(1565)에 밀양부 교수에 제수되었으며, 무진년(1568)에 내직으로 들어와 성균관학유成均館學諭가 되었다가 겨울에 봉상시부봉사에 임명되었다. 기사년(1569)에 학록學錄으로 옮겼고, 경오년(1570)에는 학정學正으로 옮겼다. 신미년(1571)에는 박사로 옮겼다가 겨울에 호조좌랑에 임명되었으며 임신년(1572)에 그만두고 선전관宣傳官이 되었다. 계유년(1573)에 부친상을 당하였다. 을해년(1575)에 3년상을 마치고, 형조좌랑·성균관전적·예조좌랑·형조정랑에 연이어 임명되었으나 모두 나아가지 않았다. 여름에 사간원정언으로 부름을 받았으나 병을 이유로 사양하다가 결국 풍기군수로 임명되었다. 병자년(1576)에는 춘추관편수관을 겸임하였다. 경진년(1580)에 임기를 마치고, 승문원교리에 임명되었으나 나아가지 않았다. 신사년(1581)에 안동현감安東縣監에 제수되었으나, 고향이라는 이유로 사양하니, 결국 양양부사襄陽府使에 임명되었다. 계미년(1583) 겨울에는 춘추관편수관을 겸임하였고, 이어 사헌부장령으로 임명되어 부임하였으며 성균관사예로 체직되었다. 갑신년(1584)에는 성균관직강·사간원정언·성균관사예·사헌부장령·성균관사성·사간원헌납 겸 춘추관기주관을 거쳐 여름에 성균관전적으로 체직되었다. 가을에 다시 헌납獻納에 임명되었다가 홍문관수찬·지제교 겸 경연검토관·춘추관기사관·사간원사간으로 전직되었다. 을유년(1585)에는 성균관사성으로 체직되었고, 종부시정·홍문관부교리·지제교 겸 경연시독관·춘추관기주관을 역임하였다. 가을에 교리·사헌부장령·사간원사간으로 전직되었다. 겨울인 12월에 통정대부 승정원동부승지 겸 경연참찬관·춘추관수찬관에 올랐다. 병술년(1586) 봄에 우부승지에 임명되었으며, 가을에 좌부승지에서 의흥위상호군義興衛上護軍으로 체직되었다. 얼마 후에는 장례원판결사로 임명되었다가 용양위대호군龍驤衛大護軍으로 체직되었다. 겨울에 성균관대사성에 임명되었다. 이때 명나라에 방문하는 사람 중에서 어떤 이는 방물方物2)을 잃어버리고, 어떤 이는 옥하관玉河館3)에 불을 내기도 하였다. 정해년(1587, 선조 20) 봄에 공은 진사사陳謝使의 명을 받았다. 공은 성균관은 많은 선비와 관련되는 곳이어서 책임이 중대하므로 하루라도 장관직을 비워 둘 수 없다고 생각하여 상소를 올려 사직하였다. 이로 인해 체직되어 첨지중추부사의 직위를 받아 사행使行을 떠났다. 돌아와서는 우승지에 임명되었으나 병을 이유로 사양하니 첨지로 체직되었다. 겨울에 황해도관찰사에 임명되었다. 5월에 병으로 사직하였으나 윤허하지 아니하여 결국 병을 무릅쓰고 해안가의 여러 고을의 상황과 실적을 조사하였는데 감영으로 돌아온 뒤에 병이 악화되었다. 윤6월에 다시 사직하니 비로소 윤허하였다. 돌아오는 길에 해주海州의 청단역靑丹驛에서 세상을 떠나니, 날짜는 만력 16년 무자년(1588) 7월 1일 임자일이고, 향년 55세였다.

---

2) 方物은 명나라에 바치는 특산품이나 예물을 말한다.
3) 玉河館은 중국 北京에 있던 사신들의 숙소로, 조선의 사신 역시 북경에 가면 여기서 유숙하곤 하였다.

공은 나면서부터 탁월한 재주가 있었다. 구두句讀를 익히자마자 문의文
義를 파고들어 따지니, 가르치는 사람이 대답하지 못했다. 어느 날 공이
책을 끼고 오는 것을 보자 눈살을 찌푸리며 "아무개가 다시 오는데, 내가
어떻게 대답을 한다지"라고 하였다. 11세 때 참판공을 따라 서울에 유학하
였는데, 말을 하면 사람들을 놀라게 하였고, 조금 더 커서는 손에서 책을
놓지 않았다. 경신년(1560, 명종 15)에 퇴계退溪에서 이황李滉 선생을 찾아뵙고
『심경心經』과 『시전詩傳』을 공부하였으며, 학문의 요체를 들었다.

처음 벼슬에 나아갔을 때는 31세였다. 권지權知에서 낭관郎官이 될 때까
지 직무에 성실하였다. 풍기군수로 있으면서는 청렴함과 삼감으로 자신을
지켰으며, 올바르고 민첩하게 정사에 임하였다. 특히 교화를 돈독하게 하
고 풍속을 가다듬는 것을 급선무로 삼으니 선한 자는 좋아하였고 악한 자
는 싫어하였다. 또한, 그 고을은 풍속이 억세고 사나워서 옛날부터 다스리
기 어렵다고 하였는데, 교활한 아전들이 규범을 농락하면 반드시 법으로
바로잡아 조금도 용서하지 않으니, 아전들이 비로소 두려워하면서 감히
어기지 못하였다. 군수로 있는 6년 동안 절약하여 풍족함을 거두었고 창
고의 곡식에는 여분이 있었다. 또한 여러 해 동안 거두지 못한 세금에 대
한 장부에 대해서 '명성을 좋아하는 사람은 반드시 백성을 모아 놓고 불에
태울 것이지만 나는 그렇게 하지 않겠다. 어찌 쓸모 있는 것을 무용하게
버리겠는가'라고 생각하고는 모두 벽을 도배하는 용도로 써 버렸다. 공이
고을을 떠난 뒤에는 현우賢愚를 막론하고, 또 비록 공에게 굴욕을 받은 사
람일지라도 모두가 공을 그리워하였다.

양양부사襄陽府使로 임명되었을 때에는 지방의 풍속을 살피고 전임자의
정사를 변화시켜 모든 일을 관대하고 간략하게 통치하였다. 시행하는 정
책이 기존에 비해 주도면밀했으며, 선비들에게 과거공부를 권장하여 더욱

힘쓰게 하였다. 관청의 건물이 무너진 것을 보수하는 데에도 요령이 있어서 한 사람도 징발하지 않고서 원래 상태를 복원하였다. 매년 여름과 가을에 특산물로 물고기를 매달 조정에 바쳤는데, 연어와 송어, 은어 등이었다. 관례에 따르면 한 지역 안의 민호民戶 모두에게 산초나무 뿌리의 독을 채집하여 물고기를 잡게 하였는데 그로 인해 백성들이 생업에 진력할 수가 없었다. 공이 그들을 위하여 돌아가면서 채집하도록 하니 백성들이 매우 편안하게 여겼다.

공은 제사에 정성을 다하였고 공사公私의 차별을 두지 않았다. 석채釋菜외에 사직社稷·성황城隍·여제厲祭 등의 제사에서도 반드시 재소齋所에 묵으며 직접 일을 주관했다. 아전 중에 제사를 담당한 사람이 나아가고 물러남, 펴고 굽히는 동작이 예법에 맞지 않으면 직접 가르쳤다. 두 차례 지방관으로 나가서도 시종여일하였으며, 조금도 나태하지 않았다. 양양에서는 동해신東海神에게 제사를 지내는데, 매년 봄에 축책祝冊이 서울에서 오니, 공은 제사 받들기를 더욱 근엄하게 하였다. 날이 맑기를 빌거나 비가 내리기를 빌 때에는 남에게 맡기지 않았고, 희생과 폐백을 갖추어 몸소 명산대천에 고하였으며, 후미지거나 험한 곳이라고 해도 피하지 않았으니, 기도에 따른 응답을 늘 받았다. 그곳의 풍속은 귀신을 숭상하여 성황사城隍祠의 지전紙錢이 언덕이나 숲처럼 쌓여 있었다. 공은 그것을 없애거나 불태우게 하고 깨끗이 청소한 뒤에 제사를 지냈다. 초기에는 관리들이 부하를 데리고, 매년 5월 5일에 사당에서 귀신을 맞이하면서 무당을 불러 놓고 요망한 행위를 하였다. 아마 이는 예맥濊貊의 풍습인 듯한데 그 유래가 오래되었으나 여기에 이르러 근절되었다.

공이 장령掌令에 임명되었을 때, 이쪽과 저쪽이 격하게 비방하여 형세가 매우 의심스럽고 불안하였다. 공이 말하기를 "내가 관직에 있어서 사퇴할 수 없지만, 또한 조정에 오래 머물 수도 없다"라고 하고는 마침내 가속家屬을 고향으로 보냈다. 조정에서는 삼척첨사三陟僉使 노魯 아무개의 말에 따라 동해에서 큰 배를 건조하여 남쪽 지방의 쌀을 운반하고자 하였다. 공이 경연經筵에서 아뢰기를 "신이 양양부사로 있을 때 삼가 살펴보건대 동해는 구름과 파도가 하늘에 닿고, 아득하고 넓어 끝이 없으며, 바람을 피할 수 있는 섬도 없습니다. 그리하여 풍랑 때문에 가라앉는 배가 이어지고 있습니다. 만약 소형 배라면 날쌔고 부리기 쉬우므로 침몰하는 것도 드물 것이며, 설령 불행한 일이 일어나더라도 손해가 적을 것입니다. 만일 큰 배라면 실린 물건도 무겁고 배의 군사도 많을 것이므로 조금이라도 풍파가 일면 부서지기 쉽고 손해도 클 것입니다. 그러므로 신은 큰 배를 건조하는 것이 옳지 않다고 생각합니다"라고 하였다.[4]

공이 일찍이 계사啓辭에서 아뢰기를 "근래에는 동성同姓 간에 혼인하는 것을 두 집안이 대수롭지 않게 보아 수치로 여기지 않을 뿐만 아니라, 다른 사람들도 이상하게 여기지 않습니다. 풍속을 무너뜨리는 일이 이것보다 큰 것이 없습니다. 청컨대, 엄히 금하는 법령을 천명하소서"라고 하였다.[5] 또 아뢰기를 "주현州縣에서는 사전祀典이 심하게 무너져서 수령이 하급관리에게 전적으로 위임하는 데에 이르렀고, 태만하여 몸소 행하지 않으니, 신령이 돌아보고 흠향하지 않습니다. 홍수와 가뭄, 재해와 역병이 일어나는 일이 이로 인해서라고 하지 않을 수 없습니다"라고 하였다.[6] 하루는 주상이 정신廷臣 아무개를 물리치라고 반복하여 말씀했는데, 안색이 매우 사나웠다. 공이 아뢰기를 "사람을 파악하는 것은 매우 어려운 일입

---

4) 『年譜』에 따르면 1583년(선조 16)의 일이다.
5) 『年譜』에 따르면 1585년(선조 18)의 일이다.
6) 『年譜』에 따르면 1585년(선조 18)의 일이다.

니다. 한순간에 교제를 그르쳐서 우발적으로 친밀하게 되기도 합니다. 만약 그것이 국가에 해악이 된다는 것을 알았는데도 두루 편당을 지어 놓고 말하지 않는다면, 벗에게 믿음을 보였다고 할 수는 있겠지만, 나라를 저버리는 것은 어찌하겠습니까?"라고 하였다.

공이 다시 장령이 되었을 때 아무개가 대사헌이 되었다. 그가 경연에서 전조銓曹[7]를 논박하여 말하기를 "요사이 주의注擬[8]는 단지 수령만을 택하고 간관諫官은 택하지 않으니, 완급緩急과 경중輕重의 마땅함을 크게 잃었습니다"라고 하였다. 공이 책임을 느끼고 물러나니, 그는 안색을 바꾸고 언성을 높이며 만류하였으나, 공은 조금도 동요하지 않았다. 아무개가 발탁되어 대사헌으로 승진했을 때에는 임금이 신하들이 서로를 비방하는 것에 염증을 느끼고 있었다. 간원諫院이 논박하고자 하였으나 어려워하는 기색이 있었다. 공이 말하기를 "화복禍福은 하늘에 달린 것이니, 마땅히 우리의 임무를 다해야 한다"라고 하여 마침내 논의가 결정되었다.

안당安瑭[9]은 중종中宗 시기의 어진 재상이었다. 노비였던 송사련宋祀連이 거짓으로 고변하니, 안씨 일족을 무고하여 거의 죽이고, 또 자신은 거짓으로 속죄하여 작위를 얻은 뒤에 죽었다. 그 아들인 송한필宋翰弼[10]과 송

---

7) 조선시대 吏曹와 兵曹를 합하여 부른 호칭이며, 兩銓이라고도 하였다.
8) 官員을 임명할 때 먼저 文官은 吏曹, 武官은 兵曹에서 임용예정자 수의 3배수를 정하여 임금에게 올리던 것.
9) 安瑭(1460~1521)은 中宗 때의 관료로 이조판서, 우의정, 좌의정 등을 역임하였다. 조광조를 비롯한 사림의 伸冤을 상주하였지만, 훈구파에 의하여 공격받아 파직되었다. 당시 안당의 아들 安處謙은 기묘사화로 득세한 南袞과 沈貞 등을 제거하기로 모의하였지만, 그 사실을 알고 있던 宋祀連이 이를 밀고하여 안당과 안처근 등이 처형되었고, 송사련은 그 공으로 당상관이 되어 이후 30여 년간 득세하였다.
10) 宋翰弼(?~?)의 본관은 礪山이고 자는 季鷹이며 호는 雲谷이다. 판관 宋祀連의 4남 1녀 중 막내아들로 宋翼弼의 동생이다. 송사련이 安瑭의 庶妹인 宋甘丁의 아들이었으므로 孽孫에 해당되어 신분상의 제약을 받다가 송사련이 安處謙의 역모를 조작, 고발하여 공신에 책봉되고 당상관에 올라, 그의 형제들은 유복한 환경에서 교육받아 형 宋翼

익필宋翼弼11)은 이름이 알려진 선비들과 친교를 맺어 방자함이 특히 심하였다. 사람과 귀신이 원통함을 쌓아온 지가 50여 년인데, 안씨安氏의 자손이 비로소 장례원掌隷院에 송사하게 되어 사건이 장차 결정되려고 하자 사람들은 모두 화를 피할 방법을 꾀하였다. 공이 곧 거짓된 훈작을 삭탈할 것을 아뢰니, 많은 이들이 모두 통쾌하게 생각했다.12)

공이 연경에 조회 갔을 적에 황제皇帝가 임금의 정성스럽고 부지런함을 가상히 여겨 망의蟒衣 한 벌을 특별히 하사하고, 또 칙서를 하사하여 칭찬하였다. 공이 돌아오다가 평산平山13)에 이르렀을 때 설사병을 앓았는데, 임금이 몸소 마중 나온다는 소식을 듣고 예법에 잘못됨이 있을까 걱정하여 영서역迎曙驛14)에 이르러서는 음식을 먹지 않고 복명復命하였다. 또한

弼과 함께 일찍부터 문명을 떨쳤다. 훗날 안처겸의 역모가 조작임이 밝혀지면서 도피 생활을 하였고, 유배와 사면을 오가는 등 부침을 겪었다.

11) 宋翼弼(1534~1599)의 본관은 礪山이고 자는 雲長이며 호는 龜峯이다. 판관 宋祀連의 아들이다. 송익필은 재능이 비상하고 문장이 뛰어나 아우 宋翰弼과 함께 일찍부터 문명을 떨쳤고, 명문자제들과 폭넓게 교유하였다. 初試를 한 번 본 외에는 과거를 단념하고 학문에 몰두하여 명성이 높았다. 李珥·成渾과 함께 성리학의 깊은 이치를 논변하였다. 특히 禮學에 밝아 金長生에게 큰 영향을 주었다. 또 정치적 감각이 뛰어나 서인 세력의 막후실력자가 되기도 하였다. 그러나 1586년에 동인들의 충동으로 安氏 집안에서 송사를 일으켰고, 결국 송사련이 밀고하여 드러난 安處謙의 역모가 조작임이 밝혀졌다. 이에 송익필의 형제들은 도피 생활에 들어갔다. 그러나 1589년 기축옥사로 鄭汝立·李潑 등 동인들이 제거되자 그의 형제들도 신분이 회복되었다. 그 때문에 기축옥사의 막후 조종 인물로 지목되기도 하였다. 뒤에 또 노수신, 이산해 등 동인들을 비난한 趙憲의 과격한 상소에 관련된 혐의로 李山海의 미움을 받아 송한필과 함께 희천으로 유배되었다. 1593년 사면을 받아 풀려났으나, 일정한 거처 없이 친구와 문인들의 집을 전전하며 불우하게 살다 죽었다. 1586년 안씨의 송사 전까지는 고양의 귀봉산 아래에서 크게 문호를 벌여놓고 후진들을 양성하였다. 그 문하에서 김장생·金集·鄭曄·徐渚·鄭弘溟·姜澯·金槃·許雨 등 많은 학자가 배출되었다. 시와 문장에 모두 뛰어났으며, 자신의 학문과 재능에 대한 자부심이 강하여 스스로 고대하게 행세하였다. 이러한 태도가 송익필의 미천한 신분과 함께 조소의 대상이 되었다. 저서로는 시문집인 『구봉집』이 있다.

12) 『年譜』에 따르면 1586년(선조 19)의 일이다.

13) 황해도 평산군을 말한다.

14) 경기도 楊州牧에 있던 역이다.

『대명회전大明會典』과 본조本朝의 종계宗系를 기록한 초본草本을 구해서 올리니, 임금께서 글을 내려 칭찬하기를 "만일 사신使臣의 충심이 아니었다면 어떻게 이것을 얻었겠는가? 또한 나로 하여금 선왕先王의 억울함이 해소되었음을 알게 하였으니, 내가 매우 가상히 여긴다"라고 하였고, 이어서 내구마內廐馬를 하사하였다. 오래지 않아 우승지右承旨로 특별히 임명되었으나, 병으로 인해 나아가지 못했다.

병이 조금 차도가 있자 황해도관찰사에 임명되었다. 이때는 해서海西에 8, 9년 동안 기근이 들어 백성들의 죽음이 지난해에는 더욱 심해졌다. 구황救荒을 위해 재촉하여 길에 오르니, 사람들이 모두 공에게 병으로 사직하고 쉬기를 권하였다. 공은 단호하게 길에 오르며 말하기를 "나는 황폐한 땅에서 발탁되어 이런 지위에 이르게 되었고, 영예가 저승의 조상에게까지 미쳤다. 그런데 임금께서 바야흐로 백성의 굶주림을 중요하게 여기시니, 이는 신하가 지쳐 쓰러져도 힘을 다해야 할 때이다. 일이 이보다 어려운 것이라도 사양할 수 없는데, 하물며 병에 차도가 있음에랴"라고 하였다.

이전에 서장관書狀官 원사안元士安이 조정에 있는 친구에게 사실이 아닌 말을 전하였고 소문이 퍼져 임금이 크게 노하였으니, 일행과 역관譯官을 잡아다 심문하고, 아울러 원사안을 하옥시켰다. 바야흐로 지난번 사행使行에서 방물을 잃어버린 일을 무겁게 죄주려고 하니 사태를 예측할 수 없었다. 말하는 자가 공을 아울러 논죄論罪하여 잡아서 심문하고자 하였는데, 임금은 구황 때문에 들어주지 않으면서 하교下敎하여 말하기를 "배삼익은 사람됨이 충직하다. 모르는 것을 거짓으로 꾸미지 않았을 것이니 심문하지 말라"라고 하였다.

공은 황정荒政에 있어서 조리 있게 처리하고 상세하게 살펴 조치하니,

백성이 비로소 새로운 삶에 대한 희망을 갖게 되었고, 임금은 따로 홍세영洪世英을 보내어 마을에 드나들며 구황토록 하였다. 홍세영은 공이 조치한 것을 보고서 공에게 말하기를 "황정을 공이 이미 완수하였으니, 나는 단지 순시巡視할 뿐이다"라고 하였다. 연안延安 관아의 곡식이 넉넉하지 못하여 백성이 굶주려 거의 죽을 지경에 이르렀다. 공이 금곡창金谷倉을 열어 쌓아 둔 곡식으로 구휼하니, 백성들이 그 덕분에 소생하여서는 집에 목패木牌를 만들어 두고 절하였다. 해주목사海州牧使 이응기李應麒가 그 지역을 지나다가 그것을 보고서 묻기를 "이것은 무슨 물건인가?"라고 하니, 백성들이 답하기를 "관찰사의 선정善政을 기리는 패입니다. 봄에서 여름으로 넘어갈 때 만일 곳간을 열지 않았더라면 지금 우리는 이미 죽었을 것입니다"라고 하였다.

재령載寧과 봉산鳳山 바닷가의 갯벌과 늪지대를 나라에서는 방죽을 쌓아 수전水田을 만들고, 백성들이 경작하고 수확하여 나라의 쓰임을 돕게 하였는데, 이를 둔전屯田이라 하였으니, 재령군수 박충간朴忠侃이 시작한 것이다. 수전이 골을 이루며 물이 부딪히는 곳에 있어서 방죽은 쌓는 대로 곧 무너져 버렸다. 근방의 백성들이 봄에 쌓고 가을까지 운용하였는데, 매년 변함없이 시행하였기에 그 고통이 극심하여 흩어져 도망간 사람이 열에 아홉이었다. 그러나 박충간은 바야흐로 공로를 쌓아 자랑하려고, 메벼가 무성하게 자란 곳을 골라서 기준으로 삼고, 나머지 부실한 밭에서도 반드시 세금을 받아 채우려고 하였다. 독촉이 매우 심하여 백성은 모두 빚을 내서 채워 넣었다. 공이 이곳에 이르자 온 지역의 백성이 등에 짐을 지고 서서 길가에서 원통함을 호소하였다. 공이 장계를 올려 "가을에 추수할 때 찰방이나 훈도 같은 한가한 관원을 보내 주시면 감독하여서 고르게 거두고, 백성을 괴롭히는 폐단을 없애겠습니다"라고 하였으나, 호조戶

曹에서는 난색을 표했다. 공이 기존 의논을 더욱 주장하자 임금이 그 말을 따랐고 백성은 안정되었다. 박충간은 다시 민원民願을 이유로 둔전에서 가까운 곳에 별도의 곳간을 세워 수납輸納을 편하게 할 것을 청하였다. 공이 봉산에 공문을 보내서 백성의 사정이 불편함을 살펴 알고 주청하기를 "재령과 봉산은 그 사정이 같습니다. 수납하러 오는 길의 멀고 가까움도 대략 서로 같습니다. 봉산의 백성은 바라지 않는데, 재령의 민심이 봉산 백성과 달라서 유독 세우기를 청하겠습니까? 하물며 해마다 기근이 든 나머지 백성은 오로지 죽음을 벗어나느라 경황이 없는데, 또 토목 공사를 일으키는 것은 백성이 바라는 바가 아닌 듯하니, 청컨대 풍년이 들기를 기다리소서"라고 하였다. 호조는 이미 박충간의 말을 따르고 있었고, 공은 또 병이 위독해졌다. 탄식하여 말하기를 "둔전은 나라에 도움이 될 것을 구한 것인데, 백성에게 해를 끼침이 여기에 이르렀으니, 이익을 꾀하는 신하는 쓸 수 없구나"라고 하였다. 공이 과로하여 몸이 상한 나머지 또 이질을 앓았는데 백약百藥이 효과가 없었다. 간혹 사람들이 휴식하기를 권하니, 곧 답하기를 "각 고을의 아전들이 오래 지연시켜 폐단이 헤아리기 어려운데, 숨이 아직 남았으니 어찌 그치겠는가"라고 하였다. 이로부터 병이 더욱 심해지자, 조정의 사우士友 중에 공을 아끼는 사람들은 모두 공에게 사직하고 돌아갈 것을 권하였고, 공도 면직免職을 구하였으나 윤허하지 않았다. 내가 즉시 다시 사직할 것을 권하니, 공은 거절하면서 말하기를 "사람이 꼭 처자의 보살핌 속에서 죽은 뒤에야 마음이 기쁘겠는가? 내가 이미 조정에 몸을 맡겨 벼슬하고 있으니, 직무를 수행하다가 죽어도 무슨 불만이 있겠는가? 사람이 죽고 사는 것에는 명命이 있거늘 관직을 그만두고 명에서 달아날 수 있겠는가? 주상이 이미 윤허하지 않았으니, 어찌 감히 번거롭게 하겠는가? 시간을 조금 두고서 다시 청할 따름이다"라고 하였다. 나는 소고기가 원기를 보충할 수 있다는 말을 듣고는 구해서 올렸더니 공은 물리치고 듣지 않으며 말하기를 "한 고을의 법도를 지키는 자리에 있으면서 스스로 법도를 어긴다면 그것은 거리낌이 크게 없는 것이다. 네 아비를 죄에 빠뜨리지 말아라"라고 하였다.

얼마 안 되어 다시 병으로 사직을 아뢰니, 체직遞職의 명이 이르렀다. 드디어 당일로 길에 올랐는데 병 때문에 길을 갈 수가 없어 중지촌中旨村의 가옥에 머무르니 감영에서 30리 거리였다. 이때 도사都事 김익현金翼賢·찰방察訪 안백지安百之·판관判官 유해柳海가 따라왔는데, 서로 의논하여 해주로 되돌아가서 병을 치료하자고 하였다. 내가 들어가 고하자 공은 매서운 목소리로 말하기를 "너희는 어째서 의심하는가? 서늘할 때 일찍 길에 올라 청단역靑丹驛을 향해 나아가라"라고 말하고는 이어서 수레를 갖추라고 명하였다. 출발할 즈음 도사에게 일러 말하기를 "내가 이미 병들었으니 자제들 곁을 멀리 떠나 있을 수 없다. 또한 이미 체직되었으니, 그대들은 마땅히 뒤에 남아야 한다. 아마도 그대들의 돌아가자고 하는 계획은 이미 병이 어쩔 수 없는 것임을 알고, 죽은 뒤의 일을 도모하고자 한 것이리라"라고 하니, 공의 말을 듣고는 감히 속일 수 없었다. 마침내 청단을 향하였는데, 길 위에서 병세가 위독해져서 수레에서 내린 지 얼마 후에 숨을 거두었다. 도사와 찰방이 몸소 입관入棺하는 것을 보살피고, 상구喪具를 빈틈없이 감독하였으며, 그날로 역마를 타고 가서 임금께 아뢰었다. 주상이 특별히 부의賻儀를 내리고, 예조정랑 박경신朴慶新을 보내어 강나루 근처에서 제사를 지내 주었다. 또 각 통행로에 공문을 보내 배와 수레를 제공하여 집으로 돌아가도록 하였다.

공은 성품이 지극히 효성스러웠다. 항상 녹봉祿俸으로 부모님을 봉양하지 못한 것을 종신토록 애통해하였으니, 그 말을 할 때면 번번이 눈물을 흘리곤 하였다. 14살 때 어머니가 돌아가셨고, 서모庶母는 공을 대함에 애정이 적었다. 공의 친구가 참판공에게 고하자 참판공이 서모를 내쫓으려 하였다. 공이 시를 지어 참판공의 자리 구석에 두었는데, 참판공이 그것을 보고 결국 내쫓지 않았다. 참판공이 병들었을 때에는 허리띠를 풀지 않고 돌보았으며, 약을 올릴 때는 반드시 먼저 맛보았다. 참판공이 돌아가시자 밤낮으로 부르짖으며 통곡하였으며, 거적자리에 앉고 흙 베개를 베고 누워서 중습中濕에 걸렸다. 장례를 겨우 치르고는 하반신이 저리고 약해져서 기거起居를 다른 사람에게 맡겨야 했는데, 초수椒水에 목욕하고는 조금 나아졌다. 염습殮襲하고 장례 도구를 갖추는 비용은 모두 공이 냈고, 동생이나 누이에게 부담이 되지 않게 하였으며, 묘소 옆에서 움막을 짓고 3년 동안 집에 내려오지 않았다. 여러 아우에게 재산을 나누어 준 뒤 공에게 분배된 밭에서 서모가 경작하여 살게 하였다.

이전에 참판공이 외지에 나가 벼슬할 때 첩을 두었다가 함께 고향으로 돌아와서 죽었다. 공은 명절과 기일忌日마다 제사를 지내 주었다. 아우와 누이를 사랑하여 입은 옷을 벗어 주었으며, 만년에는 옷상자 속에 물려받을 만한 옷이 없었다. 친가나 외가 중에 가난하여 시집을 못 보내는 집에는 반드시 비용을 대어 시집보내 주었다. 공시功緦를 입는 친척은 반드시 소복素服으로 달수를 마쳤다. 동료나 벗의 부고가 있으면 또한 연회를 그만두었고, 여러 날 동안 채식하였다. 제사는 일체 주문공朱文公의 『가례家禮』에 의거하여 반드시 고조까지 지냈고, 기제忌祭는 일위一位에 그쳤다. 정지삭망正至朔望 같은 때에는 새벽에 배알하였고, 외출할 때 고하고 돌아와서 참배하는 예를 살아 계신 분을 뵈는 듯이 하여 정성을 다하지 않음이 없었다. 속절俗節15)에는 묘소에 올라가 보았는데, 또한 함부로 풍속에 어긋나지 않게 하였다. 일찍이 말하기를 "우리 동방의 풍속은 매우 거칠다. 집안에서 제사를 아들과 딸이 돌아가면서 지내는 것도 이미 예가 아니거늘 하물며 신주 앞에서 지내지도 않고 각자 집이나 절간에서 지내니, 정성스럽지 않고 공경하지 않음이 이보다 더 클 수가 없다. 종법宗法은 무너진 지 오래고 옛날과 지금의 형편은 다르니, 문중의 여러 어른이 좋아하지 않는 것을 내가 시킬 수는 없다. 내가 마땅히 해야 할 일에 대해 내 마음을 다할 뿐이다"라고 하였다. 드디어 낡은 풍습을 고쳐서 모든 제사를 가묘家廟에서 지내고, 또 자세히 헤아리고 계획하여 장자長子가 대대로 제사를 지내는 것을 집안의 법도로 삼았다.

7대조인 참판공의 묘소가 가수촌嘉水村에 있었는데, 거의 황폐하였다. 공이 재우齋宇를 세우고, 후손들을 모아 1년에 한 번씩 제사 지냈다. 6대조인 지평공持平公과 5대조인 녹사공錄事公의 묘소가 모두 부府의 서쪽에 있었는데, 동족인 배영언裵永言과 함께 곡식을 내어 제수祭需를 장만하였다. 공이 풍기군수로 있을 때 고조의 묘소가 부의 남쪽 미가암리米家巖里에 있었는데 절기마다 보살피고, 또 서序와 명銘을 비석에 새겨 묘도墓道를 표시하였다. 일찍이 자제들에게 경계하기를 "지금 사람들이 예에 따라서 반혼返魂[16]하는 일은 잘못된 것이 아니나, 조금이라도 조심하지 않는다면 그 죄가 클 것이다. 또 보통 사람 이하는 악惡으로 흐르기 쉽고 간혹 빈부가 고르지 않아서 먹고 자고 기거하는 바가 모두 예에 맞을 수 없을 터이니, 차라리 시묘侍墓하는 것이 낫다"라고 하였다.

자제를 대함에는 엄격하고 예법을 두었다. 말과 얼굴빛을 경솔하거나

---

15) 俗節은 제삿날 이외에 철이 바뀔 때마다 사당이나 조상의 묘소에 차례를 지내는 날을 말한다. 설, 대보름, 한식, 단오, 추석, 중양, 동지 따위이다.

16) 返魂이란 反哭이라고도 하며 혼백을 다시 집으로 모시고 온다는 뜻이다. 주상과 복인들이 신주와 혼백 또는 영정을 盈車에 모시고 집으로 돌아오는 일을 말한다.

거짓되게 한 적이 없었다. 우리에게 조금이라도 잘못이 있으면 안색이 종일 편하지 않았다. 저보邸報[17]를 보고자 할 때면 경계하여 말하기를 "네가 힘써야 할 것은 책을 읽어 옛 성현의 언행을 살피고 몸으로 체득하는 데에 있지, 저보를 보는 일은 너에게 급한 일이 아니다. 또 지금처럼 어린 나이에 조보朝報를 구해 보는 것을 일로 삼아서 조정朝政의 득실에 대해 옳고 그름을 논하기를 좋아한다면 포의布衣의 무리도 각기 붕당을 나누게 될 것이니, 너희는 삼가 그러지 말아라"라고 하였다. 화려한 옷과 좋은 음식을 깊이 경계하였기에 감히 명주 비단으로 만든 옷소매를 보이지 못하였다. 사람과 사귐에 정성을 다하여 진심을 보이고, 경계를 두지 않으며 겉치레를 일삼지 않았으니, 행복한 미소로 편안하게 처하면서 종일토록 피곤한 기색이 없었다. 술을 마셔도 적게 취하였고, 간혹 읊조리거나 노래를 부르는데, 목소리가 맑고 높았다. 남의 좋은 점을 들으면 자기가 지닌 것처럼 여겼을 뿐만이 아니었고, 남의 나쁜 점을 보면 끓는 물에 손을 넣는 것보다도 싫어하였다. 이는 평생토록 타고난 천성이 그러한 것이었다.

운수를 이야기하는 것을 좋아하지 않았고, 오직 서화書畫를 보는 것을 즐겼다. 산업産業을 경영한 적이 없었기에 관리로서 성취를 이룬 이후에도 대대로 이어온 가업 외에는 조금도 증가한 것이 없었다. 관직에 있을 때에는 청탁에 응하지 않았으니, 다른 사람을 끼고서 오는 사람이 있어도 조금도 흔들리지 않았다. 국고國庫를 개인 재산보다 더 아꼈고, 공사公事 처리를 집안일보다도 급하게 하였다. 일찍이 자기를 뽐내서 이름을 얻는 일과 이익에 구차하고 당장의 업적을 구하는 일을 매우 부끄러워하였기에 겉으로 화려한 사업을 일으키지 않았고, 성급하게 행동하지 않았다. 시무時務에 대

---

17) 邸報란 조선시대 서울에서 지방의 각 고을로 보내던 연락 보고 문서이다.

해 논할 때에는 정밀하고 신중하게 행동하려 힘썼고, 요행으로 일을 벌이려는 꾀를 내지 않았으니, 마음속에 확고한 생각이 있었기 때문에 사물의 이익이나 손해로써 움직이지 않았다. 양양부사로 있을 적에 한 재상의 위세가 매우 높았는데, 어떤 사람이 교류하기를 권하면서 "전복 먹는 것을 좋아한다"라고 하니, 공이 웃으면서 말하기를 "아래에 있으면서 윗사람에게 매달리는 것을 군자는 수치로 여기나니, 나는 하지 않는다"라고 하였다. 조정에서 장수將帥를 감당할 재능이라고 공을 천거하자, 임금이 손자孫子와 오자吳子의 병서를 하사하였다. 공이 읽고 사람들에게 일러 말하기를 "용병에는 방법이 있으니, 기회를 따라 대책을 세우는 일에 관한 것은 옛사람이 남긴 글에만 있는 것이 아니다"라고 하였다. 항상 피차간에 편안치 못한 것을 근심하여 탄식하여 말하기를 "나라가 편안해질 날을 알지 못하겠구나"라고 하였다. 특히 신진新進으로서 일삼는 것을 좋아하는 사람들을 좋아하지 않아서 말하기를 "이 사람들은 끝내 일을 그르칠 것이다"라고 하였다.

병에 걸려서는 처음부터 끝까지 한마디도 재산 문제에 대해 언급한 적이 없었고, 중지촌中旨村에 있을 때에도 저보가 이르자, 내게 읽도록 하여 들으셨다. 북쪽에서 도깨비불이 괴이하게 나타나자, 공은 오히려 손으로 취하여 살펴보았으니, 바로 죽기 하루 전 밤이었다. 보첩譜牒이 성취되지 않은 것을 참판공이 근심하다가, 임종에 이르러 공에게 완성을 당부하였는데, 공이 죽기 수일 전에 엮어서 비로소 완성되었다. 두 권을 필사하라 명하여 하나는 안악安岳의 동족에게 부치고 하나는 집에 보관하였다. 또 손자들의 이름을 지어 보첩에 기록하였다. 참판공이 만년에 부府의 동쪽에 있는 임하현臨河縣 도목리桃木里의 낙동강 북쪽 언덕에 터를 정하였는데, 공은 그곳의 맑고 수려한 산수山水를 좋아하여 동쪽 기슭에 정자를 짓고 산수정山水亭이라 이름하고, 또 그 집을 임연재臨淵齋라고 이름하였으니, 늙어 은퇴한 뒤 한가롭게 쉬려던 계획이었다. 공이 집안에서 시행한 일이 이와 같았으므로 행사行事에 나타나는 것이 또한 저와 같았다. 이는 곧 마음속에 온축된 아름다운 재능이 발현된 나머지, 사업이 만년에 이르러 더욱 드러난 것이다. 그러므로 임금이 그것을 매우 깊이 알아주었고, 사람들의 기대도 또한 멀고도 컸던 것이다. 이로 인해 공의 부고가 알려지자 모두 탄식하며 조문하고, 조정에서는 자신을 잊고 나라에 헌신하는 신하를 잃은 일을 한탄하였다.

공은 어려서부터 문학으로 당시의 사람들에게 추앙받았다. 시문을 지으면 온화하고 부드러우며 단정하고 격식이 있었으며, 실질이 없는 언어를 지어내지 않았다. 비록 흥에 겨워 짓는 일이 있어도 번번이 바로 없애버렸다. 시문詩文 약간 권이 집안에 보관되어 있는데, 필법이 힘차면서도 본질에 아주 밀착하였다.

공이 아내로 맞이한 영양남씨英陽南氏는 공의 작위에 따라 정부인貞夫人에 봉해졌는데, 처사 신신藎臣의 따님이며, 통정대부 공조참의를 역임하고 가선대부 호조참판에 추증된 민생敏生의 6대손이다. 2남 2녀를 낳았는데, 아들은 용길龍吉과 용필龍弼이다. 용길은 을유년(1585, 선조 18)에 진사시에 합격하였고, 용필은 일찍 죽었다. 맏딸은 사인士人 이유성李惟聖에게 시집갔고, 막내는 충의위忠義衛 이형李逈에게 시집갔다. 측실의 아들은 상길常吉이다. 손자는 숙전淑全이니, 바로 임종 때 지은 이름이고, 딸이 셋인데 모두 어리다. 유성은 아들이 하나인데 수풍壽豐이고, 딸은 어리다.

그해 10월 기사에 부치 북쪽에 있는 내성현奈城縣 호애산虎崖山의 참판공의 묘소 뒤쪽 진좌태향震坐兌向의 언덕에 장사지냈으니, 공이 평소에 말씀한 것을 따랐다. 공이 세상을 떠난 지 이미 10여 년이 지났는데, 난리 중에 일이 많아 묘도에 비문을 새기는 일을 때에 맞게 하지 못하고 세월을 오래 끌었다. 공의 덕을 무궁한 훗날에 아름답게 하지 못할 것이 두려워서 감히 그 대강을 서술하여 오늘날의 입언군자立言君子에게 채택되기를 청한다.

못난 자식 용길이 피눈물을 흘리며 쓰다.[18]

---

18) 『臨淵齋先生文集』, 권6, 부록, 「家狀」, "公諱三益, 字汝友, 其先慶州之興海郡人, 高麗時有諱景分, 卽公鼻祖, 官至檢校將軍. 四世諱榮至, 奉翊大夫典理判書上護軍平壤尹. 生諱詮, 歷事忠烈忠宣, 仕至誠勤宣力翊戴佐命功臣三重大匡僉議評理封興海君. 生諱尙志, 通訓大夫判司僕寺事. 麗季中書郎, 用故事庭屈公, 公卽脫帽而南, 親舊止之不從, 遂屛居于安東府西金溪村, 種柏種竹而中其堂, 仍自名以見志. 入本朝, 不渝以終, 有柏竹堂集, 失不傳, 後以子桓之貴, 贈兵曹參判. 生四男一女, 幷貴顯, 長曰權, 司憲府持平. 生諱孝長, 錄事. 生諱衹, 昭威將軍, 卽公高祖也. 曾祖諱以純, 成均進士, 贈通訓大夫通禮院左通禮, 妣金氏, 贈淑人. 祖諱獻, 成均生員, 贈通政大夫承政院左承旨兼經筵參贊官, 妣朴氏, 贈淑夫人. 考諱天錫, 秉節校尉忠佐衛副司果, 贈嘉善大夫兵曹參判兼同知義禁府事, 妣迎日鄭氏, 贈貞夫人, 處士世豪之女, 嘉善大夫檢校漢城尹元厚五世孫也. 公以嘉靖十二年甲午八月三日丁酉, 生于府治西丹地村外王父之第. 戊午中生員, 甲子登丙科, 乙丑, 除密陽府教授, 戊辰, 入爲成均館學諭, 冬, 拜奉常寺副奉事. 己巳, 遷學錄, 庚午, 遷學正, 辛未, 遷博士, 冬, 拜戶曹佐郎, 壬申, 罷爲宣傳官, 癸酉丁外艱, 乙亥服闋, 歷拜刑曹佐郎・成均館典籍・禮曹佐郎・刑曹正郎, 竝不行. 夏, 以司諫院正言召, 辭以疾, 遂拜豐基郡守. 丙子, 兼春秋館編修官. 庚辰秩滿, 拜承文院校理, 不行. 辛巳, 除安東縣監, 以本官辭, 遂拜襄陽府使. 癸未冬, 兼春秋館編修官, 繼以司憲府掌令召至, 遞爲成均館司藝. 甲申, 歷成均館直講・司諫院正言・成均館司藝・司憲府掌令・成均館司成・司諫院獻納兼春秋館記注官, 夏, 遞爲成均館典籍, 秋, 復拜獻納, 轉弘文館修撰・知製敎兼經筵檢討官・春秋館記事官・司諫院司諫. 乙酉, 遞爲成均館司成, 歷宗簿寺正, 弘文館副校理・知製敎兼經筵侍讀官・春秋館記注官. 秋, 轉校理・司憲府掌令・司諫院司諫. 冬十二月, 陞通政大夫承政院同副承旨兼經筵參贊官・春秋館修撰官. 丙戌春, 拜右副承旨, 秋, 以左副承旨遞爲義興衛上護軍, 俄拜掌隷院判決事, 遞爲龍驤衛大護軍. 冬, 拜成均館大司成. 時聘上國者或失方物, 或火玉河館, 丁亥春, 公奉命陳謝, 公以爲成均多士所關, 責任重大, 不可一日闕長官, 上疏辭之, 遂遞拜僉知中樞府事以行, 還拜右承旨, 辭以疾, 遞爲僉知. 冬, 拜黃海道觀察使, 五月, 辭疾不許, 遂力疾考績于沿海諸邑, 還營疾革, 閏六月, 再辭乃許, 道卒于海州之靑丹驛, 時萬曆十六年戊子七月一日壬子也, 享年五十五. 公生有俊才, 纔習句讀, 必究問文義, 敎者無以應, 他日見公挾書至, 必顰蹙曰, 某復來, 吾何以應之. 年十一, 從參判公遊學京師, 出語便驚人, 稍長, 手不釋卷. 庚申, 拜李先生於退溪, 講心經詩傳, 得聞爲學之要. 及其筮仕也, 年已三十一矣, 自權知以至爲郎, 勤於職務. 其在豐基, 廉謹以持身, 剛敏以爲政, 而尤以敦敎化厲風俗爲先務, 其善者好之, 不善者惡之. 且其邑俗强戾, 古稱難治, 而猾吏舞文者, 必繩之以法不少貸, 吏始畏戢不敢犯. 在官六載, 約以取足, 廩有餘粟, 遂將累歲逋負文簿, 以爲人之好名者, 必聚民焚之, 此吾所不爲也, 且惡夫有用之歸於無用, 悉付諸塗壁之費. 及其去後, 無賢愚雖或見挫於公者, 莫不追思. 及出襄陽, 察土風而變前政, 一切御之以寬簡, 張設擧措, 比前尤加周詳, 課勸士子尤勤. 公廨之頹敗者, 葺治有方, 不調一夫而復其舊. 每年夏秋, 以土產月貢江魚, 鰱松銀口之屬, 例盡藉

一境民戶, 採椒根毒以捕之, 民不得盡力於生業, 公爲之番休輪採, 民甚便之. 公盡心祀事, 無間公私, 如釋菜之外, 社稷城隍厲祭等祀, 必皆齋宿躬事, 人吏之執事者, 周旋興俯, 不中儀式, 公親自指敎, 兩出爲邑, 始終如一, 未嘗少懈. 而襄陽則祀東海神, 每歲春, 祝冊自京師至, 公奉事尤謹嚴, 至於禱晴祈雨, 亦未嘗委諸人, 具牲幣躬告群望, 不憚幽險, 無不立應. 且其爲俗右鬼, 城隍祠紙錢, 積如丘林. 公命撤而付之火, 淨埽而卽事. 始時府吏率其屬, 以每年五月五日, 迎神于祠, 招巫史爲妖, 蓋其獩貊之遺習, 其所從來久矣, 至是乃絶. 公之以掌令召也, 彼此激訐, 勢甚危疑, 公曰, 吾在職不可辭, 亦不可久於朝, 遂遣家屬於鄕. 朝廷用三陟僉使魯姓人言, 造大舶於東海, 以運南路米. 公於經席進曰, 臣待罪襄陽, 竊審東海之爲物, 雲濤接天, 杳漫無際, 無島嶼可以避風, 故遇風而墊溺者相繼, 惟小舟則便捷易使, 故鮮有沒者, 雖或不幸, 所失亦少, 若大舶則載物重而艫軍多, 少有風波, 敗易而失多, 臣以爲不可造也. 公嘗啓曰, 近來同姓通婚, 非惟兩家恬不知恥, 人亦不以爲怪, 傷風敗俗, 莫大於此, 請申明嚴禁之令. 又啓曰, 州縣祀典甚隳, 至於守令專委下吏, 惰而不躬, 神不顧享, 水旱災厲之作, 未必不由於此也. 一日, 上語斥廷臣姓某爲反覆, 色甚厲. 公進曰, 知人甚難, 一時失於擇交而偶與之密, 若旣悟其有害於國家, 而猶周比不言, 則謂之信於友可也, 奈負國何. 公之再爲掌令也, 姓某爲憲長, 於經席駁銓曹曰, 近日注擬, 只擇守令而不擇諫官, 甚失緩急輕重之宜也. 公卽引嫌而退, 其人怒, 變色厲聲而止之, 公不少動. 姓某擢陞憲長, 時上方厭彼此相訐, 諫院欲論之而有難色, 公曰, 禍福繫於天, 當盡在我者, 遂決論之. 安塘, 恭僖朝賢相也, 其奴宋祀連誣上變, 誅陷安氏殆盡, 仍冒贖序爵死. 其子翰弼·翼弼, 交結一時知名士, 恣橫殊甚, 人神之積憤餘五十載, 而安氏之子孫, 始得訟于掌隷院, 事將決, 人皆規避, 公卽啓削冒勳, 衆皆快焉. 公之朝京也, 皇帝嘉上之恪勤, 特賜蟒衣一副, 又賜勅褒之. 公還至平山, 患泄痢, 聞上之親逆, 懼有愆于禮, 到迎曙, 不食以復命. 且購得大明會典本朝宗系草本以進, 上下書獎之曰, 若非專對之忠, 何以得此, 且使予知已雪先王之累, 予甚嘉焉, 仍賜內廐馬, 俄而特拜右承旨, 病不克拜. 病少間, 而有海西之命, 時海西饑饉將八九年, 民之死亡, 至前歲尤甚, 特以救荒催上道, 人皆勸公辭疾將息. 公慨然就道曰, 臣起自草萊, 擢至此位, 榮及重泉, 而上方以飢荒爲重, 乃臣子盡悴之秋也, 事有難於此者, 將不可辭, 況病亦少間乎? 初書狀官元士安, 播不實語於朝友, 仍以轉聞, 上大怒, 拿訊一行譯官, 竝下士安獄, 將重罪前使之失方物者, 事將不測. 言者因幷論公, 欲拿問, 上以救荒不聽, 下敎曰, 裵三益爲人忠直, 以爲不知, 必非誣飾, 其勿問. 公於荒政, 區處條理纖悉備擧, 民始有更生之望, 上別遣洪世英, 出入閭里周救, 及見公所爲, 謂公曰, 荒政令公已盡之, 吾但巡視爾. 延安官穀不實, 民飢濱死, 公爲發金谷倉積粟賑之, 民賴以生, 家造木牌拜之. 海州牧使李應麒路過其境見之, 問曰, 此何物耶, 民曰, 觀察使善政牌也, 春夏交, 若非發倉之擧, 民等今已爲異物矣. 載寧鳳山沿海斥澤, 國爲築堰作水田, 令民耕播而收穫, 以助國用, 謂之屯田, 卽載寧郡守朴忠侃所創也. 田在峽水之衝, 隨築隨圮, 傍近之民, 春築秋運, 歲以爲常, 不堪其苦, 散去者什八九. 而忠侃方欲誇衒績勞, 揀取杭稻茂實處以爲式, 其餘不實者, 必取盈焉, 徵責甚急, 民皆稱貸而充之. 公之下車, 一境荷擔而立, 沿途呼冤, 公啓曰, 當秋成, 差遣閒員若察訪訓導, 監收平分, 以除剝割之弊, 戶曹難之. 公執前議愈堅, 上從之, 民始奠枕. 忠侃又以民願, 請立別廒於屯田近地, 以便輸納. 公移帖鳳山, 廉知民情不便, 啓曰, 載寧鳳山, 其事同, 輸納之路, 遠邇又略相同, 而鳳民猶不願, 載寧民心, 亦豈遠於鳳民而獨請立之, 況仍歲饑饉之餘, 民惟救死之不遑, 又興工作, 似非民情, 請竢有年. 戶曹已從忠侃之言, 公亦疾篤, 嘆曰, 屯田求以助國, 而民害至此, 興利之臣, 不可用也. 公勞傷之餘, 又患血痢, 百藥不效, 人或勸之休息, 則曰, 各邑人吏之淹滯, 弊甚不貲, 氣息

尚存, 安可廢也. 自是疾轉劇, 朝中士友之愛公者, 皆勸公辭還, 公亦祈免, 不許. 不孝孤勸卽再辭, 公不可曰, 人必死於妻子手, 然後快於心乎, 吾旣委質於朝, 雖死於職, 有何嫌乎, 人之死生, 有命存焉, 安可以遞職而逃命乎? 上旣不許, 安敢煩冒, 當少延日月再請爾. 不孝孤聞黃牛肉能補元氣, 求得而進之, 卻不御曰, 持一邦之憲, 而身自踣之, 其無忌憚甚矣, 無陷爾父爲也. 未幾再辭疾, 遞命至, 遂卽日上道, 病不能行, 宿留中旨村舍, 距營三十里也, 時都事金翼賢·察訪安百之·判官柳海從行, 相與議還州調治, 不孝孤入告, 公厲聲曰, 兒輩何疑惑耶, 須乘早涼, 進向靑丹, 仍命整駕, 臨發諸都事曰, 吾旣病, 不可遠子弟, 且職已遞, 君宜落後, 蓋諸君還州之計, 已知病之不可爲, 欲爲後事謀也, 及聞公言, 不敢瞞. 遂向靑丹, 道上危篤, 下席纔數刻而終. 都事與察訪, 躬視棺殮, 監督喪具無不周悉, 卽日馳驛以聞, 上特致賻, 遣禮曹正郎朴慶新賜祭江頭, 又移文各路, 給船輿歸于家. 公性至孝, 常以祿不逮養, 爲終身痛, 言之輒涕下. 年十四, 母夫人歿, 庶母待之少恩, 親舊皆知參判公, 參判公將逐之, 公爲作詩置諸座隅, 參判公見之, 不果逐. 參判公之病也, 衣不解帶, 進藥必先嘗, 及其歿也, 晝夜號哭, 坐臥草土, 仍中濕, 葬纔畢而下部痿弱, 起居任人, 浴椒水而差, 其所以治殮事辦葬具者, 皆出於公, 不以累弟妹, 廬于墓側, 三年不下家. 諸弟分産之後, 以公所分田, 許庶母耕以資生. 初參判公之遊宦也, 嘗畜一妾, 仍與下鄉而死. 公於歲時忌日, 香火不輟, 友愛弟妹, 解衣與之. 晚年篋中, 衣無舊襲, 內外族之貧不能嫁者, 必資以嫁之, 功緦之戚, 必素服終月數. 像友之訃, 亦爲罷燕飮, 行素累日. 祭祀一依朱文公家禮, 祭必及高祖, 忌祭止一位, 至如正至朔望晨謁, 出告返面之禮, 無不盡如在之誠. 俗節上墓, 亦不敢違於俗, 嘗曰, 吾東方風俗甚陋, 人家祭祀, 子女輪行, 旣已非禮, 況且不行於神主, 而行於各舍, 或僧室, 不誠不敬, 莫大於此, 宗法廢久, 古今異宜, 若諸門長之不肯者, 吾不能令, 至於吾所當行者, 盡吾心焉爾. 遂革舊習而一切行之家廟, 且將區畫, 使長子世守, 爲一家法. 七代祖參判公墓在嘉水村, 幾荒廢, 公創立齋宇, 會姓孫藏一奠之. 六代祖持平公, 五代祖錄事公墓俱在府西, 與姓族裵永言出穀, 以爲祭需. 公之豐, 高祖墓在治南米家墓里, 爲之歲時瞻埽, 又爲序銘刻石表墓道, 嘗戒子弟曰, 今人從墓返魂, 未爲非也, 一或不謹, 其罪大矣, 且中材以下, 易流於惡, 或貧富不均, 食息居處, 不得盡合於禮, 則不如廬墓之爲得也. 待子弟嚴而有禮, 未嘗輕假以辭色, 孤輩少有差失, 不怡於色者竟日. 欲見邸報則戒之曰, 爾所務在讀書, 觀古聖賢言行而體之於身, 邸報非爾所急也, 且今之年少, 以求見朝報爲業, 好是非朝政得失, 以致布衣之類亦各分朋, 爾輩愼勿聞也. 深以靡衣美食爲戒, 故不敢以紬帛衫袖見易, 與人交, 推誠見心, 不設防畛, 不喜表爆, 歡笑怡怡, 終日無倦色. 飮酒微醺, 或吟或歌, 聲音洪亮. 聞人之善, 不啻己有, 見人之不善, 嫉之甚於探湯, 此則平生天性然也. 不喜談命, 惟喜玩書畫, 未嘗營産業, 故臣達之後, 世業外一無所增. 其居官也, 干請無所應, 雖有挾而至者, 亦不少撓, 惜官帑甚於私財, 治公事急於家事, 嘗以矜己取名, 苟利近功爲深恥, 故不作赫赫之事, 不爲屑屑之行. 至其論事也, 務爲審密持重之擧, 不爲僥倖嘗試之計, 而其所以有定於中者, 不以事物利害而有動焉. 其在襄陽, 一相位勢甚盛, 人勸之交曰, 爲人喜啗餤, 公笑曰, 用下援上, 君子恥之, 吾不爲也. 朝廷薦公才堪爲將, 上賜孫吳書, 公讀之語人曰, 用兵有道, 至於臨機策應, 正不在古人糟粕也. 每以彼此不靖爲憂歎曰, 國家未知稅駕之地矣, 尤不喜新進喜事者曰, 此輩終能僨事者也. 及其病也, 自始至終, 未嘗一言及家私, 在中旨村舍, 邸報至, 令孤讀며聽之. 有北方鬼火之異, 公猶手取觀之, 乃卒前一夕也. 參判公患譜牒未就, 臨歿囑公成之. 公卒前數日, 編始成, 令寫二本, 一寄安岳姓族, 一爲家藏本, 且名孫男, 錄之於譜. 參判公晚年卜地於府東臨河縣桃木里洛水之北厓, 公樂其山明而水秀, 結亭於東麓, 而額之以山水, 且名其齋曰臨淵, 以爲退老遊息之計.

2. 시

1) 「도촌팔영」[19]

① 도목촌에서(桃木村)

도원은 본래 무릉 가운데 있어서 　　　　　　　　桃源本在武陵中

천고의 경치 숨겨진 채 알려지지 않았네. 　　　千古風烟祕不通

사람들에게 신선의 장소 말해 준 　　　　　　　說與人間神境界

당시의 고기잡이 늙은이가 미워진다네. 　　　生憎當日捕魚翁

② 산수정에서(山水亭)

물만 있고 산이 없으면 지자만 좋아하고 　　　有水無山唯智樂

산만 있고 물이 없으면 인자만 편애하네. 　　　有山無水亦仁偏

주인은 산과 물이 다 있는 곳을 차지했으니 　主人占勝兼山水

어찌 동정 중에서 치우칠까 걱정하랴. 　　　　動靜何憂落一邊

③ 임연대에서 물고기를 감상하며(臨淵觀語)

임연대 아래 물고기들이 자유롭게 노니니 　臺下群魚自在游

蓋公之行於家者旣如此, 故見於行事者又如彼, 是乃才美之蘊諸中者, 發見之餘, 事業之著尤在晚節, 故上之知之者旣深, 而人之期之者亦遠且大矣. 是以, 聞公訃者, 莫不齎咨相弔, 恨朝廷失一忘身殉國之臣也. 公蚤以文學, 見推於時人, 爲詩文, 溫婉典裁, 未嘗爲無實之語, 雖或托興有作而旋輒毀棄, 詩文若干卷藏于家, 筆法遒勁, 甚逼鮮于樞. 娶英陽南氏, 以公爵封貞夫人, 處士蓋臣之女, 通政大夫工曹參議, 贈嘉善大夫戶曹參判敏生六代孫也. 生二男二女, 龍吉・龍弼, 龍吉乙酉進士, 龍弼蚤夭, 女長適士人李惟聖, 季適忠義衛李泂, 側室子常吉. 孫男淑全, 卽臨終所名也, 女三皆幼. 惟聖子男一壽豐, 女幼. 以其年十月己巳. 奉葬于府北奈城縣虎崖山參判公墓後震坐之原, 從公平日命也, 公之下世, 已過一紀, 而亂離多事, 刻辭神道尙不以時, 久延日月, 懼無以賁公德於無窮, 用敢述其大槪, 以請採擇於當世立言之君子. 不肖孤龍吉, 泣血書."

19) 『臨淵齋先生文集』, 권1, 「桃村八詠」.

비늘과 지느러미 흔들며 쉴 줄 모르네.　　　　揚鱗縱鬣不知休
지극한 이치 천지에 가득함을 생각하니　　　　仍思至理盈天地
나는 솔개와 함께 위아래에서 유행하네.　　　　併與鳶飛上下流

④ 현사사[20)에서 신선을 찾으며(玄沙訪眞)

돌길에 이끼 얼룩지고 꽃나무 우거졌는데　　　石逕苔斑花木深
안개 속에 들려오는 은은한 저녁 종소리.　　　煙中隱隱暮鐘音
짚신에 대지팡이 짚고 홀로 돌아가니　　　　　芒鞋竹杖獨歸去
약초 캐는 신선을 어느 곳에서 찾을까.　　　　採藥儒翁何處尋

⑤ 봄(春)

누가 붉은 복숭아를 강가 언덕에 심었는지　　誰把紅桃夾岸栽
가지마다 빛을 발하여 푸른 물결 넘실거리네.　枝枝輝暎碧波開
봄바람 불어 꽃을 떨어뜨리지 말지니　　　　　東風且莫輕吹擺
고기 잡던 사내가 길 찾아올까 두렵구나.　　　怕有魚郎覓路來

⑥ 여름(夏)

온갖 꽃 다 떨어져 봄이 또 돌아가니　　　　　落盡群花春又歸
남쪽 언덕의 푸른 풀 정말로 향기롭네.　　　　南原綠草正芳菲
하늘이 철쭉에 새 빛깔을 부여하니　　　　　　天敎躑躅生新色
희고 붉은 빛 산자락에 비치네.　　　　　　　　白白紅紅暎翠微

---

20) 玄沙寺는 지금의 안동시 와룡면 와룡산에 있었던 절로 임진왜란 때 폐사되었다고
한다.

⑦ 가을(秋)

끊임없이 부는 가을바람 밤의 창을 두들기고 　　　陣陣西風入夜牕

서리 속에 울던 기러기는 맑은 강에 내려앉네. 　　叫霜新雁下澄江

산에 뜬 둥근달 대낮처럼 밝은데 　　　　　　　一輪山月明如畫

노란 국화 무리 옆에서 술동이를 끌어안네. 　　　黃菊叢邊擁酒缸

⑧ 겨울(冬)

천지가 얼어붙고 눈송이 휘날리니 　　　　　　天地嚴凝雪片零

사면의 산이 옥 병풍을 두른 듯하네. 　　　　　四山環匝玉爲屏

겨울 강 낚시 마치고 돌아오니 　　　　　　　寒江釣罷歸來好

달 아래 사립문 밤에도 닫지 않네. 　　　　　　月下柴扉夜不扄

2) 「우수선21)에게 드림」22)

부슬부슬 내리는 봄비 찬 매화를 씻기고 　　　濛濛春雨灑寒梅

동각은 깊고 깊어 낮에도 문을 닫았네. 　　　　東閣深深晝不開

함께 있으며 술에 취해 좋았는데 　　　　　　正好聯床相取醉

어찌하여 지척에서 돌아오지 않는가. 　　　　　如何咫尺未歸來

3) 「박경일23)에게 드림」24)

매화와 달이 만나고 밤은 이미 깊은데 　　　　梅月相逢夜已深

---

21) 禹拜言(1519~?)의 본관은 丹陽이고 자는 受善이다. 1555년 式年試에 합격하였다.
22) 『臨淵齋先生文集』, 권1, 「贈禹受善」.
23) 朴民俊(1526~?)의 본관은 竹山이고 자는 景逸이며 거주지는 密陽이다. 1564년(명종 19)에 과거에 합격하였다.
24) 『臨淵齋先生文集』, 권1, 「贈朴景逸(民俊)」.

술잔 앞에 평생의 마음 모두 토로하네.　　　　　　樽前輸盡百年心

돌아가는 길에 숲 어두울까 걱정하지 않음은　　　不愁歸路林間黑

그대의 집이 푸른 산에 있기 때문이네.　　　　　爲有君家住翠岑

4) 「김숙부25)에게 드림」26)

봄에 두류산에 들어와 여름은 해산에서 지내니　　春入頭流夏海山

근래에 꿈속에서 그대를 덧없이 따르기만 하였네.　邇來魂夢費追攀

오늘 해산에 다시 와서 지나니　　　　　　　　　海山今日重來過

원숭이와 학이 여전히 내 얼굴을 알아보네.　　　猿鶴依然識我顔

5) 「웅천27)을 건너며」28)

잔잔한 푸른 바다 수졸도 놀라지 않고　　　　　滄海無波戍不驚

---

25) 金宇顒(1540~1603)의 본관은 義城이고 자는 肅夫이며 호는 東岡 또는 直峰布衣이다.
1558년 진사가 되었으며 1567년 식년문과시에 병과로 급제하여 承文院權知副正字에
임명되었으나 병으로 나아가지 못하였다. 1573년 弘文館正字가 되었으며 이어서 修
撰·副修撰을 거쳐 다시 수찬이 되었다. 1576년 副校理·吏曹佐郞·舍人 등을 역임하
였으며 1579년에는 副應敎가 되어 붕당의 폐단을 논변하였다. 1582년 弘文館直提學이
되었으며 大司成·大司諫에 제수되었다. 1584년 副提學으로 임명된 이후 全羅道觀察
使·安東府司를 역임하였다. 1592년 鄭汝立의 모반사건으로 인한 己丑獄事가 일어나
자 정여립과 함께 曺植 문하에서 수학했다는 구실로 회령에 유배되었다. 1592년 임
진왜란으로 특별사면되어 의주에서 承文院提調로 기용되었고 이후 兵曹參判을 역임
하였다. 1594년 대사성이 되었으며 大司憲과 吏曹參判을 지냈다. 1597년 다시 대사성
이 되었으며 禮曹參判을 역임하였다. 그는 남명의 문하였지만 선학을 존경하여 1573
년에 이황에게 시호를 내릴 것을 청하였으며, 다음 해 趙光祖(1482~1519)를 제향한
양주의 道峰書院에 사액을 내릴 것을 요청하였다. 또한 李珥(1536~1584)에 대해서
존경의 태도를 취하였는데 이이를 비난하는 宋應洞(1539~1592)에 맞서 그의 입장을
두둔하였다.
26) 『臨淵齋先生文集』, 권1, 「贈金肅夫(宇顒)」.
27) 熊川은 경상남도 진해지역의 옛 이름이다.
28) 『臨淵齋先生文集』, 권1, 「渡熊川」.

감당나무 그늘마다 한가롭게 거니네.　　　　　　棠陰隨處作閒行

배를 타니 즐겁고 봄 구름도 걷히는데　　　　　乘舟又喜春雲捲

동쪽 하늘 바라보니 햇빛 밝게 비치네.　　　　　回首東天化日明

6) 「정자중29)이 영천으로 부임하는 것을 전송하며」30)

해마다 옥좌 앞에서 모셨었는데　　　　　　　　陪奉年年玉座前

어찌 꿈에서 흰 구름 언저리를 배회하는가.　　　那堪魂夢白雲邊

영화롭게 다섯 말의 수레를 타도 부질없는 일이니　榮乘五馬渾閒事

삼생31)의 봉양이 어찌 우연이랴.　　　　　　　養用三牲豈偶然

동각의 매화 향은 바람에 간들거리고　　　　　　東閣梅香風裊裊

남대의 가을 깊어 달도 곱구나.　　　　　　　　南臺秋晚月妍妍

색동옷이 어디로 갈지 알아야 하거늘　　　　　　應知舞綵歸來處

주옥 같은 글이 만 편으로 흩어지네.　　　　　　歷歷珠璣散萬篇

7) 「김돈서32), 김신중33)과 함께 단양의 이요루34)에 올라 편액의 글에 차운

---

29) 鄭惟一(1533~1576)의 본관은 東萊이고 자는 子中이며 호는 文峯이다. 詩賦에 뛰어나
　　명망이 높았고, 이황의 성리학의 정통성을 이어받아 理氣互發說을 핵심 사상으로 주
　　장하였다. 1552년 생원이 되었으며 1558년 문과에 병과로 급제하여 진보현감과 예
　　안현감을 거쳐 영천군수 등을 지냈다. 이후 조정에 복귀하여 設書·正言·直講·持
　　平·吏曹佐郞 등을 역임하였다. 정계에 물러난 이후에는 『閑中錄』·『關東錄』·『宋朝
　　名賢錄』 등을 저술하였으나 임진왜란 중 소실되었다.

30) 『臨淵齋先生文集』, 권1, 「送鄭子中(惟一)之任榮川」.

31) 三牲은 제사에 쓰는 세 가지 희생 짐승, 즉 소, 양, 돼지를 말한다. 한편, 三牲之養이
　　란 말은 어버이를 힘껏 봉양한다는 의미를 지니고 있다.

32) 金富倫(1531~1598)의 본관은 光山이고 자는 惇敍이며 호는 雪月堂이다. 金富儀의 동
　　생으로 형들과 함께 퇴계의 문하에서 수학하였다. 1555년에 사마시에 합격하였으며
　　1572년 遺逸로 천거되어 集慶殿參奉에 제수되었으나 부임하지는 않았다. 1585년 전라
　　도 동복현감으로 부임되었다. 현감으로 재임 중 향교를 중수하였으며 봉급을 털어
　　서적 800여 책을 구입하는 등 지방교육 진흥에 힘을 쏟은 한편 學令을 세워 교육

하다」35)

편주가 처음 한강에서 출발하여	扁舟初發漢江流
오늘은 옛 고을 누각에 오르네.	此日來登古郡樓
고향 생각 아득하고 먼 나무 희미하니	鄕思蒼茫迷遠樹
나그네 회포 요란하게 물가에 가득하네.	客懷撩亂滿芳洲
산은 석양을 머금고 마을의 하루는 저무는데	山銜落日村仍暮
구름에 막힌 골짜기 길은 더욱 그윽하네.	洞鎖歸雲路轉幽
붓을 잡고 시를 써서 그런대로 흥을 풀고	把筆題詩聊遣興
한 잔 술에 거듭 번민을 씻는다네.	一杯時復洗煩愁

8) 「조사경36), 금문원37), 박언수38)와 함께 시냇가 서재로 가서 선생님을 뵙

내용에도 기틀을 닦았다. 임진왜란이 발생하자 가산을 털어 鄕兵 구축에 역할을 하
였으며 봉화현감이 도망가자 임시로 현감이 되어 선무에 힘썼다. 저서로는『설월당
집』이 있다.

33) 金富儀(1525~1582)의 본관은 光山이고 자는 愼仲이며 호는 挹淸이다. 일찍부터 형인
김부필과 함께 이황의 문하에서 수학하였다. 易東書院의 초대 원장으로 추대되었으
며 이황이 艮齋 李德弘(1541~1596)에게 제작하도록 요청하였던 渾天儀와 璇璣玉衡을
수리하고 보완하는 작업을 맡았다. 1555년 생원이 되었으나 이듬해 모친상으로 물
러났다가 탈상 이후 성균관에서 유학하였다. 1575년 司贍寺郞官에 제수되었으나 친
형의 눈병으로 부임하지 않았고, 1577년 集慶殿參奉에 제수되었으나 風痺로 부임하지
못하였다. 그의 문집인『挹淸亭遺稿』는『烏川世稿』에 수록되어 있다.『오천세고』는
김부의 집안의 문집이다.
34) 二樂樓는 丹陽官衙의 정문인 鳳棲亭과 나란히 지어진 이층 누각이다. 1978년 충주댐
공사로 인해 지금은 수몰되었다.
35)『臨淵齋先生文集』, 권1, 「同金惇叙(富倫)愼仲(富儀)登丹陽二樂樓次板上韻(癸亥)」.
36) 趙穆(1524~1606)의 본관은 橫城이고 자는 士敬이며 호는 月川이다. 그는 퇴계와 동향
인 예안에서 출생했으며, 이른 시기부터 퇴계의 문하생이 된 후, 평생 가장 가까이에
서 스승을 모셨다. 1552년(명종 7) 생원시에 합격했으나 대과는 포기하고 獨善一身에
만 매진하였다. 거듭 벼슬을 사양하다가 나중에 奉化縣監에 부임하였다. 조목의 문집
에는 퇴계에 관계된 글이 대부분을 이루고 있으며, 주된 업적은 퇴계에 대한 연구와
소개이다. 퇴계가 세상을 떠난 뒤 문집의 편간, 祠院의 건립 및 봉안 등에 힘썼으며,
마침내 도산서원 尙德祠의 유일한 배향자가 되었다. 퇴계를 수행하며 명산대천을 주

고, 고산을 유람하였다. 다음 날 중류에 배를 띄웠는데, 때마침 가랑비가 부슬부슬 내렸다. 선생님의 시[39]가 도착하여 엎드려 차운하다」[40]

큰 힘 들여 배를 물에 옮기고는	枉費推移下水船
적벽 아래 주유하니 소동파에 부끄럽네.	舟遊赤壁愧蘇仙
홀연 시를 재촉하는 비 내리고	無端忽被催詩雨
기쁘게도 시문[41] 하나 전해지네.	卻喜瓊琚一札傳
티끌세상 온갖 일 우습기만 하고	堪笑塵間事萬端
대나무 피리 지금 다시 청산에 나타나네.	一笛今復出靑山
주민에게 다정하게 말을 건네니	慇懃爲與居人說
백구를 향한 깊은 맹세[42] 아직 차갑지 않아라.	鷗鳥深盟亦未寒

유하면서 심신을 수양했고, 경학을 연구하되 理氣說보다는 훈고에 관심이 많았다. 특히 『心經』에 관한 논설이 많다. 외직에 부임했을 때에는 향교를 중수하고 서당을 신설하여 교육 진흥에 이바지하였다. 저서로는 『月川集』과 『困知雜錄』이 있다.

37) 琴蘭秀(1530~1604)의 본관은 奉化이고 자는 聞遠이며 호는 惺齋 또는 孤山主人이다. 처음에는 金進에게 글을 배웠으며 이후 퇴계의 문하에 들어가 수학하였다. 1561년 사마시에 합격하였고, 1577년 齊陵參奉 및 集慶殿과 敬陵의 參奉을 지냈으며 1585년 長興庫奉事가 되었다. 이후 直長과 掌隸院司評을 지냈으나 임진왜란이 발발하자 노모의 봉양을 위해 고향에서 은거하였다. 그러나 정유재란이 발발하고 나서는 고향에서 의병을 일으켰으며 많은 선비들이 참가하고 지방 백성들이 군량미를 헌납하였다. 1599년 고향인 奉化縣監에 임명되었으나 1년 만에 사임하고 집에 돌아왔다. 저서로는 『성재집』이 있다.

38) 朴藆(1535~1606)의 본관은 咸陽이고 자는 彦秀이며 호는 病柏堂이다. 退溪의 제자로 司馬試에 입격하였으며 여러 차례 벼슬에 임명되었으나 나아가지 않았다.

39) 『退溪先生文集』, 권5, 「裴汝友・趙士敬・琴聞遠・朴彦秀(藆)諸君, 同枉顧溪齋, 因往遊孤山, 明日, 寄呈二絶句」, "聞說山潭辦釣船, 夢中乘弄覺猶仙. 勝遊此日身如縶, 空把殘杯款款傳. 敗閑吾迹太無端, 負我非山我負山. 臥想諸君追賞處, 玉峯搖影鏡潭寒."

40) 『臨淵齋先生文集』, 권1, 「與趙士敬(穆)・琴聞遠(蘭秀)・朴彦秀(藆), 同往溪齋謁先生, 因遊孤山, 翼日泛舟中流, 時微雨霏霏, 先生詩適至, 伏次其韻」.

41) 瓊琚의 원래 의미는 아름다운 옥으로 만든 佩玉을 말한다. 후에 의미가 전환되어 남이 보내온 詩文의 美稱으로 쓰인다.

42) 깊은 맹세(深盟)란 곧 관직에서 물러나 白鷗와 서로 벗 삼겠다는 맹세를 뜻한다.

9)「길에서 아이가 꽃을 꺾는 것을 보고」[43]

산꽃이 푸른 산에 피어남을 좋아하니	我愛山花在翠微
흔들리는 가지와 이슬 맺힌 꽃망울 멀리서 아른거리네.	風枝露蕊遠依依
아이는 낳고 낳는 뜻 모르니	兒童未識生生意
온갖 꽃 꺾어서 가득 안고서 돌아가네.	折取繁英滿把歸

10)「유이현[44]이 연경으로 가는 것을 전송하며」[45]

가을 하늘과 얼음 병 같은 탁월한 인품[46]	秋月冰壺第一流
몇 날을 그리워하며 백발이 되어 가네.	相思幾日白渾頭
어찌하여 서울에서 재회하였음에도	如何京洛重逢地
다시 머나먼 이별의 슬픔 나누는가.	又作關河遠別愁
검에 기대어 풍상 겪으니 시름만 깊어지고	倚劍風霜懷耿耿
호해의 구름 보니 아득한 꿈 같아라.	望雲湖海夢悠悠
부디 그대 진중하게 나랏일에 충성하고	煩君珍重勤王事

---

43) 『臨淵齋先生文集』, 권1, 「路見兒童折花」.
44) 柳成龍(1542~1607)의 본관은 豊山이고 자는 而見이며 호는 西厓이다. 1564년 생원・진사가 되었으며 이듬해에 성균관에 들어가 수학하였다. 1566년 별시 문과에 병과로 급제하여 承文院權知副正字가 되었고 1567년 藝文館檢閱 및 春秋館記事官을 겸직하였다. 1582년 大司諫・右副承旨・都承旨를 거쳐 大司憲이 되었으며 왕명을 받고 「皇華集序」를 지어 올렸다. 1583년 부제학이 되어 다시 「備邊五策」을 지어 올렸다. 1585년 왕명으로 「精忠錄跋」을 지었으며 다음 해 『圃隱集』을 교정하였다. 1588년 鄭汝立(1546~1589)의 모반사건으로 己丑獄事가 있었다. 유성룡은 사직하였으나 수용되지 않자 스스로를 탄핵하는 소를 올렸다. 1592년 임진왜란이 발발하자 전란을 타개하고 수습하고자 힘썼다. 훈련도감을 설치하였으며 『紀效新書』를 강해하였다. 저서로는 『西厓集』・『懲毖錄』・『愼終錄』・『永慕錄』・『觀化錄』・『雲巖雜記』・『亂後雜錄』・『喪禮考證』・『戊午黨譜』・『鍼經要義』 등이 있다.
45) 『臨淵齋先生文集』, 권1, 「送柳而見(成龍)赴燕京路」.
46) 氷壺秋月은 宋나라 朱松이 李延平의 인품을 기리면서 "선생은 氷壺秋月과 같아서 한 점 티가 없이 맑게 비치니, 우리가 따라갈 수가 없다"라고 말한 고사에 유래한다.

느긋할 때 새로운 시로 눈을 닦아 보게나. 餘事新詩儻刮眸

11) 「오동나무와 대나무 가득한 도산의 뜨락을 달빛을 타고 배회하니 눈물이 흐르고, 이에 김사순[47]의 시[48]에 차운하다」[49]

냇물 가득 바람과 달 가없이 넓으니 滿川風月浩無邊
6년 만에 다시 노니니 작은 별천지라네. 六載重遊小有天
참대와 푸른 오동 이제 알 바 아니니 苦竹靑梧今不管
암헌은 쇠락한 지 몇 년이나 되었던가. 巖軒寥落幾多年

---

47) 金誠一(1538~1593)의 본관은 義城이고 자는 士純이며 호는 鶴峰이다. 1556년 金復一(1541~1591)과 함께 퇴계의 문하에서 『書經』·『易學啟蒙』·『心經』·『大學疑義』 등을 수학하였다. 1564년 진사가 되어 성균관에 들어갔으며 1568년 증광문과에 병과로 급제하여 승문원권지부정자가 되었으며 1569년 정자를 거쳐 검열·대교 등을 역임하였다. 1573년 전적과 형조좌랑·예조좌랑을 거쳐 정언에 제수되었으며 곧바로 홍문관수찬·지제교·경연검토관·춘추관기사관을 겸하였다. 1574년 부수찬을 거쳐 정언의 신분으로 盧守愼(1515~1590)을 탄핵하였다. 1575년 이조좌랑·병조좌랑을 역임하였으며 1578년 홍문관교리·장령·검상·사인 등을 역임하였다. 1580년 함경도순무어사로 함흥·삼수·길주·종성 지역 등을 살폈으며, 1583년 사간에 제수되었고 이어서 황해도순무어사로 황주 인근 지역을 시찰하였다. 1584년 나주목사에 부임하였으며 1586년 종부시첨정에 이어 奉常寺正·京畿推刷敬差官·禮賓寺正·사성 등을 역임하였다. 1590년 通信副使로 일본에 다녀온 후 일본이 침략하지 않을 것이라고 보고하였다. 이후 부호군을 거쳐 대사성이 되어 승문원부제조를 겸하였으며 1592년 형조참의를 거쳐 경상우도병마절도사로 재직하였다. 그해 임진왜란이 발발하자 좌천되었다가 유성룡의 간청으로 경상우도초유사에 임명되어 경상도로 돌아왔다. 의병장 郭再祐(1552~1617)의 의병활동을 고무시켰으며 경상도 인근의 지역을 돌며 의병을 규합하였다. 그리고 관군과 의병 사이에 의견을 조화시켜 전투력을 향상시키는 데 힘을 기울였다. 1593년 경상우도순찰사를 겸하게 되었으며 경상도 각 고을에서 왜군에 대한 항전을 독려하다가 병으로 사망하였다. 저서로는 『喪禮考證』·『海傞錄』 등이 있으며 1649년에서야 『鶴峯集』이 간행되었다.

48) 『鶴峯先生文集』, 권1, 「陶山梧竹滿庭, 乘月徘徊, 感淚潸然」, "幽貞門掩暮雲邊, 庭畔無人月滿天. 千仞鳳凰何處去, 碧梧靑竹自年年."

49) 『臨淵齋先生文集』, 권1, 「陶山梧竹滿庭, 乘月徘徊, 感淚潸然, 因次金士純(誠一)韻」.

12) 「절우사50)의 매화가 모두 시들어 감흥이 있어 짓다」51)

좋아하는 사물 사람마다 다르겠지만	愛物從來各有人
유학자와 신선의 기풍 여기에서는 비슷하네.	儒仙風格此相親
맑은 향기 하룻밤에 모조리 사라지고	淸香一夕同歸盡
차가운 그림자와 앙상한 가지 봄은 이미 떠나갔네.	冷影疎枝不復春
맑고 깊숙한 골짜기에 작은 방 하나 만들어	淸幽洞壑小堂開
몇 그루의 매화를 차례로 심어야지.	幾樹梅花次第栽
서글퍼라, 향기의 넋 불러도 대답 없고	惆悵香魂招不得
고독한 산 위의 달 황량한 누대를 비추네.	獨留山月照荒臺

13) 「김돈서가 김숙부에게 준 시에 차운하다」52)

강가 누각에서 하룻밤의 대화는	江閣一宵話
태학에서 보낸 십 년의 정이었네.	芹宮十載情
비애 깃든 구름 석양을 가리고	愁雲翳落日
차가운 비는 시든 꽃을 때리네.	寒雨打殘英
훗날의 만남은 어디에서일지 아는지	後會知何處
멋진 약속은 우연히 이루어지네.	佳期偶此成
서풍은 작별을 아쉬워하는 듯하고	西風如惜別
나무 가득 가을의 소리 일으키네.	滿樹作秋聲

---

50) 節友社는 퇴계가 도산서원 내 蒙泉 뒤편 산기슭에 단을 쌓고 매화, 대나무, 국화, 소나무를 심어 가꾸던 화단이다. 節友는 절개와 의리가 있는 벗을 말한다.
51) 『臨淵齋先生文集』, 권1, 「節友社梅花盡枯, 感而有作」.
52) 『臨淵齋先生文集』, 권1, 「次金惇敍贈金肅夫韻」.

14) 「술에 취한 채 서쪽으로 가는 김돈서와 이별하다」[53]

백발로 삼추에 이별하였더니 　　　　　　　白髮三秋別

푸른 등불 아래 십 년의 정 아른아른. 　　　靑燈十載情

미적거리며 술에 취하였더니 　　　　　　　留連攀一醉

바람 불고 비 오는 밤 몇 시나 되었는가. 　風雨夜何更

15) 「구경서[54]에게 차운하다」[55]

맑은 강은 옥처럼 산을 두르며 흐르고 　　　　清江如玉繞山流

푸른 잣나무와 소나무 골짜기 절로 그윽하네. 翠栢蒼松谷自幽

암대에 한나절을 앉아 있으니 　　　　　　　仍坐巖臺留半日

평생의 근심 흘려보낼 수 있겠네. 　　　　　可能消遣一生愁

16) 「청암정[56]에서 김희옥[57]에게 차운하다」[58]

53) 『臨淵齋先生文集』, 권1, 「醉別金惇敍西行」.
54) 具鳳齡(1526~1586)의 본관은 綾城이고 자는 景瑞이며 호는 栢潭이다. 외종조 權彭老
　　에게 『소학』을 배웠으며, 1545년 퇴계의 문하에 들어가 수학하였다. 1546년 사마시
　　에 합격하였으며 1560년 별시문과에 乙科로 급제하였다. 이후 承文院副正字・戶曹佐
　　郎・吏曹佐郎・兵曹參判・刑曹參判 등을 역임하였다. 그는 당시의 조선은 동서로 당쟁
　　이 시작되는 무렵이었으나 중립을 지키고자 힘썼다. 시문이 뛰어났으며 『渾天儀記』
　　를 짓는 등 천문학에도 조예가 깊었다. 저서로는 『백담문집』과 그 속집이 있다.
55) 『臨淵齋先生文集』, 권1, 「次具景瑞韻(乙亥)」.
56) 靑巖亭은 경상북도 봉화군 봉화읍 유곡리(닭실마을)에 있는 정자이다. 冲齋 權橃
　　(1478~1548)이 조성했으며, 거북 모양의 너럭바위 위에 세워져 있다.
57) 金玏(1540~1616)의 본관은 禮安이고 자는 希玉이며 호는 栢巖이다. 1576년 식년 문
　　과에 병과로 급제하였으며 1578년 檢閱・典籍을 거쳐 禮曹員外郎・正言이 되었다.
　　1584년 영월군수가 되었으며 1590년 執義・司諫・檢閱・史臣・司成・司僕寺正이 되었
　　다. 임진왜란 시기에는 刑曹參議를 거쳐 안동부사가 되었으며 경상도 安集使로 영남
　　에 가서 국가의 뜻을 선비들에게 알리고 왜적을 토벌하도록 의병을 장려하였으며
　　백성들을 잘 다스렸다. 이듬해 경상우도관찰사가 되었으며 전라좌우도의 곡식을 운
　　반해 기근에 든 백성들을 구제하는 데 힘썼다. 1595년 大司憲으로 제수되어 「시무

세상길의 험난함 태항산[59]처럼 심하고   世路艱難劇太行

인간의 세월도 막막하기만 하여라.   人間歲月又茫茫

그동안 나라 걱정에 머리는 백발이지만   邇來憂國頭如雪

천지에 일양의 기운 돌아옴을 기뻐하네.   猶喜乾坤復一陽

17) 「민백향[60]에게 드림」[61]

집은 우계의 작은 동문에 있고   家住愚溪小洞門

마루 위의 풍월 덕에 시인의 마음 상쾌하네.   一軒風月爽詩魂

어젯밤 꿈이 생생하게 기억나니   分明記得前宵夢

꽃 아래에서 그대 만나 소곤소곤 얘기했지.   花下逢君細話言

오늘 아침 문서 더미 속에서 여유를 부리니   今晨偸暇簿書叢

구름 낀 산으로 이어진 길 몇 만 겹인가.   路入雲山幾萬重

푸른 눈의 친구들 물끄러미 바라보고   青眼故人凝望久

작은 정자에서 술잔 오가며 조용하구나.   小亭開酌爲從容

16조」를 상소하였으며 모두 치안에 좋은 대책이라는 평을 들었다. 1612년 賀節使의
신분으로 명나라에 가서 조선에 명나라 군대가 상주하는 것처럼 꾸며 일본의 재침
략의 야욕을 꺾어 달라고 요청하였으며 또한 일본에 일본의 재침을 허락하지 않겠
다는 명나라의 칙서를 보내게 하고 돌아왔다. 이후 대사성이 되었으며 안동부사로
나가 낙동강 재해를 막기 위한 제방을 건설하였다. 저서로 『백암문집』이 있다.

58) 『臨淵齋先生文集』, 권1, 「青巖亭, 次金希玉(玏)韻」.

59) 太行山은 중국 山西省에 있는 험준한 산을 말한다.

60) 閔應祺(?~?)의 본관은 驪興이고 자는 伯嚮이며 호는 尤叟 또는 景退齋이다. 퇴계의
문인이다. 경상도 榮川郡 愚谷(지금의 영주시 부석면 우곡리) 출신이다. 일찍이 1549
년(명종 4) 풍기군수로 재임 중이던 이황과 함께 소백산을 유람하였다. 민응기는
1570년(선조 3) 생원시에 급제하였고, 이후 유일로 천거되어 왕자의 師傅로서 광해
군을 가르쳤다. 선조 때 그가 『庸學釋義』를 지어 바치니 선조가 간행을 지시하였다.
그의 관직은 현감에 이르렀고, 물러난 후에는 고향으로 돌아와 소요하였다. 항상
스승을 사모하였기에 살던 집의 편액을 '景退'라고 지었다.

61) 『臨淵齋先生文集』, 권1, 「贈閔伯嚮(應祺)」.

차가운 비 내리고 날씨 갠 후에　　　　　　　　凍雨新晴後

산들바람 문득 일어나네.　　　　　　　　　　　微風乍起時

푸른 산 우뚝하게 둘러싸고　　　　　　　　　　青山圍立立

밝은 햇살 천천히 오르네.　　　　　　　　　　　白日上遲遲

병든 나그네 문득 흥이 오르건만　　　　　　　　病客偶乘興

속세 떠난 이에게 무슨 기약이 있겠는가.　　　　幽人況有期

마주하여 보니 모두 백발이고　　　　　　　　　相看俱白髮

미소 한 번에 두 마음이 편안하네.　　　　　　　一笑兩心夷

18) 「권청암62)에게 차운하다」63)

평생 굳세고 장대하여 남에게 의탁하지 않았으니　磊落平生不附依

공신이 어찌 재상 자리를 바랐겠는가.64)　　　　功名豈願到黃扉

천지는 저물고 봄날의 정취에　　　　　　　　　乾坤已晚三春色

우로 새로 맺히고 만물은 빛나네.　　　　　　　雨露新生萬物輝

설렁줄65) 처음 느긋하고 사람들 이미 흩어졌으니　鈴索初閒人散後

---

62) 權東輔(1518~1592)의 본관은 安東이고 자는 震卿이며 호는 靑巖이다. 安東府 春陽縣 酉谷里에서 태어났다. 부친은 우찬성을 지낸 冲齋 權橃(1478~1548)이며, 약관의 나이로 향시에 나아가 장원하기도 하는 등 문명을 떨쳤다. 그 뒤 음사로 獻陵參奉에 제수되었다. 1543년에는 사마시에 합격하였다. 그러나 얼마 후, 1545년 을사사화가 일어나 그의 부친 권벌이 衛社功臣에 올랐으나 鄭順朋의 반대로 삭훈되었고, 1547년에는 良才驛壁書事件에 연루되어 求禮로 유배되었다가 朔州로 이배되어 얼마 되지 않아 배소에서 죽었다. 이 같은 집안의 변고로 인해 권동보는 통분한 마음을 지닌 채 현실참여를 단념했다. 20여 년 뒤, 선조가 즉위하고 나서 부친이 伸寃되고 좌의정에 추증되자 비로소 벼슬길에 나아가 直長, 主簿, 正郎을 거쳐 草溪郡守에 이르렀다. 시문집으로 『靑巖逸稿』가 있다.

63) 『臨淵齋先生文集』, 권1, 「次權靑巖(東輔)韻」.

64) 黃扉는 재상의 거처 또는 재상을 가리킨다.

65) 설렁줄(鈴索)이란 당나라 때 한림원에서 밤에 숙직할 때, 긴급하게 처리하여야 할 문서들이 있을 경우를 대비하여 방울을 매달고 거기에 연결한 줄로, 그 줄을 당겨서 소리를 내어 사람을 호출하였다고 한다.

공무 속에 한가함 많고 손님도 적네.　　　　簿書多暇客來稀

때로 붓을 들어 귀전부 남기니　　　　　　時時點筆歸田賦

세상일 이제부터 나와 맞지 않는구나.　　　世事從今與我違

19) 「작별하며 이굉중[66]에게 주고 석성보[67]에게도 보이다」[68]

여름 내내 병약함에 신음하더니　　　　　長夏吟羸病

가을바람이 이제 전송하는구나.　　　　　秋風又送行

희미한 등불은 고관을 비추고　　　　　　殘燈照古舘

천천히 술 마시며 깊은 밤에 이르네.　　　細酌到深更

빈궁영달은 운명에 달렸고　　　　　　　窮達皆由命

영고성쇠의 모습 저마다 다르네.　　　　　榮枯各異情

입김 불어 좋은 자리 올려 줄[69] 작은 힘도 없으니　　吹噓無寸力

누가 석 선생을 천거할 것인가.　　　　　誰薦石先生

20) 「김계순[70]의 부인 권씨에 대한 만시」[71]

---

66) 李德弘(1541~1596)의 본관은 永川이고 자는 宏仲이며 호는 艮齋이다. 10여 세부터
　　퇴계의 문하에서 수학했으며 많은 사랑을 받았다. 학문에 대해서도 두루 뛰어났으
　　나 특히 역학에 밝았다고 한다. 1578년 조정에서 선조에게 이름난 아홉 선비를 천거
　　할 때 4위로 뽑혀 集慶殿參奉에 임명되었다. 이후 宗廟署直長·世子翊衛司副率를 역임
　　하였다. 임진왜란(1592)이 발발하자 세자를 따라 成川(오늘날 평안남도 성천군, 대동
　　강 지류인 비류강 유역)까지 호종하였다. 전란 중 永春縣監을 역임하여 백성을 구제
　　하는 데 힘을 쏟았다. 저서로는『周易質疑』·『四書質疑』·『溪山記善錄』·『朱子書節要
　　講錄』·『艮齋集』 등이 있다.
67) 石擎日(1532~?)의 본관은 忠州이고 자는 誠甫이다. 1564년(명종 19) 式年試 丙科에
　　급제하였으며, 관직은 奉常主簿를 거쳐 典籍에 이르렀고 中學敎授를 겸하였다.
68) 『臨淵齋先生文集』, 권1, 「贈別李宏仲(德弘), 兼示石誠甫」.
69) 吹噓란 입김을 불어넣어 준다는 뜻으로, 잘못은 덮어 주고 잘한 것은 치켜세우며
　　천거하는 것을 말한다.
70) 金復一(1541~1591)의 본관은 義城이고 자는 季純이며 호는 南嶽이다. 金璡의 다섯째

부자께서 서쪽으로 떠나고 길게 이별하니　　　　夫子西遊長別離

고생스럽게 문호를 홀로 지켰네.　　　　　　　辛勤門戶獨維持

가련해라 황천의 끝없는 한스러움　　　　　　可憐泉下無窮恨

아들딸 혼사도 보지 못했네.　　　　　　　　不見男婚女嫁時

21) 「유선여[72]에게 보이다」[73]

들판의 물은 봄이 아직 이르고　　　　　　　　　野水春猶早

아들로 당시 형 金克一·金守一·金明一·金誠一과 함께 '金氏五龍'으로 불렸다. 김복
일은 현재의 경상북도 안동시 임하면 천전리에서 태어났다. 1564년(명종 19) 사마시
를 거쳐, 1570년(선조 3) 식년문과에 병과로 급제한 뒤 학유와 전적을 역임하였다.
형조·호조·공조의 낭관을 지낸 뒤 전라도어사로 나가 탐관오리를 숙청하였다.
1587년 울산군수에 이어 창원부사가 되어 폐단이 심한 지역을 잘 다스렸다. 경주교
수가 되어 도의를 크게 일으켰으며, 성균관사예·성균관사성·풍기군수 등을 지냈
다. 김복일은 어린 나이에 퇴계의 문하에서 수학한 이래로 평생 『朱子書節要』·『大學
衍義』·『心經』·『近思錄』 등을 탐구하여 조예가 매우 깊었다고 한다. 문집인 『南嶽先
生逸稿』가 아버지 김진과 다섯 형제의 遺文을 정리한 『聯芳世稿』에 수록되어 있다.

71) 『臨淵齋先生文集』, 권1, 「挽金季純(復一)妻權氏」.

72) 柳永慶(1550~1608)의 본관은 全州이고 자는 善餘이며 호는 春湖이다. 1572년(선조 5)
春塘臺 文科에 병과로 급제해 정언 등 淸要職을 역임하였다. 1592년 임진왜란이 일어
나자 사간으로서 招諭御史가 되어 많은 의병을 모집하는 활약을 보였다. 1594년 황
해도관찰사가 되었고, 1597년 정유재란 때에 知中樞府事로서 가족을 먼저 피란시켰
다는 혐의로 파직되었다가 이듬해 병조참판에 서용되었다. 당론이 일어날 때에는
柳成龍과 함께 동인에 속했으며, 동인이 다시 남인·북인으로 갈라지자 李潑과 함께
북인에 가담하였다. 1599년 대사헌으로 있을 때에 南以恭·金藎國 등이 같은 북인인
洪汝諄을 탄핵하면서 대북·소북으로 갈리자, 柳希奮 등과 함께 남이공의 당이 되어
영수가 되었다. 이때 대북파에 밀려 파직되었다가 1602년 이조판서에 이어 우의정
에 올랐다. 그런데 대북파의 奇自獻·鄭仁弘 등과 심한 마찰을 빚었고 뒤이어 세자
문제로 더욱 분란을 일으켰다. 후에 같은 소북파인 남이공과 불화해 濁小北으로 분
파했으며, 선조 말년에 왕의 뜻을 따라 永昌大君을 광해군 대신 옹립하려 하였다.
1608년 선조가 죽기 전에 영창대군을 부탁한 遺敎七臣의 한 사람이었다. 광해군이
즉위하자 대북 李爾瞻·정인홍의 탄핵을 받고 경흥에 유배되었다가 賜死되었다. 유
생의 명단인 靑衿錄에서 이름이 삭제되기도 하였다. 1623년 인조반정으로 관작이 복
구되었다.

73) 『臨淵齋先生文集』, 권1, 「示柳善餘(永慶)」.

두꺼운 얼음 절반이 이미 녹았네.　　　　　　　　層冰半已消

십 년 동안 먼 이별에 시름하다가　　　　　　　十年愁遠別

오늘 아침에야 해후하네.　　　　　　　　　　邂逅永今朝

늘그막에 양쪽 귀밑털 서글프고　　　　　　　暮境悲雙鬢

봄이 왔건만 눈은 아직 덜 녹았네.　　　　　　逢春雪未消

마주 보며 취하는 것 사양하지 말지니　　　　相看莫辭醉

내일 아침이면 먼 이별이라네.　　　　　　　遠別在明朝

22)「백운동서원74)을 지나며」75)

구름과 연기 사라진 들판의 절은 허전하고76)　　雲滅烟沈野寺空

물소리와 산의 형색 고금에 똑같구나.　　　　水聲山色古今同

문성묘를 아름답게 꾸민 뒤로는　　　　　　自從賁飾文成廟

덕업의 풍류가 다시는 끊이지 않는구나.　　德業風流更不窮

---

74) 白雲洞書院은 中宗 때 경상도 順興(현재의 경북 영주시 순흥면)에 건립된 우리나라
　　최초의 서원이다. 1542년(중종 37) 周世鵬이 창건하였다. 1548년 풍기군수로 부임한
　　李滉은 서원을 공인하고 나라에 널리 알리기 위해 조정에 백운동서원에 대한 賜額과
　　국가의 지원을 요청하였다. 이에 1550년 紹修書院이라 사액되었고, 아울러 국가의
　　지원도 받게 되었다. 明宗은 대제학 申光漢에게 명하여『四書五經』과『性理大全』등을
　　하사하였다. 서원에는 安珦 · 安軸 · 周世鵬 등을 배향하였다. 서원 경내의 건물로는
　　文成公廟 · 明倫堂 · 日新齋 · 直方齋 · 影幀閣 · 典祀廳 · 至樂齋 · 學求齋 · 書藏閣 · 景濂亭
　　과 灌硯池 · 숙수사지 당간지주(보물, 1963년 지정) 등이 있다. 그 밖에 1963년 국보
　　로 지정된 안향 초상, 1968년 보물로 지정된 대성지성문선왕전좌도, 1981년 보물로
　　지정된 주세붕 초상이 소장되어 있다.
75)『臨淵齋先生文集』, 권2,「過白雲洞書院」.
76) 백운동서원 자리에는 원래 宿水寺라는 사찰이 있었다고 하는데, 지금도 서원 입구에
　　당간지주 등이 보존되어 있어 그 일대가 절터였음을 알려 주고 있다.

23) 「권장중[77]에게 드림」[78]

뜨락의 모래 눈에다 서리 더한 듯하고	庭沙似雪又添霜
하얀 달 휘황하여 밤은 아직 깊지 않았네.	白月輝輝夜未央
가득 채운 석 잔 술에 맑은 흥취 발하고	滿酌三杯淸興發
차가운 물은 심장을 씻는 듯하네.	恰如寒水洗心腸

24) 「퇴계선생에 대한 만시」[79]

염락[80]의 진정한 전승 회옹에게 이어졌고	濂洛眞傳屬晦翁
은미한 말씀은 서책 속에 명료하게 실려 있네.	微言昭載簡編中
선생께서는 홀로 선현의 실마리를 추구하여	先生獨自追前緖
하늘의 뜻과 원의 감응이 우리 동방에 나타났네.	天意元應相我東
끊어진 학문 다시 밝히고 앎을 베푸니	絶學復明知有賜
사문이 무너지지 않음은 누구의 공이런가.	斯文不墜是誰功
배움 청하길 십 년 은혜가 무거우니	摳衣十載蒙恩重
사모하는 마음 간절하여[81] 눈물이 다하려 하네.	慕切羹牆淚欲空

---

77) 權好文(1532~1587)의 본관은 安東이고 자는 章仲이며 호는 松巖이다. 1549년(명종 4)
에 아버지를 여의었고 1561년에는 진사시에 합격했다. 1564년 모친상을 당하자 벼
슬을 단념하고 靑城山 아래에 無悶齋를 짓고 은거하였다. 퇴계를 스승으로 모셨으며,
같은 문하생인 柳成龍·金誠一 등과 교분이 두터웠을 뿐 아니라, 이들로부터 학행을
높이 평가받았다. 集慶殿參奉·內侍教官 등에 제수되었으나 나가지 않았다. 56세로
일생을 마쳤으며, 묘지는 안동부 서쪽 瓶甘山에 있다. 안동의 松巖書院에 제향되었다.
그는 평생을 자연에 묻혀 살았는데, 퇴계는 그에 대해 瀟灑山林之風이 있다고 하였고,
유성룡도 江湖高士라 하였다. 저술로『송암집』이 있다.
78)『臨淵齋先生文集』, 권2, 「呈權章仲」.
79)『臨淵齋先生文集』, 권2, 「退溪先生輓」.
80) 濂洛은 宋代 성리학의 주요 연원을 지칭하는데 濂溪 周敦頤, 洛陽의 程顥와 程頤를 가
리킨다. 보통 여기에 關中의 張載, 閩中의 朱熹를 포함시켜 濂洛關閩이라 칭한다.
81) 羹牆은 죽은 사람에 대한 간절한 추모의 정을 말한다. 堯임금이 죽은 뒤에 舜이 3년
동안 사모하는 정을 이기지 못한 나머지, 밥을 먹을 때에는 요임금의 얼굴이 국그릇

25) 「남명[82]선생에 대한 만시」[83]

듣기로 남쪽에서 또 공을 잃었다고 하니	聞說南州又失公
두류산 모든 골짜기 일시에 공허하네.	頭流萬壑一時空
하늘은 사문의 재앙을 뉘우치지 않고	天心不悔斯文禍
사류는 이 도가 다함을 슬퍼하네.	士類長悲此道窮
산해[84]에는 지금 한밤의 달빛이 남아 있건만	山海至今留夜月
뇌룡[85]에서는 다시 봄바람을 쐬지 못하는구나.	雷龍無復襲春風
몸은 천 리 밖에 얽매어 쫓아가기 어렵고	身縻千里難奔走

속(羹中)에 비치는 듯하고, 앉아 있을 때에는 담장(墻)에 요임금의 그림자가 어른거리는 듯했다는 고사가 있다. 『後漢書』「李杜列傳」에 나온다.

82) 曹植(1701~1572)의 본관은 昌寧이고 자는 健中이며 호는 南冥이다. 1501년 경상도 삼가현 토골(兎洞)에서 태어났으며 4~7세에 아버지를 따라 한양에 왔고 이후 아버지의 벼슬살이에 따라서 義興·端川에 가기도 하였으나 20세까지는 주로 한양에 거주하였다. 18세 때 成運과 교우관계를 맺었고 成守琛(1493~1564) 형제와 종유하였다. 그러나 1519년 己卯士禍로 조광조가 죽고 숙부 曹彦卿(1487~1521)이 귀양가는 조선의 현실을 보고 크게 탄식하였다. 31세에 친구였던 李浚慶(1499~1572)과 宋麟壽(1499~1547)가 『心經』과 『大學』을 보내 주어 정독하여 성리학에 침잠하였고, 성운·李源(1501~1568)·申季誠(?~?)·李希顔(1504~1559) 등과 더불어 의리를 구하고 실천에 힘써 그의 학문적 기반을 확립하였다. 45세 때 乙巳士禍로 인해 李霖(1501~1546)·宋麟壽(1499~1547)·成遇(?~?)·郭珣(1502~1545) 등 가까운 지인들이 화를 당하게 되자 세상에 대하여 더욱 탄식하였으며 은일로 남는 뜻을 더욱 군혔다. 1553년 司贍寺主簿에 제수되었으나 나아가지 않았고, 55세 丹城縣監에 임명되었으나 사직소를 올려 폐단과 비리를 통렬하게 비판하였다. 61세에 진주 덕산 絲綸洞으로 거처를 옮겨 山天齋를 지어 강학하였다. 68세에 「戊辰封事」를 임금에게 받쳤으며 胥吏亡國論을 주장하였다. 저서로는 『南冥集』과 『南冥學記類編』 등이 있다.

83) 『臨淵齋先生文集』, 권2, 「曹南冥先生輓」.

84) 山海는 山海亭을 뜻한다고 할 수도 있는데, 산해정은 남명 조식이 처가가 있던 김해에 지은 누정으로, 그가 30세부터 45세 무렵까지 제자들을 강학하던 장소이다.

85) 雷龍은 雷龍亭을 말하며, 남명 조식이 지은 정자이다. 조식은 48세 때 합천군에 정착하여 뇌룡정과 鷄伏堂을 짓고 학문에 침잠하면서 제자들을 가르쳤다. 雷龍은 『莊子』에 나오는 말로 "시동처럼 가만히 있다가 때가 되면 용처럼 나타나고 깊은 연못과 같이 묵묵히 있다가도 때가 되면 우레처럼 소리친다"(尸居而龍見, 淵默而雷聲)에서 따왔다.

백발로 글을 봉하니 평소의 정에 부끄럽네.　　　白首緘辭愧素衷

26) 「임연재」86)

구불구불한 깊은 골짜기 병풍을 두른 듯하고　　　逶迤深谷似圍屛
세상 밖의 안개와 노을 형상을 숨기네.　　　物外烟霞合隱形
시 한 축에 그리움 떠나보내고　　　消遣閒愁書一軸
술 두 병에 참된 정취 길러 보네.　　　陶成眞趣酒雙甁
시내는 눈처럼 하얀 달을 머금어 추운 빛깔 밝히고　　　溪含雪月明寒色
산새는 흔들리는 꽃에서 노래하며 황혼 녘을 즐기네.　　　鳥喚風花弄晚聲
시 빚87) 무궁하고 세간의 일은 적으니　　　淸債無窮塵事少
근처에 터를 잡고 이제부턴 그윽한 마음 맡겨 보리라.　　　卜鄰從此託幽情

분분한 세상 번뇌 누에 실처럼 어지러워　　　紛紛塵累亂蚕絲
세상만사 술 한 잔 마시는 것과는 같지 않네.　　　萬事無如飮一巵
세상 피해 깊이 숨으려 산속으로 몇 리를 갔는지　　　遯世深藏山幾里
꽃을 찾아 천천히 걸으며 지팡이를 세 개나 짚었네.　　　尋芳緩步杖三枝
이끼 낀 좁은 길엔 푸른 풀 흐릿하고　　　苔封小逕迷靑草
이슬 젖은 황량한 누대에는 영지버섯 자라네.　　　露浥荒臺長紫芝
따고 따서 돌아오며 옛 곡조를 부르니　　　采采歸來歌古調
상령의 현자88) 따라 흉금을 터놓고자 하네.　　　欲從商嶺共襟期

---

86) 『臨淵齋先生文集』, 권2, 「臨淵齋」.
87) 淸債는 淸淨債의 준말로, 좋은 경관을 보면 좋은 시를 지어 보답해야 하는 빚을 말한
다. 蘇軾의 시에 "새로운 시로 이번 유람을 기념하지 않는다면, 산속에 청정한 시
빚을 지게 될까 두렵네"(不將新句紀玆游, 恐負山中淸淨債)라는 구절이 있다. 소동파의
시 「與胡祠部游法華山」에 나온다.
88) 商嶺은 商山으로 중국 陝西省 商縣 동쪽에 있는 산 이름이다. 秦나라 말기에 혼란한

27) 「고시에 화답하며」[89]

떠나던 날 봄빛 고왔고	去日春光嫩
돌아갈 때 물색 새롭구나.	歸時物色新
슬퍼라 강가의 나그네여	自憐江上客
여전히 옛사람의 모습 보이네.	猶作舊時人

28) 「선유담」[90]

천고의 선담은 깊고 또 깊고	千古仙潭深復深
선담 옆의 노송은 푸른 그늘 드리웠네.	潭邊松老翠陰陰
암대에서 한나절 물고기 노는 것 구경하고	巖臺半日看魚戲
유월의 서늘한 바람 내 옷깃을 시원하게 하네.	六月泠風爽我襟

29) 「원정[91]에게 부치다」[92]

세상을 피하여 東園公, 綺里季, 甪里선생, 夏黃公 네 사람이 이곳에 은거하니, 세상에
서는 이들을 商山四皓라고 칭하였다.
89) 『臨淵齋先生文集』, 권2, 「和古詩」.
90) 『臨淵齋先生文集』, 권2, 「仙遊潭」. 仙遊潭은 江原道 高城郡 杆城 남쪽 10리쯤 되는 곳에
있는 못이다. 산록이 둘러 골짜기를 이루었으며 골짜기 안에 못이 있어 仙遊라 한다.
91) 郭趪(1529~1593)의 본관은 玄風이며 자는 元靜 호는 竹齋이다. 1546년(명종 1) 증광
문과에 병과로 급제하였으며, 1550년 형조좌랑에 임명되었다. 1552년 大同察訪兼搜
銀御史로 있을 때 중국에 사신으로 갔다가 돌아오는 沈通源의 짐이 너무 많은 것을
보고 모두 뒤져서 불살라 버렸다. 이 사실이 관찰사를 통하여 조정에 보고되어 심통
원이 파직당하자, 그의 보복이 두려워 미친 사람 행색으로 가장하고 소를 올리는
길로 서울을 떠났다. 그 뒤 10여 년 동안 피신하여 살았으며, 1566년 다시 성균관전
적에 제수되었다. 당시 문정왕후가 불교의 부흥을 꾀하자 이에 반대하는 상소를 하
였다가 언관의 자리에서 밀려났다. 그러나 그 뒤 공조·형조·예조의 좌랑과 정랑
및 영천군수·공주목사·강릉부사 등을 역임하였다. 임진왜란의 소용돌이 속에서
사망하였다. 저서로는 『죽재문집』이 있다.
92) 『臨淵齋先生文集』, 권2, 「寄元靜」.

평소에 보지 못해 만나길 원했는데　　　　　　　　未見尋常願見之

서로 만났어도 바로 헤어짐을 원망하네.　　　　　相逢卻怨卽分離

칠 일간 즐거움 함께 나누었어도　　　　　　　　如何七日同歡樂

이별 후에는 만나기 전과 같구나.　　　　　　　別後還如未見時

30) 「고성으로 가는 길에서」93)

바다 안개 짙게 깔려 사람도 분간할 수 없고　　　海霧昏昏不辨人

가늘게 내리는 봄비 먼지보다 가벼워라.　　　　絲絲春雨細於塵

이틀을 걷고 걸어 선산 아래　　　　　　　　　行行二日仙山下

언제고 참된 모습 보았겠는가.　　　　　　　　面目何曾一見眞

31) 「김백순94)과 권진경에게 드리다」95)

청암의 주인과 약봉이 돌아가니96)　　　　　　青巖主與藥峯歸

---

93) 『臨淵齋先生文集』, 권2, 「高城途中」.
94) 金克一(1522~1585)의 본관은 義城이고 자는 伯純이며 호는 藥峯이다. 현재의 경상북
도 안동시 임하면 천전리에서 태어났다. 金璡의 첫째 아들로 당시 동생 金守一・金明
一・金誠一・金復一과 함께 '金氏五龍'으로 불렸다. 아버지로부터 엄격한 가정교육을
받았고, 커서는 金明一・金誠一과 함께 퇴계 문하에 들어가 수학하였다. 1546년(명종
1)에 증광 문과에 병과로 급제해 교서관정자에 임명되었다. 그 뒤 수의부위・사용을
거쳐 1551년에 승문원정자・저작・박사가 되었다. 1553년 승정원주서가 되고, 얼마
뒤 형조좌랑・사헌부감찰에 임명되었다. 그리고 이듬해에는 洪原縣監을 역임하였다.
1556년 淸洪道都事를 거쳐, 1558년 성균관직강・형조정랑・예조정랑이 되었다. 그리
고 다음 해 경상도도사를 거쳐, 1560년에 다시 예조정랑이 되었다. 얼마 뒤 군기시
첨정과 평해군수를 역임하였다. 1566년에는 사재감첨정을 거쳐 다시 예천군수에 임
명되었다. 그리고 1569년(선조 2) 성균관사성과 사도시정을 거쳐 외직으로 성주목사
를 역임하였다. 성주목사 시절 『啓蒙翼傳』을 간행해 퇴계로부터 격려를 받기도 하였
다. 1575년 밀양부사에 임명되고, 1582년 내자시정, 이듬해에는 사헌부장령을 겸하
였다. 주로 지방관을 역임했고, 효성이 매우 지극하였다. 저서는 『藥峯逸稿』가 있다.
안동의 泗濱書院에 배향되었다.
95) 『臨淵齋先生文集』, 권2, 「贈金伯純(克一), 權震卿」.

천 리 거리에도 친구 같은 이 누가 있을까.　　　　千里親知更有誰

버들가지 꺾어서 애오라지 뜻 부치니　　　　攀折柳枝聊寄意

역루의 밝은 달 보며 날 생각해 주오.　　　　驛樓明月儻相思

32) 「한춘경[97)](과 이별하며 드리다」[98)]

묘령의 명성은 남금[99)](보다 무겁고　　　　妙齡聲譽重南金

좋은 벼슬 오가며 임금의 사랑 깊구나.　　　　出入淸班睿眷深

구름처럼 큰 날개바람 줄곧 일으키고　　　　雲翮搏風飛不已

말발굽 내달리니 누가 말릴 것인가.　　　　霜蹄騰路去誰禁

꿈에서 어버이를 그리며 몇 밤이나 놀라 깨고　　　　驚迴幾夜思親夢

---

96) 靑巖은 權東輔(1518~1592, 자는 震卿)의 호이고, 藥峰은 金克一의 호이다.

97) 韓應寅(1554~1614)의 본관은 淸州이고 자는 春卿 호는 百拙齋・韓柳村이다. 1576년 (선조 9) 사마시를 거쳐, 이듬해 알성문과에 병과로 급제해 승문원에 뽑혔다. 곧이어 승정원주서・예조좌랑・병조좌랑・지평・정언 등을 지내고, 1584년 宗系辨誣奏請使의 書狀官으로 명나라에 다녀왔다. 그 뒤 성균관직강을 거쳐, 1588년 신천군수로 재직 중 이듬해 鄭汝立의 모반사건을 적발, 그 공으로 호조참의에 이어 도승지가 되었다. 1590년 종계변무의 공으로 光國功臣 2등에 오르고, 정여립 모반을 고변한 공으로 平難功臣 1등에 책록되었다. 1591년 예조판서에 승진해 陳奏使로 다시 명나라에 갔다. 거기에서 일본의 豊臣秀吉가 명나라를 공격하기 위해 조선에 길을 빌려 달라는 사실을 고해 명나라의 조선에 대한 의심을 풀게 하였다. 이듬해 돌아오는 길에 임진왜란이 일어났다는 소식을 듣고 개성에서 피난길에 오른 선조를 만나 諸道都巡察使로 임진강 방어에 임하였다. 그러나 加藤淸正의 유인작전에 속아 대패하였다. 그래서 왕을 뒤따라가 의주의 行在所에서 공조판서에 임명된 뒤 遼東에 건너가 援兵의 급속한 출병을 요구하였다. 그해 12월 李如松이 원군을 이끌고 압록강을 건너자 중국어에 능한 그가 接伴官으로 이여송을 맞이하였다. 이듬해 淸平君에 봉해지고, 서울이 수복되자 질서회복에 힘썼으며, 호조판서에 임명되어 군량미 보급에 진력하였다. 1595년 奏請使로 명나라에 다녀왔다. 다음 해 평안감사에 임명되어 당시 평안도에 있던 많은 명나라 장병과의 화합을 도모하였다. 1599년 謝恩使로 다시 명나라에 가서 정유재란 때의 원군에 대해 사례하였다. 그 뒤 우찬성에 올랐다. 1600년 이조판서, 다음 해 호조판서・병조판서 등을 거쳐, 1605년 府院君에 진봉되고, 1607년 우의정에 올랐다. 시호는 忠靖이다. 저서로는 『백졸재유고』가 있다.

98) 『臨淵齋先生文集』, 권2, 「奉別韓春卿」.

99) 南金은 남쪽에서 생산되는 질 좋은 금을 말한다.

나라에 보답하는 마음으로 평생을 바쳤네.　　　　輸盡平生報國心

오늘 이별하는 정자에서 슬퍼하지 말지니　　　　今日離亭莫惆悵

성명하신 천자께서 훌륭한 명성 지니고 있다네.　聖明天子有徽音

33) 「하응기100)와 이별하며 드리다」101)

늙고 병들어 각자 백발이 되었는데　　　　　　衰病支離各白頭

천 리만큼 멀리 헤어지고 다시 맑은 가을이네.　相分千里又淸秋

총총히 권장중에게 말씀을 부치고　　　　　　恩恩寄語權章仲

청성으로 머리 돌려 옛날의 유람 생각하네.　　迴首靑城憶舊遊

3. 「시무십조소」

신이 듣기로는 신하는 임금에 대해 반드시 먼저 자신에게 성실한 연후에 말을 하므로, 말하는 바가 실사實事 아닌 것이 없고, 임금도 그것을 들을 때는 믿는 바가 독실하고 행동에는 과단성이 있습니다. 또한 임금은 신하에 대해 반드시 먼저 그 마음을 비운 연후에 그 말을 구하므로, 듣는 바가 지극한 이치 아닌 것이 없고, 신하가 말하는 바도 그 쌓아 둔 바를 다하고 거리끼는 바가 없습니다. 만약 자신에게 성실하지 않고서 단지 좋은 말만 내뱉는다면 듣는 사람이 신뢰하지 않을 것이며, 그 마음을 비우지 않은 채로 방자하게 자신만이 옳다고 여긴다면 말하는 사람이 속내를 다 펼치

---

100) 河漣(1522~1601)의 본관은 진주이고 자는 應期이며 호는 五柳軒이다. 河緯地의 후예이자, 참봉 河澈岷의 아들이다. 효성이 지극하였으며, 그와 權好文(1532~1587, 자는 章仲, 호는 松巖) 모두 서후면 校里 松坡에 살았다.

101) 『臨淵齋先生文集』, 권2, 「奉別河應期(漣)」.

지 못할 것입니다. 이는 말세에 군주와 신하, 윗사람과 아랫사람이 서로를 해치면서, 위에서는 오직 아첨하는 것을 좋다고 하고, 아래에서는 오직 비위에 맞추는 것을 일삼는 것이니, 양쪽의 마음이 미덥지 못하고, 통치의 도는 날로 혼탁해집니다. 어찌 탄식을 금할 수 있겠습니까? 지금 운한雲漢의 경계를 보이고,102) 상림桑林의 책망을 절실하게 지닌다면,103) 전하께서 말을 구하는 바가 구태의연한 것이 아니라 도리어 삼가고 경외하는 실질을 지니게 될 것입니다. 좋은 말을 한 경공景公104)과 묵묵히 기도한 인종仁宗조차 능가할 수 있겠습니까? 신의 학문은 거칠고 언어도 졸렬하여 본래 거룩한 명의 만분의 일조차 대양하기에 부족합니다. 그러나 제가 외람되게 형편없는 몸으로 언관의 책임을 맡았으니, 감히 보잘것없는 생각을 사방을 두루 훤히 살피시는 전하께 우러러 호소하지 않을 수 있겠습니까. 전하께서는 유의하시기 바랍니다.

첫째로는 성학聖學을 체인하여 실덕實德에 나아가십시오. 신이 듣기로 성性은 비록 천명에서 얻는 것이지만 반드시 학문에 의지해야 그 덕을 이룬다고 합니다. 요堯임금과 순舜임금은 본성대로 행하였지만 반드시 "오로

---

102) 雲漢은 『시경』에 수록된 「雲漢」을 가리킨다. 周나라 宣王이 이 시로써 자신을 다스렸는데, 재앙을 만나 백성을 걱정하며 두려운 마음으로 자신을 반성하고 닦아 나가는 자세를 가리킨다.
103) 殷나라에 7년 동안 가뭄이 들었을 때, 湯王이 桑林에서 기우제를 올리며 여섯 가지 잘못을 자책하자 비가 내렸다고 한다.
104) 춘추시대 宋나라 景公 때, 재앙의 별인 熒惑이 나타났다. 이는 송나라에 불길한 징조였다. 경공이 근심하자 司星인 子韋가 "정승에게 天災를 옮게 하소서"라고 하였고, 경공은 "정승은 내 팔다리이다"라고 하였다. "백성에게 옮게 하소서"라고 하니, "임금은 백성을 근본으로 한다"라고 하였다. "해(歲)에 옮게 하소서"라고 하니, "흉년이 들면 백성이 곤궁해진다. 내가 누구를 위한 임금인가?"라고 하였다. 이에 자위가 "하늘이 높으나 낮은 곳에 있는 일을 듣습니다. 이제 임금께서는 임금다운 세 가지 말씀을 하셨으니, 형혹이 움직일 것입니다"라고 하였고, 형혹을 보니 과연 움직임이 있었다. 『史記』, 「宋世家」 참조.

지 정일하여 중의 도를 지킨다"(精一執中)고 말했고, 탕왕湯王과 무왕武王은 본래의 성품을 회복하여 행하였지만 또한 "중도를 세우고 표준을 세운다"(建中建極)고 말했습니다. 뛰어난 인물도 오히려 그랬거늘 하물며 보통 사람 이하의 자질로는 어떻겠습니까? 배움이란 위대합니다. 그 연원은 제위를 선양할 때 시작되었고, 절목은 『대학大學』에 구비되어 있습니다. 어찌 이 한 편을 반복하여 중리衆理를 극진히 따지지 않겠습니까? 공손히 생각건대, 전하께서는 총명함을 타고나셨고, 자질도 뭇 사람을 능가하며, 경서를 널리 읽으셨고, 마음에 새기고 암송하는 데 뜻을 두셨습니다. 그러므로 경연經筵에 참석할 때나 상소에 답할 때 출중함이 크게 드러나니, 흡사 총명하다고 하여 스스로 성현이라고 여기는 잘못이 있는 듯하니, 실천하는 바의 실질에 미진함이 있고, 도리어 완물상지玩物喪志의 혐의가 생길까 걱정됩니다. 덕에 나아가고 성학을 이루는 요점은 이와 같지 않을 것입니다. 다행히 한가하게 지내시는 틈에 『대학』을 시취試取하여 소리를 길게 하여 감탄하고 성음을 끊어지지 않게 한다면, 도에 들어가는 문과 덕을 쌓는 기초가 이에 갖추어질 것입니다. 거기에서 말한 격물치지格物致知는 이치를 궁구하는 일이고, 성의정심誠意正心은 덕을 닦는 방법입니다. 단정하고 장중하며 고요하고 전일한 가운데 존양存養의 노력을 다하고, 배우고 묻고 생각하고 분별할 때에도 성찰省察의 힘을 다하며, 참되게 쌓고 오래도록 노력하여 활연관통豁然貫通을 이루면 청명하고 강건한 덕과 지나가는 곳은 교화되고 머무는 곳은 신묘한 경지가 모두 여기에 있게 될 것입니다. 정이程頤는 "함양은 모름지기 경敬을 써야 하고, 학문에 나아감은 치지致知에 달려 있다"105)고 하였으니, 전하께서는 유념하시기 바랍니다.

---

105) 『二程遺書』 권18에 나온다.

둘째로는 다스림의 실상을 살펴서 급선무로 삼으십시오. 신이 듣기에 나라를 다스림에는 방법이 있으니 수신修身이 근본이 되고, 우선 힘써야 할 바는 현명한 이를 가까이 하는 것입니다. 무릇 나라를 다스리면서 급선무를 해결하지 않으면, 남들이 아는 바를 두루 알고, 남들이 할 수 있는 바를 두루 행할 수 있어도 정신을 소진할 뿐 다스림에 무익할 것입니다. 우禹와 고요皐陶를 얻지 못한 것을 근심으로 삼은 것은 순舜임금이 융성을 이루었던 까닭이고, 이윤伊尹에게 배운 이후에 그를 신하로 삼은 것은 탕왕湯王이 왕도를 이룬 까닭입니다. 그러나 수신을 급선무로 삼지 않으면 얻은 사람이 간혹 적합한 사람이 아니게 되므로, 반드시 "인재를 얻으려면 먼저 내 몸을 닦아야 한다"[106]고 말하니, 이것이 바로 이제삼왕二帝三王의 다스림이 후세에 미칠 수 있는 바가 아닌 이유입니다. 만약 자신의 눈과 귀만을 믿고서 여러 현인에게 위임하지 않는다면 비록 온갖 일이 날로 잘 처리되기를 원하더라도 도리어 다스림의 근본이 날로 무너질 것입니다. 공손히 생각건대, 전하께서는 자질이 고명하고 사물의 실정을 깊이 살피시며, 권기權機를 한 몸으로 총괄하고 여러 사무를 백관百官에게 일임하시니, 다스림의 도를 얻고 국사國事가 다스려지는 것 같습니다. 그렇지만 대체를 모르면 본말이 순서를 잃고, 힘쓸 바를 모르면 완급이 마땅함을 잃게 되므로, 아래를 듣고 살핌에 여러 신하가 죄를 지어 낭패를 볼까 걱정하고, 강하게 대처하는 데 치우치면 백성이 측은함이 깃든 인자함을 누릴 수 없을 터이니, 그렇다면 전하의 다스림이 과연 옳은 것입니까? 다행히 홀로 처하는 곳에서 구경九經의 뜻을 깊이 궁구하고, 마음의 본원을 맑고 전일하게 하며, 현인을 두고 좌우에서 보필을 받는다면, 궁궐 안에서 몸을

---

106) 『中庸章句』 20장에 나온다.

공손히 하고 바르게 남면할 뿐이니, 무엇을 하겠습니까?[107] 『서경』에서는 "원수가 현명하면 신하들이 어질어서 모든 일이 편안할 것입니다"[108]라고 하였고, 또 "원수가 잘고 인색하면 신하들이 나태해져서 만사가 무너질 것입니다"[109]라고 하였으니, 전하께서는 유념하시기 바랍니다.

셋째로는 절약과 검약을 숭상하여 가르침의 근본을 세우십시오. 신이 듣기로 경사京師는 사방의 근본이고, 군주는 한 나라의 모범입니다. 근본이 바르지 않고, 모범이 곧지 않은데도 교화의 대본을 세우고 백성을 규범과 법도로 인도한 경우는 없었습니다. 지금 백성은 곤궁하고 재물은 탕진되었는데도 전쟁이 이어지고 수해와 가뭄이 발생하니, 재물을 아끼고 검약을 숭상하는 것이 필요한 때입니다. 그런데도 왕자들의 저택은 궁궐에 필적하고, 배우들의 복식은 비빈妃嬪을 참월하니, 그 형태를 보지 못해도 그 그림자는 엿볼 수 있습니다. 이로 인해 좌우의 궁첩宮妾이 화려함을 숭상하고 사치를 일삼는 것이 유행하며, 시골에 사는 어리석은 백성도 눈과 귀로 보고 들을 것이니, 점차 사방에 영향을 미쳐도 아무도 막지 못할 것입니다. 아! 흙으로 계단을 만들고 띠풀로 지붕을 엮었던 요임금은 결코 자손을 위해 구름보다 높은 화려한 집을 짓지 않을 것이고,[110] 허름한 옷과 변변치 않은 음식을 먹었던 우임금은 결코 가까운 사람들을 위해 마음을 방탕하게 하는 사치를 부리지 않을 것이며,[111] 술로 채운 연못(酒池)을

---

107) 『論語』「衛靈公」에서 "무위로 다스린 이는 舜임금이실 것이다. 대저 무엇을 하셨으리오? 몸을 공손히 하고 바르게 남면하였을 뿐이다"(無爲而治者, 其舜也與. 夫何爲哉? 恭己正南面而已矣)라고 하였다.

108) 『書經』「益稷」에 나온다.

109) 『書經』「益稷」에 나온다.

110) 『新唐書』「薛收傳」에서 "높은 건물과 수식한 담장은 殷의 辛이 망한 이유이고, 흙으로 만든 계단에 띠풀로 엮은 지붕은 唐의 堯가 번성한 이유이다"(峻宇彫牆, 殷辛以亡, 土階茅茨, 唐堯以昌)라고 하였다.

111) 『論語』「泰伯」에서 "우임금은 내가 흠잡을 수 없도다. 음식은 박하게 먹으면서 귀신

가진 군주나 옥으로 된 옷(珠衣)을 지닌 황제는 끝내 오명을 오래도록 후세에 남길 것이니, 전하께서 교화의 권력을 잡고 전환의 기회를 탄다면 무엇을 꺼려서 요임금과 우임금을 본받지 않겠습니까? 위에서 행하면 아래에서 본받는 것을 기풍氣風이라고 하고, 훈훈하게 찌는 기운이 점점 스며드는 것을 교화敎化라고 합니다. 절약과 검약의 덕은 본래 한 사람에 근본을 두니, 풍속이 바뀌는 것은 그림자나 메아리보다 빠릅니다. 어찌 아름답지 않겠습니까? 어찌 성대하지 않겠습니까? 『서경』에서 "집안에서 검소하다"112)고 하였고, 전해지는 말에는 "사치의 해로움은 천재天災보다 심하다"고 하였으니, 전하께서는 유념하시기 바랍니다.

넷째로는 부지런히 남의 의견을 듣고 여러 선善을 모으십시오. 신이 듣기에, 윗사람이 되어서는 누구나 다스려지기를 바라고, 아랫사람이 되어서는 누구나 충성스럽기를 바라며, 아랫사람은 항상 윗사람에게 도달하기 어려움을 고심하고, 윗사람은 항상 아랫사람이 알아주기 어려움을 고심한다고 합니다.113) 인정人情은 믿는 바에 의해 가려지고, 의심한 바에 의

을 섬기는 제사에는 효성을 극진히 하였고, 의복은 검소하게 입으면서 제사에 필요한 옷과 면류관은 아름다움을 극진히 하였다. 거처하는 궁실은 허름하게 지었으면서도 치수에는 힘을 다하였으니, 우임금은 내가 흠잡을 수 없도다"(禹吾無間然矣, 菲飮食而致孝乎鬼神, 惡衣服而致美乎黻冕, 卑宮室而盡力乎溝洫, 禹吾無間然矣)라고 하였다.

112) 『書經』「大禹謨」에서 舜임금이 禹의 덕을 칭송하여 "국사에 부지런하고 집안에서 검소하다"(克勤于邦, 克儉于家)라고 하였다.

113) 『通鑑節要』「唐紀」에 "아랫사람이 되어서는 충성하기를 바라지 않음이 없고, 윗사람이 되어서는 다스려지기를 바라지 않음이 없다. 그럼에도 아랫사람은 매번 윗사람이 제대로 다스리지 못함을 고심하고, 윗사람은 매번 아랫사람이 충성스럽지 않음을 고심한다. 왜 그런가? 양쪽의 마음이 통하지 않기 때문이다. 아랫사람의 마음은 윗사람에게 도달하기를 원하지 않음이 없고, 윗사람의 마음은 아랫사람에게 통하기를 원하지 않음이 없다. 그럼에도 아랫사람은 항상 그것이 윗사람에게 도달하기 어려울까 고심하고, 윗사람은 항상 아랫사람이 알아주기 어려울까 고심한다. 왜 그런가? 아홉 가지 폐단이 제거되지 않기 때문이다"(爲下者, 莫不願忠, 爲上者, 莫不求理, 然而下每苦上之不理, 上每苦下之不忠, 若是者何? 兩情, 不通故也. 下之情, 莫不願達於上, 上之情, 莫不求通於下, 然而下恒苦上之難達, 上恒苦下之難知, 若是者何? 九弊不去故也)라

해 막히기 때문입니다. 지금 조정의 조처는 한번 마땅함을 잃었으니, 만약 초야의 과감한 말이 당장 임금에게 들어간다면 윗사람은 듣는 것을 막지 않고 아랫사람은 마음을 토로하는 상황이 된다고 하겠습니다. 그러나 간언을 구하는 말씀은 아래로 벼슬 없는 선비에게도 미쳤으면서도, 윤허하지 않는다는 비지批旨를 매번 이목지관耳目之官에게 보일 뿐, 기탄없이 의견을 나누는 아름다움을 보이지 않으니, 결국 자신만이 옳다고 하는 과실을 낳았습니다. 또한, 주변의 아첨으로 사랑받는 신하가 죄가 있으면 벌을 내려야 하는데도 거절하고 수용하지 않으며, 일이 자기의 뜻에 어긋나면 말이 비록 이치에 부합해도 신뢰하지 않습니다. 저는 전하의 마음이 넓지 않은 탓에 많은 사람의 견해를 모두 살펴서 붕귀朋龜의 유익함을 얻는 데 실패할까 두렵습니다. 세조世祖께서 세자를 가르치며 "자기가 옳다고 생각하면 반드시 간언을 거절하게 되며, 간언을 거절하게 되면 직언을 하는 자가 없게 된다"114)고 말씀하셨으니, 참으로 훌륭한 말입니다. 자기 몸보다 아끼는 것이 없고, 죽음보다 싫어하는 것이 없으니, 허물 듣기를 부끄럽게 생각하고, 위엄으로 겁을 주는 상황에서 어찌 감히 목숨을 버리고 마음을 모두 드러내겠습니까? 진실로 극기克己의 노력을 가하고, 용중用中의 지혜를 다해야 하니, 말이 마음에 거슬리면 도에 맞는 것인지 살펴야 하고, 말이 마음에 거슬리지 않으면 도에 어긋나는 것인지 살펴야 합니다.115) 또한, 자신에게 불선不善이 있으면 자기를 버리고 남을 따라야 하고, 남에게 선善이 있으면 그것을 자기에게 취해야 하니, 그러면 온갖 선이 모

고 하였다.
114) 『世祖實錄』 世祖 4년 10월 8일 항목에 관련 내용이 실려 있다.
115) 『書經』 「太甲下」에서 "말이 자기 마음에 거슬리지 않거든 반드시 도에 어긋나는 것인지 살펴보고, 말이 자기 마음에 거슬리거든 반드시 도에 맞는 것인지 살펴보소서"(有言遜于汝心, 必求諸非道, 有言逆于汝心, 必求諸道)라고 하였다.

두 모여서 다스림의 도가 저절로 세워질 것입니다. 그러므로 듣는 것이 어려운 것이 아니라 실천하는 것이 더욱 어렵습니다. 군주가 겉으로만 관대하게 용납함을 보일 뿐, 흔쾌하게 수용하는 실덕實德을 다하지 않을 수 있겠습니까? 공자는 "순임금은 크게 지혜로운 사람일 것이다. 그는 묻기를 좋아하고 천근한 말도 자세히 살피기를 좋아했다"[116]라고 하였으니, 전하께서는 유념하시기 바랍니다.

다섯째로는 등용하고 내치는 것을 신중히 하여 사악함과 올바름을 분별하십시오. 등용하고 내치는 도리는 어렵습니다. 군자는 본래 소인을 지목하여 소인이라고 하고, 소인 또한 군자를 지목하여 소인이라고 합니다. 정밀하게 판별하는 것은 성인이 아니고서는 불가능합니다. 무릇 향풀과 잡초가 숲에 함께 있을 수 없고, 얼음과 숯이 한 그릇에 같이 있을 수 없으며, 군자와 소인은 그 형세가 본래 양립할 수 없습니다. 군주가 만약 자신과 생각이 같거나 다르다고 해서 기뻐하거나 분노한다면, 또는 기뻐함과 분노에 따라 등용하거나 내친다면 더욱 사람을 등용하는 도가 아닙니다. 그렇게 되면 결국 등용되는 자가 소인이 아니라고 장담할 수 없고, 내쳐지는 자가 군자가 아니라고 장담할 수 없을 것이며, 국가의 혼란과 멸망이 그에 따를 것입니다. 신중하지 않을 수 있겠습니까? 두려워하지 않을 수 있겠습니까? 작년에는 사류士流가 부딪혀 조정이 어지러웠습니다. 만약 전하의 밝음으로 분별하여 진정시키지 않았더라면 서로 해치는 불행이 무오년과 갑자년의 수준에 이르지 않기가 어려웠을 것입니다. 길거리에 오가

---

116) 『中庸章句』 6장에서 "舜임금은 크게 지혜로운 사람일 것이다. 그는 묻기를 좋아하고 천근한 말도 자세히 살피기를 좋아했으며, 남의 잘못을 숨겨 주고 선함을 드러냈으며, 그 양쪽 끝을 잡고 백성들에게 합당한 것을 사용하였다. 이것으로 舜임금이 되었던 것이다"(舜其大知也與, 舜好問而好察邇言, 隱惡而揚善, 執其兩端, 用其中於民, 其斯以爲舜乎)라고 하였다.

는 논의들은 모두 합당하게 처리함을 다행으로 여기지만, 저는 성명盛明의 시기에 거듭 쇠망의 조짐이 드러남을 커다란 불행으로 여깁니다. 저는 이로써 전하의 한 몸에 간혹 수치修治의 노력이 부족하다는 것을 알겠습니다. 진실로 자신의 기쁨과 분노로써 등용하거나 내친다면 지난달에 등용되었던 자가 오늘에 와서 버려질 수도 있고, 오늘에 와서 등용된 자가 또한 내일 버려질 수도 있을 것이니, 어찌 크게 두렵지 않겠습니까? 그러므로 요임금에게도 어려움이 있었다는 가르침이 있었고,117) 공자에게도 미워한다는 훈계가 있었으니,118) 전하께서 어찌 돌이켜 자신에게서 구하고, 먼저 마음을 바르게 하지 않을 수 있겠습니까? 거울의 투명함이 곱고 추함을 있는 그대로 비추는 것처럼 하고, 저울의 수평이 경중을 있는 그대로 보이는 것처럼 한다면, 어찌 등용하고 내치는 도를 다하여 국가의 복을 이루는 것이 아니겠습니까? 부필富弼119)은 "현명한 자와 어리석은 자가 나아가고 물러나는 것은 왕도의 소장消長에 달려 있다"고 하였으니, 전하께서는 유념하시기 바랍니다.

여섯째는 경행經行을 권하여 선비가 나아갈 바를 밝히십시오. 선비란 국가의 그릇이거늘, 그릇이 뒤틀리고 거칠면 쓰임에 맞지 않을 것이고, 선비가 삿되고 치우치면 국가에 해가 됩니다. 군주가 효제충신孝悌忠信의 도로써 가르치고, 경술經術을 밝히고 익히는 학문으로써 인도해도 여전히 따

---

117) 『書經』「皐陶謨」에 "아, 모두 이처럼 하는 것은 堯帝도 어렵게 여긴 바이니, 사람을 알아보는 것이 바로 명철한 것이다"(吁, 惟帝其難之, 知人則哲)라고 皐陶가 禹에게 말한 내용이 나온다.

118) 『論語』「先進」에 항변하는 子路에 대해 孔子가 "이런 까닭에 말재주 부리는 자를 내가 미워하는 것이다"(是故惡夫佞者)라고 말하는 내용이 있다.

119) 富弼(1004~1083)은 송나라 때의 정치가이자 문학가이다. 河南 洛陽 사람이며, 자는 彦國, 시호는 文忠이다. 范仲淹과 함께 慶曆新政을 추진했다. 神宗 때 王安石과 대립했으며, 青苗法에 반대하다가 탄핵을 받았다. 저술로 『富鄭公集』이 있다.

르지 않는 무리가 있거늘, 하물며 공명과 이익의 계산으로 인도하고, 문장을 아름답게 꾸미는 숙련도만 가지고 선발한다면 또한 어떻게 집에 들어가서는 효도하고 나와서는 공경하며, 윗사람을 친근하게 여기고 어른을 위해 목숨을 바치는 경지를 바랄 수 있겠습니까? 우리나라는 과거를 통해 인재를 등용하고, 순자법循資法[120]으로 인물을 씁니다. 임금이 따르는 것도 이것일 뿐이고, 부형이 가르치고 지도하는 것도 이것일 뿐입니다. 이런 까닭으로 아이가 포대를 막 벗어나자마자 청자靑紫 빛깔의 옷을 입으려고 하고, 관冠과 고깔을 막 쓰자마자 재상과 정승을 엿보고자 하니, 격물치지格物致知와 성의정심誠意正心의 학설 및 수신제가修身齊家와 치국평천하治國平天下의 도가 무엇인지를 모르게 됩니다. 결국 다스림이 옛날과 같지 않게 되는 것이 무슨 이상할 바가 있겠습니까? 수년 동안 이름 없는 과거가 없던 적이 없었고, 선비의 습속이 투박해짐은 날로 심해졌습니다. 이름만 있으면 누구나 뒤질세라 서둘러 뒤를 따랐고, 동서로 분란이 일어나 당파가 분열되었습니다. 이것이 어찌 선비가 나아갈 바이겠습니까? 만약 한 시대의 선비들로 하여금 대를 이어 쌓인 습속을 모두 바꾸고, 반드시 과거를 혁파하며, 위로는 이익에 이끌리는 기풍이 없게 하고, 아래로는 경쟁하려는 생각을 단절시키고자 한다면, 효우제공孝友悌恭을 숭상하고, 기송記誦과 사장詞章을 하찮은 것으로 삼아야 하니, 그렇게 되면 사람들은 배우지 않음이 없게 되고, 학문은 바르지 않음이 없게 될 것이며, 선비의 습속은 날로 새로워지고, 풍속은 날로 아름다워질 것입니다. 그러한 가르침이 행해진다면 모두 전하께서 몸소 행하고 마음으로 터득한 것에 뿌리를 두고, 민생은 날마다 쓰는 이륜彝倫의 밖에서 구하려고 하지 않을 것입니다. 전

---

120) 고려시대, 조선시대에 근무 기간에 따라 관리를 승진시킨 인사제도를 말한다.

하께서는 유념하시기 바랍니다.

　일곱째는 기강을 진작시켜서 공도公道를 넓히십시오. 기紀란 실에 실마리(紀)가 있는 것과 같고, 강綱이란 그물에 벼리(綱)가 있는 것과 같습니다. 실마리가 정돈되면 실이 어지럽지 않고, 벼리가 잡히면 그물에 질서가 생깁니다. 어찌 기紀를 버리고 실을 다루고, 강綱을 버리고 그물을 정리하는 자가 있겠습니까? 지금은 강기가 한번 무너져서 공도가 서지 않고 있습니다. 선비의 의론은 나뉘고, 집안의 논의도 달라서 나이가 어려도 연장자를 모욕하고, 지위가 낮아도 윗사람을 능욕합니다. 또한, 인심은 무너지고 나라의 형세는 쇠락하여, 마치 중풍에 걸린 사람이 혈맥이 통하지 않고 수족이 마비되어 쓸 수 없는 상황과 같으니, 어찌 위태롭지 않겠습니까? 어찌 위태롭지 않겠습니까? 집안에 기강이 없으면 비첩婢妾을 호령할 수 없고, 고을에 기강이 없으면 나이의 많고 적음을 분별할 수 없습니다. 하물며 한 나라의 규모이거늘 기강을 버리고 다스릴 수 있겠습니까? 현명한지 여부를 분별하여 상하의 구별을 정하고, 공적과 죄악을 따져서 상벌의 시행을 공정하게 하는 것이 바로 기강을 진작시키는 일입니다. 기강이 한번 진작되면 공도는 저절로 넓혀질 것이고, 천하의 일은 내가 원하는 대로 되어 뒤섞이거나 가지런하지 않은 근심이 없게 될 것입니다. 주희朱熹는 "기강이 진작되면 천하 사람들이 더욱 서로 면려勉勵하여 악함을 버리고 선함을 따를 것이다"라고 하였으니, 전하께서는 유념하시기 바랍니다.

　여덟째는 부역賦役을 줄이고 민력民力을 펴게 하십시오. 조세의 부과에는 해마다 정해진 양이 있습니다. 한번 그 기준을 넘으면 민력이 곤궁하게 됩니다. 무릇 세금을 걷어 제사를 올리고, 부역을 통해 군마軍馬를 공급하는 것은 삼대의 제도입니다. 그러므로 정전법井田法은 천하의 핵심이니, 기준보다 많으면 걸왕桀王이 되어 버리고, 적으면 오랑캐가 됩니다. 혼자만의 욕심으로 민력을 돌보지 않을 수 있겠습니까? 우리나라는 성자신손聖子神孫이 계승했고, 백성에게 거두는 데에는 제도가 있었습니다. 그러나 연산군燕山君에 이르러 어지럽고 망가져서 비로소 조종의 규범이 피폐해졌으니, 날로 백성을 착취하는 명령이 거듭되어 백성이 오늘에 와서 여전히 그러한 폐단을 겪고 있습니다. 작년 이후 북쪽 오랑캐의 변고가 안팎으로 어지럽고, 군사를 뽑고 양식을 나르느라 백성은 노고를 견디지 못하며, 폐단이 인족隣族에도 미치고 있습니다. 마을은 쓸쓸하고, 묘당廟堂에는 계책이 없는데, 짐짓 주현州縣을 합병하여 작은 은혜를 베풀고자 하니, 부지런히 백성을 근심한다고 하겠습니다. 그러나 근본을 해결하지 않은 채 말단만 도모하려고 하니 저는 그것이 가능할지 모르겠습니다. 백성을 옮기고 곡식을 옮기는 것을 흉년이 들었을 때의 정치에서 그만둘 수 없겠지만, 만약 그 수준이 오십보백보五十步百步에 불과하다면 어찌 사람들의 비웃음을 면하겠습니까? 관자管子는 "곡식이 300리 옮겨지면 나라에 1년 양식의 축적이 없어지고, 곡식이 400리 옮겨지면 나라에 2년 양식의 축적이 없어지며, 곡식이 500리 옮겨지면 백성에게 굶주린 기색이 있게 된다"[121]고 하였으니, 영남嶺南지역과 관북關北지역은 그 거리가 얼마입니까? 민력의 고갈을 말하지 않아도 알 수 있습니다. 오늘날 힘써야 할 것은 먼저 조정을 어지럽히는 법을 없애고, 시급하게 조종祖宗의 옛 모습을 회복하는 것입니다. 또한 급하지 않은 부역을 완화하여 민력의 소생을 기대한다면 백성의 원망이 풀리고 국가의 근본도 흔들리지 않을 것입니다. 맹자는 "(세금을 부과하는 방법에는) 직물의 징수와 곡물의 징수와 노동력의 징발이 있다. 군자는 그 가운데 한 가지만 적용하고 나머지 두 가지는 완화해 준다. 만

---

121) 『管子』「八觀」에 나온다.

일 두 가지를 동시에 적용하면 백성들이 굶주려 죽는 일이 있고, 그 세 가지를 동시에 적용하면 부모와 자식이 헤어지게 된다"[122]고 하였으니, 부모와 자식이 헤어지고서 나라가 망하지 않은 경우는 없었습니다. 전하 께서는 유념하시기 바랍니다.

아홉째는 형옥刑獄을 자세히 살펴서 억울함을 풀어 주십시오. 형벌이 란 다스림을 보조하는 도구로서 쓰지 않을 수 없습니다. 그러나 인간의 생명이 달려 있으니, 군주가 아예 잊은 듯이 하고 아무도 돌보지 않을 수 있겠습니까? 죄가 의심스럽거든 가벼운 쪽으로 처벌하고, 차라리 형법대 로 집행하지 않는다는 비난을 감수한다는 것은 고요皐陶의 보좌이고,[123] 위수渭水에서 형벌을 써서 강물이 모두 핏빛으로 물들었다는 것은 상앙商鞅 이 잔혹함을 도운 것입니다.[124] 흥망성쇠는 이로부터 나뉘니, 후세의 임금 은 누구를 경계로 삼고, 누구를 모범으로 삼아야 하겠습니까? 한 사내가 비통함을 품으면 유월에도 서리가 내리고, 한 아녀자가 억울함을 호소하 면 천 리 땅에 가뭄이 드니, 재앙을 초래하는 것은 형옥刑獄의 어긋남 때문 이라 할 수 있습니다. 지금 백성이 가르침을 따르지 않고 스스로 죄려罪戾 에 빠지고, 감옥이나 질곡桎梏을 스스로 선택합니다. 그런데도 생계의 마련 은 막막하여 백성이 항심恒心을 잃고 말았으니, 그들을 그물로 잡아들이는 것에 대한 책임은 위에 있는 자들도 면할 수 없습니다. 아! 형벌을 받은

---

122) 『孟子』 「盡心下」에 나온다.
123) 皐陶가 舜이 사람을 살리는 것을 좋아한다는 점을 찬양하면서 "죄가 의심스러우면 가벼운 쪽으로 처벌하고, 공이 의심스러우면 중한 쪽으로 상을 주었다. 그리고 무고 한 사람을 죽이기보다는 차라리 형법대로 집행하지 않는다는 비난을 감수하려고 하 였다"(罪疑惟輕, 功疑惟重, 與其殺不辜, 寧失不經)라고 하였다. 『書經』, 「大禹謨」 참조
124) 『史記集解』 「商君列傳」에서 "(상앙이) 하루에 渭水 근처에서 죄수 700여 명을 논단하 니, 渭水가 모두 붉게 물들었고, 통곡하는 소리가 천지에 진동했다"(一日臨渭而論囚七 百餘人, 渭水盡赤, 號哭之聲動於天地)라고 하였다.

자는 이전처럼 될 수 없고, 죽은 자는 다시 살아날 수 없으니, 어찌 불인지심不忍之心을 미루어 남을 불쌍히 여기는 정치를 행하고, 원통함과 억울함을 풀며, 백성을 그물로 잡아들이는 지경에 이르지 않을 것을 기약하지 않겠습니까? 그리고 "실수로 지은 죄는 큰 것도 용서해 주고, 고의로 지은 죄는 작은 것도 철저하게 처벌한다"[125]라고 하였으니, 이는 오늘날의 급선무입니다. "형벌로써 이후 형벌을 시행할 일이 없도록 기약하고, 백성이 중中에 화합하도록 한다"[126]라고 하였으니, 또한 사사士師가 마땅히 본받아야 할 것입니다. 『서경』에서는 "죄수에 대한 판결은 5, 6일 동안 가슴속에 두고 생각하며, 열흘이나 한 철에 이르러서 죄수를 크게 결단하라"[127]라고 하였고, "나로 하여금 원하는 대로 정치를 할 수 있게 하여, 사방이 풍동風動하게 한 것은 바로 너의 공로 덕분이다"[128]라고 하였습니다. 전하께서는 유념하시기 바랍니다.

열째는 군정軍政을 다스려 전수戰守에 힘쓰십시오. "나라의 큰일은 제사와 전쟁에 있다"[129]라고 하였으니, 진실로 편안한 시기에도 위기를 잊으면 안 되고, 치세에도 난세를 잊으면 안 되며, 군정軍政은 반드시 평소에 미리 준비해야 합니다. 사계절의 사냥은 모두 빈 땅에서 하고, 농사철에 피해를 주어서는 안 됩니다. 앉고 서고 나아가고 물러서는 절차, 말달리고 활 쏘고 치고 찌르는 자세, 금고金鼓의 소리와 정모旌旄의 색깔, 남의 이목에 익숙해지는 것 등은 선왕先王의 군사훈련에 대한 제도이니, 이를 통해 변란이 갑자기 일어나더라도 상황에 따라 대처할 수 있는 것입니다. 그러

---

125) 『書經』「大禹謨」에 나온다.
126) 『書經』「呂刑」에 나온다.
127) 『書經』「康誥」에 나온다.
128) 『書經』「大禹謨」에 나온다.
129) 『春秋左傳』成公 13년조에 나온다.

나 오늘날에 와서는 문관들은 안일하고 무관들은 놀기만 하며, 백성들은 전란을 보지 못했으니, 재앙이 오고 변고가 발생하거나, 북쪽의 오랑캐가 침입하니, 위로는 나랏일로 바쁜 임금에게 근심을 끼치고, 아래로는 경대부卿大夫에게 치욕을 안깁니다. 어찌 군정이 다스려지지 않기 때문이 아니겠습니까? 옛사람의 말에 "군사는 천 일을 쓰지 않을 수 있지만, 하루라도 준비하지 않으면 안 된다"[130]라고 하였으니, 신중하지 않을 수 있겠습니까? 그러나 남의 공적을 탐하는 장수는 자신의 힘을 헤아리지 않고 오직 전쟁에 나설 줄만 알고, 물러나 지키고자 하지 않습니다. 『병법』에 이르기를 "적을 알고 나를 알면 백 번 싸워 백 번 이긴다"라고 하였는데, 이것이 어찌 지혜로운 자의 말이 아니겠습니까?

전하께서 시험 삼아 옛일을 살펴보시면 옛날의 "오랑캐를 무찌르고 태원太原에 이르렀다"[131]라고 했으니 주선왕周宣王의 계책이 통한 것이고, "무력을 모조리 써 버림으로써 막남漠南[132]에 오랑캐의 조정이 서지 못하게 하였다"라고 했으니 한무제漢武帝에게 계책이 없었던 것입니다. 하물며 주나라나 한나라의 무력이 없는 경우에는 어떻겠습니까? 저는 조두俎豆에 관한 일을 배웠을 뿐, 군사에 대해서는 듣지 못했습니다. 지나간 일의 득실에 대해서는 대략 역사에서 고찰하였으니, 싸울 만하면 싸우고, 지킬 만하면 지키며, 막연한 공적을 바라지 않고, 오직 만전萬全을 기한 인물로 윤길보尹吉甫[133] 이후로는 오직 한나라의 조충국趙充國[134]과 송나라의 적청狄

---

130) 『南史』 「陳暄傳」에 나온다.
131) 『詩經』 「六月」에 나온다.
132) 漠南은 고비사막 남쪽지역을 말한다.
133) 尹吉甫는 周나라 宣王 때의 太師이다. 鎬京에 침입한 오랑캐를 격퇴하는 데 공로를 세웠다.
134) 趙充國(기원전 137~기원전 52)은 前漢 武帝에서 宣帝 때의 장군이다. 무제를 도와 흉노 정벌에 공을 세웠다.

靑[135])이 있을 뿐입니다. 다만 과거시험으로만 인재를 등용하는 것을 전수戰守의 근본으로 삼고, 군사를 모른 채 혈기만을 휘두르며, 사람들이 의로움을 모른 채 이욕利欲만 좇으며, 백성에게 싸우는 것을 가르치지 않은 채 결국 나라를 적에게 내어 준다면 어찌 위태롭지 않겠습니까? 장차 인재를 얻으면 내수內修와 외양外攘의 두 계책이 전하의 심려를 수고롭게 하지 않을 것이고, 순서도 잡힐 수 있을 것입니다. 그렇다면 인재를 얻는 근본은 전하에게 달려 있지 않겠습니까? 무예를 단련하는 근원은 인재를 얻는 데 달려 있지 않겠습니까? 전하께서는 근본으로 돌아가시옵소서. 맹자는 "장성한 자는 틈틈이 효제충신을 닦으며, 집안에 들어가서는 부모와 형을 섬기고, 바깥에 나가서는 어른과 윗사람을 섬길 것이니, 그들에게 몽둥이를 만들게 하여 진秦과 초楚의 견고한 갑옷과 날카로운 병기를 든 군사들을 타격하게 할 수 있을 것이다"[136])라고 하였고, 또 "군주가 인仁을 좋아하면 천하에 대적할 자가 없다"[137])라고 하였으니, 전하께서는 유념하시기 바랍니다.

무릇 국가의 일이 하나도 온전한 것이 없지만, 오늘날 힘쓸 것으로 이것보다 시급한 바가 없으니, 삼가 그 일을 위와 같이 나열했고, 거듭 앞의 내용에서 미진했던 생각을 펼쳐서 한 편의 강령으로 삼았습니다. 무릇 『대학』을 우선하지 않으면 규모를 확립하고 근본을 세울 수 없습니다. 『대학』을 보고 나서 또한 『논어』와 『맹자』를 가지고 참작하지 않는다면 또한 조존操存과 함양涵養의 실질을 행하거나 확충의 단서를 체험할 수 없습니다.

---

135) 狄靑(1008~1057)은 宋나라 仁宗 때의 무신이다. 西夏 변경을 수호한 공으로 인종의 총애를 받았다.
136) 『孟子』「梁惠王上」에 나온다.
137) 『孟子』「離婁上」에 나온다.

이들 세 가지 경전이 관통된 연후에 그 극치를 『중용』에서 체인하지 않으면 어떻게 옛사람의 미묘한 바를 구하여 천하의 대경大經을 경륜하고, 천하의 대본大本을 세우며, 천지의 화육을 알 수 있겠습니까? 그렇다고 해도 어찌 이것이 지극히 높고 행하기 어려운 일이겠습니까? 그 요체는 오직 근독謹獨에 있을 뿐입니다. 혼자 있어서 방자할 때에 계신공구戒愼恐懼의 실질을 다할 수 있으면 이 마음이 주인이 되어 만사의 근본이 될 수 있습니다. 만약 그렇지 않고서 장구章句의 말단에만 마음을 두고서 성현의 취지를 궁구하지 않아 다만 귀로 들어가서 입으로 나오는 행태만 일삼아 체험과 실천의 실질이 없다면 제왕의 학문이 아닐 뿐 아니라, 나머지 아홉 가지 일도 결국 실천할 수 있는 이치가 없을 것입니다. 아! 전하께서 즉위하신 이후, 조정 신하의 깊은 의론과 포의布衣의 올바른 말이 면류관冕旒冠 아래 펼쳐진 것이 얼마나 많은지 모르겠습니다. 그렇지만 하나라도 채택되고 시행되어 효과를 본 것이 있다는 말을 듣지 못했습니다. 어찌 설파한 이들이 자신을 반성하는 덕이 없고, 말한 내용에 적용의 실질이 없다고 하겠습니까? 이것이 바로 제가 매번 일에 따라 논의하고자 하면서도 감히 말씀드리지 못한 바입니다. 지금 천심天心이 기뻐하지 않고 민력民力은 고갈되었으며, 나라의 위세는 진작되지 않고 오랑캐의 실정은 파악할 수 없습니다. 대소신료는 적당히 한가롭게 지내면서 해진 곳을 기우고 비 새는 곳을 막으면서 구차하게 시간만 보내고 있으니, 마치 물고기의 배가 썩어가는 듯한 상황입니다. 누가 그것을 바로잡겠습니까? 이것이 제가 말씀드리고 싶지 않으면서도 또한 감히 말씀드리지 않을 수 없는 것입니다. 아! 저의 학문은 이치를 밝히기에 부족하고, 지혜는 시무時務를 통찰하는 데 부족합니다. 그리고 글 속에 옛사람을 답습한 남루함은 있지만, 이목을 진동시킬 만한 주장은 없습니다. 【이하 누락】 138)

138) 『臨淵齋先生文集』, 권5, 「時務十條疏」, “臣聞臣之於君, 必先誠諸己而後發於言, 故所言無非實事, 而君之聽之也. 信之篤而行之果. 君之於臣, 必先虛其心而後求其言, 故所聞無非至理, 而臣之言之者, 盡其蘊而無所諱也. 若不誠諸己而徒善辭說, 則聽之者不見信, 不虛其心而肆然自聖, 則言之者不盡情也. 此叔季君臣上下相賊, 上惟諂佞之是好, 下惟逢迎之是事, 兩情不孚, 治道日汙, 可勝歎哉. 今者雲漢示警, 桑林責切, 殿下求言, 非蹈常襲故之擧, 而有兢惕敬畏之實. 善言之景公, 默禱之仁宗, 何以過之. 臣學術鹵莽, 言語拙澀, 固不足以對揚休命之萬一, 然而猥以無狀, 待罪言地, 敢不以一得之慮, 仰徹乎四聰之下哉. 伏惟聖明留神. 其一曰, 躬聖學以進實德. 臣聞性雖得於天命, 而必資於學以成其德. 堯舜性之, 必曰精一執中, 湯武反之, 亦曰建中建極. 上智尙爾, 況中人以下之資乎. 大哉學乎, 淵源發於禪受之際, 節目備於大學之書. 盍反覆於一篇, 以究極乎衆理乎. 恭惟殿下, 聰明出天, 資稟過人, 博覽墳典, 留心記誦. 是以經筵之間, 章奏之答, 太露才艷, 似有作聰明自聖賢之弊, 竊恐踐履之實未盡, 而反有玩物喪志之漸. 進德作聖之要, 恐不如是也. 幸於燕閒之暇, 試取大學, 詠嘆之淫液之, 則入道之門積德之基, 備具於斯. 其所謂格物致知, 乃窮理之事也. 其所謂誠意正心, 乃修德之目也. 端莊靜一之中, 以盡存養之功, 學問思辨之際, 又致省察之力, 眞積力久, 豁然貫通, 則其淸明剛健之德, 過化存神之妙, 盡在於此矣. 程頤曰, 涵養須用敬, 進學則在致知, 惟聖明留神. 其二曰, 審治體以急先務. 臣聞治國有術, 修身爲本, 當務之先, 親賢爲急. 蓋治國而不急先務, 則雖徧知人之所知, 徧能人之所能, 徒弊精神而無益於治矣. 以不得禹皐陶爲憂者, 大舜之所以爲盛也. 學於伊尹而後臣之者, 成湯之所以爲王也. 然而不以修身爲先, 則所得或非其人, 故必曰取人以身, 此二帝三王之治, 所以非後世之所及也. 若信一己之耳目, 不委任於羣賢, 則雖欲萬事之日理, 而反致治本之日隳也. 恭惟殿下, 聖質高明, 深察物情, 權機總攬於一身, 庶務分付於百官, 似乎治道得而國事理矣. 然而不知大體則本末失序, 不知所務則緩急乖宜, 而聽察之下, 羣臣惟懼罪戾之至, 剛克之偏, 萬民不被惻怛之仁, 則殿下之治, 得乎否乎? 幸於獨處之地, 深究九經之義, 淸一心之本源, 置賢輔於左右, 則九重之上, 恭己正南面而已, 夫何爲哉? 書曰元首明哉, 股肱良哉, 庶事康哉. 又曰元首叢脞哉, 股肱惰哉, 萬事墮哉, 惟聖明留神. 其三曰崇節儉以立敎本. 臣聞京師者, 四方之本, 人主者一國之表. 本之不正, 表之不直, 而立敎化之大本, 納民物於軌範者, 未之有也. 今者民窮財盡, 加之以師旅, 仍之以水旱, 則節用尙儉, 宜及時也. 而王子第宅, 制擬宮闕, 倡優服飾, 僭踰妃嬪, 則臣不見其形, 而已窺其影矣. 此必左右宮妾, 華靡相尙, 奢侈成風, 而閭巷愚氓, 耳擩目染, 漸及四方而莫之禁也. 嗚呼, 土階茅茨之堯, 必不爲子孫而構凌雲之華屋, 惡衣菲食之禹, 必不爲左右而開蕩心之侈飾, 酒池之主珠衣之帝, 終遺臭於萬年, 則殿下操敎化之柄, 乘轉移之機, 何憚而不法堯禹乎? 上行下效之謂風, 薰蒸漸漬之謂化. 節儉之德, 本於一人, 而風移俗易, 速於影響, 豈不美哉, 豈不盛哉. 書曰克儉于家, 傳曰奢侈之害, 甚於天災, 惟聖明留神. 其四曰勤聽納以集衆善. 臣聞爲上者莫不願治, 爲下者莫不願忠, 而下苦上之難達, 上苦下之難知者. 人情蔽於所信, 阻於所疑而然也. 今者朝廷擧措, 一失其宜, 則草野危言, 遽徹冕旒, 可謂上聽不壅而下情抒矣. 然而求言之敎, 下及韋布之士, 而不允之旨, 每示耳目之官, 未見吁咈之美, 而終歸自是之過. 左右嬖寵則有罪當懲, 而拒而不納, 事乖己意則言雖合理, 而亦不見信. 臣恐殿下之心量未弘, 不能盡衆人之見而得朋龜之益也. 越在我世祖之敎世子曰, 自是則必拒諫, 拒諫則無直言, 旨哉言乎. 莫愛者身, 莫惡者死, 則恥聞過厲威嚴之際, 安敢舍其生而盡其情乎? 苟加克己之功, 以盡用中之智, 言之逆心, 必求諸道, 言之遜志, 必求諸非道, 己未善則舍以從人, 人有善則取之於己, 衆善畢集而治道自立矣. 然而聽之非難,

而行之尤難, 則人君其可徒示優容於外貌, 而不盡樂取之實德乎? 孔子曰舜其大智也與, 好問而好察邇言, 惟聖明留神. 其五曰愼用舍以辨邪正. 難矣哉, 用舍之道也. 君子固指小人爲小人, 小人亦指君子爲小人, 辨別之精, 非聖人不能也. 蓋薰蕕不共薆, 冰炭不同器, 君子小人, 其勢固不兩立. 人君若以同棄爲喜怒, 喜怒爲用舍, 則尤非用人之道, 而畢竟所用未必非小人, 所舍未必非君子, 而國家之亂亡隨之. 可不愼哉, 可不懼哉. 昨年士流相激, 朝著不靖, 若非殿下之明, 有以分別鎭定, 則傷殘之禍, 不至於戊午甲子者幾希矣. 街談巷議, 皆以處置得中爲幸, 而臣則以盛明之下, 復見衰亡之兆, 爲大不幸. 而臣以此知殿下之於一身, 或有未盡修治之功也, 苟以喜怒爲用舍, 則前月之所用, 適足爲今日之舍, 今日之所用, 亦足爲後日之舍, 豈不大可畏哉? 是以大堯有其難之訓, 孔聖有惡夫之戒, 殿下可不反求諸己先正其心, 如鑑之空而姸媸呈其狀, 如衡之平而輕重露其情, 則豈非盡用舍之道而爲國家之福乎? 富弼引賢不肖之進退, 係王道之消長, 惟聖明留神. 其六曰勸經行以明士趨. 士者國家之器也, 器而苦窳, 尙不中用, 士而邪僻則害於國矣. 人君敎之以孝悌忠信之道, 先之以明習經術之學, 猶有不率之輩, 況導之以功名利祿之謀, 取之以文詞藻麗之流, 則又何能入孝出恭親上死長之可望乎? 我國家以科擧取人, 循資用人, 君上之所導率惟此而已, 父兄之所敎詔惟此而已, 是以襁褓纔免, 擬取靑紫, 冠弁纔加, 擬窺卿相, 而格致誠正之說, 修齊治平之道, 略不知爲何事, 則治不古若, 何足怪哉? 數年以來, 無名科擧, 無歲無之, 而士習偸薄, 日甚一日, 人有名字, 奔趨恐後, 譽起東西, 便分黨與, 此何等士趨耶? 如欲使一世之士, 盡變累代之習, 必革罷科擧, 上無利誘之風, 下絶競進之志, 以孝友悌恭爲尙, 以記誦詞章爲陋, 則人無不學, 學無不正, 士習日新, 風俗日美矣. 若其所以爲敎則又皆本之殿下躬行心得之餘, 不待求之民生日用彛倫之外矣, 惟聖明留神. 其七曰振紀綱以張公道. 紀者猶絲之有紀, 綱者猶網之有綱, 紀振則絲不亂, 綱擧則網有倫, 安有舍紀而治絲, 毁綱而理網者乎? 今者綱紀一壞, 公道不立, 士異議事異論, 年少而侮長, 位卑而凌上, 人心斁敗, 國勢陵遲, 譬如病風之人, 血脈不通, 手足痿痺而不能運用, 豈不危哉? 豈不危哉? 家無紀綱則不能號令婢妾, 鄕無紀綱則不能分別長幼, 況以一國之大, 其可舍紀綱而能爲治乎? 辨賢否以定上下之分, 核功罪以公賞罰之施者, 此振紀綱之事也. 紀綱一振則公道自張, 天下之事, 惟吾所欲爲, 而無混淆不齊整之患矣. 朱熹曰紀綱旣振, 則天下之人, 更相勉勵, 以去惡而從善, 惟聖明留神. 其八曰省賦役以寬民力. 征賦之法, 歲有常數, 一踰其制, 民力困矣. 蓋稅以供祭祀, 賦以給軍馬者, 三代之制也. 是以井田之法, 天下之中也, 多則桀實則貉, 其可以一己之欲而不恤民力哉. 惟我國家, 聖繼神乘, 取民有制, 至於燕山, 荒亂敗度, 始廢祖宗之規, 日申剝割之令, 民到于今, 猶受其弊. 去年以來, 北虜之變, 內外蒼皇, 抄軍輸粮, 民不堪苦, 弊及鄰族. 閭里蕭條, 廟堂無筭, 姑欲合幷州縣, 以施一分之惠, 可謂勤於憂民矣. 然而不求其本而惟末之圖, 臣未知其可也. 移民與移粟, 雖荒政之不廢, 百步五十步, 豈免人之竊笑? 管子曰粟行三百里則國無一年之積, 四百里則無二年之積, 五百里則民有飢色, 則嶺南之與關北, 其距幾里, 民力之竭, 不言可知. 今日之務, 莫若先除亂朝之法, 急復祖宗之舊. 又緩不急之役, 以待民力之蘇, 則民怨可抒而邦本不搖矣. 孟子曰有布縷之征粟米之征力役之征, 君子用其一緩其二, 用其二而民有殍, 用其三而父子離, 父子離而國不亡者未之有也, 惟聖明留神. 其九曰詳刑獄以伸寃枉. 刑者輔治之具, 不可不用, 而人之死生係焉, 則人君其可置之相忘之域而莫加之恤乎? 罪疑惟輕, 寧失不經, 皐陶之佐治, 臨淵論刑, 水爲盡赤, 商鞅之助虐, 而治亂興亡, 由是而分, 則後世之君, 孰爲戒而孰取法乎? 一夫含悲, 飛霜六月, 匹婦呼寃, 赤地千里, 則召災致沴, 未必不由刑獄之失中也. 今者民不率敎, 自陷罪戾, 狴牢桎梏, 彼雖自取, 而制産無法, 民失恒心, 則罔民

4. 계사

1) 「영동의 육상 운송을 정지할 것을 청하는 계사」

영동嶺東 일대는 해운으로 인해 민력民力이 이미 고갈되었거늘, 그곳이 얼어붙었을 시기에 재차 육상으로 군량을 운송하고 있습니다. 영남嶺南에서 오는 7300여 석을 일곱으로 나누어 안변安邊[139]으로 운송하는 일로써

之責, 在上者亦不可免也. 嗚呼, 刑者不可復續, 死者不可復生, 其可不推之忍之心而行惻怛之政, 昭雪寃枉, 期不至於罔民乎? 宥過無大, 刑故無小, 乃今日之急務, 而刑期無刑, 民協于中, 亦士師之當法也. 書曰要囚服念五六日, 至于旬時, 丕蔽要囚, 又曰從欲以治, 四方風動, 惟乃之休, 惟聖明留神. 其十曰修軍政以謹戰守. 國之大事, 在祀與戎, 誠以安不可忘危, 治不可忘亂, 而軍政必豫講於平日也. 蒐苗獮狩, 皆講於隙地, 無害於農時, 而坐作進退之節, 馳射擊刺之狀, 金鼓之聲旌旄之色, 熟人耳目, 此先王講武之制也, 是以變起倉卒而能臨機策應也. 今者文恬武嬉, 民不見兵, 而禍生不虞, 北狄衝突, 上貽宵旰之憂, 下貽卿大夫之辱, 豈非軍政不修之故也? 古人云兵可千日不用, 而不可一日不修, 可不愼哉? 然而邀功之將, 不量其力, 惟知進戰, 不欲退守. 兵法曰知己知彼, 百戰百勝, 此豈非智者之言乎? 殿下試觀前古薄伐玁狁, 至于太原者, 周宣之得策, 竆兵黷武, 漢南無王廷者, 漢武之無策也, 況無周漢之力者乎? 臣俎豆是學, 軍旅未聞, 而旣往得失則略考諸史, 可戰則戰, 可守則守, 不要遠功, 而惟務萬全者, 尹吉甫以後惟漢之趙充國宋之狄靑而已. 徒以科擧取人, 爲戰守之本, 將不知兵而惟血氣之是奮, 人不知義而惟利欲之是趨, 以不敎民戰, 而終以其國與敵, 豈不危哉? 將得其人則修攘兩策, 不勞殿下之慮, 而次第可擧也, 然則得人之本, 不在於殿下, 而鍊武之源, 不係於得人乎? 殿下盍反其本矣. 孟子曰壯者以暇日, 修其孝悌忠信, 入以事其父兄, 出以事其長上, 可使制挺, 以撻秦楚之堅甲利兵. 又曰國君好仁, 天下無敵, 惟聖明留神. 蓋國家之事, 無一不弊, 而今日之務, 莫急於斯, 謹條其事如右, 而復陳其首條未盡之意, 爲一篇之綱焉. 夫不先大學則無以定規模而立根本, 旣看大學而又不參之以論孟, 則無以爲操存涵養之實, 體驗擴充之端, 三者旣通, 然後不會其極於中庸, 則又何以求古人之微妙, 而能經綸天下之大經, 立天下之大本, 知天地之化育乎? 雖然此豈至高難行之事哉? 其要只在謹獨而已. 能於幽獨得肆之地, 以盡戒愼恐懼之實, 則此心爲主而能爲萬事之本. 如其不然, 留心於章句之末, 不究乎聖賢旨, 只爲入耳出口之資, 而無體驗踐履之實, 則尤非帝王之學, 而其餘九事, 終無可行之理矣. 嗚呼, 殿下卽位之後, 廷臣之益議, 布衣之讜論, 陳於冕旒之下者, 不知其幾千萬言, 而未聞一有採施而見於治效者. 豈言之者無反己之德, 而所言者無適用之實乎? 此臣每欲隨事論列, 而亦有所不敢言者, 今者天心未豫而民力已竭, 國威未振而虜情叵測, 大小臣僚, 悠悠泛泛, 牽補架漏, 苟度時日, 則河魚腹痛, 誰其尸乎? 此臣之雖欲不言, 而亦不敢不言者也. 嗚呼, 臣學不足以明理, 智不足以識務, 而文字之間, 有蹈襲前人之陋, 無震耀耳目之說. 【已下缺】"

139) 安邊은 당시 함경도 남쪽에 위치했던 고을 이름이다.

전운사轉運使가 각 고을에 공문을 띄웠는데, 민심이 동요하여 어찌할 바를 모르고 있으니 매우 안타깝습니다. 이미 안변으로 수송한 것이 매우 많지만 아직은 북쪽 변방으로 모두 들어가지는 않았습니다. 일단 몇 개월 뒤에 풍기風氣가 조금 온화해지길 기다리고서 다시 배로 운송한다면, 그동안 양식이 떨어질 근심은 없을 것입니다. 청컨대 비변사備邊司에 명하여 다시 상의하도록 하시고, 일단 육상 운송을 정지하여 동쪽 백성의 위급함을 풀어주십시오.[140]

2)「동성 간의 통혼을 금지할 것을 청하는 계사」

동성同姓 간에 혼인하는 것은 예법에서 금하는 바이거늘, 근래에는 동성 간에 혼인하는 것을 두 집안이 대수롭지 않게 보아 수치로 여기지 않을 뿐만 아니라, 사람들도 이상하게 여기지 않습니다. 풍속과 예법을 무너뜨리는 것으로 이보다 더 심각한 것이 없습니다. 청컨대 엄격히 금하는 법령을 천명하여 중외中外에 일깨움을 내리소서.[141]

---

140)『臨淵齋先生文集』, 권3,「請停嶺東陸運啓(癸未掌令時)」, "嶺東一帶, 民力已竭於海運, 當此冰凍時月, 又爲陸輸軍粮. 來自嶺南者七千三百餘石, 分七運輸納于安邊事, 轉運使移文列邑, 民心騷擾, 罔知所措, 至爲矜惻. 凡已輸諸安邊者, 其數甚多, 尙未盡入于北塞. 姑待數月以後風氣少和, 更以船運, 其間必無乏粮之患, 請令備邊司更爲商議, 姑停陸運, 以解東民倒懸之急."
141)『臨淵齋先生文集』, 권3,「請禁同姓通婚啓(乙酉校理時)」, "同姓之娶, 禮法所禁, 而近來同姓通婚, 非惟兩家恬不知恥, 人亦不以爲怪, 傷化敗禮, 莫大於此, 請申明嚴禁之令, 曉諭中外."

5. 서신

1) 「김사순에게 보내다」

삼가 존형의 근황이 평안하신지 여쭙습니다. 저는 병들고 아픈 것이
심해졌을 뿐 아니라 공무公務 또한 심란하여 근심스럽습니다. 가을 산이 깊
어 가는데 서로 마주 대하고 회포를 풀면 좋겠습니다. 백운산白雲山에 함께
가자는 약속은 어떠하신지 잊지 마십시오. 『심경心經』 한 권은 남의중南義
仲[142]에게 부탁하여 시간을 내어 한 번 읽어 보십시오. 이만 줄입니다.[143]

2) 「유응현[144]과 유이현에게 답하다」

북쪽으로 멀리 돌아 편지를 받으니 은혜에 감사할 따름입니다. 근래
어떻게 지내시는지요? 마음에 늘 걸립니다. 저는 여러 달 동안의 병으로
왕래하는 것이 일정치 않으니 답답합니다. 경중京中의 분위기는 요즘 어떻
습니까? 유이현柳而見은 아직 조정에 돌아가지 않았습니까? 김경순金景純[145]

---

142) 南致利(1534~1580)의 본관은 英陽이고 자는 義仲이며 호는 賁趾이다. 1572년 향시에
합격했지만 문과에는 응시하지 않았다. 관직에 나아가지 않은 채 퇴계의 『理學通錄』
과 『啓蒙傳疑』 원고를 정리, 교정, 간행하는 데 힘썼다.

143) 『臨淵齋先生文集』, 권4, 「與金士純(丁丑)」, "謹問尊況萬重, 三益病疲已劇, 而官務又擾可憫.
秋山向晚, 正好相對一敍, 乞毋忘白雲之約如何. 心經一卷推諸義仲處, 偸暇一閱. 始妓封上."

144) 柳雲龍(1539~1601)의 본관은 豊山이고 자는 應見이며 호는 謙菴이다. 西厓 柳成龍의
형이며 퇴계의 문인이다. 經學行義로 이름이 높아 1572년(선조 5) 음보로 典艦司別坐
가 되었고, 이어 풍저창직장으로 있을 때 유능한 관리로 이름을 떨쳤다. 안동현감을
거쳐 1592년(선조 25) 임진왜란 때 사복시첨정이 되었고, 이듬해 풍기군수로 부임하
여 토적을 소탕하는 공을 세웠다. 1595년에는 벼슬이 원주목사에 이르렀다. 이조판
서가 추증되고 풍기 愚谷書院과 안동의 花川書院에 제향되었다. 문집에 『겸암집』이
있다.

145) 金守一(1528~1583)의 본관은 義城이고 자는 景純이며 호는 龜峯이다. 靑溪 金璡의 차
남으로 형 金克一, 동생 金明一, 金誠一, 金復一과 함께 '金氏五龍'으로 불렸다.

이 병으로 성중城中에 있고 심히 위급하다고 하니 놀랍기도 하고 걱정됩니다. 김사순金士純과 김계순金季純은 이미 돌아갔습니까? 고향의 물난리는 일전에는 없었던 일인데 소식을 듣고 슬프게 탄식할 뿐입니다.[146]

3)「아들 용길에게 보내다」

편지를 받고 잘 지낸다고 하니 매우 기쁘구나. 아비는 아무 탈 없이 벼슬하고 있다. 맑은 강에서 발을 씻고 창가에서 책 읽는 것이 바로 너의 아비가 밤낮으로 소원하는 바이다. 각고의 노력을 행하거라. 시간을 헛되이 낭비하여 아비에게 걱정을 끼치지 말지니 결코 나태하게 행동하지 말거라.[147]

6.「퇴계선생에 대한 제문」

삼가 생각하길 선생께서는 타고난 맑은 기운과 부여받은 탁월한 자질이 금金의 정미함 및 옥玉의 아름다움과 같았습니다. 사승師承을 거치지 않고서 지극한 이치를 오묘하게 깨우쳤고, 깨닫지 못하면 그만두지 않았으며, 정밀하게 사색하고 힘껏 실천하였습니다. 각고의 노력을 하였으며, 차근차근 따르고 부지런히 힘썼으니, 존양성찰存養省察의 노력을 잠시도 게을

---

146) 『臨淵齋先生文集』, 권4, 「答柳應見(雲龍)而見」, "遠回自北, 卽惠問字, 感荷感荷. 爲問近日, 僉況如何, 懸懸不已. 三益積月之病, 往來無常憫憫, 京中爻象, 近來如何? 而見時未還朝耶? 景純病滯城中甚危云, 令人驚慮. 士純, 季純其已還耶? 故山水災, 古所未有, 聞之慨歎而已."
147) 『臨淵齋先生文集』, 권4, 「寄龍吉(己巳)」, "得書知好在深喜, 父無恙從仕耳. 淸江濯足, 牕下讀書, 是汝父日夜之望. 千萬努力, 毋以浪度流光爲父之憂, 則是汝人子之道, 千萬毋怠."

리하지 않았습니다. 의리義利에 대한 구분은 털끝만큼의 차이도 반드시 살폈으며, 사물의 이치를 밝히고 인륜을 고찰하였으며, 행동은 반드시 중정中正에 적합했습니다. 학문은 순수하였고, 덕은 성대하였으며, 겸손하고 겸손하여 부족한 듯이 하였고, 날로 새로워지기를 그치지 않았습니다. 사양하고 받고 취하고 주는 행동은 항상 의로움에 맞도록 하였으며, 등용되면 도를 행하고 버려지면 도를 지키는 것에서는 오로지 천도天道의 명령을 따랐습니다. 흉금은 탁 트여서 안팎이 혼연하였고, 봄의 따스함처럼 만물을 대하고, 비가 적시듯이 가르침을 베풀었습니다. 평소에 은거하는 데 뜻이 있어서 성시城市에서 몸을 멀리 두었습니다. 임금의 부름이 간곡했지만 사양하고 물러나는 바가 더욱 절실했으며, 정성을 다하여 진언하고 수차례 충심으로 임금께 아뢰었습니다. 네 임금을 섬겼던 원로이자 일개 서생書生이었으며, 한 그릇 밥과 한 표주박 물을 마시며 누항陋巷에 살면서도 성정性情을 고요하게 길렀습니다. 주렴계周濂溪와 이정二程 형제를 흠모하였고, 주자朱子를 존숭하였습니다. 『계몽전의啓蒙傳疑』148)가 완성되자 역도易道가 다시 밝혀졌고, 『성학십도聖學十圖』가 완성되자 성학이 전승을 얻게 되었으며, 옛 성현을 계승하고 후학을 열어주는 측면에서는 선현들에게 양보하지 않았습니다. 도산陶山은 푸르고 퇴계退溪 일렁이니, 치사致仕를 청하여 남은 생을 마치고자 했습니다. 뜻하지 않게 한 차례 질병으로 여기에 이르게 되었으니, 사류士類는 종사宗師를 잃었고, 나라는 시귀蓍龜149)를 잃었습니다.

---

148) 『啓蒙傳疑』는 퇴계 이황이 주희의 『易學啓蒙』에 대하여 해설한 서적이다. 차례는 저자의 小序와 「本圖書」·「原卦畫」·「明蓍策」·「考變書」로 구성되어 있다. 「본도서」와 「원괘획」은 董仲舒(기원전 170~기원전 120)와 邵雍(1011~1077), 胡炳文(1250~1333)의 주장과 주희의 주석을 비교하여 자신의 의견을 첨부하였다. 「명시책」과 「고변서」는 점에 대하여 주로 해석하였는데, 擲錢占에 대한 해설과 萁三百 수치를 설명하였다. 이 밖에 명나라 韓邦奇(1479~1555)의 『啓蒙意見』 중에서 중요한 부분을 뽑아 기록하였다.

아! 애통합니다! 저는 이웃 고을에서 뒤늦게 태어났고, 어리석어 견식이 없었습니다. 경신년(1560)에 비로소 시詩를 들을 수 있었고, 선생의 은혜를 입게 된 것이 십 년이 넘었습니다. 돌아보면 어리석고 졸렬하여 미련하게 길을 헤매었습니다. 전년 가을에는 재차 늙은 스승150)을 모셨는데, 전장箋 狀을 준비하게 하시고, 서쪽으로 돌아갈 것을 분부하셨으며, 또한 거듭 편지를 써서 멀리 경사京師로 보내셨거늘, 얼마나 지났기에 갑자기 이러한 지경에 이른 것입니까? 조정의 관직에 매인 탓에 바로 달려오지 못했고, 남쪽으로 내려오는 것도 여러 날이 걸렸으며, 일 때문에 차질이 생겼습니다. 변변치 못한 제물祭物조차 남들보다 늦었으니, 평생의 은혜 저버린 것이 부끄럽고, 거듭 저의 마음을 아프게 합니다. 엎드려 영구 앞에서 곡하면서 말씀을 올리거늘 영령께서 남아 계신다면 이를 살펴보실 것입니다.151)

---

149) 蓍龜는 점을 칠 때 쓰는 蓍草와 거북으로, 국가에서 그처럼 믿고서 의지할 수 있는 원로를 비유할 때 쓰는 표현이다.

150) 杖屨는 지팡이와 미투리를 말하여 이름난 사람의 자취나 늙은 스승을 가리킨다.

151) 『臨淵齋先生文集』, 권4, 「祭退溪先生文」, "恭惟先生, 受氣之淸, 稟質之異, 如金之精, 如玉之美. 不由師承, 妙悟至理, 不得不措, 精思力踐. 勤苦刻勵, 循循勉勉, 存省之功, 頃刻不輟. 義利之分, 毫釐必察, 明物察倫, 行必中正. 惟學之醇, 惟德之盛, 謙謙不足, 日新不已. 辭受取予, 義之與比, 用舍行藏, 一聽於天. 胸襟洞澈, 表裏渾然, 春溫接物, 雨潤敎施. 雅志林堅, 遠迹城市. 召命雖勤, 辭退益切, 瀝血陳言, 幾多啓沃. 四朝元老, 一介書生. 簞瓢陋巷, 頤養性情. 景仰濂洛, 尊信考亭. 傳疑旣作, 易道復明, 十圖乃成, 聖學有傳, 繼往開來, 不讓前賢. 陶山蒼蒼, 退溪溶溶, 方乞休致, 以終餘齡. 何意一疾, 而至於斯, 士失宗師, 國無蓍龜. 嗚呼哀哉, 三益生晩隣鄕, 憒無知知, 於歲庚知, 始得聞詩, 承恩函丈, 十年有奇. 顧惟愚陋, 貿貿迷路, 前歲之秋, 再奉杖屨, 爰令箋狀, 付余西歸, 亦復裁書, 遠寄京師, 曾幾何時, 奄至此極. 係官于朝, 未卽匍匐, 南來有日, 事故牽掣, 菲薄之奠, 亦後於人, 生平愧負, 重我傷神, 伏哭柩前, 奉陳以辭, 不亡者存, 庶其監玆."

7. 부록

1) 「제문」【안동부사 김우옹】

나와 공은 교칠膠漆[152]처럼 굳은 사이었으니 어찌 다른 사람이 없으리오만 오직 그대였기 때문입니다. 함께 친밀하게 지냈고 일찍부터 서로를 알았으니 어찌 다른 사람이 없으리오만 오직 그대가 좋았던 것입니다. 그대를 알게 된 것은 사마시司馬試에서 이름을 나란히 했던 해이고, 그대를 깊이 알게 된 것은 성균관成均館에서 함께 지내던 때입니다. 반년을 거친 밥을 먹었고, 한 책상에서 힘들게 공부했으니 어찌 옷이 없어서 그대와 속옷을 함께하려는 것이겠습니까?[153] 형과 아우처럼 질나발을 불고 젓대를 불기[154]를 그대와 더불어 한결같이 하였으며, 충직함과 미더움을 앞세웠고 서로 살피는 것은 바르고 온화했습니다. 대개 그 취향이 같았고, 서로 통하는 바가 있었던 것이니, 어찌 명리名利의 마당에서 각축하는 무리에 비하겠습니까? 벼슬살이 20년 동안 부침이 일정치 않았고, 그 사이 자주 만나지는 못했습니다. 병술년(1586)에 서쪽으로 가서 그대를 대각臺閣에서 보았을 때, 얽어 묶인 마음이 옛날과 같아서 옛날의 정을 잊기 어렵다고 말했습니다.

---

152) 膠漆은 아교와 옻을 말하는데, 아교로 붙인 것은 떨어지지 않고, 옻칠한 것은 벗겨지지 않는다고 하여 돈독한 우정을 의미하게 되었다. 後漢의 陳重과 雷義가 돈독한 우정을 발휘하자, 사람들이 "교칠이 굳다고 하지만, 진중과 뇌의의 우정만 할까"라고 칭찬했다는 고사가 있다. 『後漢書』, 「陳重」 참조.

153) 『詩經』 「秦風‧無衣」에 "어찌 옷이 없어서 그대와 속옷을 함께 입으리오. 왕명으로 군대를 일으키거든 우리 무기들을 수선하여 그대와 함께 나가리라"(豈曰無衣, 與子同澤? 王于興師, 修我矛戟, 與子偕作)라고 한 데서 유래했으며, 서로 생사를 같이할 정도의 친밀한 사이를 뜻한다.

154) 『詩經』 「小雅‧何人斯」에 "맏형이 질나발을 불면 둘째형은 젓대를 분다"(伯氏吹壎, 仲氏吹箎)는 말에서 연유하였으며, 형제나 친구 관계가 돈독함을 의미한다.

제가 관동關東에 부임하여 풍악楓嶽의 절경을 보고 싶어 했는데, 공은 "나보다 먼저 하지 못할 것입니다"라고 하였습니다. 그런데 어찌 조천朝天의 여정과 해서海西로의 행차가 공의 건강을 해칠 줄 알았겠습니까?[155] 내가 늙어서 고을의 원이 된 곳은 공의 고향인데, 거처하는 곳은 높았지만 백성이 편안한 모습을 보지 못함이 부끄러웠습니다.[156] 그리하여 공이 돌아오기를 기다려 함께 논의하고자 하였습니다. 이는 담대澹臺에게 의지하여 무성武城을 다스리고자 한 것인데,[157] 공의 부고를 듣게 되니 정신이 놀라 달아나 버렸습니다. 붉은 만장이 휘날리고, 고향의 산에는 소나무와 회나무가 있습니다. 가는 곳은 그대의 무덤이니 울부짖어도 어쩔 수 없습니다. 맑은 향을 사르고 술잔을 올리며 제기의 고기를 갖추었습니다. 영령께서 어둡지 않거든 저의 심정을 살피실 것입니다.[158]

2) 「신도비명(병서)」【유성룡】

고故 통정대부通政大夫 수황해도관찰사守黃海道觀察使 겸 병마수군절도사兵

---

155) 朝天之路는 배삼익이 1587년 陳謝使의 자격으로 북경에 다녀온 일을 말하고, 海西之行은 북경에서 돌아온 뒤에 황해도관찰사에 임명되어 부임한 일을 말한다.

156) 이 표현은 韋應物의 시에 나오는 구절 "거처가 우뚝하게 높은데도 백성이 편안한 것을 보지 못함이 부끄럽구나"(自慙居處崇, 未覩斯民康)에서 유래한다.

157) 이 내용은 『論語』 「雍也」에서 武城의 읍재가 된 子游에게 공자가 정치를 도울 만한 사람을 얻었냐고 묻자 자유가 澹臺滅明이란 사람을 언급한 것에 유래한다.

158) 『臨淵齋先生文集』, 권6, 附錄, 「祭文」【安東府使金宇顒】, "維我與公, 膠漆之固, 豈無他人, 維子之故, 相與之密, 相識之蚤, 豈無他人, 維子之好, 識公於司馬聯名之歲, 知子於太學同寅之日. 半年兮薑鹽, 攻苦兮一榻, 豈曰無衣, 與子同澤? 伯仲壎篪, 及爾如貫, 忠信先孚, 相觀闓侃, 蓋其臭味之同, 有以相感兮, 豈比夫名利場追逐之朋伴? 宦海廿載, 升沈不一, 其間會合, 極不多得. 歲丙戌而西征, 見夫君於臺閣, 情綢繆之依昔, 日故意之難忘. 余欲假節於關東, 以觀夫楓嶽之勝, 而公亦云莫能先卬. 豈知夫朝天之路, 海西之行, 乃至病公於康彊也? 我老作宰, 寔維公鄕, 自慙居崇未覩民康, 待公之還, 欲與商量, 尙賴澹臺, 試割武城. 聞公之訃, 魂飛魄驚. 丹旐兮翩翩, 故山兮松檜, 往卽兮眞宅, 噭號兮無柰, 一炷兮淸香, 觴酒兮豆肉, 英靈兮不昧, 庶鑒兮心曲."

馬水軍節度使 배공襄公 여우汝友가 세상을 떠난 7년 뒤, 그 아들 세자익위사세마世子翊衛司洗馬 배용길襄龍吉이 공의 행장行狀을 가지고 나의 집에 와서 묘도명墓道銘을 구하였다. 내가 그것을 읽고 슬퍼하여 말하길, "임연재는 나의 친구였으며 평생의 교분이 매우 돈독하여 내가 임연재를 아는 바가 매우 깊다. 내가 임연재의 명銘을 짓지 않으면 누가 짓겠는가? 그러나 돌아보건 대 나는 노쇠하고 병들어 종이와 붓을 들기 주저되는데 어찌하겠는가?"라고 하였다. 그러자 배용길이 더욱 굳건히 청하므로 더욱 애처로워 끝내 사양하지 못하였고, 이에 먼저 공의 생애를 서술하고, 이후 행장行狀에 근거하여 말한 다음 이어서 명銘을 덧붙인다.

내 나이 16세 때 한성감시漢城監試를 보았는데, 그해 가을 임연재가 고향에서 올라와 우뚝하게 두각을 나타내어[159] 동료들의 추앙을 받았다. 글을 낭독하는 소리는 크고 탁 트여 주변 사람들이 탄복하였으니, 나 또한 좋아하고 흠모하여 날마다 그의 처소에 가서 듣곤 하였다. 시험장에 들어가는 전날 저녁에 나는 임연재의 처소로 갔다. 도성의 거리는 조용했고, 닭이 밝아 마치 대낮 같았으며, 종루鐘漏의 소리가 밤새도록 들렸다. 닭이 울자 임연재는 나를 발로 차 일어나게 하여 함께 말을 타고 시험장에 도착해 뜰 가운데 있는 큰 홰나무 아래에 멈추었다. 불빛 속의 푸른 잎을 바라보니 겹겹이 우거진 것이 매우 아름다웠다.

시제試題가 나오자 임연재는 별로 고민하지도 않고서 날이 저물기 전에 두 편을 모두 완성하였는데, 그러고도 왕성하게 힘이 남아 있었다. 나는 시詩는 완성했지만 아직 적지 못하고 있었는데, 임연재가 대신 써 주었

---

159) 이 표현은 韓愈가 「柳子厚墓誌銘」에서 "비록 나이는 어렸지만 이미 성인처럼 행동하였으며, 진사에 급제하고서는 우뚝하게 두각을 나타내었다"(雖少年, 已自成人, 能取進士第巖然見頭角)라고 한 말에 유래한다.

다. 합격자 명단을 발표할 때 다행히 나는 합격했으나 임연재는 좌절을 맛보았고 고향으로 돌아갔다. 내가 다시 술을 준비해 전송하면서 운과 불운이라는 말로 작별하였다. 이로부터 우정이 날로 친밀해져서 만나지 못하면 그리워하였고, 만나면 서로 갈 바를 잊어 여러 날을 떠나지 못했다. 지금 여우도 없고 나 또한 늙었으니, 남은 생애 동안 어찌 이러한 일이 다시 있을 수 있겠는가? 슬프도다.

행장에 따르면, 배씨裴氏는 홍해興海160) 사람으로 고려 때 배경분裴景分이란 분이 있어 검교장군檢校將軍이 되었고 4대를 지나 배영지裴榮至가 전리판서典理判書와 평양윤平壤尹이 되었으며, 그 아들 배전裴詮이 충렬왕忠烈王·충선왕忠宣王 두 임금을 섬겨 성근선력익대좌명공신誠勤宣力翊戴佐命功臣의 호號를 받고 홍해군興海君에 봉해졌다. 홍해배씨興海裴氏는 이로 말미암아 더욱 현달顯達하게 되었다.

한편, 아들 배상지裴尚志는 벼슬이 판사복시사判司僕寺事에 이르렀고, 높은 절의와 원대한 식견이 있었지만, 어떤 일로 인해 벼슬을 버리고 돌아왔다. 당시는 고려의 왕업王業도 이미 끝난 때였으므로, 드디어 안동부安東府 금계촌金鷄村에 은거하면서 당堂을 백죽柏竹이라 이름 짓고 스스로 자신의 지향을 보이면서 일생을 마쳤다. 백죽의 후손으로는 사헌부지평司憲府持平 배권裴權, 녹사錄事 배효장裴孝長, 소위장군昭威將軍 배임裴祉이 있으니, 배임은 실로 공의 고조高祖이다. 증조曾祖는 성균관진사成均館進士 배이순裴以純으로 통훈대부通訓大夫 통례원좌통례通禮院左通禮에 추증되었고, 조부는 성균관생원成均館生員 배헌裴巘으로 통정대부通政大夫 좌승지左承旨에 추증되었다. 부친은 배천석裴天錫이니 충좌위부사과忠佐衛副司果로서 가선대부嘉善大夫 병조참

---

160) 興海는 경상북도 포항시 홍해읍을 중심으로 한 지역의 고려와 조선 시대의 명칭이다.

판兵曹參判에 추증되었다. 비妣는 영일정씨迎日鄭氏로 정부인貞夫人에 추증되었으니, 3대가 모두 공으로 인해 존귀함을 입었다.

공은 무오년戊午年(1558, 명종 13) 생원시生員試에 합격했고, 갑자년甲子年(1564, 명종 19)에 급제하여 처음 관직에 나아갔다. 성균관成均館의 학유學諭·학록學錄·학정學正·박사博士 등을 거처 호조좌랑戶曹佐郎에 올랐다. 계유년癸酉年(1573, 선조 6)에 참판공參判公 배천석裵天錫의 상喪을 당하여 을해년乙亥年(1575, 선조 8)에 상을 마쳤고, 형조刑曹와 예조禮曹의 좌랑佐郎 및 성균관전적成均館典籍, 형조정랑刑曹正郎에 임명했으나 모두 나아가지 않았다. 재차 사간원정언司諫院正言으로 교지敎旨를 내려 특별히 불렀으나 병病으로 사양하고 외직인 풍기군수豊基郡守로 옮겨 부임하여 임기를 채우고 고향에 돌아왔다. 이어서 승문원교리承文院校理에 임명되었는데 부임하지 않았다. 신사년辛巳年(1581, 선조 14)에 양양부사襄陽府使에 임명되었다가 계미년癸未年(1583, 선조 16)에 내직內職으로 소환되어 사헌부장령司憲府掌令이 되었다. 얼마 후에 성균관사예成均館司藝로 바뀌었고, 여러 번 자리를 옮겨 직강直講 및 사간원정언司諫院正言이 되었다가 다시 사예·장령이 되었으며, 성균관사성成均館司成, 사간원헌납司諫院獻納 겸 춘추관기주관春秋館記注官으로 옮겼다가 갑자기 뽑혀 홍문관弘文館에 들어가 수찬지제교修撰知製敎 겸 경연검토관經筵檢討官, 춘추관기사관春秋館記事官이 되었고, 사간원사간司諫院司諫에 올랐다. 이후 다시 옥당玉堂으로 들어가 부교리副校理가 되었으며 다시 장령掌令·사간司諫에 임명되었다. 을유년乙酉年(1585, 선조 18) 겨울에 통정대부通政大夫에 올라 승정원동부승지承政院同副承旨 겸 경연참찬관經筵參贊官, 춘추관수찬관春秋館修撰官이 되었다. 출납出納이 공정하다고 하여 우부승지右副承旨·좌부승지左副承旨로 승진하였다. 얼마 후에는 상호군上護軍이 되었고 장례원판결사掌隸院判決事에 임명되었다가 성균관대사성成均館大司成으로 전임되었다.

당시에 사신使臣으로 명明나라에 간 사람들 가운데 적합하지 못한 사람이 많아서 어떤 이는 길에서 방물方物을 잃어버리기도 하고, 어떤 이는 옥하관玉河館에 불을 내기도 하였다. 조정朝廷에서 황공하여 사신을 뽑아서 사죄를 표하려고 했는데 공이 뽑히게 되었다. 공은 떠나게 되자 선비를 양성하는 곳의 담당자 자리를 오래 비울 수 없다고 하여 대사성大司成을 사직辭職하고 추부첨지사樞府僉知事가 되어 떠났으며, 돌아와 우승지右承旨에 임명되었으나 병으로 사직하였다.

당시에 황해도黃海道에 연이어 흉년이 들어 조정의 의논이 구황救荒 정책이 시급하니 감사監司를 잘 선택해 임명해야 해결할 수 있다고 하였다. 마침내 공을 관찰사觀察使로 삼았는데, 그 무렵 공은 병이 낫지 않았는데도 병을 무릅쓰고 길을 떠나 여러 고을을 순행하면서 노고勞苦를 꺼리지 않았다. 결국 병이 심해졌고, 거듭 사임을 청하여 교대하고 돌아올 수 있었다. 그러나 돌아오는 길에서 세상을 떠나니, 향년 55세였다. 부음이 전해지자 원근遠近에서 조문을 왔고, 조정에서는 예에 맞게 부제賻祭를 내렸으며, 운구되어 내려가는 길에는 배와 수레를 내려보내어 그 행렬을 호위하게 하였다. 그해 10월 기사일己巳日에 안동부 북쪽 내성현奈城縣 호애산虎崖山[161] 진좌태향辰坐兌向[162]의 언덕에 장사지내니, 곧 참판공의 묘소 뒤편으로, 공의 유명遺命에 따른 것이다.

공은 어려서 대부인大夫人을 여의고 집은 가난했지만, 학문에 힘쓰고 스스로 분발하면서 성인이 되었다. 처음 벼슬길에 올랐을 무렵 직무에 임하는 것이 삼가고 성실했으며, 일 처리 또한 분명하였다. 풍기군수豊基郡守로 재직할 때에는 아전들을 엄격하게 다스렸고, 몸가짐이 검소하였으며,

---

161) 虎崖山은 지금의 경북 봉화군 봉화읍 남쪽에 있는 산으로 호골산이라고도 한다.
162) 辰坐兌向이란 동쪽을 등지고 서쪽을 향한다는 말이다.

백성을 자애롭게 어루만졌다. 처음에는 강경한 이들이 좋아하지 않았지만, 몇 년이 지나자 고을에서 공의 다스림을 칭송하였고, 고을을 떠난 뒤에도 많은 은덕을 남겼다.

양양襄陽은 바다를 접한 고을로 토속土俗이 순박했다. 그리하여 공은 풍속에 따라 다스리면서 재차 너그럽고 대범하게 이끌어 쇠잔한 것을 살리고 피폐한 것을 일으키니, 선정善政의 소문이 더욱 자자하였다. 특히 제사를 중시하여 문묘文廟와 사직社稷에 대해서는 물론 성황城隍의 여제厲祭에 이르기까지 모두 친히 주관하였으며, 매년 동해신東海神에 제사를 지냈다. 축책祝冊163)이 경사京師로부터 오면 공은 경건하고 엄숙하게 일에 임하고, 더욱 엄격하게 삼갔는데, 비가 오기를 기도하면 많은 경우에 그에 대한 반응이 있었다. 성황사城隍祠에 들어갔을 때, 촌무村巫가 지전紙錢으로 내부를 어지럽혀 놓았는데, 공이 거두어 불태우라고 명한 뒤에 땅을 쓸고 제사를 지냈다.

당시에 북쪽에 변고가 있자 남방의 곡식을 운반하여 군량을 공급하였다. 어떤 이가 큰 배를 만들어 바다로 운송할 것을 건의하였지만, 풍랑이 좋지 않아 번번이 물에 빠뜨리는 바람에 백성의 고통이 컸다. 공이 그 폐해를 알았는데, 장령掌令에 임명되어 조정에 돌아와서는 즉시 임금께 말씀드려 그러한 방식을 없애도록 청했다. 또 동성同姓끼리 혼인하는 것을 금하도록 청했는데, 당시에 조정의 논의가 둘로 나뉘었고, 그 상황을 틈타 많은 이들이 꼬투리를 잡아 공격하여 사류士類를 해치므로 공이 매우 우려하였다. 또 공이 조정에서 언론言論하는 바가 격동하지도 않고 휩쓸리지도 않으므로 양식 있는 이들은 공이 주관이 뚜렷함을 알게 되었다. 또 품급을

---

163) 祝冊은 임금이 내린 祝文을 말한다.

무시하고 대사헌에 오른 사람이 있어서 사람들이 모두 의아해하면서도 감히 말을 꺼내지 못했는데, 공이 간원諫院에 있으면서 홀로 "화복禍福은 하늘에 있는 것이니, 마땅히 내가 해야 할 임무를 다하겠다"라고 말하고는 드디어 그 일을 거론하였다. 한편 주인主人을 모함하여 거짓 공훈을 얻은 자의 명적名籍을 삭탈할 것을 아뢰니, 사람들이 모두 통쾌하게 여겼다. 공은 진사사陳謝使로 북경北京에 갔는데 황제의 칙명에 따른 포상褒賞을 얻었고, 망룡의蟒龍衣를 받아서 귀국하였다. 임금이 가상히 여겨 "사신으로 가서 홀로 응대應對할 만한 충성이 아니었다면 어찌 이를 얻었겠는가?"라고 말하고는 내구마內廐馬를 하사하였다. 황해도에 있을 때에는 창고를 열어 굶주린 백성을 구제했으며, 구획과 조리가 극진하여서 그 덕분에 목숨을 구한 사람이 부지기수였다. 얼마 뒤에 병이 위독해져서 아들 배용길裵龍吉이 소고기가 몸을 보할 수 있다고 하여 구해서 올리니, 공이 이를 물리치면서 "내가 한 지방의 풍속과 규범을 다스리면서 금지된 고기를 먼저 먹는 것이 옳겠는가? 네 아비를 잘못에 빠뜨리지 말아라"라고 말하였다. 아! 공은 음식과 같은 하찮은 것에서도 죽음에 이르기까지 뜻을 바꾸지 않았으니, 다른 것은 이미 알 만하다.

대개 공은 집에 거처할 때에는 효성이 지극하였고, 항상 녹봉이 부모를 모시는 데 미치지 못함을 평생의 한으로 여겼으니, 말이 이에 미치면 문득 눈물을 흘렸다. 참판공이 병들어 곁에서 수발을 들 때에는 옷에서 띠를 풀지 않았고, 약은 반드시 먼저 맛보았으며, 초상初喪과 제사祭祀에서는 슬픔과 예禮를 다하였고, 묘소 옆에 여막廬幕을 짓고 3년 동안 집에 내려오지 않았다. 여러 아우와도 우애 있게 지내어 남들이 미치기 어려운 바가 많았으니, 사업事業에 베푼 것이 대개 근본이 있어서 그러한 것이지 우연히 그러한 것이 아니었다. 만년晚年에는 도목촌桃木村[164)]에 터를 잡아 집을

짓고 낙수洛水 언덕 위에 정자를 지어 '산수정山水亭'이라 이름하였다. 또 그
집을 '임연재臨淵齋'라 이름하고서 종종 벗들과 술을 마시고 시詩를 읊었는
데, 벼슬길에서 물러나 쉬며 일생을 마칠 뜻을 가졌다.

공의 이름은 삼익三益이고, 여우汝友는 그의 자이다. 공의 부인은 영양
남씨英陽南氏이니, 처사處士 신신藎臣의 따님으로 정부인貞夫人에 봉해졌다. 공
은 2남 2녀를 낳았다. 장남 배용길裵龍吉은 진사시進士試에 합격하여 추천으
로 익위사翊衛司 벼슬이 제수되었는데, 문학文學을 갖추었으니 이는 공의 재
능을 이은 것이다. 막내는 배용필裵龍弼인데 일찍 죽었다. 딸은 모모某某에
게 시집갔다. 손주 몇 명이 있다. 이에 다음과 같이 명銘을 쓴다.

하늘에서 얻은 것이 자질이 아니냐? 자기에게서 이루는 것이 학문이
아니냐? 이름을 드날리는 것이 때가 아니냐? 이 모든 것을 다 갖추는
것은 매우 어려운 일이라서 장차 크게 쓰임이 있을 듯하였는데 어찌
여기에서 그치고 마는 것인가? 그것을 모두 베풀지 못하였지만, 오히
려 남은 경사가 있음을 이 명시銘詩가 징험하리라.

만력萬曆 24년(1596) 3월 19일. 수충익모광국공신輸忠翼謨光國功臣, 대광보국
숭록대부大匡輔國崇祿大夫, 의정부영의정겸영경연사議政府領議政兼領經筵事, 홍문
관예문관춘추관관상감사弘文館藝文館春秋館觀象監事, 세자일사世子一師, 풍원부원

---

164) 桃木村은 구한말에는 행정구역상 안동군 임북면에 속해 있었고, 1934년 행정구역
변경에 따라 월곡면에 편입되었다. 1973년 안동댐 건설로 인해 도목촌 일부가 수몰
되었고 나머지 일부는 1974년 월곡면이 폐지되면서 예안면에 편입되었다. 興海裵氏
臨淵齋宗宅(栢竹古宅)은 안동대학교 부근인 안동시 송천동으로 이전하여 오늘에 이
르고 있다. 이에 대해서는 배현숙, 『안동 임연재 배삼익 종가』(경북대학교출판부,
2020) 참조.

君豊原府院君 **유성룡**柳成龍이 쓰다.[165]

---

165) 『臨淵齋先生文集』, 권6, 附錄, 「神道碑銘(幷序)」【柳成龍】, "故通政大夫守黃海道觀察使
兼兵馬水軍節度使裵公汝友卒後七年, 其孤世子洗馬龍吉, 以公行狀, 抵予門求墓道銘. 予讀而
悲之曰, 汝友吾友也, 平生分甚篤, 故知汝友甚悉, 吾非汝友銘而誰歟? 顧衰病惻怛楮毫奈何. 龍
吉泣且請益堅, 予尤悲不忍拒, 乃先敍平生, 後据行狀言, 繼以銘. 予年十六, 始擧漢城監試, 其
秋汝友自鄕來, 軋然出頭角, 已爲儕輩所推, 論古今事, 貫穿縱橫, 音節洪暢, 左右聳服, 予樂慕
之, 日造其居而聽焉. 入院之夕, 予就汝友宿, 九街人靜, 月明如晝, 鐘漏聲終夜在耳. 雞鳴, 汝
友蹶予起, 聯騎赴院, 止庭中大槐樹下, 仰見火光中綠葉層層可愛. 及題出, 汝友不究思, 日未
暮二篇俱成, 沛然有餘力. 予詩成而不能寫, 汝友代予書, 柝號于幸中而汝友見屈, 還鄕, 予復
佩酒相送, 作幸不幸語以別. 自是情好日篤, 未見而思, 旣見則兩忘所趨, 累日而不能去. 今汝
友亡, 予亦老, 此生寧復有此事耶? 悲夫. 按狀裵氏興海人, 高麗時有景分, 爲檢校將軍, 四世
而榮至爲典理判書平壤尹. 子詮事忠烈 · 忠宣, 賜誠勤宣力翊戴佐命功臣號, 封興海君. 興海之
裵, 由是益顯. 有子尙志仕至判司僕寺事, 有高節遠識, 因事棄官歸. 時麗業已訖, 遂屛居于安
東府金溪村, 名堂以柏竹, 自見其志以終. 柏竹之後司憲持平權, 錄事孝長, 昭威將軍諱祉, 祉
實公之高祖也. 曾祖成均進士諱以純, 贈通訓大夫通禮院左通禮, 祖成均生員諱巘, 贈通政大夫
左承旨, 考諱天錫, 忠佐衛副司果, 贈嘉善大夫兵曹參判, 妣迎日鄭氏贈貞夫人. 公中戊午生員,
甲子釋褐. 歷成均館學諭 · 學錄 · 學正 · 博士, 陞戶曹佐郎. 癸酉丁參判公憂, 乙亥服闋, 拜刑
禮曹佐郎及成均館典籍 · 刑曹正郎, 皆不就. 又以司諫院正言下旨特召, 以疾辭. 外遷豐基郡守
赴任, 秩滿還鄕, 拜承文院校理不赴. 辛巳拜襄陽府使, 旣又召入爲司憲府掌令, 旣而遞爲成均
館司藝, 屢遷直講 · 司諫院正言, 復爲司藝 · 掌令, 移成均館司成, 司諫院獻納兼春秋館記注
官, 俄而選入弘文館爲修撰知製敎兼經筵檢討官 · 春秋館記事官, 陞司諫院司諫, 復入玉堂爲
副校理, 再拜掌令 · 司諫. 乙酉冬陞通政, 爲承政院同副承旨兼經筵參贊官 · 春秋館修撰官. 出
納稱允, 陞右副左副. 俄遞爲上護軍, 拜掌隸院判決事, 轉成均館大司成. 時有使臣聘上國者多
非其人, 或失方物於途, 或失火于玉河舘. 朝廷皇恐, 擇使陳謝, 以公應選. 公旣行以養士之地
長官不可久曠, 辭遞大司成, 得樞府僉知事以行, 還拜右承旨, 以疾辭. 時黃海道歲連歉, 朝議
急荒政, 以爲擇任監司乃可濟, 遂以公爲觀察使. 時公疾未瘳, 力疾就道, 巡行諸邑, 不憚勞苦,
病遂增劇, 再辭得遞還, 卒于道上, 享年五十五. 訃聞遠近相弔, 朝廷賻祭如禮, 下一路以船轝
護其行, 其年十月己巳, 葬于府北柰城縣虎崖山震坐兌向之原, 卽參判公墓後, 從公治命也. 公
少喪大夫人, 家貧能力學自奮, 以至成立. 其筮仕也, 莅職謹勤, 每事皆辦. 及守豐基, 嚴以御
吏, 簡以持身, 仁以撫民, 其初强梗者頗不悅, 數年邑中稱治, 去後多遺愛. 襄陽濱海之邑, 土俗
淳樸. 公因俗爲治, 乃更御之以寬簡, 蘇殘起弊, 政聲藉甚. 尤重祀事, 文廟社稷及城隍毎祭, 率
皆以身親之, 每年祭東海神. 祝冊自京至, 公虔肅將事, 益嚴以謹, 雨暘祈禱, 多獲其應. 入城
隍祠, 村巫以紙錢溷其中, 公命撤少焚之, 堋地卽事. 時北邊有警, 運南方粟以給軍餉, 人有建
言造大舶漕海者, 不利風濤輒墊溺, 民甚苦之. 公知其弊, 以掌令還朝也, 卽言於上請罷之. 又
請禁同姓爲婚者, 時朝論歧而爲二, 乘時者多造端攻擊, 以傷士類, 公甚憂之. 其立朝言論, 不
激不隨, 識者知公之有立焉. 有冒陞憲長者, 衆皆駭異而不敢言, 公在諫院, 獨曰禍福天也, 當
盡在我者, 遂論之. 又啓削陷其主得僞勳者名籍, 人皆快之. 公之陳謝京師也, 得褒獎皇勑及欽
賜蟒龍衣以還, 上嘉之曰非專對之忠, 何以得此, 錫以內廐馬. 在黃海道, 發倉賑飢, 區畫條理,
無不極盡, 賴以生活者不紀其數. 旣而病甚懊, 龍吉以牛肉能補羸, 得之以進. 公卻之曰吾持一

3) 「계문제자록」

배삼익裵三益의 자는 여우汝友이고 호는 임연臨淵이며 안동에 거주했다. 가정嘉靖 갑오년(1534)에 태어났다. 집안이 가난하였지만 힘써 배우고 분발하였다. 선생의 문하에서 배우면서 『심경心經』과 『시전詩傳』을 전수받았다. 과거에 급제한 이후 직무에 근면하였고, 일을 처리함이 분명하였다. 명나라에 사신으로 갔으며 『대명회전大明會典』[166]이 새롭게 완성되자 공이 힘을 다해 주선周旋하여 초본草本에서 조선에 관해 기록한 내용을 구해서 돌아와 바쳤다.[167] 이에 상하가 비로소 종계宗系 문제가 바르게 정리된 것을 알게

方風憲, 先食禁肉可乎, 無陷爾父爲也. 嗚呼, 公於一飮食之微, 垂斃而不變其志, 其他可知也已. 益公居家誠孝至篤, 常以祿不逮養, 爲終身之感, 言及輒涕下. 其侍參判公之病, 衣不解帶, 藥必先嘗, 喪祭盡其哀禮, 廬于墓側, 三年不下家. 友愛諸弟, 多人所難及者, 益有本而然, 非偶爾也. 晩年卜築於桃木村洛水之厓, 作亭其上, 名曰山水, 且名其齋曰臨淵. 往往與朋友飮酒唫詩, 有退休終焉之志云. 公諱三益, 汝友其字也. 配英陽南氏, 處士藎臣之女, 封貞夫人, 生二男二女, 男長曰龍吉, 中進士, 薦授䩉衛司官, 有文學, 是將世公之業. 季曰龍弼, 早夭. 女適某某. 孫幾人. 銘曰, 得之天者非質耶, 成之己者非學耶, 發之名者非時耶, 全之孔艱, 若將有爲, 胡寧止是, 未究厥施, 尙有餘慶, 徵此銘詩. 萬曆二十四年三月十九日, 輸忠翼謨光國功臣, 大匡輔國崇祿大夫, 議政府領議政兼領經筵事, 弘文館藝文館春秋館觀象監事, 世子一師, 豐原府院君柳成龍撰."

166) 『大明會典』은 중국 明나라의 여러 법령을 집대성한 종합적인 행정법전으로, 180권으로 구성되어 있다. 徐溥 등이 孝宗 弘治(1488~1505) 연간에 황제의 칙령으로 편찬한 뒤 1509년(정덕 4) 李東陽 등이 수정하여 1511년에 간행하였다. 『正德會典』이라고도 칭한다. 1587년(만력 15) 申時行 등이 개수하여 『重修大明會典』 228권, 首 2권으로 간행하였다. 이것을 속칭 『萬曆會典』이라 한다.

167) 당시 배삼익의 활약은 이른바 宗系辨誣를 해결하는 데 공헌한 것이었다. 종계변무란 조선 건국 초기부터 선조 때까지 200여 년간 명나라에 잘못 기록된 태조 李成桂의 世系를 시정해 달라고 주청했던 사건을 말한다. 명나라 『태조실록』과 『대명회전』에는 이성계가 고려의 권신 이인임의 아들로 되어 있어, 여러 차례 수정을 요청했으나 명나라에서는 줄곧 거절하였다. 선조 때에도 종계변무 문제를 해결하기 위해 줄곧 노력했는데, 그 결과 잘못된 부분을 고치라는 황제의 허락을 받아놓은 상태로서, 조정에서는 새롭게 편찬된 『대명회전』의 반포를 초조하게 기다리고 있었다. 배삼익은 1587년 3월에 陳謝使로 북경에 가게 되는데, 아직 반포되지 않았던 『대명회전』 개정본 초고가 완성되었다는 정보를 입수하게 되었다. 이에 그는 명나라 예부에 청하여 수정된 종계변무 관련 내용을 등사하여 돌아올 수 있었고, 이로써 종계변무

되었다. 황해도관찰사가 되었을 때에는 연이은 흉년에 처하자 창고를 열
어 굶주린 백성을 구제했으며, 구획과 조리가 극진하지 않음이 없어서 그
덕분에 목숨을 구한 사람이 부지기수였다. 집에 거처할 때에는 효성이 지
극하였고, 상례와 제례에서는 슬픔과 공경을 극진히 하였다. 55세에 세상
을 떠났다.168)

문제는 사실상 일단락되었다.

168) 『臨淵齋先生文集』, 권6, 附錄, 「溪門諸子錄」, "裵三益字汝友號臨淵, 居安東, 生于嘉靖甲午,
家貧能力學自奮, 遊先生之門, 受心經詩傳. 登第莅職勤謹, 遇事能辦, 奉使天朝, 値會典新成,
公費力周旋, 得草本記本國條歸獻, 於是上下始知宗系釐正. 觀察黃海, 値歲連歉, 發倉賑飢,
區畫條理, 無不極盡, 賴以生活者不記其數. 居家誠孝篤至, 喪祭盡其哀敬. 五十五而卒."

취원당선생문집聚遠堂先生文集

【해제】

『취원당선생문집』은 조선 중기의 문신이자 학자인 조광익曹光益(1537~1578)의 시문집이다. 그의 본관은 창녕昌寧이고, 자는 가회可晦이며, 호는 취원당聚遠堂 또는 죽와竹窩이다. 1537년 경상도 창원昌原에서 태어났고, 13세의 어린 나이에 퇴계退溪 이황李滉의 문하에 나아가 배움을 청했다. 1564년(명종 19)에 별시문과別試文科에 급제하였지만, 한동안 퇴계 문하에서 성리학을 연마했다. 1569년(선조 2) 형조좌랑에 이어 감찰을 지냈다. 1576년(선조 9) 문과중시文科重試에 장원하였으며, 벼슬은 의금부도사義禁府都事에 이르렀다. 1578년(선조 11) 강동江東으로 좌천된 아우 지산芝山 조호익曹好益(1545~1609)을 만나려고 평안도사平安都事의 직책을 얻어 내려갔다가 병을 얻어 세상을 떠나니 향년 42세였다.

『취원당선생문집』은 2권 1책으로 구성된 목판본이다. 당초에 그의 저술 가운데 많은 부분이 임진왜란의 병화에 휩쓸려 소실되었고, 일부만이 필사를 통하여 전승되었다. 『문집』은 취원당의 8대손 위문偉文이 편집하고, 고종 때 후손 한규漢奎 등이 간행하였다. 권두에 목만중睦萬中과 이휘령李彙寧의 서문이 있고, 권말에 종6세손 채신采臣의 후서後敍가 있다. 권1은 취원당 자신의 시문을 모은 것이고, 권2는 부록으로서 다른 사람의 기록이나 여타 관련 자료를 담고 있다.

권1에는 시詩 33수, 서書 4편, 기記 1편, 과제科製 2편, 유록遺錄 1편, 유사

遺事 1편이 수록되어 있다. 특히 서신은 네 통에 불과하지만, 각각 고봉高峯 기대승奇大升, 퇴계 이황, 한강寒岡 정구鄭逑, 율곡栗谷 이이李珥에게 보내는 편지로서, 그 분량은 간소하여도 그에 대한 신망과 교유 관계를 짐작할 수 있다. 한편, 「영모당기永慕堂記」는 김종직金宗直의 손자 뉴紐를 위하여 쓴 것으로, 천인합일天人合一의 사상을 드러내고 있다.

권2는 부록으로서, 연보年譜, 제문祭文, 척유摭遺, 가장家狀, 행장行狀, 묘갈명墓碣銘, 오봉사五峰祠와 청효사淸孝祠의 봉안문奉安文, 오봉서원五峰書院의 상향문常享文과 상량문上梁文, 강동구비문江東邱碑文, 청향소請享疏, 예조회계禮曹回啓, 반유통문泮儒通文, 삼강행실록三綱行實錄 등이 수록되어 있다.

1. 취원당의 한평생: 「가장」1)

공의 휘는 광익光益이고, 자는 가회可晦이며, 호는 죽와竹窩 또는 취원당
聚遠堂이다. 중종中宗 32년 정유년(1537), 즉 가정嘉靖 16년에 창원昌原 익동杙洞
에서 태어났다. 고려의 공신 익청益淸의 후손이다. 부친은 휘가 윤신允愼인
데, 문음門蔭으로 낭서郞署를 제수받았지만 나아가지 않았다. 나중에 넷째
아들 지산芝山선생 호익好益2)의 군공軍功으로 인해 좌참찬左參贊에 추증되었
다. 조부는 휘가 효연孝淵이고, 문과지평文科持平을 지냈는데, 김안로金安老3)

---

1) 이 글은 寒岡 鄭逑의 문인인 畏齋 李厚慶(1558~1630)이 쓴 것인데,『聚遠堂先生文集』
   에 실린 「家狀」과『畏齋集』에 실린 「聚遠堂曹公行狀」 간에는 일부 내용상의 출입이
   있다.
2) 曹好益(1545~1609)의 본관은 昌寧이고 자는 士友 호는 芝山이다. 형 曹光益과 함께
   퇴계 문하에서 수학하였다. 그는 어려서부터 학문을 좋아하여 經史子集을 깊이 연구
   하였다. 1575년(선조 8) 경상도도사 崔滉이 軍籍을 정리할 때 檢督으로 임명되었으나
   병으로 사퇴하자 최황이 노하여 관명을 거역하는 토호라고 아뢰어 평안도 江東에
   유배되었다. 유배지에서 계속 학문에 정진, 많은 후진을 양성하여 관서지방에 학풍
   을 진작시켰다. 1592년(선조 25) 임진왜란 때 柳成龍의 청으로 풀려 나와 金吾郞이
   되고 召募官이 되어 中和, 祥原 등지에서 戰功을 세웠다. 그 후 星州牧使를 거쳐 安州牧
   使가 되고 1597년 정유재란 때 강동에서 의병을 일으켜 활약하였고 善山府使에 임명
   되었으나 병으로 사양하였다. 이조판서에 추증되고, 永川의 芝峰書院과 道岑書院, 성
   천의 鶴翎書院, 강동의 淸溪書院에 제향되었다. 문집으로『芝山集』이 있다.
3) 金安老(1481~1537)의 본관은 延安이고 자는 頤叔이며 호는 希樂堂·龍泉·退齋이다.
   1506년(중종 1) 別試文科에 갑과로 급제한 뒤, 賜暇讀書 하고 대사간을 지냈다. 1519
   년 기묘사화 때는 趙光祖 등과 함께 유배되었다. 1522년에 副提學이 되고, 1524년에
   는 대사헌을 거쳐 이조판서가 되었다. 아들 禧가 장경왕후의 딸인 孝惠公主와 결혼한
   뒤부터 권력 남용이 잦아 영의정 南袞, 대사헌 李沆 등의 탄핵을 받고 경기 豊德에
   유배되었다. 1527년 남곤이 죽고 그 일파가 실각하자, 1529년에 풀려나와 1531년에
   다시 등용되었다. 이조판서를 거쳐, 1534년에는 우의정이 되고, 이듬해 좌의정에 이
   르렀다. 政敵에 대해서는 宗親·公卿이라 할지라도 이를 축출하여 살해하는 등 무서
   운 공포정치를 펼쳤다. 정적이었던 文定王后의 폐위를 도모하다가 중종의 밀명을 받
   은 尹安任과 대사헌 梁淵에 의해 체포되어 전라남도 진도로 유배형을 받았고, 이어서
   賜死되었다. 許沆·蔡無擇과 함께 丁酉三凶으로 일컬어진다. 저서에『龍泉淡寂記』가
   있다.

를 거역하여 함안군咸安郡으로 출보出補되었다가 세상을 떠났다. 증조부는 휘가 치우致虞이고, 관직은 사옹원정司饔院正에 이르렀으며, 청백리로 칭송 받았다. 공은 어린 시절부터 남다른 영특함으로 세상에 알려졌으며, 어린 나이에 퇴계退溪 이황李滉 선생의 성리학을 듣고는 문하에 나아가 선생을 따랐으니 13세 때였다. 퇴계선생은 공이 『심경心經』을 배우고자 하는 것을 보고, "배움은 단계를 건너뛰어서는 안 된다"고 하면서 『소학小學』을 전수 해 주고자 하였다. 공은 "이 책은 이미 익숙할 정도로 읽었습니다"라고 대답하였고, 이에 퇴계선생이 책을 펴고 질문을 던지자 막힘이 없이 대답 하니, 선생의 문도들이 그 재능과 명민함에 감복하였다. 22세 때 비로소 과업科業에 나아가 무오년(1558) 사마양시司馬兩試에 합격하였는데, 탄식하여 말하길 "과거공부란 결코 배움에 뜻이 있는 나이 어린 사람이 익힐 바가 아니다"라고 하였다. 이에 뜻을 독실하게 하고 실제적 배움에 나아가 마 침내 율곡栗谷 이이李珥4), 고봉高峯 기대승奇大升5), 한강寒岡 정구鄭逑6) 등과

---

4) 李珥(1536~1584)의 본관은 德水이고 자는 叔獻이며 호는 栗谷ㆍ石潭ㆍ愚齋이다. 부친 은 증좌찬성 李元秀이며, 어머니는 師任堂申氏이다. 1548년에 진사초시에 합격하였 다. 1551년 16세 때 어머니가 돌아가자, 파주 두문리 자운산에 장례하고 3년간 侍墓 하였다. 그 후 금강산에 들어가 불교를 공부하고 1555년 20세 때 하산해 다시 유학 에 전력하였다. 1557년 성주목사 盧慶麟의 딸과 혼인하였다. 1558년 봄 禮安의 陶山 으로 李滉을 방문했고, 그해 겨울의 별시(문과초시)에서 「天道策」을 지어 장원하였 다. 전후 아홉 차례의 과거에 모두 장원해 '九度壯元公'이라 일컬어졌다. 1564년 호조 좌랑을 시작으로 예조좌랑ㆍ이조좌랑 등을 역임하고, 1568년 千秋使의 書狀官으로 명나라에 다녀왔다. 1569년 임금에게 「東湖問答」을 지어 올렸다. 1572년 파주 율곡 리에서 성혼과 理氣ㆍ四端七情ㆍ人心道心 등을 논하였다. 1574년 우부승지에 임명되 었고 「萬言封事」를 올렸다. 1575년에는 『聖學輯要』를 편찬했고, 1577년에는 『擊蒙要 訣』을 편찬했다. 1582년에 이조판서에 임명되고, 어명으로 「人心道心說」을 지어 올렸 다. 이 해에 「金時習傳」을 쓰고, 『學校模範』을 지었으며, 1583년에는 「時務六條」를 올 렸다. 1584년에 서울에서 세상을 떠났으며, 파주 자운산 선영에 안장되었다.
5) 奇大升(1527~1572)의 본관은 幸州이고 자는 明彦이며 호는 高峯 또는 存齋이다. 1549 년 사마시에 합격하였으며 1558년 식년 문과에서 을과로 급제하였다. 1559년 퇴계 와의 서신 교환을 통하여 조선유학사에 지대한 영향을 미친 四七論辨을 전개하였다.

도의지교道義之交를 맺었다. 명종明宗 갑자년(1564)에 별시을과別試乙科에 1위로 급제하였고, 선조宣祖 병자년(1576)에 중시重試에 급제하여 이로 인해 문명文名을 크게 떨치게 되었으니, 재능과 이름을 숨기고자 하였지만 이룰 수 없었다. 승문원承文院에 들어가 3년을 있다가 병조좌랑兵曹佐郎으로 옮겼고, 이어서 본조本曹의 정랑正郎으로 승진했다. 당시에 공의 아우 지산芝山선생이 최황崔滉7)의 모함을 받아 죄가 없는데도 강동江東으로 유배되었다. 공

承文院副正字·藝文館檢閱·春秋館記事官을 거쳐 承政院注書에 임명되었다. 1565년 兵曹佐郎·吏曹正郎을 거쳐, 1566년 司憲府持平·弘文館校理·司憲府獻納·議政府檢詳·舍人을 역임하였다. 1567년 遠接使의 從事官이 되었고, 그해 선조가 즉위하자 사헌부 집의가 되었으며, 이어서 典翰이 되어서는 趙光祖·李彦迪에 대한 추증을 건의하였다. 1568년 우부승지로 侍讀官을 겸직했고, 1570년 大司成으로 있다가 영의정 李浚慶(1499~1572)과의 불화로 해직당했다. 1571년 弘文館副提學 겸 經筵修撰官과 藝文館直提學으로 임명되었으나 부임하지 않았다. 1572년 成均館大司成에 임명되었고, 이어서 宗系辨誣奏請使로 임명되었으며, 大司諫·工曹參議를 지내다가 병으로 벼슬을 그만두고 귀향하던 도중에 古阜에서 객사하였다. 저서로는『論思錄』·『往復書』·『理氣往復書』·『朱子文錄』·『高峯集』 등이 있다.

6) 鄭逑(1543~1620)의 본관은 淸州이고 자는 道可이며 호는 寒岡이다. 정구는 어려서부터 유달리 총명하였는데 5세에 이미 신동으로 소문이 자자했으며 10세에는『大學』과『論語』의 대의를 이해하고 있었다. 또한 13세 때에 성주향교 교수인 吳健(1521~1574)에게『周易』을 배웠는데 乾卦·坤卦만 배운 것을 가지고 나머지 괘는 유추하여 스스로 깨달았다고 한다. 1563년에는 퇴계 이황의 문하에 들어갔고, 1566년에는 조식을 찾아가 스승으로 삼았으며, 成運(1497~1579)을 찾아뵙기도 하였다. 1573년 김우옹의 천거로 禮賓寺參奉에 임명되는 등 여러 번 관직에 제수되었으나 사양하였으며, 1580년이 되어서야 昌寧縣監으로 관직생활을 시작하였다. 1584년 동복현감을 거쳐 다음 해 校正廳郎廳으로 제수되어『小學諺解』·『四書諺解』등의 교정에 참여하였다. 임진왜란이 일어나자 通川郡守로 재직하면서 의병을 일으켰다. 1603년『南冥集』의 편찬에 참여하였으나 鄭仁弘이 이황과 李彦迪(1491~1553)을 배척하자 그와 절교하였다. 그는 성리학뿐만 아니라 예학과 제자백가·역사·算數·兵陳·醫藥·卜筮·풍수지리 등에 박학하였다. 그의 성리설에 가장 많은 영향을 미친 인물은 이황이며, 그는 이황과 마찬가지로『心經』을 중요하게 여겼다. 저서로는『家禮輯覽補註』·『心經發揮』·『聖賢風範』·『洙泗言仁錄』·『濂洛羹墻錄』·『歷代紀年』·『古今忠謨』·『治亂提要』등이 있다.

7) 崔滉(1529~1603)의 본관은 海州이고 자는 彦明이며 호는 月潭이다. 1566년(명종 21)에 별시문과에 병과로 급제하였고, 史局에 뽑혔다. 내외직을 역임하였고, 경상도도사가 되어서는 軍籍을 잘 다스렸다. 집의·사간·예조참판·대사간·이조참판·한성판윤·대사헌 등을 거쳐 1590년 이조판서가 되었다. 平難·光國 공신에 각각 3등

은 아우와 만나기를 원하여 평안도사平安都事로 나아가길 청하였고, 부임한 뒤에는 지산선생과 자주 서로를 이끌고 함께 지내면서 이별의 슬픔을 해소했는데, 통음痛飮을 나누는 것으로 인해 병을 얻어 임기를 마치기 전에 관사官舍에서 세상을 떠났으니 향년 42세였다.【선조 11년 무인년 5월 5일】

공은 일찍이 말하길, "사람의 도로써 효제孝悌보다 앞서는 것이 없다. 효친의 마음이 없으면 그 나머지는 볼 것도 없다. 유자有子의 '효제라는 것은 인仁의 근본이 아니겠는가'8)라는 말은 참으로 정확한 의론이다"라고 하였다. 공은 부친 참찬공參贊公을 먼저 여의었고,9) 지극한 효성으로 모친을 모셨는데, 이웃과 고을에서 그 행실에 감복하였다. 관직에 아직 나아가지 않았을 때, 영천永川·밀양密陽·창원昌原 등 몇몇 고을의 선비들이 함께 정문呈文을 순상巡相에게 올렸고, 그리하여 그 효행이 임금의 귀에도 들어가게 되었다. 그가 중시重試10)에 나아갔을 때, 선조께서 그의 이름을 가리켜 주위 신하들에게 "이 사람이 효자 조광익인가?"라고 말했다. 당시에 최황이 연석筵席에 있었는데 임금에게 말하길, "그 사람에 대해서는 모두 그의 행실에 감복하였습니다"라고 하였다. 그는 이후에 장계狀啓를 올려서 말하길 "조호익은 선인군자善人君子인데 강동으로 유배되어 머문 지가 지금 몇 년이 되었습니다. 신이 처음 그에게 죄줄 것을 청한 것은 왕법王法이 엄하지 않을 수 없기 때문이었습니다. 지금 생각하면 반드시 그럴 필요는

으로 녹훈되고 海城君에 봉하여졌다. 임진왜란 때에는 평양까지 선조를 호종하였으며, 왕비와 세자빈을 陪從, 희천에 피난하였고, 이듬해 檢察使가 되어 왕과 함께 환도하여 左贊成·世子貳師로 知經筵事를 겸하였다. 영의정에 추증되었다.

8) 『論語』「學而」에 나온다.

9) 참고로 조광익이 부친상을 당한 해는 1572년이다.

10) 重試란 현직 관리들을 위하여 시행한 文科의 특별시험이다. 문과에 급제한 뒤, 堂下官에 머물러 있는 이가 이 시험에 합격하면 堂上 정3품의 품계로 올려주었다. 10년에 한 번 실시하였다.

없었는데, 젊은 시절에 벌인 일로서 정말로 왜 그렇게 했는지 의아스럽습니다. 신은 엎드려 현명한 이를 무고한 죄를 청하여 무너진 풍속을 세우고자 합니다"라고 하였다. 대간 또한 조호익을 풀어 주는 문제로 장계를 올렸다. 임금이 말하길, "조호익의 일은 나 또한 모르는 바가 아니다. 하지만 관서關西지역은 평소에 문사文士가 없었는데, 조호익이 귀양살이를 한 뒤로 사람들이 학문을 알게 되어 스승으로 삼아 따르는 자들이 매우 많다고 한다. 그러니 우선은 조호익을 더 머물러 있게 하여 권면하고 장려하는 계기가 되게 하라"고 하였다.[11]

공은 모친이 세상을 떠나자 묘소 아래에 움집을 만들어 놓고 종일 곡하며 울었다. 아침저녁으로 상식上食할 때 걸어서 집까지 왕래하면서 빈소에 제물祭物 올리는 것을 3년 동안 행하면서도 마지막까지 조금도 나태함을 보이지 않았다. 큰비가 오면 패랭이를 쓰고 갔는데, 그로 인해 병을 얻어서 거의 일어나지 못할 지경이었다. 한강寒岡이 편지를 써서 자식으로서 지나친 예를 행해서도 안 된다고 말하였다. 율곡과 고봉 역시 편지를 보내 그렇게 하는 것이 옳지 않다는 뜻을 전했다. 공이 친구들의 두터운 우정에 크게 감복하여 힘써 그러한 조언을 따랐다. 조정에 있을 때에는 군주의 마음을 바로잡고 기만하지 않는 것을 자신의 임무로 삼았다. 그는 일찍이 다음과 같이 말하였다. "성인은 '속이지 말고 면전에서도 충언을 올려라'(勿欺而犯)라는 네 글자를 임금을 섬기는 도로 삼았다.[12] 그런데 '속이지 말라'(勿欺)는 두 글자가 '면전에서도 충언을 올려라'(而犯)보다 앞에 있

---

11) 참고로 『芝山集』에 실린 「年譜」에 따르면, 조호익이 유배를 떠난 것은 1576년(선조 9)이다. 또한, 최황이 임금에게 조호익의 억울함을 호소하고, 대관에서도 주청을 올린 것은 1588년(선조 21)이다.

12) 『論語』「憲問」에 자로가 임금을 섬기는 방법에 대해 질문하자, 공자가 "속이지 말고, 면전에서도 충언을 올려라"(勿欺也, 而犯之)라고 말한 내용이 나온다.

으니, '속이지 말라'가 신하의 가장 중요한 임무라는 것을 알 수 있다. 이른바 '속이지 말라'는 말이 단지 그러한 행동만을 꺼리는 것이겠는가? 무릇 현인을 모함하고 간신을 내세우며, 임금의 뜻에 영합하거나 임금을 모욕하며, 유능한 이를 질투하는 것이 모두 속이는 것이다. 또한, 잔학하게 백성을 대하고 정치를 가혹하게 하는 것도 모두 속이는 것이다. 신하로서 이들 가운데 하나라도 있다면 죽음으로도 그 죄를 갚을 수 없다. 비록 요행히 죽음을 면했더라도 후세의 비난을 어찌 감당하겠는가? 사군자士君子의 처신과 행동이 어찌 생전에 그저 남들의 이목을 가리고, 홀로 죽은 이후를 생각해 보지 않을 수 있겠는가? 인생살이란 기껏해야 7, 80년에 불과하며, 죽은 뒤에는 수백, 수천 년이 남는다. 7, 80년은 매우 촉박한 시간이고, 수백, 수천 년은 매우 장구한 시간이다. 촉박한 7, 80년만을 돌볼 뿐, 더욱 장구한 수백, 수천 년을 생각하지 않을 수 있겠는가?" 공이 세상을 떠나자 낙중洛中의 사대부 가운데 애통해하지 않는 자가 없었다. 부고가 조정에 이르자 선조宣祖는 매우 슬퍼하면서 "조광익의 효행은 참으로 하늘이 내었다고 할 수 있다"라고 하였으며, 곧바로 정문旌門을 세워 표창하고, 또『삼강행실록三綱行實錄』에 수록하도록 명하였다.

공은 삼년상을 마친 후, 참찬공의 묘소 아래에 집을 하나 짓고 영모당永慕堂이라 이름하였고, 나중에는 밀양의 오방동五榜洞에 정자를 짓고 취원당聚遠堂이라 이름하였다. 시문詩文과 사록私錄 2권이 세상에 전해지고 있었는데, 임진년(1592)의 병란 중에 소실되고 말았다. 사록 가운데 세보世譜 네다섯 가지 일은 공이 살아 있을 때 초록하여 상자에 보관했던 것으로서, 공의 자부子婦 김씨金氏가 피란 당시에 짊어지고 옮겨서 온전히 보존했다. 공은 아들 하나, 딸 셋을 두었다. 아들 이복以復은 일찍이 한강 정구 선생의 문하에서 배우면서 마음을 다해 성리학을 공부하였고, 과거공부에 매

달리지 않았다. 임진왜란이 발생하자 의병을 일으켜서 곽망우郭忘憂13)의
군대를 따랐으니, 그 일이 망우당忘憂堂의 『창의록倡義錄』14)에 수록되어 있
다. 그는 의성김씨義城金氏 진사 김탄金坦의 딸에게 장가들었는데, 판서 장호
공莊胡公 조윤손曹潤孫의 외손이다. 장녀는 홍대해洪大海에게 시집갔고, 차녀
는 이의윤李宜潤에게 시집갔다. 이의윤의 호는 무첨당無忝堂으로 회재晦齋15)
의 손자이다. 삼녀는 도사都事 정장鄭樟에게 시집갔으니, 곧 한강선생의 아
들이다.

외재畏齋 이후경李厚慶16)

---

13) 郭再祐(1552~1617)의 본관은 玄風이며 자는 季綬이고 호는 忘憂堂이다. 그는 임진왜
란 당시 진주성 전투 및 화왕산성 전투에 참전한 의병장이다. 34세 때 과거에 합격
했으나 지은 글이 왕의 뜻에 거슬린다는 이유로 무효가 되자 평생 은거하고자 결심
했다. 임진왜란이 일어나고 관군이 대패하자 의병을 일으켜 뛰어난 통솔력과 전법
으로 수많은 전과를 올렸다. 붉은 옷을 입고 의병을 지휘하며 스스로 홍의장군이라
했다. 조정에서 여러 차례 벼슬을 내렸으나 거듭 고사하여 은거의 결심을 버리지
않았다. 시문에도 능하였으며, 저서로 『망우당집』을 남겼다.

14) 『倡義錄』은 조선 후기 郭再祐의 후손 郭元甲이 임진왜란 때 의병으로 활약한 곽재우
와 의병들의 倡義 관련 내용을 기록한 책이다.

15) 李彦迪(1491~1553)의 본관은 여주이고 자는 復古이며 호는 晦齋 또는 紫溪翁이다.
시호는 文元이다. 조선 성리학 발전에 선구적인 역할을 하였고, 이후 퇴계 이황의
학설에 많은 영향을 끼쳤다. 문묘에 배향되었고, 경주 玉山書院에 제향되었다. 문집
으로 『회재집』이 전한다.

16) 『聚遠堂先生文集』, 권2, 附錄, 「家狀」, "公諱光益, 字可晦, 號竹窩, 又號聚遠堂. 中宗三十二
年【卽嘉靖十六年】丁酉, 生于昌原杙洞, 高麗功臣益淸之後也. 考諱允愼, 以門蔭拜郎署, 不
仕, 後以第四子芝山先生好益軍功, 贈左參贊. 祖諱孝淵, 文科持平, 忤金安老出補咸安郡以卒.
曾祖諱致虞, 官至司甕院正, 以淸白吏承褒. 公自少時, 以穎悟不群聞於世. 幼聞退溪李先生性
理之學, 卽往從之, 卽十三歲也. 見先生欲學心經, 先生曰, 學不可躐等, 因授小學. 公曰, 此書
曾已熟讀之矣, 先生乃開卷設問則無不通徹. 於是先生門徒服其才敏. 年二十二, 始貢擧, 中戊
午司馬兩試, 乃歎曰, 科業者, 決非年少向學者所肄習也, 於是篤志實學, 遂與李栗谷珥‧奇高
峯大升‧鄭寒岡逑, 爲道義之交. 明廟甲子, 中別試乙科一人, 宣廟丙子, 中重試, 自是文名大
振, 欲賴光匿名而不自得焉, 入承文院三載, 遷兵佐, 因陞本曹正郎. 時公之弟芝山先生, 爲崔滉
所陷, 以非罪論江東, 公欲與弟相會, 乃請爲平安郡事赴任, 後與芝山, 日相提携, 敍其相離之
情, 與之痛飮, 因以成疾, 未及瓜期, 卒于官, 年四十二也.【宣祖十一年戊寅五月五日】公嘗
曰, 爲人之道, 莫先於孝悌, 無孝親之心則其餘不足觀也已. 有子所謂孝梯也者, 其爲仁之本與
者, 眞之論也. 公先喪參贊公, 事母至孝, 隣里鄕黨服其行, 未釋褐時, 永川‧密陽‧昌原數郡

2. 「취원당선생문집 서문」

명종明宗과 선조宣祖 연간에 어진 사대부들 가운데 도산陶山선생의 교화를 입지 않은 자가 드물었으니, 맑은 기운이 뭉치듯이, 알맞게 내리는 비가 적시듯이 하였고, 조정에서는 화려한 문장文章이 빛났고, 유림儒林에서는 형황珩璜의 소리가 울려 퍼졌다. 그러나 이름난 꽃이 일찍 시들고 기이한 향기가 쉽게 사라지듯, 아름다운 꽃을 지녔으면서도 열매를 맺지 못하는 자도 있었으니 취원당聚遠堂 조광익曺光益 선생이 그런 경우였다.

선생은 지산芝山선생의 형으로 성동成童 무렵에 퇴도退陶 이황李滉 선생을 찾아뵙고 『심경心經』을 배우고자 청하였다. 선생이 처음에는 그가 공부 단계를 뛰어넘으려는 것인지 의심하였지만 배운 바를 질문하여 보고는 큰

士子, 相繼呈文于巡相, 以至上達天聰. 及其重試也, 宣廟指名而謂近臣曰, 此乃孝子曺光益耶? 時崔滉在筵席, 卽對曰, 其人也, 蓋服公之行也, 因奏曰, 曺好益, 以善人君子, 謫居江東, 今幾年矣. 臣始之請罪者, 爲其王法之不可不嚴, 以今觀之, 則不必如是, 而年少時事, 誠爲怪訝, 臣伏請誣賢之罪, 以礪頹俗, 臺臣亦以放曺好益, 交章入啓, 上曰曺好益之事, 余亦非不知之, 而第關西一路, 素無文士, 自曺益謫居之後, 人知向學, 從師者甚衆云, 姑留好益, 以爲勸獎之階也. 公丁母憂, 築室墓下, 終日哭泣, 而至於朝夕上食時則步行至家, 設奠干殯, 如是三年, 終不少懈. 若大雨則着蔽陽子以行, 以此成疾, 幾至不起. 寒岡抵書言其人子不必爲過禮之事, 及栗谷・高峯亦皆抵書, 諭不當如是之意, 公甚服其朋友相厚之誼, 乃勉從之. 及立朝, 以格君勿欺爲己任, 嘗曰, 聖人以勿欺而犯四字, 爲事君之道, 而勿欺二字先於而犯, 則乃知勿欺者人臣第一義也. 所謂勿欺者, 豈特諱其所行而已哉? 凡誣賢進姦, 逢君慢君, 妬才嫉能等事, 莫非欺也. 至於虐民苛政, 皆是欺也. 人臣有一於此, 罪不容誅, 雖或幸免, 其於後人之指斥, 何哉? 士君子立身行事, 豈可掩人耳目於生前, 而獨不恤身後乎? 人之寄世, 多不過七八十年也, 身後則至於千百年也, 七八十年甚促, 千百年甚遠, 其可獨保其甚促之七八十年, 而不念其甚遠之千百年乎? 及公之喪也, 洛中士大夫, 莫不痛惜焉. 訃聞于朝, 宣廟爲之慘然曰, 曺光益之孝行, 眞可謂出天也, 卽命旌閭, 又錄於三綱行實. 公終喪後構舍于參贊公墓下, 扁曰永慕堂, 其後構亭于密陽五榜洞, 扁曰聚遠堂. 有詩文及私錄二卷, 行于世矣, 壬亂失於兵火中. 其私錄中世譜四五件事, 公在世時, 嘗抄錄藏於篋笥中, 公之子婦金氏, 擔之於避亂時以全之. 公有一男三女, 男以復, 子克休, 早遊於寒岡鄭先生門, 專心於性理之學, 不事科業. 及壬辰之亂, 倡起義兵, 從郭忘憂堂軍, 事載忘憂堂倡義錄. 娶義城金氏進士坦之女, 判書莊胡公曺潤孫之外孫也. 女長適洪大海, 次適李宜潤, 號無忝堂, 晦齋先生之孫也. 次適都事鄭樟, 寒岡先生之子也. 畏齋李厚慶.”

인물이 되리라 여기고 남다르게 생각하였으며, 같은 문하의 여러 제현도 모두 탄복하였다. 한강寒岡 문목공文穆公은 "근래 현명한 벗을 얻었으니 마음에 유감이 없다"고 하였으며, 동강東岡 문정공文貞公은 "독실하게 실천하는 선비이다. 문장은 나라의 보배이고, 행실은 남들의 모범이 된다"고 하였다. 고봉高峯 기대승奇大升 문헌공文憲公은 남들을 인정하는 경우가 드물었지만, 매번 사람들에게 "세상 학자들이 가회可晦의 문장을 법도로 삼고, 그의 행실을 스승으로 삼는다면 잘못이 없을 것이다"라고 말했으며, 또 "가회는 우뚝 서서 고원한 포부를 행하는 사람이다. 그가 심성心性을 논하는 것은 모두 염락濂洛 군자들의 말씀이다"라고 하였다. 가회는 선생의 자字이니 남들로부터 인정을 받음이 그와 같았던 것이다.

선생께서는 일찍부터 의지할 곳을 얻었으니, 한강寒岡과 동강東岡[17] 두 선생을 벗으로 두었고, 지산芝山을 아우로 두었으니, 만약 몇 년의 수명을 빌려주어 함양하고 절차탁마하는 노력을 더하게 하였다면, 성취를 어찌 헤아릴 수 있겠는가? 공자와 같은 대성大聖의 자질로도 50세가 되어서야

---

17) 金宇顒(1540~1603)의 본관은 義城이고 자는 肅夫이며 호는 東岡 또는 直峰布衣이다. 1558년 진사가 되었으며 1567년 식년 문과시에 병과로 급제하여 承文院權知副正字에 임명되었으나 병으로 나아가지 못하였다. 1573년 弘文館正字가 되었으며 이어서 修撰·副修撰을 거쳐 다시 수찬이 되었다. 1576년 副校理·吏曹佐郞·舍人 등을 역임하였으며 1579년에는 副應敎가 되어 붕당의 폐단을 논변하였다. 1582년 弘文館直提學이 되었으며 大司成·大司諫에 제수되었다. 1584년 副提學으로 임명된 이후 全羅道觀察使·安東府司를 역임하였다. 1592년 鄭汝立의 모반사건으로 인한 己丑獄事가 일어나자 정여립과 함께 曹植 문하에서 수학했다는 구실로 회령에 유배되었다. 1592년 임진왜란으로 특별사면 되어 의주에서 承文院提調로 기용되었고 이후 兵曹參判을 역임하였다. 1594년 대사성이 되었으며 大司憲과 吏曹參判을 지냈다. 1597년 다시 대사성이 되었으며 禮曹參判을 역임하였다. 그는 남명의 문하였지만 선학을 존중하여 1573년에 이황에게 시호를 내릴 것을 청하였으며, 다음 해 趙光祖(1482~1519)를 제향한 양주의 道峰書院에 사액을 내릴 것을 요청하였다. 또한 李珥(1536~1584)에 대해서 존경의 태도를 취하였는데 이이를 비난하는 宋應洞(1539~1592)에 맞서 그의 입장을 두둔하였다.

천명天命을 알았다고 하였는데, 하물며 선생은 나이 50도 채우지 못한 데다가, 얼마 지나지 않아 나라가 병란兵亂에 휩쓸려 남은 전적이 모두 사라져 버렸으니 어떻겠는가? 남아 있는 문장18) 가운데 지금까지 전해지는 것으로는 시詩가 30편 남짓이고, 문文은 겨우 한 편이며, 공령문功令文 두 편과 세덕록世德錄 일곱 조목이 덧붙여 있을 뿐이니, 그 전해진 양의 적음이 애석하도다. 선생이 막 약관弱冠을 넘어서 생원과 진사 두 시험에 합격하였고, 「사절자수死節者壽」라는 부賦로 대과大科에 합격하였으며, 「수성잠守成箴」으로 중시重試에 뽑혀서 이름이 세상을 진동시켰으니, 또한 일찍부터 자신을 드러내신 것 아니겠는가? 그러나 항상 말하길, "인생살이란 기껏해야 7, 80년에 불과하니 매우 긴박한 시간이다. 어찌 긴박한 7, 80년만을 돌볼 뿐, 수백, 수천 년을 생각하지 않을 수 있겠는가?"라고 하였으니, 이로 보건대 어찌 그의 포부가 작은 성취에 안주하는 것에 불과했겠는가? 그러나 뛰어난 능력 펼치지 못했고, 상서로운 광채 갑자기 사라졌으니, 시대가 멀어질수록 명성과 덕행이 잠기고 가려져 버릴 듯하여 뜻있는 이들이 길게 탄식하였다. 그러나 나처럼 고루한 자도 여전히 이 책을 통해 선생의 문장과 지행志行을 그려 보고, 200여 년 뒤에 추술追述할 수 있거늘, 이 책이 수백, 수천 년 동안 읽혀서 선생의 평소 아언雅言이 소멸되지 않으리라는 것을 어찌 알겠는가? 선생은 부모를 섬김에 훌륭한 효자로 알려졌기에 벼슬에 나아가자 임금께서 주변의 신하들을 돌아보며 말하길, "이 사람은 효자 조曹 아무개가 아닌가"라고 하였으며, 세상을 떠났음을 듣고는 슬퍼하면서 정려旌閭를 세우게 명하고, 공의 행실을 『삼강행실록三綱行實錄』에 기록

---

18) 殘膏剩馥이란 남은 기름과 향기란 뜻으로, 남긴 유풍이나 문장을 비유한 말이다. 『新唐書』「杜甫列傳贊」에 "다른 사람은 부족하지만, 두보는 넉넉하여 그 殘膏剩馥 後人에게 많은 은택을 끼쳤다"라고 하였다.

하도록 하였다. 공의 8대손인 위문緯文이 유고를 가지고 와서 나에게 서문
을 구하기에 기술하여 이렇게 돌려보낸다.

사수泗水 목만중睦萬中[19]이 삼가 서문을 쓰다.[20]

3. 시

1) 「꿈에 어머니를 뵙고」[21]

길은 먼데 집은 어디인고	路遠家何在
산은 첩첩하고 꿈조차 드물구나.	山長夢亦稀
오늘 밤 달이 은근하니	慇懃今夜月

19) 睦萬中(1727~1810)의 본관은 泗川이고 자는 公兼·幼選이며 호는 餘窩·泗水이다. 신
  유박해 때 대사간으로, 영의정 심환지와 함께 남인 시파 계열의 천주교도에 대한
  박해를 주도하였다. 저서로는 『여와집』이 있다.
20) 『聚遠堂先生文集』,「聚遠堂曺先生文集序」, "明宣間, 賢士大夫, 鮮不薰炙陶山之化, 淑氣之所
  鍾, 時雨之所露, 被廊廟則黼黻宣輝, 儒林則珩璜振響, 而名花早凋, 奇香易歇, 秀而不實者有
  之, 若聚遠堂曺先生是已. 先生芝山先生之兄也, 甫成童, 謁退陶李先生, 請受心經, 先生始訝其
  躐等, 及叩所學, 深器異之, 同門諸賢 咸推服焉. 寒岡文穆公則曰, 今得友, 心無所恨. 東岡
  文貞公則曰, 篤行士也, 文爲國華, 行爲人表. 高峯奇文憲, 於人少許可, 而每語人曰, 世之學者,
  法可晦之文, 師可晦之行, 可以無愧. 又曰, 可晦特立高行之人, 其論心性, 皆濂洛諸賢之言也.
  可晦, 先生字也, 其見重如此. 先生旣早得依歸, 以兩岡爲友, 芝山爲弟, 使之少暇以年, 益加涵
  養切磋之工, 則所成就豈可量哉? 夫以大聖之姿, 尙云五十而知命, 況先生年不及知命, 而歿未
  幾, 國被兵燹, 遺籍盡蕩者哉? 殘膏剩馥之流傳至今者, 詩僅三十篇, 文止一篇, 功令作二篇及
  世德錄七條附焉. 惜乎, 其傳者小也. 先生纔踰弱冠, 成進士兩試, 以死節者壽賦取大科, 守成
  歲登重試, 名聲動一世, 不亦早自表見乎? 而恒曰, 人寄此世, 不過七八十年, 甚促也, 豈可獨保
  其甚促而不爲千百年計乎, 此其志豈安於小成而止哉? 逸步未展, 瑞彩遽秘, 世愈逖而名德寖晦,
  志士所以永欷. 然固陋如不佞者, 尙能因此卷而想像其文章志行, 追逝於二百餘年之後, 復安知
  此卷之更閱幾千百年, 使先生之平日雅言, 不至湮沒已也? 先生事親以鉅孝發聞, 及釋褐, 上顯
  諸左右曰, 此非孝子曺某耶? 聞其殉, 爲之悼惜, 命旌其閭, 錄其行於三綱行實云. 公之八代孫
  緯文, 袖遺稿, 求序於不佞, 遂書之, 歸之如此. 泗水睦萬中謹序."
21) 『聚遠堂先生文集』, 권1, 「夜夢見慈顔有感」.

나비 되어 어머니 곁으로 가 봐야지.   化蝶入慈闈

2) 「숨어 살면서 읊다」22)

번잡한 속세의 먼지 이르지 않고   囂塵元不到
흰 구름 이웃하는 곳에 집을 지었네.   卜築白雲隣
매화 피니 천 년 쌓인 눈 같고   梅綻千年雪
소나무는 만 년의 봄을 간직했구나.   松含萬歲春
새소리 바람 타고 수다스럽고   鳥聲風外碎
산의 풍경 비 온 뒤에 새롭구나.   山色雨餘新
그윽한 흥취 가누기 어려워   幽興難收拾
거문고 끼고 물가로 향하네.   携琴向水濱

3) 「꿈에 어머니를 뵙고 읊다」23)

외로운 혼 나비 되어 고향에 이르러   孤魂化蝶到鄉關
반갑게 어머니 뵈오니 눈물이 흐르네.   欣見慈顔感淚斑
놀라 깨어 창문을 열어도 찾을 곳 없고   驚起開牕無覓處
두견새 소리 멈추고 달은 산을 엿보네.   鵑聲初歇月窺山

4) 「달밤에 거문고 소리를 들으며」24)

어디에선가 거문고 소리 바람 타고 들리고   何處瑤琴風外捻
밝은 달은 뜨락을 비추고 홀로 누각에 기대네.   月明庭畔獨凭樓

22) 『聚遠堂先生文集』, 권1, 「幽居吟」.
23) 『聚遠堂先生文集』, 권1, 「夜夢見慈顔感吟」.
24) 『聚遠堂先生文集』, 권1, 「月夜聞琴」.

그대 상사곡만은 연주하지 말지니　　　　　　請君莫奏相思曲

외로운 나그네 들으면 시름 가누지 못한다네.　　孤客聞來不勝愁

5) 「해인사[25)]에서 노닐며」[26)]

봄기운 산방을 채우고 달빛은 하늘에 가득한데　春滿山房月滿天

나그네 마음은 더욱 처량하네.　　　　　　　　客中心事轉悽然

다정한 마음 더해져 돌아가는 기러기 생각하고　多情又有思歸雁

뒤척이며 듣노라니 꿈조차 편안하지 않구나.　　反側聞來夢未圓

6) 「병자년 중시에 급제하고 읊다」[27)]

제세의 경륜 펼치지 못한 것 한스러운데　　　　濟世經綸恨未行

세월의 고락만 봄과 함께 겪는구나.　　　　　　四時憂樂共春享

다시 급제하여 임금의 은혜 무거우니　　　　　再登金榜天恩重

태평을 이루려는 마음 어찌 잠시 잊겠는가.　　　一念何忘致太平

7) 「강동으로 귀양간 아우 호익을 생각하며」[28)]

세 달의 봄날을 객지에서 보내거늘　　　　　　九十韶光客裏過

백 년 인생이 모두 근심이구나.　　　　　　　　百年人事摠吾愁

세상만사 살펴보니 구름의 변화와 같고　　　　輪看世態同雲變

문득 깨닫노니 세월은 강물처럼 흘러가네.　　　斗覺年光共水流

---

25) 海印寺는 지금의 경상남도 합천군 가야면 치인리 가야산에 있는 절이다. 법보 사찰
　　로 팔만대장경을 보관하고 있다.
26) 『聚遠堂先生文集』, 권1, 「遊海印寺」.
27) 『聚遠堂先生文集』, 권1, 「丙子重試感吟」.
28) 『聚遠堂先生文集』, 권1, 「憶舍弟好益謫居江東」.

기러기는 종적 감추고 편지는 아득하니　　　　鴻斷長空書杳杳
외로운 밤 나비 되어 꿈속을 헤매네.　　　　　蝶飛孤枕夢悠悠
맑은 바람 쐬며 손 맞잡을 날 언제일지　　　　清風携手知何日
누각에 홀로 기대어 먼 하늘 바라보네.　　　　獨倚高樓送遠眸

8) 「서재에서 우연히 읊은 두 수」29)

산 너머 속세 먼지 고개를 절래절래　　　　　山外囂塵一掉頭
백 년 인생 밭일이나 해 보려나.　　　　　　　百年身世理田疇
벼슬 욕망 단념하니 얽매임 없어지고　　　　　東華夢斷知無累
남쪽 길가 벼 자라니 가을 정취 무르익네.　　南陌禾長覺有秋
넝쿨 사이의 달과 솔바람은 전생의 약속이고　蘿月松風成宿契
시내 물고기와 계곡 미나리는 새로운 양식이네.　溪鱗澗蕨作新羞
한가하게 노니는 하루 참된 흥취 넉넉하니　　棲遲此日饒眞興
세상의 높은 벼슬 어찌 부러워하리오.　　　　何羨人間有五侯

은거하는 것 좋아해 여유롭고 호젓하니　　　爲愛幽居寬且邃
흰 구름 때로 일어 처마에 걸려 있네.　　　　白雲時復宿簷芡
바위와 골짜기엔 꽃 날리고 바람 온화한데　花飄巖壑風和日
연기는 두 갈래로 교외 들판을 가리네.　　　烟抹郊原兩細時
풍악의 해질 무렵 운무에 흥얼거리고　　　　楓岳晚嵐閒詠嘯
눈 덮인 시내의 남은 경치에 시를 읊네.　　　雪溪殘景浪吟詩
근년에는 조정에 풍파 많으니　　　　　　　　年來宦海多翻覆
행여 명성 떨쳐 세상 알면 안 되리라.　　　　莫遣芳名世客知

---

29)『聚遠堂先生文集』, 권1, 「書齋偶吟二首」.

4. 서신

1)「기대승에게 답하는 편지」

지난달에 호남湖南에서 온 편지를 받았는데 위안이 되고 감사한 마음 그지없으며, 지내는 바가 편안함을 알게 되었습니다. 저는 근래 한가롭게 앉아 시간을 보내고 있어 별다른 생각도 없습니다. 그러나 근래 학문을 논하는 이들이 응대應對의 절도조차 모른 채, 앉아서 성리性理를 논하면서 이름을 도둑질하고 남들을 속이고 있으니, 경연 자리에 있으면서 어찌 꾸짖어 금지하는 법도가 없는 것입니까? 저의 경우에는 남쪽에 아득히 떨어져 있고, 멀리 있는 사람의 시선을 끌 생각도 없습니다. 오직 선생의 물 흐르고 산이 솟는 기운으로 저의 뜻을 살피고, 많이 이들이 우러러보는 자질로 표현하지 못한 바를 헤아려 주십시오.[30]

2)「퇴계선생께 올리는 편지」

배움의 터전에서 작별하고 물러난 후, 날로 경모하는 마음 커져 가눌 길 없습니다. 석 달의 봄도 이제 절반을 지나는데 어떻게 지내시는지요? 문하생 조광익은 봄바람에 앉아 가르침을 얻고자 오래도록 생각했지만,[31]

---

[30] 『聚遠堂先生文集』, 권1, 「答奇高峯大升書」【乙丑九月(1565)】, "前月中得書自湖南來, 慰謝無量, 因審行侯萬康. 光益邇來一室燕坐度日, 少無些子之念, 而近見談學者, 不知應對之節, 坐論性理盜名欺人, 居在經筵, 豈無呵止之道耶? 如僕則南州俯復, 尙無聚遠人之意, 惟顧高峯流峙之氣, 俯抑其意, 應多瞻仰之資, 量察不宣."

[31] 봄바람 속에 앉아 있다는 것은 훌륭한 스승 곁에서 가르침을 듣는 것을 뜻한다. 『二程外書』에 "朱公掞이 汝州에 가서 程明道 선생을 만나보고 돌아와서는 사람들에게 '내가 한 달 동안이나 봄바람 속에 앉아 있었다'(某在春風中坐了一月)라고 하였다"라는 내용이 실려 있다.

명리를 좇느라 곁에서 모신다는 말도 하지 못했으니 송구한 마음 견디지
못하겠습니다. 조만간 몸소 찾아뵙도록 하겠으니, 더욱 진중珍重하시길 바
라겠습니다.[32]

3) 「한강 정구에게 답하는 편지」

날이 갈수록 그리움 더해지는데 홀연 편지를 받고 나니 마치 직접 용
모를 뵙는 듯합니다. 더구나 새해 봄에 기거하는 바가 정중鄭重하고 여러
상황도 괜찮다고 하니 멀리서나마 축하드립니다. 저는 계속 약을 복용했
더니 거의 회복되었습니다. 그러나 강동江東의 소식은 깜깜하여 들리는 바
가 없으니, 아우를 그리는 마음은 두보杜甫보다 못하지 않을 것입니다.[33]
『성리전서性理全書』[34]는 살피며 즐길 여유가 없는데, 남을 통해 부쳐 보냈
으니 간절하게 힘쓴다면 완벽할 것입니다.[35]

4) 「율곡 이이에게 답하는 편지」

오래도록 뵙지를 못했으니 그동안 달이 몇 번이나 둥글어졌을지요. 우
러르는 마음 날로 절실합니다. 고요히 지내시는 바가 편안하시다고 하니

---

32) 『聚遠堂先生文集』, 권1, 「上退溪李先生書」【丁卯二月(1567)】, "講幃辭退, 日富景仰無任.
伏未審三春甫半, 動靜若何? 門下生光益, 得坐春風計有久矣, 而名利驅從, 無曰侍側, 不勝悚
慄. 餘早晚躬晉軒下, 伏顧更加珍重."
33) 참고로 두보의 시 가운데 「得舍弟消息二首」나 「月夜憶舍弟」 등은 아우에 대한 그리움
을 애틋하게 노래하고 있다.
34) 『性理大全』을 가리키는 것으로 보인다. 『性理大全』은 明나라 永樂 13년에 胡廣 등이
황제의 명을 받들어 宋나라 도학자 120명의 性說을 모아 편찬한 책이다. 『四書大全』,
『五經大全』과 함께 '永樂三大全'이라 칭해진다.
35) 『聚遠堂先生文集』, 권1, 「答鄭寒岡(逑)書」【丙子正月(1576)】, "積日悵戀, 忽奉情翰, 若接
道範, 矧審新陽, 啓居鄭重, 諸況均宜, 遠賀. 弟一味調藥, 幾至平復, 而江東消息近昧無聞, 憶
弟之懷, 不下於杜老矣. 性理全書無暇閱玩, 然倩生便付送, 則喫緊後, 當完璧耳."

멀리 거슬러 보면서도 마음이 좋습니다. 저는 험난한 길을 거쳐 무사히 부임하였습니다. 동생과 밤낮으로 손을 잡고 유배지에서의 소회를 함께 논하니, 더욱 임금의 은혜가 두터움을 느낍니다. 어찌하면 존안(尊顔[36])을 받들어 모시고 티끌과 번뇌를 씻어 내고, 조용히 청담淸淡을 나눌 수 있을지요? 그리움만 더할 뿐입니다.[37]

5. 척유

선생은 일찍이 말하였다. "퇴계선생은 성리性理에 조예가 깊고, 남명南冥선생은 기절氣節이 고상하다. 두 선생께서 성취한 실천에 대해 비록 감히 평가할 수 없지만, 성리는 우리 유학의 정전正傳이지만, 기절은 우리 도의 일단一端에 불과한 듯하다."

한강寒岡 정구鄭逑 선생이 젊었을 때, 퇴계선생의 문하에서 취원당선생을 만나보고 돌아와서 말하였다. "나는 이번에 다녀옴으로써 큰 소득이 있었다. 먼저 스승의 가르침을 얻었고, 다음으로 현명한 벗을 얻었으니, 마음에 아쉬움이 없다."

---

36) 芝宇는 눈썹과 그 주위를 말하며, 원래는 眉宇라는 말에서 유래하였다. 唐나라 元德秀의 자가 紫芝인데, 재상 房琯이 원덕수를 보면 항상 "자지의 眉宇를 보면 사람으로 하여금 名利의 마음을 녹게 한다"라고 했던 고사에서 유래한 표현이다.

37) 『聚遠堂先生文集』, 권1, 「與李栗谷(珥)書」【戊寅三月(1578)】, "久違道範, 月已幾毀, 瞻仰之懷, 日惟依依, 卽惟靜履淸裕, 遠溯筆翠. 光益間關險路, 無撓出旆, 與舍弟, 日夜携手, 相論謫裏之懷, 更覺天恩, 於是重矣. 緣何奉接芝宇, 滌却塵愁, 穩討淸談耶? 徒增耿耿."

동강東岡 김우옹金宇顒 선생이 한 편지에서 말하였다. "근래 후진 가운데 밀양의 조광익이 진실로 독실하게 실천하는 선비이다. 문장은 나라의 보배라 할 수 있고, 행실은 남들의 모범이 된다."

고봉高峯 기대승奇大升이 일찍이 "세상 학자들이 가회可晦의 문장을 법도로 삼는다면 결코 표절剽竊에 빠지는 습속에 이르지 않을 것이다. 또한, 가회의 행실을 스승으로 삼는다면 결코 가볍거나 꾸미는 습속에 빠지지 않을 것이다"라고 말하였다. 또한, 율곡栗谷 이이李珥에게 말하길, "우리 당黨에서 조가회曹可晦 같은 사람은 우뚝 서서 고원한 포부를 행하는 사람입니다. 그가 심성心性을 논하는 글을 보면 그것이 염락濂洛 제현諸賢으로부터 나온 것임을 알 수 있습니다"라고 하였다.(심성을 논한 선생의 글이 있었지만 병화 중에 소실되었다.) 또한, 일찍이 경연經筵에 있을 때, 임금께서 오늘날 인재의 융성에 대해 질문하자, 이이의 성리학에 대한 독실함, 정구의 예학禮學에 대한 원숙함, 조광익의 충효忠孝, 그 아우 조호익의 실천을 아뢰었더니 임금께서 가상히 여기셨다.[38]

---

38) 『聚遠堂先生文集』, 권2, 附錄, 「搜遺」, "公嘗曰, 退溪深於性理, 南冥高尙氣節, 二先生踐履之功, 雖不敢擬議, 而性理乃吾儒之正傳, 氣節恐斯道之一端也. 鄭寒岡(逑)少時見公于退溪門下, 歸曰, 吾今行大有所得, 旣蒙師訓, 又得賢友, 心無所恨矣. 金東岡(宇顒)與人書曰, 近來後進之人, 如密陽曹光益眞篤行士也, 文足以華國, 行足以人表云. 奇高峯(大升)嘗曰, 世之學者, 以曹可晦之文詞爲法則, 其不至剽竊之習者明矣, 以可晦之行誼爲師則, 其不至浮靡之俗者決矣. 與李栗谷(珥)語曰, 吾黨中如曺可晦特立高行之人也, 觀其論心性之書, 可見其自濂洛群賢中流出來也(公有所著心性書而失於兵火). 又嘗侍筵席, 上問當今人材之盛, 乃以李珥之篤於理學, 鄭逑之深於禮學, 曹光益之忠孝, 其弟好益之實行奏之, 上嘉之."

제2장

파산선생일고
회곡선생문집
몽재선생문집

전성건

‖ 파산선생일고巴山先生逸稿

【해제】

『파산선생일고』는 파산巴山 류중엄柳仲淹(1538~1571)의 일문逸文을 모아 놓은 것이다. 자는 경문景文인데, 이후 희범希范으로 개정하였다. 본관은 풍산豊山이고 안동 출생이다. 아버지는 참봉 공석公奭이고 어머니는 권응삼權應參의 따님이다. 계부季父 공계公季의 후사로 출계하였다. 그의 부인은 영천이씨永川李氏인데, 바로 농암聾巖 이현보李賢輔(1467~1555)의 증손녀요, 벽오碧梧 이문량李文樑(1498~1581)의 손녀이다.

겸암謙菴 류운룡柳雲龍(1539~1601)과 서애西厓 류성룡柳成龍(1542~1607)과 어려서부터 함께 자랐다. 이들 모두 퇴계退溪 이황李滉(1501~1570)의 문하에서 수학하였다. 34세의 나이로 요절하였지만 타고난 성품이 아름답고 순수하여 그의 학행과 덕행이 공자의 제자 안연顔淵에 비유되었으며, 안동의 타양서원陀陽書院과 예안의 분강서원汾江書院에 제향되었다.

『파산선생일고』는 1책의 목판본으로 되어 있다. 권수와 권말에 각각 『파산선생일고』의 서문과 발문이 있다. 서문은 후학 이구성李龜星이 썼고, 발문은 류이좌柳台佐가 썼다. 목록은 시詩, 서書, 사문수찰師門手札, 부록, 유묵으로 구성되어 있다. 시에는 「차퇴계선생유청량산운次退溪先生遊淸凉山韻」 외 6편이 실려 있고, 서에는 「여조사경서與趙士敬書」와 「답이굉중서答李宏仲書」가 실려 있고, 사문수찰에는 「퇴계선생여선생서退溪先生與先生書」와 「별지」가 실려 있고, 부록에는 오수영吳守盈의 「만사輓詞」, 정구鄭逑와 권호문權好文의

「제문祭文」, 류원지柳元之의 「행적行蹟」, 이광정李光靖의 「묘갈명墓碣銘」, 「유사遺事」, 권두경權斗經의 「계문록溪門錄」, 권상일權相一의 「발跋」, 「타양서원봉안문陀陽書院奉安文」, 「상향축常享祝」, 「능동묘소입석고사陵洞墓所立石告辭」, 「분강원사추향봉안문汾江院祀追享奉安文」이 실려 있고, 유묵은 1편이 실려 있다.

시는 퇴계와 계문溪門의 동학들 사이에 수창한 것이 대부분이다. 서는 1566년 월천月川 조목趙穆과 1565년 간재艮齋 이덕홍李德弘에게 보낸 답신이다. 사문수찰에는 모두 25편이 실려 있는데, 모두 퇴계선생의 답신만 실려 있다. 1562년부터 1569년 사이에 퇴계선생에게 받은 편지들이다. 「별지」를 통해 파산의 학문적 성향을 살펴볼 수 있다. 부록은 계문의 동학과 후인이 쓴 글을 모아 놓은 것이다.

1. 「파산선생일고발」[1]

    종선조從先祖 파산선생의 『일고』이다. 시·편지·유묵과 스승의 편지, 후현들의 말씀 등 모두 몇 장이 된다. 무릇 선생은 순진하고 침착하며 깨끗한 자질로 당내의 입암立巖[2]·귀촌龜村[3]·겸암謙菴[4]·서애西厓[5] 등 여러

---

1) 『鶴棲集』, 권10, 跋, 「巴山先生遺稿跋」, "右從先祖『巴山先生逸稿』, 詩若書·遺墨·師門手札·後賢稱述, 摠若干編. 夫以先生淳靜雅絜之資, 同堂征邁於立巖·龜村·謙菴·西厓諸先祖. 負笈請益於陶山李先生門下, 志學之篤實. 獎詡之隆重, 殆與賁老幷稱. 而不幸早世, 大業未究. 家緒零替, 文獻蕩佚, 嘉言善行, 華藻令咳, 無所傳信於百世之下, 斯文之歎惜極矣. 我伯考畏齋府君, 始頗收拾於宣城, 故家而長編短牘, 百不存一. 只以師門贈遺往復之詩札, 隨得隨附, 僅成逸稿一冊. 臨齋月梧柳下諸公, 前後參校猶未及鋟梓一門, 諸族慨然合謀, 鳩貲蓄力, 以圖傳後. 甲午秋, 『西厓集』重刊之, 役告成, 咸以爲先生稿, 巾衍之藏, 不得不續而成之, 以卒先志, 逐敦議訖功於旬日之內. 經紀主事者, 前判書相祚, 幹其役者參議致陸本孫羲春甫也. 嗚呼, 溪堂入室家有三賢, 而謙祖文敬之美諡, 厓祖遺集之重新適在是歲, 而先生逸稿幷行於世, 事非偶然. 讀是編者, 倘有能闡發幽潛之實蹟, 齊休幷美, 俾有光於前修者哉. 竊有所拱以竢焉."

2) 立巖 柳仲郢(1515~1573)은 조선 중기의 문신으로 본관은 豊山, 자는 彦遇이다. 沼의 증손으로, 할아버지는 子溫이고, 아버지는 간성군수 公綽이며, 어머니는 증 이조참의 李亨禮의 딸이다. 선조 때의 영의정 成龍의 아버지이다. 1540년 식년문과에 병과로 급제하고, 지성균교수가 되었다. 이어 황주·상주·양주·안동의 훈도를 역임하면서 지방교육에 큰 힘을 기울였다. 1546년 양현고직장을 겸하였으며, 이듬해 박사가 되었으나 파직되었다. 1549년에 전적·감찰·공조좌랑을 거쳐, 1553년에는 장령·사복시정·사간·장악원정이 되었다. 이듬해 의주목사로 나가 국경지방의 밀수행위를 조절하고 생산을 권장하여 크게 치적이 있었다. 1564년에 황해도관찰사로 나아가 민폐를 제거하고 교육을 진흥하는 등 선정으로 알려졌다. 1560년에 정주목사로 부임해서도 교육의 진흥과 민생의 안정에 힘썼다. 1572년에 승지를 거쳐 예조참의·경연관 등을 역임하였다. 문집으로는 『立巖集』이 있다.

3) 龜村 柳景深(1516~1571)은 조선 중기의 문신으로 본관은 豊山, 자는 太浩이다. 1537년에 사마시에 합격하고, 1544년 문과에 급제하였다. 예문관검열, 승정원주서 등을 지내고, 1546년 문신중시에 대책으로 장원하여 공조좌랑에 올랐다. 이후 정언, 예조좌랑, 홍문관수찬 등을 지내고, 1547년 양재역벽서사건에 연루되어 파직되었다. 1551년 복직되어 회인현감으로 나가고, 定州牧使 재직 중 윤원형의 부탁을 거절한 일로 종성부사로 좌천되었다. 이어 광주목사, 정주와 의주목사를 거쳐 회령부사가 되었고, 1567년 성절사로 명나라에 다녀왔다. 이어 호조참판, 대사헌 병조참관을 지내고 평안도관찰사로 나아갔으나 병으로 체직을 요청하여 한양으로 돌아오던 중 사망하였다. 문집으로는 『龜村集』이 있다.

4) 謙菴 柳雲龍(1539~1601)은 조선 중기의 문신이자 학자이다. 본관은 豊山, 자는 應見

선조와 더불어 공부에 열심이었다. 책 상자를 지고 도산 이 선생의 문하에 가서 배우기를 청하였는데, 학문에 뜻이 독실하여 칭찬을 많이 들었다. 모든 사람들이 믿음 있는 분으로 대현의 영역에 거의 도달했다고 하였다. 그러나 불행히도 일찍 세상을 떠나 큰 사업을 이룩하지 못하였다. 또한 가정도 가난하고 화재가 나 문헌이 모두 없어졌으므로 좋은 말씀과 착한 행의와 찬란한 문필이 후세에 전하지 못하게 되어 사문斯文이 애석해하며 통탄함이 그지없었다. 그러다 우리 백부와 선친 외재畏齋6)가 비로소 예안의 고가故家에서 시와 편지 등을 찾아 모았는데, 100분의 1도 찾지 못하였다. 그럼에도 퇴계선생과 주고받은 시 원운과 편지 등을 함께 모아서 드디어 『일고』 1권이 이루어졌다. 이것을 임여재臨汝齋7)·월오헌月梧軒8)·류하柳

이다. 아버지는 仲郢이며, 어머니는 안동김씨로 진사 光粹의 딸이다. 成龍의 형으로 퇴계의 문하에서 수학하였다. 문집으로는 『謙菴集』이 있고, 안동의 花川書院에 제향되어 있다.

5) 西厓 柳成龍(1542~1607)은 조선 중기의 문신이자 학자이다. 본관은 豊山, 자는 而見이다. 퇴계의 문인으로 1566년 문과에 급제하여 승문원권지부정자가 되고 이듬해 검열이 되었다. 1569년 聖節使의 서장관으로 명나라에 다녀와 감찰, 전적 등의 벼슬을 거치고 양관대제학, 우의정, 좌의정, 영의정을 지냈다. 도학과 문장과 덕행을 겸했다 하여 특히 영남 유생들의 추앙을 받았다. 시호는 文忠이고 안동의 虎溪書院과 屛山書院 등에 제향되어 있다.

6) 畏齋 柳宗春(1720~1795)의 본관은 豊山, 자는 孟希이다. 澐의 자이다. 의금부도사를 역임하였고, 자헌대부 이조판서로 추증되었고, 豊恩君에 봉해졌다. 문집으로는 『畏齋集』이 있다.

7) 臨汝齋 柳渲(1730~1808)는 조선 후기의 문신이자 학자이다. 본관은 豊山, 자는 秀夫이다. 聖五의 아들로 안동에서 살았다. 柳成龍의 6대손으로 특별한 스승 없이 가학을 이어받아 병산서원에서 경서를 비롯하여 역사·수학·음양학·천문학 등 다방면에 걸쳐 학문을 연구하였다. 여러 번 향시에 합격하였으나 회시에 실패하고, 고향인 하회에서 은둔생활을 하면서 후진들에게 성리학을 강의하던 중 1791년 천거로 의금부도사에 제수되었다. 그 뒤 여러 벼슬을 거쳐 사헌부감찰·사직령·경산현령 등을 역임하였다.

8) 月梧軒 金會運(1764~1834)의 본관은 義城, 자는 亨萬이다. 아버지는 始晉이며, 어머니는 咸安趙氏로 景瀣의 딸이다. 안동에서 태어났다. 그는 12~13세에 경사를 통독하고 시부에 능하였다. 20세에 향시에 합격하였으나 진취에 급급하지 않고 金道行의 문하에서 수학하였다.

下9) 여러분들이 전후로 교정하였으나 간행하지 못하고 있었다. 이에 전 문중 족친들이 슬퍼하여 상의해서 자금을 모으고 힘을 뭉쳐 『일고』 발간을 도모하였다. 갑오년(1834) 가을에 『서애집』을 중간하여 일을 마치자 모두들 "선생의 원고가 상자 안에 묶여 있음을 어찌할 수 없으니 잇따라 이룩해서 선대 어른들의 뜻을 완수하자"라고 하여 10여 일 만에 일을 끝마쳤다. 이 일을 앞장서서 도모한 이는 전 판서 류상조柳相祚10)이고, 간역刊役을 주간한 이는 참의령감 류치목柳致睦11)과 본손 희춘씨이다. 아, 퇴계선생 문하에 든 이가 우리 집에서 세 분인데, 마침 이 해에 겸암 할아버지에게 문경文敬이라는 아름다운 시호가 내려졌고, 서애 할아버지의 문집을 중간하였으며, 선생의 『일고』가 세상에 함께 나오게 되었으니, 우연한 일이 아닌 것이다. 이 책을 읽는 이는 이 세상에 알려지지 않은 아름다운 실적과 높은 덕을 밝혀서 옛 군자의 생광生光이 나게 할 수 있을는지? 사사로이 두 손을 모으고 기다리는 바이다.

방후손 이좌12)가 삼가 짓는다.

---

9) 柳下 李致宇(1828~1905)의 본관은 完山, 자는 文瞻이다. 在珏의 아들로 軍威에서 살았다. 그는 젊어서부터 經史를 두루 섭렵하였으며, 특히 시에 능하였다. 1893년 순강원 수봉관이 되고 다음 해에 금부도사를 거쳐 통정대부에 오르고 1902년 壽職으로 가선대부에 올랐다.

10) 逸愚 柳相祚(1763~1838)의 본관은 豊山, 자는 爾敬이다. 서애의 8대손이며 宗春의 子로 가학으로 학문에 전심하여 문과에 급제하였다. 여러 벼슬을 역임하고 1824년 『樊巖集』 간행에 정성을 다하였으며 병조판서가 되고 오위도총부 도총관에 올랐다. 시호는 貞簡, 豊安君으로 襲封되었다.

11) 厓雲 柳致睦(1771~1836)의 본관은 豊山, 자는 定吾이다. 1814년 식년시 병과에 26위로 합격하였다. 아버지는 柳憲祚, 조부는 柳程春이다.

12) 鶴棲 柳台佐(1763~1837)의 본관은 豊山, 자는 土鉉이다. 師春의 아들이다. 류규에게 수학하였다. 문과에 급제하였고, 부여군수, 안변부사, 김해부사, 가선대부, 오위도총부 부총관, 한성부우윤, 우승지, 예조참판, 경연사 돈령부사, 의금부사 등을 역임하였다. 도산서원 원장을 역임하면서 후진을 양성하였다. 樊巖 蔡濟恭의 신원상소에 주도적 역할을 수행하였다. 문집으로는 『鶴棲集』이 있다.

2. 퇴계선생의 편지

1) 류희범에게 답함[13]

알려 주신바 마음속 잡초가 너무 무성하다는 것은, 올해에는 여러 사람의 분분함에 따르지 않을 수 없었기 때문입니다만, 여기까지 이르러서는 그 일을 또 그만둘 수도 없습니다. 그러니 마땅히 다시 더욱 힘을 쓰는 것이 친우親友의 바라는 바에 부응할 가장 좋은 일입니다. 그동안 날마다 때때로 의리를 자세히 살피어 가슴속에 깊이 배도록 하려는 생각만은 끊지 않음이 좋을 것입니다.

2) 류희범에게 답함[14]

착한 이를 위해 사당을 지어서 제사하는 일은, 예문禮文에 대해 각자 지껄일 뿐만 아니라, 자기는 하나도 착한 일을 하지 못하면서 남을 책망하는 데는 반드시 구비하기를 바라는 것이 인심이라, 번번이 이 같으니 참으로 우스꽝스럽고 민망스러운 일입니다. 한꺼번에 따로 제사하는 일은 예전에도 많이 있었는데, 저 사람은 아직도 자기의 편견을 고집하니, 그의 미혹을 어떻게 깨뜨릴 수 있겠습니까?

---

13) 『退溪集』, 권37, 書, 「答柳希范【仲淹○癸亥】」, "所嗆草木太多, 今年不免隨衆紛紛, 故當至此, 而其事又不可已. 切須更加勉旃, 以幸親友之望, 甚善. 其間, 日日時時, 將義理玩味, 澆灌胸次, 令此一邊意思, 不至斷絶, 爲佳耳."

14) 『退溪集』, 권37, 書, 「答柳希范」, "祠賢之議, 不啻如聚訟. 人情, 於己不占一善, 而責人必欲全備, 每每如此, 亦可笑憫. 別祀而兼擧, 古非一二, 彼猶滯執偏見, 終何以破其惑耶?"

3) 류희범에게 답함[15]

선비의 풍기風紀가 무너짐에 큰 변이 일어나서 세자世子가 죽었으며, 또 이런 시대를 만났으니, 세상일이 어떻게 될는지 알 수 없으며, 국가의 장래가 염려됨을 금할 수 없습니다. 오자강吳子強[16]이 약속한 기일을 지난 뒤에 갔기 때문에 서로 만나지 못할까 염려하였는데 지금 만났음을 알게 되니 참 다행한 일입니다. 자강은 타고난 성품이 순박하며 학문에 힘씀이 또 매우 지성스러우니 진실로 도움이 되는 친구라 할 것입니다.

그가 멀리 온 뜻이 쉬운 일이 아닌데 내 자신이 득력得力이 없어 그 소망에 부응하지 못하였습니다. 또 반 개월 동안 주서朱書를 다 읽고 그 여가에 『심경心經』과 『근사록近思錄』을 질문하는 등 총총한 일과로 인해 정

---

15) 『退溪集』, 권37, 書, 「答柳希范」, "士風之壞, 至出大變, 而前星遽災, 又適此時, 未知世事終何如也, 綾緯之憂, 殆不自勝. 吳子强之行, 後於約日, 恐或失遇, 今知會款, 甚善甚善. 子强資性朴實, 用力於此學, 亦甚懇篤, 眞所謂益友也. 其遠來之意不易, 而滉自無得力, 未有以副其意者. 亦緣半月內, 讀了朱書, 又以其餘日, 質『心經』・『近思錄』, 勿勿趁課, 未暇硏精究極體驗踐履之資, 正犯朱先生讀書法中大禁, 爲未善耳. 所貴, 曩與錦溪商論有疑處, 一一記得其語意, 如發得新意. 則不滯於先人之說, 便能悟前誤而相信得及此, 亦人所難也. 然滉說有誤處, 亦不苟同, 故爲益不少. 其後又有鄭逑者來, 留一日而去, 亦甚穎敏, 但恐其敏處反爲其病耳. 近日, 獨居山舍, 溫理『心經』, 得以深驗向來爲學疎漏處. 眞是浪得爲學之名, 其實未嘗實做工夫. 如此而望近於聖賢門墻, 豈非郤行而求前耶? 雖幸少覺, 而老病如許, 無以補塡前闕, 甚可憂懼. 每念流輩中, 性近而志篤如賢者, 未易一二數, 亦未免爲科學所累, 不得專力於此事, 既未專力, 則來喩所謂不知不覺間, 依前無狀者, 亦何足怪哉? 今若欲知受病處, 亦只在所云向外底意思多, 操存底意思少處. 然不患不知其病, 正患所以治病者奪於外事, 而不得專精致一耳. 錦溪葬事, 多掣久稽, 亦是朋友之愧, 須力圖毋失偸時, 亦一事也."

16) 德溪 吳健(1521~1574)의 본관은 咸陽, 자는 子强이다. 아버지는 世紀이다. 11세에 부친상을 당하였으나 효성으로 소문이 났으며, 모친상을 당해서는 더욱 예의에 힘써 1549년에 예조로부터 포상을 받고 왕으로부터 復戶를 받았다. 南冥 曹植이 德山洞에서 강론하자 문인으로 수학하였으며, 金麟厚와 퇴계의 문인이기도 하다. 1571년 이조좌랑으로 있으면서 춘추관기사관을 겸하여 『명종실록』의 편찬에 참여하였다. 조정의 분위기가 직언을 싫어하고 士類들을 외면하는 경향이 강하자 1572년 이조정랑으로 있다가 관직을 버리고 경상도 산음 德溪里로 낙향하였다. 문인들이 德溪先生이라 불렀으며, 산천의 西溪書院에 제향되어 있다.

밀한 연구와 궁극의 생각이며 체험과 실천을 행할 여가를 얻지 못하였으니, 주자의 독서법 중 대금大禁을 범한 것은 좋지 못한 일입니다.

귀하가 전날 금계錦溪[17]와 더불어 논한 것 중 의문되는 점을 낱낱이 기록한 것을 받아 보니, 그 내용이 새 뜻을 발명한 듯합니다. 곧 이미 알고 있는 학설에 고집하지 않고, 문득 전자前者의 그름을 깨닫고 서로 믿으며 이해함이 이와 같지만, 참으로 어려운 일입니다. 그러니 나의 학설도 그릇된 점이 있으면 구차히 따르지 않을 것이므로 나에게 유익함이 적지 않을 것입니다. 그 후에 또 정구鄭逑[18)라는 이가 와서 하루를 머물다 갔는데, 매우 영민하나 다만 그 영민한 것이 도리어 병통이 될까 걱정됩니다.

나는 요사이 홀로 산사山舍에 거처하여 『심경』을 조용히 공부하며 이제까지 배운 것이 차근하지 못하여 정밀하게 알지 못하고 있음을 절실히 느꼈습니다. 한갓 배웠다는 이름을 얻고서 실지의 공부가 이와 같았는데 성현의 영역에 가까움을 조금 깨달았으나 이같이 늙고 병들었기에 전날의 부족한 점을 보전하기 어려우니 매우 걱정됩니다.

늘 생각해 보면 우리 동류 중에서 성질이 도道에 가깝고 뜻이 독실하

---

17) 錦溪 黃俊良(1517~1563)의 본관은 平海, 자는 仲擧이다. 사온서주부 永孫의 손자로, 치의 아들이며, 어머니는 교수 黃漢弼의 딸이다. 퇴계의 문인이다. 1537년 생원이 되고, 1540년 식년문과에 을과로 급제하여 권지성균관학유로 임명되고, 이어 성주훈도로 차출되었다. 1548년 공조좌랑에 재직 중 상을 당하여 3년간 시묘한 뒤 1550년 전적에 복직되고, 이어 호조좌랑으로 전직되어 춘추관기사관을 겸하였으며, 『중종실록』과 『인종실록』 편찬에 참여하였다. 1560년 성주목사에 임명되어 4년을 재임하다가 1563년 봄에 병으로 사직하고 돌아오는 도중 예천에서 죽었다. 자식이 없어 아우 遂良의 아들로 양자를 삼았다. 풍기의 迎谷書院에 제향되어 있다. 문집으로는 『錦溪集』이 있다.

18) 寒岡 鄭逑(1543~1620)의 본관은 淸州, 자는 道可이다. 아버지는 思中으로 星州에 거주했다. 12세에 덕계 오건의 문하에서 수학하였으며, 1563년 퇴계의 문하에서 수업을 받았으며, 1623년 이조판서를 추증하고, 1625년 시호를 文穆이라 하고, 1657년에는 영의정을 추증했다. 문집으로는 『寒岡集』이 있다.

기가 귀하 같은 이가 한두 사람이 있기도 쉽지 않은데, 더구나 과거科擧에 정신을 써서 이에 전력을 다하지 못하고, 전력을 다하지 않으니 편지에서 말씀한 '부지불각간不知不覺間'에 여전히 보잘것없는 사람이 된다는 것이 예사일 것입니다. 지금 만약 병통이 무엇인가를 알고자 하면 또 말씀하신 대로 밖으로 향할 의사는 많고 병통을 근절시키려 하는 것은 걱정할 것이니, 딴 데 마음을 빼앗기면 정밀함에 전력하는 것과 정신통일을 이루지 못할 것입니다.

금계錦溪의 장사葬事는 구애되는 것이 많아서 너무 늦어지니, 이것이 친구들의 수치라 아무쪼록 힘껏 주선하여 때를 놓치지 말도록 하는 것이 또한 좋은 일일 것입니다.

4) 류희범에게 답함[19]

전날 한나절의 만남은 한갓 작별 후의 회포만을 더할 뿐이었더니, 중이 와서 편지를 받으니 궁금증이 풀어집니다. 한재旱災가 혹심하여 어제 현감이 기우제를 지냈는데, 겨우 이슬비가 조금 내리고 이내 햇빛이 발끈나므로 모든 사람이 근심을 걷잡을 수 없게 되니, 어찌할 것인가요? 산이 타고 샘이 말랐으리라고 짐작하였더니 편지를 받아보니 과연 그렇군요.

『언행록言行錄』에 왕차옹王次翁이 무목武穆을 무고誣告했다는 말을 기록한

---

19) 『退溪集』, 권37, 書, 「答柳希范【甲子】」, "頃者半日之款, 徒增別後之思, 僧來得書, 慰釋何勝. 亢旱災酷, 昨因邑主禱祭, 纔得零灑, 旋已杲杲, 令人憂窘罔措, 奈何奈何? 山泉枯涸, 曾亦料之, 見示果然. 『言行錄』錄王次翁誣武穆語, 來喩看得亦善. 然武穆爲人, 非但天賦忠義絶出千古, 其立心制行, 皆自讀書知義理中來, 豈可謂不達事君以禮道理者耶? 自古, 小人構陷忠賢, 以無爲有, 以忠爲逆, 其術每出於次翁之計. 朱先生所以存其語, 亦以甚次翁附賊誣善欺天殄國之罪, 因以見武穆之深冤, 被姦人巧構如此, 無路以自免耳. 謬見如此, 不審高明以爲何如."

것을 보내 와 읽어 보니 잘 되었습니다.[20] 그러나 무목은 천품天稟이 충의
忠義가 천고에 뛰어났을 뿐만 아니라 그 뜻을 세우고 행함이 책을 읽고
의리를 아는 중에서 왔으니, 어찌 예로써 임금을 섬기는 도리에 합당하지
않았다고 할 수 있겠습니까?

자고로 소인小人들이 충성스럽고 착한 사람을 모함하였는데, 없는 일을
있는 것 같이 하여 충신을 역적으로 만들었으니, 그 술책이 모두 차옹의
계책이었습니다. 주자가 차옹이 역적에게 아부하여 착한 이를 무고하며
하늘을 속이고 나라를 망하게 한 죄를 밝게 말씀하였으며, 따라서 무목이
간사한 사람들의 교묘한 무고를 당함이 이와 같아서 모면할 길이 없는 원
통함을 알게 된 것입니다. 나의 의견이 이와 같은데, 귀하는 어떻게 해석
하겠습니까?

---

20) 『言行錄』5, 類編, 「論人物」, "묻기를, '岳武穆(岳飛)이 사직을 중히 여겼다면, 비록 군
사를 돌이키라는 명령이 있었다 하더라도 스스로 表를 올려 답하고 조서를 받들지
않음으로써 사직을 붙들었다면 어떻겠습니까? 하니, 선생이 말하기를, '명령을 듣고
군사를 돌이켰더라도 오히려 王次翁의 간악한 무고를 받았을 것이다. 더구나 끝내
군사를 돌이키지 않았더라면 이것은 반역이다. 그러고도 어찌 金盧에게 죄를 물을
수 있었겠는가?'라고 하였다." 【이국필】
『通鑑續編』, 권16, "秦檜는 남을 헤치려는 심술이 몹시 음험하여, 겉으로는 온화하였
으나 속마음은 달랐다. 趙鼎의 지위가 자기의 지위에 근접한 것을 미워한 나머지,
中丞 王次翁, 司諫 謝祖信 등을 슬며시 부추겨서, 그들로 하여금 조정이 일찍이 張邦昌
의 僞命을 받은 것을 탄핵하게 하여, 조정을 泉州로 유배시켰다. 그 뒤에 조정이 천주
에서 돌아와 다시 疏를 올려서 時政에 대해 말하니, 진회가 그가 다시 등용된 것을
시기해서 또 왕차옹 등을 슬며시 부추겨서, 그들로 하여금 조정이 都督府의 돈 17만
緡을 착복한 일을 탄핵하게 하였다. 고종이 조서를 내려서 그의 벼슬을 秘書少監,
分司西京으로 강등하여 興化軍에 거주하도록 하였다. 왕차옹과 右諫議大夫 何籌가 그
치지 않고 조정을 탄핵하니, 고종이 이내 조정을 淸遠軍節度副使로 강등하여 潮州에
安置하도록 하였다."

5) 류희범에게 답함[21]

오랫동안 소식이 막혔더니 홀연히 편지를 받아 말씀한 뜻을 잘 알았으며, 귀를 열어 주심이 많으니 매우 고맙고 또 다행한 일입니다. 나는 계상溪上에 우거寓居하며 큰 병은 없으나 다만 늘그막에 곁에서 보인輔仁할 친구조차 없으니 보내온 말씀보다 더 쓸쓸하여 걱정으로 세월을 보내고 있습니다.

늘 생각에 그대 같은 벗이 있는데 각자가 사고事故로 인해 항상 같이 학문을 닦는 힘을 얻지 못하게 됨이 한스럽습니다. 또 그대의 소처所處를 상상하면 본 의사를 깨뜨린 일이 없지 않을 것인데 어찌 배겨 나겠습니까? 이것은 마땅히 형편에 따라 선처하여, 덕을 스스로 잃지 말고, 또 남에게 원성을 받지 않도록 하는 것이 덕을 기르고 학문을 진취시키는 데에 도움이 될 것입니다.

그 전에 말씀한 강상江上에 지으려던 정사精舍를 아직 이룩하지 못한 것은 고상한 회포에 상관이 있을 것입니다. 그러나 너무 급속히 서두르는 것은 좋지 못한 일이니 마땅히 형편에 따라 순리대로 완성하는 것이 좋을 것입니다. 서울에 가는 것은 시속時俗에 흔들린 것 같긴 하나 어떻게 면할 수 있겠습니까?

본시 하는 수없이 진력할 것이나 과거科擧를 하고 못함은 하늘에 맡길

---

21) 『退溪集』, 권37, 書, 「答柳希范【甲子】」, "久闕相問, 忽奉尺書, 諭意諄悉, 開警良多, 深荷且幸. 滉索居溪上, 粗免別患, 但正苦老昏加以旁無疆輔之益, 又甚於來喩之云, 懷惕度日耳. 每念有友如君, 而各緣事故, 不得恒與之同處, 以資切磨之功, 悵恨如何. 又想君所處, 不無敗意之事, 不知何以堪遣. 此亦正須隨宜善處, 令不至於自失, 而又不取於人怨, 是亦養德進學之一助也. 向所云江上偃息之所, 尙未就, 果爲有關高懷. 然亦不可欲速, 當隨緣漸就, 方有味耳. 西行, 雖甚撓尙, 然豈可免耶? 固當黽勉盡力, 而得失則付之高高, 有何妨乎? 策題則念所不及, 此處諸人, 或有欲得, 皆未能應副, 良可愧恨, 監司之命旣可賀, 而而見逸駕啓途. 其人兄弟趣尙, 甚可尙嘉. 朋友之相慶, 況在君耶? 但而見外舅公遽有凶變, 令人駭痛耳. 金士純三棣聯捷, 亦正如來喩. 適禹上舍性傳與李上舍中立, 來訪留宿, 要早去, 曉起呼燈. 作此書, 眼暗筆禿, 書不成字, 言不盡意. 別幅, 未暇條報, 姑俟後日. 惟照貰爲幸."

일이니 무슨 상관이 있겠습니까? 책문策文의 글제는 생각해 보지 못한 것
이라 이곳 여러 사람들도 알려고 하는 이가 간혹 있으나 모두 응답해 주지
못하고 있으니 참으로 부끄럽고 한스럽습니다.

　종씨從氏의 감사監司 임명도 가히 축하할 일인데, 이현而見(西厓)이 또 뛰
어난 재주로 앞길을 열게 되었으며 그 사람들 형제의 취지趣旨가 매우 고
상하니 가상한 일입니다. 친구 간에도 서로 경사로 여기거늘 하물며 그대
는 어떻겠습니까? 다만 이현의 장인丈人(현감 李坰)이 불의에 세상을 떠났으
니 놀랍고 통곡할 일입니다.

　김사순金士純(鶴峯) 삼형제가 모두 사마시司馬試에 합격하였음은 참으로
보내온 편지와 같습니다.[22] 마침 우성전禹性傳[23]이 이중립李中立[24]과 함께
찾아와서 유숙하고 일찍 돌아가려 하기에 새벽에 일어나서 등불을 켜고
이 편지를 씁니다. 하지만 눈은 어둡고 붓은 닳아 글씨가 제대로 써지지

---

22) 鶴峯 金誠一(1538~1593)의 본관은 義城, 자는 士純이다. 淸溪 金璡(1500~1580)의 넷
　　째 아들이다. 이황의 문인이며, 1568년 문과에 급제하였다. 淸溪는 다섯 아들을 두었
　　는데, 藥峯 金克一, 龜峯 金守一, 雲巖 金明一, 鶴峯 金誠一, 南嶽 金復一이 그들이다.
　　그 가운데 김성일이 가장 많이 알려져 있지만 나머지 형제들도 재주가 있어 성일을
　　포함하여 극일, 복일이 문과에 급제하였고, 수일, 명일도 사마시에 합격하였다. 또한
　　이들은 함께 퇴계 문하에서 공부하였으므로 형제 문인으로 유명하며, 당시 '川前五
　　龍'이라는 말이 있었다고 한다.
23) 秋淵 禹性傳(1542~1593)의 본관은 丹陽, 자는 景善, 또 다른 호는 淵庵이다. 현령 彦謙
　　의 아들이며, 대사헌 許曄의 사위이다. 퇴계의 문인이다. 1561년 진사가 되고, 1568
　　년 별시문과에 병과로 급제하고 예문관검열·예문관봉교·홍문관수찬 등을 역임하
　　였다. 동서분당 때 동인으로 분류되었고, 그 뒤 李潑과 틈이 생겨 그는 남산에 살아
　　서 남인, 이발은 北岳에 살아서 북인으로 분당되었다. 1591년 서인 鄭澈의 사건에
　　연좌되어 북인에게 배척되고 관직을 삭탈 당하였다. 이듬해 임진왜란이 일어나자,
　　풀려나와 의병활동을 하다가 과로로 병을 얻어 경기도 부평에서 사망하였다. 이조
　　판서에 추증되었다. 저서로『癸甲錄』, 『易說』, 『理氣說』등이 있다. 시호는 文康이다.
24) 龜溪 李中立(1533~1517)의 본관은 慶州, 자는 剛中이다. 竣의 맏아들이다. 1558년 사
　　마시에 합격하여 태학의 掌議가 되었다. 퇴계선생을 사사하여 鶴峯 金誠一, 松巖 權好
　　文, 涵齋 徐嶰와 친교하였고, 아우 省吾堂과 天倫知己로서 서로 강마하였다.

않고 말은 뜻을 다하지 못하며 별지를 조목에 달아서 답할 여가가 없으므로 훗날로 미루오니 그렇게 알면 고맙겠습니다.

6) 류희범에게 답함[25]

보내온 편지를 받아 근간 학업을 닦는 몸이 평안하다는 것을 알게 되니, 그립던 마음에 위안이 됩니다. 나는 요사이 집에 돌아와 있으나 여러 가지로 마음이 수수하더니 이제 다행히 성은을 입어 무거운 짐을 벗게 되었습니다.

그러나 자헌계자資憲階資인 지중추知中樞의 감투는 아직도 여전히 벗지 못하니, 이것이 어찌 초야의 몸에 가당한 일이겠습니까? 다만 너무 번거롭게 사직서를 올리기 어려워서 정신이 어리둥절한데, 몇몇 재상들은 혹은 편지로서 혹은 인편으로 부임하지 않는다고 꾸지람을 하니 마음이 더욱 편치 못합니다.

보내신 편지에서 병을 요양하는 것 외에는 다른 걱정은 없을 것이라고 하나, 나의 사정을 자세히 알지 못한 것입니다. 이전에 산에 거처할 때 위장이 항상 불편하였는데 단오에 성묘를 갔다가 계상에 들어와 드디어 이곳에 머물러 조리하며 밖에 나오지 않으니, 산사山舍의 뜰은 고요하고

---

25)『退溪集』, 권37, 書,「答柳希范【丙寅】」, "辱書, 知近日學履俱勝, 深慰馳思. 滉偶爾來歸, 憂撓多端. 今幸荷聖恩, 得釋重負. 然憲秩知樞, 依舊壓在頭上, 此豈山野之身所可仍當? 只緣煩瀆惶惑, 未敢控辭, 而一二宰相. 或貽書, 或寄聲譙責云云. 令人益不自安. 來喩, 養病外, 更無他撓, 顧未知之耳. 頃在山舍, 腹肚恒不平, 因午節展墓, 入溪上, 遂留調不出, 山庭闃然, 草芊芊矣. 靜處相從, 固所願也, 而今則兩非時矣, 柰何? 杠詢諸條, 皆非滉愚所能萬一, 而率然之頃, 尤未敢妄有云也. 姑俟後日, 惟邪察爲幸. 前得海州印本朱書, 近方校讎, 到第七冊. 誤錯殊多, 皆隨手修改, 其修改處, 皆有標識, 庶使他有此本者, 尋標改正, 可易施手也. 但其第一冊, 去冬, 已校過了, 出行來還, 尋之不得. 或爲友人借去, 而頓未記得, 恐因而失去, 爲可惜耳. 而得今在何處, 所苦今已快否, 未期面晤, 向熱珍勉萬萬."

풀은 우거져 있습니다. 고요한 곳에서 서로 종유하는 것이 참으로 원하는 것이지만 지금은 두 사람이 모두 그럴 때가 못 되니 어찌할 수 없지요.

여러 가지 묻는 말씀은 모두 나의 우매한 소견으로는 만에 하나도 능하지 못한 것이며 끝내 더욱이 망령된 말을 할 수는 없습니다. 훗날로 미루오니 용서해 주시기 바랍니다. 전날 해주海州에서 인쇄한 주서朱書를 보내 주니 그것을 받아 교정 중인데, 제7책은 잘못된 곳이 특히 많아 모두 손을 대어 고쳤습니다. 그렇게 고친 부분에 모두 표지標識를 붙였으니 만약 같은 책이 또 있으면 표지에 따라서 개정하는 것이 손쉬울 것입니다. 그러나 첫 권은 작년 겨울에 교정을 마쳤는데 출타했다가 와서 찾으니 눈에 띄지 않는군요. 혹 어느 친구가 빌려 갔으리라 짐작되나 도무지 기억이 나지 않으니 이로써 영영 잃어버릴까 염려되오며 애석한 일입니다.

이득而得(謙菴)은 지금 어디 있으며 이제는 몸의 병이 완쾌되었는지요? 서로 만날 날짜를 기필할 수 없음이 안타깝습니다. 더위가 닥쳐오는 때이니 몸을 귀중히 여기시기 바랍니다.

7) 류희범과 이현李見에게 답함[26]

전에 황해도에 갔다는 말을 들었는데, 이제 편지를 받고 벌써 서울에

26) 『退溪集』, 권37, 書, 「答柳希范而見【丁卯】」, "曾聞有關西之行, 今得書, 知已還京, 甚慰懷想也. 老拙, 春間大病, 氣血凋剝已甚. 適蒙累召, 每辭無說, 强欲爲扶曳一行之計, 當此酷熱, 其能得保殘喘, 以入脩門, 可必乎? 人皆爲滉危之, 自爲憂恐, 又當如何? 送來增註印本, 領悉, 兩君附標可疑處, 亦皆承知, 各以愚意寫呈, 不審僉意如何. 就中有大不可曉者, 滉當初抄節此書, 本不爲傳示他人計, 被黃仲擧苦索去印出, 以至流布, 罪已難勝, 不意仲擧又有此揄揚不近之語, 每看到此, 惶恐不自容. 顧於海州·平壤印時, 皆用活字旋揲, 無由請改, 尋常愧懼. 若今刊本, 則猶可請改, 故曾已奉懇, 謂用相知之際, 宜無不從之慮. 今見來示, 乃不聽用, 俾無狀者, 永得罪於後世, 不勝怪恨萬萬. 幸須卽白于尊丈前, 刊去其語, 改刻其板, 庶可不大獲戾. 若終未信用, 則何得以再奉淸範乎? 千萬勿謂飾辭, 亟依行之. 目錄, 緣此不敢送上, 諒察至懇. 不宣."

돌아오신 줄 알게 되니 마음에 위로가 됩니다. 늙은 나는 봄에 큰 병을 치르고 나서 기혈이 몹시 줄었는데, 마침 임금의 부름을 받았으니 여러 번 사양할 말이 없어 힘들게나마 지팡이에 의지하여 한 번 올라갈 계획입니다. 그러나 이 같은 무더위에 능히 생명을 보전해서 성문에 들어설 수 있을는지요? 남들이 모두 나를 위해 위태롭다고 하며 또 스스로 생각하기에도 걱정이 되니 어떻게 하겠습니까?

보내온 증주增註의 인본印本을 받아 보고 두 사람이 의심나는 곳에 표지標識를 붙인 것도 모두 알았습니다. 그중에서도 크게 깨닫지 못할 일이 있으니, 내가 당초에 이 절요切要를 초초抄할 때는 본래 다른 사람에게는 보이지 않을 계획이었습니다. 황중거黃仲擧(錦溪)가 군이 그것을 가지고 가서 인쇄하여 반포까지 하였으므로 죄송스럽기 그지없는데 뜻밖에 중거仲擧가 또 이같이 가당치 않게 치켜세우는군요. 이것을 볼 때마다 늘 황공하여 스스로 용납할 수 없었는데, 해주와 평양에서 인쇄한 것은 모두 활자活字를 쓰고 판은 곧 해판解版되었으므로 고치라고 청할 수도 없었습니다. 그래서 남부끄럽고 황공할 뿐이었으나, 이번에는 판각이어서 고칠 수 있으므로 앞서 이미 간청을 했었습니다.

내 생각에는 서로 아는 터이니, 으레 안 들어주지는 않으리라고 믿었는데, 지금 보내온 것을 보니 끝내 들어주지 않아서 이 못난 사람으로서 영구토록 후세에 죄를 지은 것이 되고 말았습니다. 놀랍고 한스러움을 금할 수 없습니다. 바라건대 곧 웃어른(감사공)에게 아뢰어 그 말을 빼 버리고 그 판을 고쳐 새겨서 큰 죄를 면케 해 주십시오. 만약 끝끝내 믿어 주시지 않는다면 어찌 다시 얼굴을 대할 수 있겠습니까?

부디 체면상 하는 말이라 여기지 말고 속히 요청에 의하여 단행하여 주기를 바랍니다. 목록은 이런 이유로 보내 드리지 않으니 양해해 주시기 바라며, 이만 줄입니다.

8) 류희범에게 답함[27]

청주 사람이 오는 편에 보내 주신 편지를 받아 보니 반갑기 그지없습니다. 이곳 사람들이 모두들 공이 경서에 대한 연구가 정밀하고 익숙하니, 이번 과거에 급제하기가 땅바닥의 지푸라기를 줍는 것처럼 쉬울 사람은 반드시 아무개일 것이라고 하였습니다. 나 역시 남들이 하는 말처럼 그러할 것이라 여겼으나 급제를 못했으되, 그것은 오로지 하늘에 달려 있고 또 때가 있는 것이니 공에게 무슨 가감이 있겠습니까?

나는 치사致仕의 소를 올리고 집에 돌아온 뒤에 뜻밖에 왕의 부름을 받았으니 이런 낭패가 없습니다. 그러나 다만 마땅히 뜻을 이룰 날이 있을 것이니 별 심려할 일이 아닙니다. 벼슬을 하고 안 하고는 반드시 물을 까닭도 없지만 탈이 날 기틀이 있고 없음을 어찌 헤아릴 수 있겠습니까? 영락零落되는 친구들의 한탄은 원래 있는 것이나, 바람머리에 서는 것이 자고로 어려운 일이니, 무엇이 이상하겠습니까?

오직 스스로 몸을 단속할 일이니 나 자신도 이렇게 해볼까 하는 것이며 스스로 타락하지 않음이 제일일 것입니다. 말이 많음은 도道에 해로운 것이기에 이만 그치겠습니다. 오직 몸을 귀중히 여기기 바랍니다.

---

27) 『退溪集』, 권37, 書, 「答柳希范【己巳】」, "西原人至, 承見辱書, 喜慰曷任, 此間人皆云公經學精熟, 占此榜如拾地芥, 必某人也. 雖滉, 亦以人言爲然. 然而不得者, 天實爲而時未至耳. 於公何有? 滉乞致仕, 因致有召命, 不意旣歸之後, 猶若此狼狽. 然但當以得逢爲期, 何更他虞, 願仕與否? 不必問, 而駭機有無, 亦何計也? 朋友間零落之歎, 固有之, 然風頭立脚, 自古所難, 何足怪哉? 惟自點檢云. 吾身亦恐或如此, 而不自墮落, 此爲第一義耳. 多言害道, 惟冀益加珍勉. 不具."

「별지」28)

이전 편지에 내 배움에 정착할 곳이 없다고 했는데, 성현이 말씀한바 마음을 다스리고 실천할 핵심과 철두철미하게 종신토록 행해야 할 것을 듣고자 하니, 이 물음이 매우 절실한 것입니다. 내가 늙고 보잘것없는 사람이라 자신이 덕에 들어가는 길도 알지 못하는데, 어떻게 공을 위하여서 말할 수 있겠습니까?

그러나 평생 배우고자 하면서도 가능하지 못하는 일은 있습니다. 『논어』에는 공자의 문인들이 배움을 논함에 철두철미한 말 아닌 것이 없는데, 그중에서도 번지樊遲가 인仁을 묻자 공자는 이렇게 대답하셨습니다. "거처에 공손하고 일을 행함에 공경하며 사람과 더불어 사귐에 진실하고 정성을 다하는 등은 비록 오랑캐 땅에 가더라도 버리지 않는 것이다."29)

---

28) 『退溪集』, 권37, 書, 「答柳希范【己巳】」, '別紙, "前書, 自敍學無定脚, 欲聞聖賢所言治心行己之要, 徹上徹下可以終身行之者, 此問甚切. 顧滉老謬無狀, 自不知入德門路, 尙何能爲公謀歟? 然平生所願學而未能者則有之, 『論語』所記聖門論學, 無非徹上徹下語也, 而其答樊遲之問仁曰: '居處恭, 執事敬, 與人忠, 雖之夷狄, 不可棄也.' 又答其問曰: '先事後得, 非崇德歟, 攻其惡, 無攻人之惡, 非修慝歟? 一朝之忿, 忘其身, 以及其親, 非惑歟?' 此兩條, 尤爲深切懇到. 推而極之, 有無窮意味, 亦有無限事業, 更覺於疎鹵愚滯之質, 爲對病之藥, 俛焉從事於此, 久未得力, 恒自悼懼, 因公虛己之問, 而不敢有隱焉, 以庶幾有助於致思力行之地, 幸相與勖之. 衍毋衍子說, 見明蓍策篇首章大衍之數五十註, 四象占一二三四爲位, 各以其餘者爲數. 蓋數不過十. 太陽占一位, 餘九卽其數也. 少陰占二位, 餘八卽其數也. 少陽占三位, 餘七卽其數也. 太陰占四位, 餘六卽其數也. 各以其類, 交錯於此. 如太陰之數, 在太陽位之外, 太陽之數, 在太陰位之外, 少陰之於少陽, 少陽之於少陰, 皆然. 所謂以類交錯也. 朱子謂陽不可易, 而陰可易, 此主生數而言, 故謂北東中爲陽, 南西爲陰. 玉齋胡氏釋此節, 亦從朱子說. 玉齋胡氏論析合補空處, 謂陰主靜而守其常, 陽主動而通其變, 此主成數而言, 故謂北東爲陰, 南西爲陽, 與朱子說異. 要之兩說竝行, 其義始備. 『論語』註一息尙存, 如來喩所釋, 滉亦曾聞有此說矣. 然曾子旣曰死而後已, 故朱子釋之. 若曰雖至垂死之際, 一息苟未斷絶之前, 此志不容有少頃之懈. 如此方於死而後已之意, 相襯貼親切, 而平時無須臾間斷之意, 亦在其中矣. 若如來說, 則雖有平日無間斷之意, 與死而後已, 初不襯貼親切, 非集註精密之法例也. 君臣禮葬, 『周禮』, 凡有爵者之喪, 職喪以國之喪禮, 涖其禁令, 序其事, 『孟子』公行子有子之喪註, 以君命往吊, 故謂之朝廷. 又『禮記』君臨臣喪, 所記非一. 然則以君命治臣喪而葬之, 謂之君臣禮葬耳. 若謂君從君禮而葬, 則於孔子之事, 不應擧此再言之也."

29) 『論語集註』, 「子路」, "樊遲問仁, 子曰: 居處恭, 執事敬, 與人忠, 雖之夷狄, 不可棄也."

또 그의 물음에 답하여 "일을 먼저 하고 소득所得을 뒤로 하는 것이 덕을 숭상하는 일이며, 자기의 악을 다스리고 남의 악을 책망하지 않는 것이 자기에게 숨어 있는 악을 뿌리 뽑는 것이며, 잠시의 분노로 제 몸을 잊어 어버이에게 욕이 미치도록 하는 것이 미혹된 일이 아니겠는가?"30)라고 하셨습니다.

이 두 가지가 가장 간절한 말씀이니, 이것을 미루어 깊이 생각한다면 무궁한 의미가 있는 것이요, 또 무한한 사업일 것입니다. 다시 나의 엉성하고 아둔한 자질을 깨닫고 이것을 고치려는 약으로 삼아 여기에 힘써 왔으나 오래되어도 득력하지 못하여 항상 스스로 한탄하는 바입니다. 공이 자신이 아는 것을 버리고 물어 옴으로 말미암아 감히 숨길 수 없는 일이며, 깊이 생각하고 힘써 행하는 데에 도움이 있을 것이니, 서로 힘써 행하면 다행할 일입니다.

"모수母數를 더한다, 자수子數를 더한다"고 하는 말은 「명시책편明著策編」 첫 장에 있으니 대연大衍의 수가 50이라 하였고, 그 주注에 "사상四象이 1·2·3·4의 자리를 차지하였고, 각각 그의 남은 것으로 수를 삼는다"라고 하였으니, 대개 수는 10에 불과한 것입니다. 태양太陽이 제1위를 차지하고 나머지 9가 곧 수인 것이고, 소음少陰이 2위를 차지하고 나머지 8이 곧 수인 것이며, 소양少陽이 3위를 차지하고 나머지 7이 곧 수인 것이고, 태음太陰이 4위를 차지하고 나머지 6이 곧 수인 것이니, 각기 그 부류로써 밖에서 교착交錯하는 것입니다. 태음의 수가 태양의 자리 밖에 있고 태양의 수가 같으니 이것이 이른바 부류로써 교착한다는 것입니다.

주자의 말씀에 "양陽은 가히 바꿀 수 없고 음陰은 바꿀 수 있다"라고

---

30) 『論語集註』, 「顏淵」, "子曰: 善哉, 問! 先事後得, 非崇德與. 攻其惡, 無攻人之惡, 非脩慝與, 一朝之忿, 忘其身, 以及其親, 非惑與?"

했으니, 이것은 생生하는 수를 위주로 해서 말한 것이기 때문에 "북과 동과 중中이 양이 되고, 남과 서가 음이 된다"라고 하였으며, 옥재호씨玉齋胡氏[31]가 이 구절을 해석하는데 역시 주자의 설과 같습니다. 옥재호씨가 나누어지고 합해지며 채워지고 비워지는 것을 논하여 "음은 정靜을 위주로 하므로 항상 그 자리에 머물러 있고, 양은 움직임을 위주로 하므로 변동하는 것이다"라고 하였으니, 이것은 성수成數를 위주로 하여 말한 것입니다. 때문에 "북과 동이 음이 되고 서와 남이 양陽이 된다"라고 하여 주자의 설과 서로 다르니, 요컨대 두 설을 병행해야 그 뜻이 갖추어집니다.

『논어』의 주註에 "숨이 아직 있는 동안"[32]이라 한 것에 대해 보여 주신 해석은 내가 앞서 들은 것과 같습니다. 그러나 증자가 "죽은 뒤에야 그만둘 것이다"라고 한 것을 주자가 "곧 죽게 될 즈음 숨이 아직 끊어지기 전에는 이 뜻을 잠깐 동안이라도 게을리함을 용납할 수 없다"라고 해석하였으니, 이 같음이 바야흐로 죽은 후에야 그만둘 것이라는 뜻에 부합되고 친절하며 평시에 잠시라도 간단없다는 뜻이 포함된 것입니다. 만약 보내온 말과 같다면, 평일에 간단이 있게 되어 친절함이 없는 것이기에 『논어집주』의 정밀한 법과는 같지 않습니다.

군신예장君臣禮葬이라고 하는 것은 『주례周禮』에 "무릇 벼슬 있는 이의 초상을 직상職喪"이라고 하니, 국상國喪의 예禮는 그 금령에 따라 그 일에 순서가 있는 것입니다. 『맹자』에서 공행자公行子가 아들의 초상을 당했다는 주註에 임금의 명령으로 조문을 간 까닭에 조정이라고 한다고 하였습

---

31) 玉齋 胡方平(1247~?)은 중국 宋나라의 학자이다. 董夢程에게 易學을 전수받고 沈貴瑤를 스승으로 섬겨 『周易』에 정통하였으며, 저서에 『易學啓蒙通釋』이 있다.
32) 『論語集註』, 「泰伯」, 朱註, "仁者, 人心之全德, 而必欲以身體力行之, 可謂重矣. 一息尙存, 此志不容少懈, 可謂遠矣. ○程子曰: 弘而不毅, 則無規矩而難立, 毅而不弘, 則臨隘陋而無以居之. 又曰: 弘大剛毅然後, 能勝重任而遠到."

니다.33)

또『예기禮記』에 "임금이 신하의 초상을 치르고 장사 지내는 것을 군신
예장君臣禮葬이라 한다"고 하였습니다. 만약 임금을 "임금의 예에조차 장사
지낸다"라고 한다면, 공자가 이것을 들어서 다시 말씀하시지 않았을 것입
니다.

3. 「제문祭文」과 「만사輓詞」

1) 한강 정구의 제문

1607년 윤6월 25일에 가선대부 안동 대도호부사 안동진 병마첨절제사
에 재직 중인 정구는 삼가 유학 장흥효34)를 보내 작고한 친구 처사 류희범
의 묘에서 밝게 고하노라.

아, 공의 깨끗한 품행과 침착한 자질은 친구들 중에서 가장 보기 드물
었으며, 나의 경박한 성질에는 더욱 마땅히 본보기가 될 만하므로 서로
종유하여 부지런히 배우고 덕을 닦음에 있어 가장 존경하는 친구로 대하
였다.

---

33)『孟子集註』,「離婁章句下」, "公行子, 有子之喪, 右師往弔, 入門, 有進而與右師言者, 有就右
　　師之位而與右師言者, 孟子不與右師言, 右師, 不悅曰: 諸君子, 皆與驩言, 孟子, 獨不與驩言,
　　是簡驩也. 孟子聞之, 曰: 禮, 朝廷, 不歷位而相與言, 不踰階而相揖, 我欲行禮, 子敖, 以我爲
　　簡, 不亦異乎?" 朱註: "是時, 齊卿大夫以君命弔, 各有位次, 若『周禮』, 凡有爵者之喪禮, 則職
　　喪, 涖其禁令, 序其事, 故云朝廷也."
34)敬堂 張興孝(1564~1633)의 본관은 안동, 자는 行源이다. 부친은 彭壽, 안동부 金溪里
　　에서 태어났다. 퇴계의 고제인 학봉 김성일과 서애 류성룡에게 배웠고, 뒤에 한강
　　정구의 문하에서 학문을 닦았으며, 송암 권호문에게 학문적 영향을 많이 받았다.
　　저서에『敬堂集』이 있다.

평생에 기대가 보통이 아니었으며 훗날의 원대한 뜻을 가지고 있었는데, 본시 하류 친구들은 알 수 없는 바라 하겠다. 그런데 어찌 하늘이 수명을 허락지 않아 공으로 하여금 뜻을 이루지 못하고 일찍 세상을 떠나게 하여, 생존해 있는 친구들에게 무궁한 슬픔을 품게 하는 것인가?

내가 이 고을에 오던 날부터 곧바로 무덤을 찾아뵙고자 했으나 병이 몸을 떠나지 않으므로 오랫동안 실천에 옮기지 못하였다. 이제 다시 위중한 증세가 생겨 집으로 돌아갈 일정이 총총한 탓에 사람을 보내 대신 술잔을 올릴 수밖에 없으니, 바람 따라 일어나는 슬픈 회포와 면괴한 정을 참을 수가 없구나.

상상하건대 오직 영명하신 영혼은 나의 이 안타까운 회포를 살펴 주시리라. 상향.

2) 송암 권호문35)의 제문

살아서는 현명하신 임금의 뜻을 돕지 못하였고, 죽어서는 옥황상제의 칙지勅旨를 초草할 것이다. 재주의 꽃다움은 수많은 영걸보다 뛰어났고, 문필의 힘은 가히 천근을 들 수 있었다. 지난날 공이 나와 서로 좋아한 것은 학문에 독실해서였으니 인륜을 밝히길 기약했었다. 그 사귐은 난초의 향을 풍기고 쇠를 끊을 만큼 마음이 합치했으며, 그 뜻은 학업을 정밀히 하고 덕은 순수했었다. 몇 번이나 같이 책 상자를 지고 도산에 갔으며, 몇

---

35) 松巖 權好文(1532~1587)의 본관은 안동, 자는 章仲이다. 安州敎授 淚의 아들이다. 1549년 아버지를 여의고 1561년 30세에 진사시에 합격했으나, 1564년에 어머니상을 당하자 벼슬을 단념하고 靑城山 아래에 無悶齋를 짓고 그곳에 은거하였다. 퇴계를 스승으로 모셨으며, 같은 문하생인 柳成龍·金誠一 등과 교분이 두터웠고 이들로부터 학행을 높이 평가받았다. 안동의 松巖書院에 제향되어 있다. 퇴계는 그를 瀟灑山林之風이 있다고 하였고, 벗 柳成龍도 江湖高士라고 하였다. 문집으로는 『松巖集』이 있다.

번이나 과장科場에서 포부를 털었던가?

몸은 모두 초야에 떨어졌으되 꿈은 함께 하늘가에 이르렀네. 거울을 보는 것 같은 사업에 힘썼고 수레 달리는 듯한 광음도 아꼈다. 선을 인도함에는 장님의 거수擧手 같았고 나의 결점을 꾸짖음은 의사가 병자를 고치려 하는 것 같았다. 아, 시운이 형통하지 못하여 어떻게 운명이 그다지도 꽉 막혀 버린 것인가? 용검龍劍을 품고 한번 써 보지도 못하였고 굽은 자벌레가 펴 보지도 못하였네. 벌써부터 반가이 대하던 즐거움이 어찌 백발이 되어 새롭다고 할 것인가? 각각 흉중에 불평이 있고 또 지조의 높음이 있었지.

10년이란 세월 동안 공경하는 마음으로 믿어 인仁을 돕는 데 삼익三益의 벗임을 바랐더니, 어떻게 헤아렸을까? 병세가 골수에 침입하여 음성과 용모가 멀어진 슬픔이 있을 줄이야. 사방으로 불러도 흔적이 없어, 일신을 돌아보니 동류를 잃고 말았네.

아, 슬프다! 나의 친우시여 영원토록 사생의 갈림길에서 통곡합니다. 공의 관棺을 생각하니 차마 볼 수 없는 일이라. 알지 못하겠네, 어느 세상에서 그대의 음성을 다시 듣겠는고? 지붕 위에 달이 지는가 싶어 강동江東의 석양 구름을 슬퍼하는데, 저승의 외로운 혼을 마음 아프게 여기며 인간 세상에서 그대가 끼친 향기를 잡아 보노라. 한 잔 술을 멀리 보내 신神을 부름에 소박한 정으로 은근히 고하나이다.

3) 오수영[36]의 만사[37]

상계上溪의 선생님을 찾아가 강당에서 강습할 때 만났네.

---

36) 春塘 吳守盈(1521~1606)의 본관은 高敞, 자는 謙仲, 또 다른 호는 桃巖이다. 아버지는

선생님이 후학을 가르치려 하시자 때마침 공은 선배를 사모하네.

명命이 짧으니 못 믿을 손 하늘이여 대량大樑이 무너졌으니, 도道 찾을
길 없구나.

정녕 알겠으니 저승에 가서 영원토록 선생을 모시려 하는 것이리.

전날 상계의 서당에 여러 사람이 모인 자리에서 만났었지.

그때 그대는 청춘이었고 나는 벌써 털빛이 변하려 했었는데.

알 수 없는 게 세상일이라 건강한 이와 병든 이가 죽음을 바꿀 줄이야.

하루살이 세상인 인간사에 겨우 34년을 의탁하시었구려.

4. 「유사遺事」

1564년 종형 입암공立巖公이 황해도 감사監事가 된 그해 겨울에 선생이
겸암과 서애 두 선생과 함께 해주海州의 신광사神光寺에 머무르면서 몇 달
동안 공부하였다.

좌승지에 증직된 彦毅이며, 어머니는 眞城李氏로 李墺의 딸이다. 퇴계의 문인으로
1555년 진사시에 합격하였고, 1605년 壽職으로 용양위부호군이 되었다. 어려서 퇴계
의 형제들과 함께 외할아버지인 이우에게 글을 배웠고, 뒤에 이황을 스승으로 섬겨
일거일동을 지시에 따르니 스승도 『二程全書』를 손수 베껴 주었다고 한다. 1592년
임진왜란이 일어났을 때 72세의 고령으로 직접 전쟁에 참가하지 못함을 한탄하여
월천 조목과 학봉 김성일에게 글을 보내 국방에 전력함을 독려하고, 李如松에게도
글을 보내 전공을 치하하였다. 글씨를 잘 써서 梅軒 琴輔·梅巖 李叔樑 등과 함께
宣城三筆의 칭호를 얻었다.

37) 『春塘集』, 권1, 詩, 「挽柳喬范【仲淹○二首】」, "溪上趨頤丈, 鱣堂講習秋, 師方開後學, 公
亦慕前修, 命短天何恃, 樑頹道不謀, 定知泉下路, 萬古得陪遊. 曩昔溪堂上, 稠中幸觀遊, 君時
誇白面, 我已變霜頭, 浮世身難料, 沉痾命易遒, 蜉蝣世間事, 三十四春秋."

선배들은 일찍이 퇴계선생의 문하에서 비지真趾 남치리南致利[38]와 선생이 천품이 순진하고 학문에 간절하고 독실함이 공자 문하의 안씨顔氏와 같다고 했다.

선생은 문예가 숙달되어 늘 여름 글짓기에서 장원을 하였다. 많은 선비들과 과거장에 임하였을 때, 모두들 서로 손가락질하면서 "오늘의 장원은 반드시 이 사람일 것이다"라고 하니, 선생은 그 말을 듣고 마침내 지은 글을 제출하지 않고 나왔다.

선생은 효성이 지극해 약관의 나이에 모친상을 당하자 1년 복을 마친 뒤에도 상복을 벗지 않으려 했다. 이에 퇴계선생이 "선왕들이 제정한 예를 어길 수 없다"라고 하자 선생이 드디어 상복을 벗으셨다.

금계 황준량 선생이 성주목사로 있을 때 덕계 오건 선생이 그 고을 교관이었다. 선생이 가서 서로 만나 『주자서절요』를 강론하였는데, 퇴계선생이 금계에게 답하신 편지에 "류경문은 의지와 취향이며 견문과 학식이 매우 가상할 만한데 지금 관사에 있다고 하였으며, 또 오자강吳子彊과 더불어 서로 강론하게 되면 반드시 큰 도움이 있을 것이니 다행이다"라고 하였다.

또 금계에게 보내는 편지에 "전에 와서 묻는 말에 이미 망령된 답을 했는데, 류경문이 이미 가지고 분내로 갔으니 지금쯤 받았을 것이다. 류경

---

38) 真趾 南致利(1534~1580)의 본관은 英陽, 자는 義中이다. 퇴계의 문인으로 문과에 2번이나 실패하고 자신의 수양을 위한 학문에만 열중했다. 30세 때인 1572년 향시에 합격하였으나 문과에는 응하지 않고 관직에 나아가지 않은 채 퇴계의 『理學通錄』과 『啓蒙傳疑』 원고를 정리하고 교정하여 간행하는 데 힘썼으며, 이러한 학행은 36세 때인 선조 12년 조정에서 뛰어난 선비 9인을 천거할 때 높이 평가되어 한강 정구와 함께 뽑히게 되었다. 이와 같이 중앙과 지방으로부터 뛰어난 인물로 선망을 받았으나 38세로 요절함에 따라 더 큰 업적을 남기지 못하였다. 시문이 뛰어나 『言行雜錄』 등의 저술을 남겼으며 魯林書院에 제향되어 있다.

문은 순진하고 침착하니 참으로 기쁜 일이다. 와서 반 달 동안 머무르다가
돌아간 지가 겨우 며칠이다"라고 하였다.

1564년에 청량산 보현암에 있을 때 이 선생이 이벽오李碧梧[39]·금성재琴
惺齋[40]·김읍청金挹淸[41]·김설월金雪月[42]·류겸암柳謙菴·이간재李艮齋[43]·남비
지南賁趾 등 여러 현사들과 같이 산에 들어와서 유람하니 선생이 보현암에

---

39) 碧梧 李文樑(1498~1581)의 본관은 永川, 자는 大成이다. 아버지는 지중추부사 賢輔이
    며, 어머니는 안동권씨로 忠順衛 孝誠의 딸이다. 1520년 이후 장사랑·통사랑·종사
    랑·적순부위·병절교위 등의 많은 蔭職이 내려지고, 1559년 평릉도찰방에 제수되
    었다. 퇴계와는 이웃에 살면서 절친하였는데, 1564년 그와 함께 청량산을 유람하면
    서 시를 읊고 학문을 토론하기도 하였다. 뒤에 이황의 고제가 된 李德弘·黃俊良 등
    을 초년에 가르친 적도 있다. 효성이 지극하고 우애가 독실하였으므로 사람들은 중
    국 삼국시대의 白眉 馬良에 비유하였다.
40) 惺齋 琴蘭秀(1530~1604)의 본관은 奉化, 자는 聞遠, 또 다른 호는 孤山主人이다. 아버
    지는 憲이며 안동 사람이다. 퇴계의 문인으로 1561년 생원시에 합격하여, 제릉참
    봉·장흥고직장·장예원사평이 되었다. 임진왜란이 일어나자 鄕兵을 이끌고 전투에
    참여하였다. 1955년 봉화현감이 되어 향약을 시행하여 치적을 올리고 귀향하여 陶山
    書院과 易東書院에서 퇴계의 학문을 강구하기에 힘썼다. 宣武原從功으로 좌승지에 추
    증되고 東溪祠에 봉안되었다.
41) 挹淸亭 金富儀(1525~1582)의 본관은 光山, 자는 愼仲이다. 緣의 次子로서 퇴계의 문인
    이다. 1555년에 사마시에 합격하였고, 천거로 司瞻郞·集慶殿參奉에 제수되었으나 사
    양하였다. 易東書院 創建時 서원 일을 주관하여 山長에 천거되었다. 저서로는 『挹淸亭
    遺稿』가 있다.
42) 雪月堂 金富倫(1531~1598)의 본관은 光山, 자는 惇敍이다. 아버지는 생원 綏이며, 어
    머니는 順天金氏로 粹洪의 딸이다. 퇴계의 문인으로 1555년 사마시에 합격, 1572년
    遺逸로 천거되어 집경전참봉에 제수되었으나 부임하지 않았다. 金誠一·李潑과 도의
    를 강마하였으며, 만년에 관직에서 물러난 뒤 향리에 설월당이라는 정자를 짓고 후
    진을 양성하는 데 전념하였다.
43) 艮齋 李德弘(1541~1596)의 본관은 永川, 자는 宏仲이다. 아버지는 증참판 忠樑이며,
    어머니는 나주박씨로 부사직 承張의 딸이다. 형조참판 賢輔의 종손자이다. 10여 세에
    퇴계의 문하에 들어가 오로지 학문에 열중하여 스승으로부터 자식처럼 사랑을 받았
    다. 모든 학문에 뛰어났으나 특히 역학에 밝았다. 1578년 조집경전참봉이 되고, 이어
    종묘서직장·세자익위사부수를 역임하였으며, 1592년 임진왜란이 일어나자, 세자를
    따라 성천까지 호종하였다. 이때 상소문에 「龜船圖」를 첨가하여 바다에는 거북선과
    육지에는 龜車를 사용할 것을 진언하였다. 영주의 榜溪書院에 제향되었다. 저서로는
    『周易質疑』·『四書質疑』·『溪山記善錄』·『朱子書節要講錄』이 있고, 문집으로는 『艮齋
    集』이 있다.

서 나와 맞아 모시고 곳에 따라 시詩를 주거니 받거니 하여 일시 인仁·지 智의 즐거움이 지극하였다.

　이 선생의 입산시入山詩에서 "우리 무리가 고요히 구름 사이에 깃들임을 다시금 사랑하노라"라고 한 것은 아마도 선생을 지목한 것이리라. 또 선생의 시에 차운하여 이렇게 읊었다. "아름답다, 그대의 침착한 성질과 사치를 멀리함이여! 나의 배움은 흡사 뱀의 말을 붙임이나 다름없구나. 절 방을 찾아와서 저녁별이 빛나도록 대화하게 되니, 창 밖에 꽃 없음을 혐의 적게 여기지 않노라."

　그해에 낙동강 언덕에 정사精舍를 지어 글을 읽고 학술을 강토하는 곳으로 삼으려 하셨는데, 이 선생이 답하신 편지에 "강가에 편히 쉴 곳을 아직 이룩하지 못하였으니 과연 고상한 마음과 관련이 있을 것이다. 그러나 역시 빨리 하려는 것은 옳지 않으니, 마땅히 형편에 따라 순리대로 이루어지는 것이 참다운 의미일 것이다"라고 하였다. 【낙동강 물이 마을을 돌아서 달리다가 산을 만나서 북쪽으로 접어드는 곳인데, 산의 한 가지가 길게 내려오다가 강에 임하여 뭉텅 끊어지고 산골 물이 돌아 흐르니 '파巴' 자의 형국이며 경치가 매우 아름다운지라 선생이 이로 인하여 호를 삼은 것이다.】

　이 선생이 선생에게 "눈앞의 친구들이 학업에 영구히 진취함을 보지 못하였다"라고 하고, 또 일찍이 성현을 향할 신념을 가진 이가 없으니, 나의 하는 일이 취신取信될 수 없는 것이라 매우 우려된다고 하였다. 【학봉 김성일이 기록한 『도산언행록』에 있다.】 스승과 문생 간에 서로 더불어 세상일을 함께 근심하는 뜻이 이와 같이 깊고 간절하니, 후세에 선생이 스승에게 애중히 여겨짐을 알고자 하는 이는 반드시 이런 점을 보아 짐작할 것이다.

　선생이 세상을 떠나심에 겸암 류 선생이 송암 권 선생에게 이렇게 편지를 보냈다. "희범 아재가 전월 25일에 돌아가셨으니, 우리 집 가화의 참혹함을 어찌 말할 수 있겠습니까? 재주를 품고 기구한 운명에 부딪쳤으며 명이 또 길지 못하니 원통하기 그지없습니다. 근지近地에서 교우가 밀접함이 좌하座下보다 더한 이가 없었으니, 그 불쌍히 여기는 정은 피차 다름이 없을 것이라서 이에 부음을 고합니다. 집이 가난하여 계책이 곤란하니 더욱 슬픈 일입니다. 노천老天이 알지 못하여 이렇게 되었으니 어찌하겠습니까?"

1741년에 향인鄕人들이 권화산權花山[44]·류입암柳立巖·류귀촌柳龜村 선생과 함께 네 분을 향사하고자 하였으나, 석당石塘 김광원金光源 공과 구재鳩齋 김계광金啓光[45]이 힘써 그 논論을 주창하던 차에 두 공公이 모두 세상을 떠남에 따라 이루지 못하였다. 1744년(영조 20)에 사림이 또 선생을 노림魯林의 비지사賁趾祠에 함께 향사하려 하였으나 역시 이루지 못하였다.

5. 「묘갈명墓碣銘」

파산巴山선생의 장지가 천등산天燈山 남쪽에 있다. 선생은 류씨로 이름은

---

44) 花山 權柱(1457~1505)의 본관은 안동, 자는 支卿이다. 1474년 진사가 되고, 1480년 문과에 급제하였다. 중국어에 능통하여 1489년 공조정랑으로 있을 때 遼東에 質正官으로 다녀왔다. 1493년 副應敎로 있으면서 대마도에 경차관으로 다녀온 뒤 응교가 되었다. 1504년 갑자사화가 발발하면서 1482년 연산군 생모인 폐비 윤씨의 賜死 때에 승정원주서로서 사약을 가지고 갔다는 이유로 平海로 유배되었다가 이듬해 絞殺 당했다. 1506년 우참찬에 추증되면서 신원되었다.

45) 鳩齋 金啓光(1621~1675)의 자는 景謙이다. 아버지는 擧이며, 어머니는 全州柳氏로 友潛의 딸이다. 어려서 외할아버지로부터 배웠고, 그 뒤 金尙憲·金應祖에게도 수학하였다. 경학과 성리학에 밝았다. 1654년 생원·진사 양시에 합격하였고, 1660년 증광문과에 병과로 급제, 성균관학유를 시작으로 가주서를 거쳐 풍기군수가 되었다. 풍기군수로 재직할 때는 白雲書院에서 선비들을 가르쳐 유학을 크게 진작시켰다. 뒤에 고을 사람들이 去思碑를 세워 그의 공덕을 칭송하였다.

중엄仲淹이고 자는 희범希范이며, 처음의 자는 경문景文이고, 파산이 그 호號
이다. 본관은 풍산으로 그곳에는 대대로 이름난 분이 있었다. 부친은 참봉
공석公奭으로 안동권씨 응삼應參의 딸에게 장가들어 1538년에 선생을 낳았
으며, 선생은 막내 숙부 공계公季의 양자로 들어가 그 집의 대를 이었다.

선생의 사촌형인 입암立巖과 귀촌龜村은 출세하여 조정에 들어가 명신
이 되었고, 선생은 나이가 젊어 입암의 두 아들 겸암謙菴과 서애西厓와 함께
공부를 하였다. 약관의 나이에 모두 함께 도산 문하에서 배웠는데, 1570년
겨울에 퇴계선생이 세상을 떠나시고, 그 이듬해 12월 25일에 파산선생 또
한 돌아가시니 그 나이가 겨우 34세였다.

선생의 부인은 영천이씨永川李氏로 효절공孝節公 농암聾巖 이현보李賢輔[46]
의 증손이고 벽오碧梧 이문량李文樑의 손녀이며, 진사 이학수李鶴壽[47]의 딸인
데, 후에 선생과 합장하였다. 선생에게는 아들 셋이 있으니 류학룡柳學龍 ·
류경룡柳慶龍 · 류종룡柳從龍인데, 장남 류학룡에게 아들이 없어 류경룡의 아
들 류담柳袘이 그 대를 이었다. 둘째 류경룡은 4형제를 두었으니 류현柳袨 ·
류담柳袘 · 류적 · 류겁柳裾이며, 세 딸은 각각 이명길李鳴吉 · 이제李禔 · 권빈에

---

46) 聾巖 李賢輔(1467~1555)의 자는 棐仲, 또 다른 호는 雪鬢翁이다. 참찬 欽의 아들이다.
1498년 식년문과에 급제한 뒤 32세에 벼슬길에 올라 예문관검열 · 춘추관기사 · 예문
관봉교 등을 거쳤다. 1542년 76세 때 지중추부사에 제수되었으나, 병을 핑계로 고향
에 돌아와 만년을 강호에 묻혀 시를 지으며 한거하였다. 洪貴達의 문인이며, 후배인
퇴계, 황준량 등과 친하였다. 조선시대 자연을 노래한 대표적인 문인으로 국문학사상
강호시조의 작가로 중요한 자리를 차지하고 있다. 작품으로는 「漁夫歌」 · 「孝嚬歌」 ·
「聾巖歌」 · 「生日歌」 등이 있다.

47) 靑巖 李元承(1518~1572)의 본관은 永川, 初名은 李鶴壽, 자는 雲長이다. 농암 이현보
의 손자이며, 아버지는 벽오 이문량, 어머니는 全義李氏 忠義衛 李承孫의 딸이다. 1547
년 어머니가 돌아가시는 內艱喪을 당하였는데, 모친의 喪에 슬퍼함이 법에 지나쳤다
하였다. 1567년 치러진 丁卯 式年試 進士試에 합격하였으나, 그 뒤에는 더 이상 과거
에 응시하지 않았다. 그 이후로 벼슬에 대한 욕심을 버리고 고향에 은거하여 雲臥臺
에 집을 짓고, 퇴계의 문하에서 학문을 이으면서 선대 유업을 계승하는 데 힘썼다.

게 시집갔다. 삼남 류종룡이 4형제를 두었으니 류제柳禔·류괴柳檜·류하·
류전이며 증손과 고손이 몇 사람이다.

선생이 돌아가신 지 180년이 넘었으나, 자손이 빈궁해서 묘에 비석이
없었다. 이에 선생의 고손자인 류세일柳世鎰이, 그의 친척 아저씨인 졸재공
拙齋公48)이 선생의 대강을 기록한 행적을 가지고 와서 나에게 명銘을 부탁
하였다. 나 광정光庭49)이 젊었을 때도 아는 것이 없었는데, 팔십이 넘은
늙은 나이에 이 부탁을 맡게 되어서도 우러러 사모하던 마음은 아직 변하
지 않았으며 항상 하늘이 부여해 준 것을 이상스럽게 여겼다. 선생의 이와
같은 아름다운 자질에도 불구하고 일찍 세상을 떠나 큰 사업의 연구를 마
치지 못하였다.

선생의 집안은 형통한 대운을 당하여 겸암과 서애 형제가 번성을 누릴
기틀을 얻었으며, 그 덕업과 문장이 역사에 남아 길이 빛나게 되었고, 또
자손이 크게 번창했는데도 선생 홀로 곤궁하고 일찍 세상을 뜨셨으며, 자
손이 외롭고 미약해서 수백 년이 되도록 아직 선생의 명을 쓴 이가 없었으
니, 선한 이에게 보답하는 길이 과연 어디 있는 것인가? 선생은 퇴계의
문하에 있을 때 총애를 받았다.

선생이 일찍 마음을 다스리고 행신을 하는 데 종신토록 행할 만한 것
을 물으시자, 퇴계선생은 공자가 인仁을 묻는 번지樊遲의 물음에 답하면서

---

48) 拙齋 柳元之(1598~1678)의 본관은 풍산, 자는 長卿이다. 류성룡의 손자이며, 류성룡
과 작은 아버지인 袗에게 수학하였고 벼슬은 현감에 그쳤으나 어질게 다스려 공적을
남겼다. 1636년 병자호란 때 외사촌 弘祚가 안동지방의 의병대장이 되자, 그는 달려
가서 기획을 세워 그를 도와주었다. 鄭經世의 문하에서 배웠고 학자로서의 명성을
떨쳤다.
49) 訥隱 李光庭(1674~1756)은 갈암 이현일과 밀암 이재를 스승으로 한 영남 남인의 대
표적인 문장가이다. 83세라는 장수를 누리면서 많은 시문을 지었으나 62세 되던
1735년에 평소 거처하던 鹿門精舍의 화재로 많은 시문이 불에 탔다.

덕을 숭상하고 미혹을 분간하는 훈계를 하신 것을 들어 권면하며 이렇게 말씀하였다. "이 몇 마디 말로 미루어 올라가게 되면, 무궁한 의미와 사업이 있을 것이다. 내가 힘쓰는 바이나 이룩하지 못하였는데, 서로 더불어 힘쓰고 있으니 다행한 일이다."

금계옹錦溪翁이 성주목사로 있을 때 편지로 선생을 오라고 하여 덕계 오건과 더불어 주자서를 함께 강론하였다. 또 퇴계선생을 대하니, 탄식하시면서 "눈앞에 친구들이 성현을 향하는 이가 적어서, 일찍 내가 행하는 일이 신뢰를 얻을 수 없다"라고 하시면서 선생을 격려하시고 권장하셨다. 그렇게 서로 수작하신 말씀과 오고 간 서신을 자세히 살펴본다면, 장차 이 도의 부탁을 선생에게 촉망囑望하신 것 같다. 그러니 선생이 만약 수壽를 누리시어 그 부탁을 모조리 받았다면, 도의 전함이 반드시 선생에게 있었을 것이다. 아, 안타깝다.

그러나 스승의 문집에 의하여 선생의 이름이 더불어 없어지지는 않을 것이며, 후세 사람들로 하여금 상상하여 경모하는 마음이 일어나게 될 것이니, 생전에 부귀를 누리다가 이름이 후세에 남지 않은 자와 비교하면 어느 편이 났겠는가?

한강 정구 선생이 갓 쓰기 전에 선생과 더불어 금계 황준량과 덕계 오건 두 현사賢士와 주서를 강론하였고, 또 같은 문하에 있으면서도 항상 선생을 존경하고 흠복欽服하여 '가장 존경하는 친구'라고 하였다.

한 제문에서는 선생에 대해 "평생에 기대가 범상하지 않았으며, 훗날의 원대한 뜻은 내가 알지 못함이라"라고 하였으며, 선배들이 도산의 여러 문인을 평할 때, "선생은 남비지와 같이 자질이나 학문이 공자 문하의 안회顔回와 거의 같았다"라고 하였다.

이제 명銘을 쓰나니, 등림鄧林이 무성한데, 바람이 그 빼어난 것을 찢어

버렸고, 무성한 난초가 병들었으니, 철인이 슬퍼합니다. 아, 선생이시여,
불행이 많으십니다. 어찌 뜻은 컸는데 수는 낮았을까요? 천등산 기슭에
수목이 울창한 무덤이 있으니, 부디 신이나 사람들은 그 언덕을 상傷하게
하지 마십시오.

후학 82세의 원주인 이광정李光庭이 짓다.

6. 「파산선생 류공 행적」[50]

공의 성은 류씨柳氏, 이름은 중엄仲淹, 자는 경문景文인데, 뒤에 희범希范
으로 고쳤고, 호는 파산巴山이며, 대대로 풍산현 사람이다.

---

[50] 『拙齋集』, 권14, 行狀, 「巴山先生柳公之行蕟」, "公姓柳氏, 諱仲淹, 字景文, 後改希范, 自號巴
山, 世爲豐山縣人. 遠祖高麗恩賜及第諱伯, 恩賜生都染署令諱蘭玉, 都染署令生禮賓卿追封版
圖判書諱葆, 以上三世, 皆仕高麗. 判書生諱從惠, 入我朝爲工曹典書, 典書生諱洪左軍司正, 於
公爲高祖, 曾祖諱沼, 護軍贈司僕寺正, 祖諱子溫, 進士贈吏曹判書, 考諱公奭, 參奉. 妣安東權
氏, 諱應參之女. 出繼季父諱公季參奉後. 公生于嘉靖戊戌, 歿以隆慶辛未, 享年三十四. 公天
資甚美, 淳靜雅潔, 專心爲己之學, 受業於退陶李先生之門. 篤志力學, 先生期許不淺. 公問聖
賢所言治心行己之要, 徹上徹下可以終身行之者, 先生答曰: 此問甚切, 因擧夫子答樊遲問仁曰:
居處恭執事敬與人忠, 雖之夷狄, 不可棄也. 及答其崇德修慝辨惑之問曰: 先事後得, 攻其惡,
無攻人之惡, 一朝之忿, 忘其身以及其親等語而告之曰: 此兩條, 尤爲深切懇到. 推而極之, 有
無窮意味, 亦有無限事業, 更覺於疎鹵愚滯之質, 爲對病之藥, 俛焉從事於此, 久未得力, 恒自悼
懼, 因公虛己之問而不敢有隱焉. 以庶幾有助於致思力行之地, 幸相與勖之, 又嘗貽公書, 有曰:
每念流輩中性近而志篤如賢者, 未易一二數. 又曰: 有友如君而各緣事故, 不得恒與之同處, 以
資切磋之功. 先生與吳仲擧書, 亦曰: 柳景文志趣見識甚可嘉, 尙今在門舘. 又與吳子强相講磨,
必大進益. 又曰景文淳靜儘可喜, 來留半月, 歸僅數日耳. 寒岡鄭先生與公爲同門友, 素相推服,
其爲安東府使時, 祭公墓之文, 亦曰公之淸修之標, 虛靜之資, 朋友中最所罕見. 又曰: 相從切
磋, 實以畏友相待, 平生期許. 蓋非尋常, 謂異日遠大之造, 固非下交之所知云云. 師友間奬諭
之辭, 期待之深如此, 則可以想見公學力所造之淺深矣. 公旣不幸早卒, 其遺文失於兵火, 無以
考其爲學授受之本末. 子幼早孤, 無以記其平生言行大致. 百年埋沒, 無所尋逐, 其嘉言善行,
不傳於世, 爲學者遺憾, 豈不惜哉? 謹考老先生文集中與公書及寒岡先生祭文中語, 略爲撰次如
右, 以俟知德者取考云."

먼 조상으로 고려의 은사급제恩賜及第 류백柳伯이 있으며, 그가 도염서령都染署令 류난옥柳蘭玉을 낳았고, 도염서령이 예빈경禮賓卿으로서 뒤에 판도판서版圖判書에 봉해진 류보柳葆를 낳았으니, 이들은 모두 고려 때 벼슬하였다.

판서가 류종혜柳從惠를 낳았으니, 그는 우리 조선에 들어와서 공조전서工曹典書가 되었다. 전서가 류홍柳洪을 낳았으니, 그는 좌군사정左軍事正으로 공의 고조가 되며, 증조 류소柳沼는 호군護軍으로 증사복시정贈司僕寺正이고, 조부 류자온柳子溫은 진사로 증이조판서贈吏曹判書이다. 부친 류공석柳公奭은 참봉이고 모친은 안동권씨安東權氏 권응삼權應參의 딸이며, 숙부인 참봉 권공계權公季에게 출계하였다.

공은 1538년에 나서 1571년에 세상을 뜨니 향년 34세였다. 천품이 매우 아름다워 순진하고 침착하며 깨끗하고 실천의 학문에 전심하였다. 퇴계선생의 문하에서 수업을 하는데, 뜻이 독실하여 열심히 배우므로 선생의 기대가 컸다.

공이 성현의 말씀 중에서 할 일을 물으니, 선생이 그 물음이 매우 적절하다고 평하시고는 두 가지를 말씀해 주셨다. 번지樊遲가 인仁을 묻는데 공자가 "거처에 공손하며 일을 행함에 공경하며 사람과 더불어 사귐에 충성함은, 비록 오랑캐 땅에 가더라도 버리지 못할 것이다"라고 답하신 것 및 또 그가 덕을 숭상하고 악을 버리며 미혹을 분간하는 것에 대해 묻자, 그 "일을 먼저 하고 얻을 것을 뒤로 하며, 자기의 악을 다스리고 남의 악을 책망치 말며, 잠시의 분노로 제 몸을 잊어서 어버이에게 욕이 미치도록 하지 말라"고 답하신 것이었다. 그러고는 이렇게 말하여 주었다. "이 두 조목이 가장 간절한 것이니, 미루어서 나아가면 무궁한 의미가 있으며, 또 무한한 사업이 있을 것이다. 다시 나의 성질이 차근하지 못하고 어리석음을 깨달아 이것을 고치려고 이에 종사하기를 힘쓴 지 오래되었으나 힘을 얻지 못하여 항상 걱정이었는데, 공이 자기가 아는 것을 버리고 묻는 데 대해 감히 숨기지 못하니, 행여나 생각을 두고 힘써 행함에 도움이 된다면 서로 더불어 노력함이 다행한 것이다"라고 하였다. 또 일찍이 공에게 편지를 보내어 "늘 생각하기에 우리 무리 중에서 성질이 도에 가깝고 뜻이 독실하기가 공 같은 이는 한두 사람 있기도 쉽지 않다"라고 하고, 또 "친구 중에 공 같은 이가 있으되 각기 사고가 있어 항상 같이 거처하면서 갈고 닦는 공부에 서로 도움을 얻지 못한다"라고 하였다.

선생이 금계 황중거에게 편지를 보냈는데, "류경문柳景文은 의지와 취향이며 견문과 학식이 가상한데 지금 관사에 있다고 하니 또 오자강吳子强과 더불어 서로 강론하게 되면 반드시 큰 도움이 있을 것이다"라고 하고, 또 "경문은 순진하고 침착하니 참으로 기쁜 일이며, 반 달 동안 와서 머물다가 돌아간 지 겨우 며칠이 되었다"라고 하셨다.

한강 정구 선생은 공과 더불어 같은 문하의 친구로서 평소에 공을 추앙하고 흠복하였는데, 그가 안동부사로 왔을 때 공의 묘에 제문하기를 "공의 깨끗한 품행과 침착한 자질은 친구들 중에서 가장 보기 드물었다"라고 하였다. 또 "상종하여 갈고 닦는 공부에 참으로 존경하는 친구로 대하였고, 평생 기대함이 보통이 아니었으며, 훗날에 원대한 뜻을 가짐은 본시 하류 친구는 알 수 없는 바였다"라고 하였다.

선생이나 친구 간에서 칭찬의 말과 깊은 기대가 이와 같았으니, 가히 공의 학력과 행검行儉의 깊이를 상상하여 알 수 있다. 그러나 불행히도 일찍 세상을 떠나셨고, 그 남기신 문적文蹟도 난리에 잃어 버려 그 배움에 있어 주고받은 내용을 고증할 수 없게 되었다.

또 나이 어린 아들이 일찍 부친을 여의어 그 부친이 평생 말씀하시던 일이나 행하신 일을 기억할 수가 없어 거의 백 년이나 인멸되어 찾아낼

길이 없었다. 그래서 그 좋은 말씀과 착한 행검이 세상에 전해지지 못해 학자들이 유감스러워했으니 어찌 애석하지 않겠는가? 조심스럽게 퇴계선생의 문집 중에서 공에게 주신 편지와 한강 선생의 제문 중 있는 말씀을 상고하여 대략 위와 같이 진술하니 훗날 덕을 기록할 이의 참고가 되게 할까 한다.

류원지柳元之

7. 「능동묘소입석고유陵洞墓所立石告由」

공손히 생각하건대, 부군은 빼어난 자질과 깨끗한 성품을 가진 분입니다. 과거시험에서 시지試紙를 제출하지 않으셨고, 상복을 벗지 않으려 할 만큼 효성이 지극하였습니다. 일찍부터 도산서원에 나아가서 퇴계선생의 가르침을 받았습니다. 성품이 순하고 차분하시며, 배움에는 본성을 지키라고 하셨습니다. 보현암普賢庵에서 시를 지어 부르고, 성주관사의 강회에도 참석하였습니다.

스승의 칭찬을 자주 받으며 큰 기대를 얻었습니다. 인仁을 물으심에는 항상 틀림이 없었고, 도道를 근심함에는 한결같았습니다. 단방單方51)을 전하시려는 세밀한 당부에 담긴 뜻이 은근하였습니다. 한 마을 내에서 같이 공부에 힘쓸 때 아름다운 형과 어질고 사리에 밝은 조카가 있었습니다. 들어와서나 나가서나 노력을 아끼지 않는 진취가 더욱 뛰어났습니다. 어찌 이렇게 훌륭한 분이 벼슬 없이 요절하셨습니까?

---

51) 單方은 한 가지 약만을 쓰는 처방 또는 효력이 잘 나는 약을 말한다.

융경隆慶 소양昭陽의 광명하던 그 세상이 벌써 200년이 지났습니다. 그
동안 문호가 쇠잔하고 가세는 빈곤해졌으며 옛 책들이 화재를 입었습니다. 동강 동강 끊어진 편지 조각의 불탄 나머지를 주워 모았으나 밖으로
알려지지 않은 깊은 덕이 거의 사라지고 말았습니다. 다행히 추로지향鄒魯
之鄕에 현인이 많아서 전후에 잇따라 자운子雲52)이 있었습니다.

장례 때 송암松巖이 쓴 뇌문誄文이 있고 묘에 드린 한강寒岡의 제문이
있습니다. 또한 그가 보고 듣고 한 것을 담아 졸재拙齋께서 행적을 지었습니다. 이것들을 서로 견주어 가며 눌은訥隱이 비문을 지었습니다. 『계문록
溪門錄』에 기록이 되어 있고 타양서원에 배향이 되었습니다.

남비지南賁趾와 함께 일컬어져 안자顔子와 거의 같다고 합니다. 천리마
에 붙인 이름 같이 그 향기가 매우 높습니다. 못난 후손들이 뒤를 옳게
잇지 못하여 조상의 업을 알지 못하며 그 은덕을 갚지 못함이 애통합니다.
4척 높이의 묘소 앞에는 아직도 묘비가 없습니다. 어찌 능곡陵谷의 변을
보았습니까? 초동목수 보기에도 부끄러웠습니다. 선인들이 이를 두려워해
이에 의견을 모아 경영하는데, 여러 종친들이 합심하였으며 사림도 함께
그 뜻에 따르고 있습니다.

돌 다듬기를 완전히 마쳐 묘 앞에 서편으로 세웠습니다. 만사가 때를
기다린 것 같으며 귀鬼와 신神이 보호하고 간직하겠지요. 돌을 크지 않게
다듬은 것은 혹 바람에 쓰러지지 않게 하기 위함입니다. 묘비에 선생이라
새긴 것은 퇴계선생 후손의 공론입니다. 이에 내외분의 무덤 앞에 좋은
날짜를 택하여 세웁니다. 마멸되지나 않을까 걱정이오며, 지나는 사람이
모두 예를 갖출 것입니다. 봉분을 쓸고 추모하며 공손히 맑은 술을 드리나

---

52) 子雲은 『太玄經』과 『法言』 등의 작품을 지은 揚雄(B.C.53~A.D.18)의 자인데, 漢나라
를 대표하는 識者의 대명사로 불린다.

이다. 비옵건대 굽어 살피시어 무궁토록 가르치고 도와주옵소서.

류이좌柳台佐

8. 기타 기록들

1) 「금탄에 이르러 먼저 문경[53], 희범, 여지[54] 세 사람을 보내며」[55]

꽃 필 때 먼 길손이 상류에 배를 대었는데	遠客花時泊上流
중원에서 며칠 동안 누구와 함께 머물렀나.	中原數日共誰留
봄을 보내 상심하고 또 이별 한이 서러우니	傷春更有傷離恨
맑은 강물이 객수를 없앴다고 말하지 말게.	莫道澄江銷客愁

2) 「수재 류희로의 시에 차운하여 돌아가는 휴암을 작별하다」[56]

속세의 부침 정말로 슬프니	浮沈塵事政可悲
집을 짓고 마땅히 거북꼬리 끌리라.[57]	卜築端宜曳尾龜

---

53) 蒼筠 金箕報(1531~1588)의 본관은 安東, 자는 文卿, 또 다른 호는 金山이다. 사포서 별좌 金生洛의 아들이다. 퇴계 이황과 청송 성수침의 문인이고, 농암 이현보의 차자 이문량의 사위로서 황준량의 손아랫동서이다. 음보로 회인현감을 지냈다. 문집으로 는 『蒼筠遺稿』가 있다.

54) 東皐 安霽(1538~1602)의 본관은 順興, 자는 汝止이다. 군수 安瑈의 아들로, 안동시 와룡면 佳丘里 출신이다. 퇴계 이황과 백담 구봉령의 문인이다. 1561년 사마시에 합격하고 1580년 문과에 급제하여, 성균관학유·사헌부감찰·형조좌랑·충청도사·용궁현감 등을 역임하였다. 임진왜란에 창의한 공으로 原從勳에 책록되었다. 안동의 廬峰祠에 제향되었다.

55) 『松巖集』, 권2, 詩, 「到金灘, 先送文卿·希范·汝止三君」.

56) 『松巖集』, 권1, 詩, 「次柳秀才希魯韻別休庵歸【丁巳】」.

57) 이 세상의 헛된 명예 따위를 버리고 전원으로 돌아가서 천성대로 살겠다는 뜻이다. 楚나라에서 죽은 지 3000년 되는 신령스러운 거북이의 뼈를 廟堂에 모셔 놓았는데,

흰 돌과 맑은 샘이 삶을 마칠 곳이니 　　　　　白石淸泉終老地

탁관58)과 치촬59)도 마음에 드는구나. 　　　　　籜冠緇撮足襟期

부질없이 삶을 괴로워하지 말고 　　　　　　　莫把生涯謾苦悲

반드시 박학한 오총귀60)가 되어라. 　　　　　須將博學五總龜

오늘 아양곡을 알아줄 벗이 있으니 　　　　　峨洋今日知音在

거문고가 종자기를 만나 절로 기쁘네.61) 　　　自喜孤絃得子期

3) 「18일 농운정사에 도착하여…… 퇴계선생의 시에 차운하여 올리다」62)

맑게 갠 저물녘에 나귀 타고 읊조리니 　　　　驢載吟肩帶晚晴

예전에 보던 풍광도 오늘처럼 맑았겠지. 　　　曾看光景到今淸

십 리 길 산음의 시냇가 달빛이 밝은데 　　　山陰十里空溪月

누가 흥에 겨워 작은 배를 타고 올까?63) 　　　乘興誰撑小舸輕

莊子가 이를 빗대어 "죽어서 뼈다귀로 남아 귀하게 되려 하겠는가? 아니면 살아서 흙탕물 속에 꼬리를 끌고 싶어 하겠는가?"(寧其死爲留骨而貴乎? 寧其生而曳尾於塗中乎?)라고 하였다.(『莊子』, 「秋水」 참조)

58) 탁관은 죽순 껍질로 만든 冠을 말한다.

59) 치촬은 緇布冠을 말한다.

60) 오총귀는 박식한 사람을 말한다. 거북은 장수하여 천 년 만에 다섯이 함께 모이는데, 무엇이든 물어보면 모르는 것이 없다고 한다. 그래서 唐나라 때에 박식하기로 이름이 높았던 顏元孫·韋述·賀知章·陸象先·殷踐猷 5인을 오총귀라 불렀던 데서 온 말이다.(『唐書』, 「殷踐猷傳」 참조)

61) 峨洋曲은 伯牙가 知音인 鍾子期를 만나 연주한 악곡으로, 高山流水曲이라고도 한다. 백아가 종자기를 만나 기쁘게 거문고를 연주했듯이, 자신도 류중련을 만나 기쁘다는 말이다.

62) 『松巖集』, 권2, 詩, 「十八日, 到隴雲精舍, 偶見先生去辛亥冬與韓巖雪中會話臨江寺詩韻, 追次上呈. 時金士純·柳景文應霖同賦」.

63) 친구가 찾아오길 바란다는 말이다. 晉나라 때 山陰에 살던 王徽之가 어느 날 밤에 큰 눈이 막 개고 달빛이 휘영청 밝은 것을 보고는 갑자기 섬계에 사는 친구 戴逵가 생각나서 즉시 거룻배를 타고 밤새도록 가서 다음 날 아침에야 섬계에 당도했는데, 대규의 집 문 앞까지 가서는 興이 다했다 하여 그의 집에는 들어가지 않고 그대로

4) 「서문으로 옮겨 우거하려는 류희범을 전송하다」[64]

얼마나 다행인가, 우리들이 성군의 조정에서	何幸吾儕際聖朝
앞다투어 발을 디뎌 청운에 오르려 함이.	爭先立脚上雲霄
책 속에서 증자 자사 맹자를 연구했고	卷中可究曾思孟
마음으로 어찌 요순과 우임금을 잊었으랴.	心上寧忘禹舜堯
한 번 서쪽 도성에 가면 정이 이어지고	一別城西情脈脈
천 겹의 영남에서 아득히 바라보리.	千重嶺表望迢迢
복사꽃 필 무렵에 금의환향하리니	錦衣須照桃花節
오랜 세월 풍상 겪은 것 한탄하지 말게나.	莫恨風霜歲月遼

5) 「신원명[65]의 별지에 답함」[66]

졸곡 이후에 부묘한다는 것은 본래 주나라의 제도인데 『가례』에서 그대로 따랐습니다. 『오례의』에는 "대상 이후에 부묘를 행한다"라는 조문이

되돌아온 고사에서 온 말이다.(『世說新語』, 「任誕」참조)

64) 『松巖集』, 권3, 詩, 「送柳君希范移寓西門【時柳君會講于此, 期以明春決科故云.】」.

65) 梅隱 申昌敎(1736~?)의 본관은 鵝州, 자는 元明이다.

66) 대산 이상정의 편지로, 파산과 퇴계의 편지가 후대에 인용되고 있는 대표적 사례이다. 先妣와 后妣는 하나의 감실에 모시지만, 후비는 독을 따로 하여 별도의 상에 안치한다는 의절에 대한 것이다.
『大山集』, 권31, 書, 「答申元明【昌敎】別紙【丙申】」, "卒哭而祔, 自是周制而『家禮』仍之, 『五禮儀』有大祥後行祔之文, 故世俗亦多遵行. 寒岡先生曰: '過祥後行夕上食, 翌朝行祔事, 祔後奉新主入廟.' 今當依此行之. 寅不行祭, 不見經傳, 假令忌日在寅, 則亦可待明日乎? 祔廟時告由, 沙溪說只當用之. 然鄙意祔祭時, 已告隮祔之由矣, 恐不必瀆告, 未知如何. 祔後奉新主, 祔于祖考之傍, 行祫祭, 改題時合櫝乃是禮意, 元妃前, 似無告由之節矣. 三合櫝, 古無其制, 只以元妃合櫝, 繼妃, 別以一櫝設椅幷享, 退陶先生已有說, 後來先輩皆用此制耳. 雖別櫝而並享一廟, 卽是會要朱子之意, 所謂幷祔合祭, 非共一櫝之謂也. 然今俗多用三合之制, 哀侍必欲用之, 惟在商量處之耳. 若作三合櫝, 位次恐當以考西妣東爲序, 恐不必用考中妣左右之制耳. 大祥之日, 本生親服未盡, 恐當以白笠 · 布直領 · 布網巾, 除祥服卒事, 服本生服, 過本生祥後, 仍服白笠似宜, 未知如何."

있기 때문에 세속에서도 대부분 이를 준행하고 있습니다. 한강 선생이 말하기를 "상제를 지낸 뒤에 저녁 상식을 행하고, 다음 날 아침 부제를 지내고, 부제를 지낸 뒤에 새 신주를 받들어 사당에 들인다"라고 하였으니, 지금은 이 내용을 따라 행해야 합니다. 인일에는 제사를 지내지 않는다는 말이 경전에는 보이지 않습니다. 가령 기일이 인일이면 또한 다음 날을 기다려야 하는 것입니까?

부묘할 때의 고유는 사계의 설을 따라야 합니다. 그러나 저의 생각에는 부제를 지낼 때에 이미 부묘하는 이유를 고하였으니 다시 고할 필요는 없을 듯합니다. 어떠할지 모르겠습니다.

부제 이후에 새 신주를 받들어 조고의 옆에 함께 모시며, 협제를 지내고 신주를 고쳐 쓸 때에 독을 합치는 것이 예의 본뜻입니다. 원비 이전에는 고유하는 절차가 없을 듯합니다.

세 신주를 하나의 독에 합치는 것은 옛날에도 그러한 제도는 없었습니다. 원비만 독을 합치고, 계비는 따로 하나의 독으로 하고 의자를 설치하여 함께 배향하였습니다. 퇴계선생도 이미 이러한 말을 하였고,[67] 그 뒤의 선배들도 모두 이 제도를 사용하였습니다. 독을 따로 하더라도 한 사당에서 함께 배향하는 것은 주자의 뜻을 모아 요약한 것이니, 이른바 아울러 부묘하여 함께 제사 지낸다는 것은 하나의 독에 함께 모신다는 말이 아닙니다. 그러나 시속에서는 세 신주를 합치는 제도를 많이 사용하고 있으니 애시哀侍께서 꼭 사용하고자 한다면 헤아려 판단하면 될 것입니다. 만약 세 신주를 하나의 독에 합치는 방식을 사용한다면 그 순서는 고考는 서쪽,

---

67) 『退溪集』 권37 「答柳希范」에 "사당의 신주는 두 妣를 하나의 감실에 모시지만, 선비는 하나의 독에 함께 모시고 후비는 독을 따로 하여 별도의 상에 안치한다"라고 하였다.

비妣는 동쪽에 자리를 잡아야지 고를 가운데 두고 비를 좌우에 두는 방식을 사용할 필요는 없을 듯합니다.

대상의 날짜에 본생부모의 복을 다하지 않았다면 마땅히 백립·포직령·포망건을 착용해야 할 듯하며, 상복祥服을 벗고 일을 마친 뒤에는 본생부모의 복을 입고, 본생부모의 상제祥祭가 지난 뒤에는 백립을 착용하는 것이 타당할 듯합니다. 어떠할지 모르겠습니다.

상제 이후에는 본생부모의 복을 입으니, 부제를 지낼 때에 도로 본래의 복을 입었다가 제사가 끝나면 마땅히 본생부모의 복을 입어야 합니다.

본생부모의 상에 있어서 변복變服할 때에 백립으로 변제變制하여도 무방할 듯하니, 국상의 복색과 같다고 혐의할 필요는 없을 듯합니다. 어떻겠습니까?

상중에 담제를 행할 수 없다고 한 것은 부모의 상이 아울러 있는 경우를 가리켜 말한 것입니다. 본생부모의 상은 이미 기년朞年의 제도로 확정하였으니 폐해서는 안 될 듯합니다.

상중에 기제忌祭와 묘제墓祭를 어쩔 수 없이 직접 지내야 한다면 평량자·포망건·포직령을 착용하고 지내는 것이 또한 권도權道에 맞을 것입니다. 주부자도 묵최 차림으로 행하였습니다. 족인을 시켜 묘제를 지내게 한다면 "모손 아무개는 슬프게도 상중이라 모친 아무개로 하여금 감히 고하게 합니다"라고 하는 것이 어떻겠습니까?

1. 파산정
2. 파산정 현판
3. 타양서원
4. 상현사

　파산정은 파산 류중엄을 기리기 위하여 후손들이 건립한 정자이다. 풍천면 소재지에서 광덕으로 가다가 낙동강과 마주치는 곳에서 좌회전하면 파산정이 낙동강을 바라보며 남향으로 자리 잡고 있다. 이 정자는 정면 3칸, 측면 1칸 반의 홑처마 팔작지붕의 건물로, 중앙에 마루를 두고 좌우에 온돌방을 배치한 전형적인 정자 건물이다.

　파산정 현판은 신나고 시원스럽게 일필휘지로 마무리한 행서이다. 정자 앞을 흐르는 강물의 흐름이 마치 파巴 자를 닮았다고 하여 당호로 삼았다.

　타양서원은 정평공靖平公 손홍량孫洪亮[68], 상촌桑村 김자수金自粹[69], 파산

---

(68) 손홍량(1287~1379)의 본관은 一直으로 충선왕 때 문과에 급제하여 첨의평리 판삼사에 올라 복주부원군에 봉해졌다. 공민왕이 홍건적의 난을 피해 안동으로 몽진했을 때 나아가 맞이하니 왕이 "그대는 참으로 일직한 사람이다"(子誠一直之人)라고 치하

巴山 류중엄柳仲淹을 제향하기 위해 설립된 서원이다. 서원 각 건물마다 상현사尚賢祠·경앙문景仰門·성경당誠敬堂·진수재進修齋·사의재思義齋·숭모재崇慕齋라고 쓴 현판이 게판 되어 있다. 안동에서 중앙고속도로로 남안동 I.C로 가는 길목에 위치하고 있는 일직면 조탑리 마을 안에 위치하고 있다.

1741년(영조 17)에 건립된 이 서원은 대원군의 서원철폐령으로 훼철되어 일직 송리 뒷산에 단을 쌓아 제향해 오다가 1984년 사림에 의해 복설되었다. 매년 3월 중정일에 제향하고 있다. 서원은 사당인 상현사, 강당인 성경당, 전사청과 동재, 주사 등으로 구성되어 있다. 강당인 성경당은 중앙에 마루를 두고 좌우에 온돌방을 배치하였는데, 좌측방이 사의재이며 우측방이 숭모재이다. 서원의 대문은 경앙문이다.

했다 한다. 시호는 정평공이다.

69) 김자수(1351~1413)의 본관은 慶州, 자는 純中이며, 호는 상촌으로, 정평공 손홍량의 외손자다. 공민왕 23년에 사마시를 거쳐 문과에 장원으로 급제한 뒤 관찰사에 이르렀으나 조선 개국과 더불어 형조판서로 부름을 받고 길을 떠나 경기도 광주 추령에 이르러 고려의 망국을 비관하여 자결하였다.

【해제】

『회곡선생문집』은 회곡晦谷 권춘란權春蘭(1539~1617)의 문집이다. 자는 언회彦晦이고 본관은 안동安東이다. 안동부 남쪽 가구리佳邱里에서 태어났다. 부사府使 박승간朴承侃의 따님에게 장가들었는데, 아들이 없어서 동생의 아들 참판 태일泰一을 양자로 맞아 제사를 지내게 하였다. 측실에게서 딸 하나를 두었는데, 이몽득李夢得의 처妻가 되었으며, 4남 1녀를 두었다.

아버지 석충錫忠으로부터 글을 배웠으며, 14세부터 백담柏潭 구봉령具鳳齡(1526~1586)의 문하에서 수학하였고, 뒤에 다시 퇴계선생의 문하로 옮기게 된다. 23세에 사마시에 합격하고, 35세에 식년문과에 급제하여 검열·찰방·정언·지평 등을 거쳐 영천군수와 의성현령 등을 역임하였다. 57세 이후 사헌부장령·세자시강원필선·사간원집의 등의 관직을 제수 받았지만, 사양하거나 부임하고 나서 바로 사임하였다. 만년에는 서애 류성룡과 우복 정경세 등과 함께 강학하고 토론하다가 79세의 나이로 여생을 마쳤다.

『회곡선생문집』은 건乾과 곤坤 2책으로 만들어졌지만, 그 체제는 실상 문집文集 2권과 습유拾遺 2부문으로 구성되어 있다. 권수에는 외예外裔인 택헌擇軒 안복준安復駿(1698~1777)의 서문이 실려 있고, 권말에는 풍산豊山의 류이좌柳台佐가 찬술한 발문이 실려 있다. 권1에는 오언시와 칠언시 100여 수 및 「사필선소辭弼善疏」, 10편의 서書, 묘갈墓碣과 명銘, 그리고 「용산서원상량문龍山書院上樑文」이 실려 있다. 권2에는 10편의 제문祭文과 「백담선생상향축

문柏潭先生常享祝文」, 과제科製 · 논論 · 의疑 · 책策이 실려 있고, 부록(附)으로 가
장家狀 · 묘지墓誌 · 제문祭文 · 만장挽章 · 서원봉안문書院奉安文이 실려 있다.

백담 구봉령에게 보낸 「상례문목喪禮問目」을 통해 그가 예학禮學에 학문
적 관심이 있었다는 것을 확인할 수 있고, 「사우투증師友投贈」에는 시詩와
척독尺牘이 실려 있는데, 척독 가운데에는 서애 류성룡의 상례제도에 대한
견해가 「별지別紙」에 붙어 있어 그들의 상례에 대한 입장을 살펴볼 수 있는
좋은 자료가 된다. 마지막에는 퇴계의 문인록이라고 할 수 있는 「계문제자
록溪門諸子錄」과 권이좌權台佐가 회곡의 일생을 찬술한 「행장」이 실려 있다.

그는 퇴계학파에서 널리 읽힌 『심경』과 『근사록』을 항상 읽었으며, 『주
역』과 상례에 조예가 깊은 인물이었다. 그의 저술 가운데 대표적인 것은
『진학도進學圖』와 『공문언인록孔門言仁錄』인데, 후자는 편차가 매겨지지 않
았다고 한다. 특히 『진학도』는 퇴계의 문인들이 제작한 도설과 비교해 볼
때 체계화가 뛰어난 저술이며, 당시 학문의 방법과 원리에 대한 종합과
정리를 행한 것으로도 볼 수 있는 저술이다.[1]

---

1) 유권종, 「晦谷 權春蘭의 생애와 학문」, 『철학탐구』 26(2009), 2~3쪽 참조.

1. 「회곡선생문집서」[2]

아, 우리 회곡선생은 어릴 때부터 뜻을 숭상한 것이 남달리 뛰어났다. 재능과 학문의 조예가 평상시 찾을 수 없는 것이 있으면 퇴계선생께 도움을 청하였다. 공의 문장과 행실에 대해 나는 이미 오래도록 가르침을 받았으니, 대인에게 힘입은 것이 크다고 할 수 있다. 지금 생각해 보면, 문장을 저술할 때에는 마땅히 보잘것없지 않으려고 했지만, 대부분 아름다운 것들

---

2) 『晦谷先生文集』,「晦谷先生文集序」[安復駿], "嗚呼, 惟我晦谷先生, 自冲齡以來, 志尙之超越, 才學之造詣, 有不可以尋常論之, 而及夫請益于退翁也. 至承公之有文有行, 吾聞已久之敎, 其蒙許於大人, 亦大矣. 以今思之, 凡係述作, 宜不零星, 而多有可訝者. 雖以「家狀」所錄言之, 疏章宜有十六七本, 而遺稿中所錄, 則只是一件. 詩亦有一句, 見於「家狀」者, 而於遺稿則無之. 亦有師友之和新亭所揭詩者, 多見附錄, 而元韻則未有記焉. 乙巳間, 廬江書院之爲水所漂沒也, 亦書警儒林. 盛言移奉他所之爲不䖋, 此是儒林間重大事, 至今後人俱有聞知者, 而亦於書稿無之, 若非「家狀」之有所記, 毋論疏詩與簡札, 孰知其始有而今無也? 或云: 累代庇莊之餘, 中因鬱攸之灾, 不能無喪失者, 果爾則勢也. 然愚之迷見, 則有不然者. 先生自得柏所贈, 心到靜時須見實, 學無文處可知眞, 富貴不關身外事, 才華空逐夢中塵等詩, 敎書諸座右, 一心警省, 晦迹同塵, 不露圭角者, 乃先生平日用力處也. 谷號之以晦爲稱者, 亦未必不在此耶? 若爾則詞章之或多或少, 製作之或散或逸, 俱不必言也. 只以早晏超詣之節明之, 可乎? 先生方在稚齡, 嘗以天地間何物爲貴問于庭闈, 及得所貴者惟學, 而子孝臣忠, 乃斯學大源頭之敎. 仍授以『孝經』, 則讀畢掩卷, 自謂曰: '讀此而如不讀者, 非人也.' 嘗取『易經』而效畫卦, 至以吾年雖幼, 志則大矣. 仰對庭闈之警勅, 已見其遠大自期. 而及至十四, 受業于柏潭先生, 敎誨勤篤, 成就日深. 至有金芝山八元, 他日以斯文爲任者, 此此人之語. 長成後所自勉者, 以食無求飽, 居無求安, 法魯論之訓, 而殆不留意於言語文字之末. 飄然與一時名賢, 如柳西厓・金鶴峯・鄭寒岡諸老, 結以道義, 鄕邦稱美, 豈不宏偉? 而若以大關領言之, 則忠孝二字, 蔚爲平生之至行. 雖在屛伏之中, 憂國傷時之念, 未嘗有衰. 賢才之用舍, 政令之得失, 一有所聞, 憂喜累日不解, 此其忠之根於心者也. 至於孝慕之誠, 至老愈篤, 晨夜枕玆之間, 必號父母而淚痕常存, 此豈平日供侍間, 曲盡其誠敬而已者哉? 嘗授門弟以『孝經』, 至孝有不及之語, 未嘗不喟然長歎, 此其孝之得於天者也. 噫, 曰忠曰孝, 只是先生禀賦之本然, 而於道學成就之節, 則別有以焉. 先生嘗書一中字, 粘諸壁上曰: 吾雖未能窺其涯涘, 而喜怒哀樂未發前氣像, 亦可驗矣. 蓋執厥中, 卽堯舜禹之相傳, 而乾爻之剛健中正, 坤爻之黃中通理, 皆一義也. 先生之所以得其中者, 政在於晩年所編『進學圖』及『孔門言仁錄』等兩帙而已. 此外等閑書蹟之或有所虧缺, 又何論於巍然得中之地也哉? 故淸陰金公, 後先生已久矣, 而其誌碣之辭, 說得中字事甚明. 至以靜中工夫, 多有人所不及知者頌之, 論先生者, 觀此則可知先生所得中字之難知而却易見也. 嗚呼, 盛矣. 歲在丙申五月日, 外裔資憲大夫, 知中樞府事安復駿謹序."

이 많았다. 「가장家狀」에 기록된 것만 말하더라도, 소장疏章은 마땅히 16~17
본이 있어야 하지만 유고에 기록된 것은 단지 1건뿐이다. 시 또한 1구만
있어서 「가장」에 보이는 것이 유고에는 없고, 또한 스승과 벗들이 새로
지은 정자에 걸린 시에 화답한 것이 부록에는 많이 보이지만, 원운의 시는
기록되어 있지 않다.

　을사년(1605)에 여강서원이 물에 떠내려가서 유실되자, 역시 유림에게
글로 경계하였다. 다른 곳으로 옮겨 봉안하는 것이 바르지 않다고 했다는
말이 무성하였는데, 이것은 유림의 중대사이니, 지금 후인들이 모두 듣고
아는 이가 있지만, 또한 서고書稿에는 없으니, 만일 「가장」에 기록된 것이
있지 않으면, 소疏와 시詩, 그리고 간찰簡札은 물론, 처음에는 있었지만 지
금은 없다는 것을 누가 알겠는가? 어떤 사람이 "대대로 잘 보존되어 오다
가 중간에 화재를 입어 사라지지 않을 수 없었으니, 과연 그렇다면 형세가
그렇게 한 것이다"라고 하였다. 그러나 나의 어리석은 생각으로는 그렇지
않다. 선생께서 백로柏老께 받은 시에 다음과 같은 내용이 있다.

마음이 고요한 때에는 반드시 실제를 보아야 하며　　心到靜時須見實
학문에 꾸밈이 없으면 진리를 알 수 있다네.　　　　學無文處可知眞
부귀는 몸과 관계되지 않은 외부의 일이며　　　　　富貴不關身外事
재주는 부질없이 꿈속의 속세를 따라다니네.　　　　才華空逐夢中塵

　이러한 시를 교훈으로 써서 좌우명으로 삼고, 마음으로 경계하고 살펴
서 자취를 속세에 숨기고 자신을 드러낸 것이 없었으니, 이것이 바로 선생
께서 평소 힘쓰던 부분이다. 회晦라는 글자로 골짜기(谷)를 명명한 것 또한
필시 여기에 뜻을 둔 것이 아니겠는가? 만약 그렇다면, 사장詞章이 많고

적은 것이나, 제작製作이 흩어지고 사라진 것은 모두 말할 필요가 없다. 단지 뛰어난 절의를 속히 밝히는 것이 옳지 않겠는가?

선생은 어릴 때 일찍부터 천지간에 무엇이 귀한지를 부모님께 물었다. 귀한 것은 오직 학문인데, 자식은 효도해야 하고 신하는 충성해야 하니, 이것이 바로 학문의 큰 근원이 되는 가르침이다. 곧바로 『효경』을 전수받아 읽기를 마치고, 책을 덮으면서 스스로 말하기를 "이것을 읽고도 읽지 않은 것처럼 사는 이는 사람이 아니다"라고 하였다.

『역경』을 취해서 괘를 본받아 그리고는, "내 나이가 비록 어리지만 뜻은 크다"라고 하였다. 우러러 부모님을 경계하고 삼가는 것에 대해 이미 그 원대함을 보이는 것을 스스로 기약하였다. 14세에 백담선생3)께 나아가 공부하며 가르침을 부지런하고 돈독하기를 힘써 날로 성취하게 되었다. 지산 김팔원4)이 "후일 사문으로 책임을 맡을 이는 반드시 이 사람일 것이다"라고 하였다. 장성한 뒤에 스스로 힘쓴 것은 "먹는 것은 배부름을 구하지 않으며, 사는 것은 편안함을 구하지 않는다"라는 『논어』의 가르침이었다. 그러나 언어나 문자의 말단적인 것에 머물지 않고, 표연히 한 시대의

3) 栢潭 具鳳齡(1526~1586)의 본관은 綾城, 자는 景瑞, 시호는 文端이다. 퇴계 이황의 문인이다. 1560년 별시문과 2등에 급제하여 승문원 권지부정자로 출사한 이후 형조 참판·대사성·대사간·대사헌 등 여러 관직을 지냈다. 1571년에는 『渾天儀記』를 지은 바 있으며, 1576년에는 龍山書堂을 설립하여 후학들을 양성하였다. 대표적인 문인으로는 權春蘭, 權宇 등이 있다. 용산서원에 배향되었으며, 저작으로는 『백담선생문집』이 전해지고 있다.

4) 芝山 金八元(1524~1589)의 본관은 江陵, 자는 舜擧 또는 秀卿이다. 아버지는 삼척훈도 績이며, 어머니는 永春李氏로 自芸의 딸이다. 태어난 지 며칠 만에 어머니를 여의고 외가에서 자랐으며, 愼齋 周世鵬, 퇴계 이황 등의 문하에서 수학하였다. 퇴계의 문하에서 수학할 때에는 선생이 시를 지어 그의 훌륭한 문장을 칭찬하기도 하였다. 또한, 月川 趙穆, 백담 具鳳齡 등과 산사에 모여 학문을 강마하였으며, 조목과 함께 「人心道心圖」를 만들기도 하였다. 1555년 사마시를 거쳐 식년문과에 을과로 급제하였고, 1562년 學錄에 임명된 뒤 박사·전적·예조좌랑을 거쳐 용궁현감 등을 지냈다. 玉溪書院과 洣邱書院 등에 봉안되었다. 문집으로는 『芝山集』이 있다.

명현인 서애 류성룡, 학봉 김성일, 한강 정구와 같은 큰 선비들과 도의로 맺어져 고을과 나라에서 그 아름다움을 칭찬하니, 어찌 크고 위대하지 않겠는가?

그러나 큰 줄기로 말할 것 같으면, 곧 '충효忠孝' 두 글자를 성대하게 평생의 지극한 행의行誼로 삼았으며, 비록 은거하고는 있었지만 나라를 걱정하고 시국을 근심하는 것은 조금도 줄어든 적이 없었다. 재주 있고 현명한 인재의 용사用舍 및 정치와 명령의 득실得失을 1번 들으면 근심과 기쁨을 오랫동안 풀지 않았으니, 이것은 충의 근원이 마음에 있는 것이다. 부모에게 효도하고 추모하는 정성은 늙을수록 더욱 두터워졌고, 자고 일어나서는 반드시 부모를 부르짖어 항상 눈물 자욱이 있었다. 이것이 어찌 평소 부모님을 모시는 정성과 공경을 극진히 한 것이 아니겠는가? 일찍이 제자들에게 『효경』을 가르치며, '효가 미치지 못한다'는 말을 들으면, 한숨을 쉬며 장탄식을 하지 않는 경우가 없었으니, 이것은 그 효가 천성으로부터 얻어진 것이다. 아, 충을 말하고 효를 말함은 단지 선생께서 하늘로부터 품부 받은 본연이니, 도학에서 성취한 절의는 여기에 각별함이 있는 것이다.

선생은 일찍이 '중中' 한 글자를 써서 벽에 붙여놓고, "내가 비록 그 경지를 엿볼 수는 없지만 희로애락이 발하기 전의 기상을 징험할 수 있을 것 같다"라고 말씀하셨다. 대개 그 중을 잡는다는 것은 요堯·순舜·우禹가 서로 전한 것이고, 『주역』건괘의 효사에 "강건하고 중정하다"와 곤괘의 효사에 "중앙에 있으면서 이치에 통달한다"라고 한 것이 모두 동일한 의미이다.

선생이 그 중을 얻으신 것은 바로 만년에 편찬한 『진학도進學圖』와 『공문언인록孔門言仁錄』 등 2질의 책일 뿐이다. 이 외에 한가롭게 쓴 서적은 결

락된 것이 혹 있지만, 또 어찌 외연히 중을 얻은 경지를 논하겠는가? 그러

므로 청음 김상헌[5] 선생은 선생이 돌아가신 뒤 오랜 뒤에 묘지墓誌와 비갈

碑碣에 '중' 자를 얻은 일을 분명하게 밝혀 "고요한 가운데의 공부로는 다

른 사람들이 미처 알 수 없는 것이 많았다"라고 칭송하였다. 선생을 논하

는 것은 이것을 보면 알 수 있으니, 선생이 '중' 자를 얻은 것은 알기 어려

운 것인데도 도리어 쉽게 보았으니, 아, 성대하다.

병신년(1776) 5월 외손 자헌대부 지중추부사 안복준[6]은 삼가 서한다.

2. 「회곡선생문집후서」[7]

하루는 사문 권엽[8]이 병중에 있는 나를 찾아와 『회곡선생문집』 2책과

---

5) 淸陰 金尙憲(1570~1652)의 본관은 安東, 자는 叔度, 또 다른 호는 石室山人, 西磵老人
   등이다. 병자호란이 일어나자 主和論을 배척하고 끝까지 主戰論을 펴다가 인조가 항
   복하자 안동으로 은퇴하였다. 1639년 청나라가 명나라를 공격하기 위해 요구한 출
   병에 반대하는 상소를 올렸다가 청나라에 압송되어 6년 후 풀려 귀국하였다.

6) 擇軒 安復駿(1698~1777)의 본관은 順興, 자는 子初이다. 安穗의 증손으로, 할아버지
   는 安重炫이고, 아버지는 예조판서에 추증된 安鍊石이며, 어머니는 全州李氏로 李道濟
   의 딸이다. 1728년 별시문과에 장원 급제하여 성균관전적에 임명되었다. 1776년 晦
   谷이 지은 『進學圖』를 교간하였다. 유림을 대표하여 안동에 西澗祠를 지어 金尙憲을
   제향하였다. 문집으로는 『擇軒集』이 있다.

7) 『晦谷先生文集』, 「晦谷先生文集後序」[金坽], "一日, 權斯文曄, 訪余於病中, 出示『晦谷先生
   文集』二冊·『進學圖』四冊曰: 此先祖遺稿也. 入梓已久, 而印布未廣, 近力略有措畫, 謀所以
   廣其傳者, 而不可無一言記識, 願吾子之留意焉. 辭不獲, 乃於負席呻吟之中, 略綴數語於後曰:
   '國朝明宣之際, 治化郅隆, 儒賢輩出. 時則有退溪老先生倡明絶學, 樂育英材, 大嶺以南, 菀然
   號爲鄒魯之鄕, 而福之一州, 尤彬彬焉. 如鶴峯·西厓·柏潭諸先生, 以師門高弟, 爲儒林領袖,
   而晦谷權先生, 實同鄕井, 幼從柏潭先生學, 旣而登陶山之門, 質疑請益, 亟被函席之獎詡. 退
   而與鶴峯·西厓兩先生遊, 其觀善輔仁, 刮磨資益之工, 實有勉勉循循不已者. 是以其德器渾成,
   志行修潔. 入則孝友著於家, 出則忠信孚於人. 及其策名筮仕, 歷敭淸顯, 而胄筵玉署, 趨應旋
   退, 柏府薇垣, 輒以病免, 宦情如寄, 比若雲月隱顯, 而其三典郡邑, 俛勉朱墨, 盖爲親養也. 甘
   旨之外, 未嘗以一毫自累, 艱進之節, 至發睿歎, 廉白之操, 播人口碑. 嗚呼, 此豈先生故爲此矯

『진학도』 4책을 꺼내 보이면서 "이것은 선조의 유고입니다. 판각에 들어간 지 이미 오래되었는데 아직 인출하여 널리 배포하지 못했습니다. 근래에 방략을 조치할 계획이 있어 그 전달을 널리 할 방법을 도모하였습니다. 그러니 한마디 기록이 없을 수 없습니다. 원하건대, 선생님께서 유의해 주십시오"라고 하였다. 사양했지만 되지 않았다. 이에 병중에 누어 신음하는 가운데 몇 마디 말을 그 뒤에 간략하게 엮어서 말했다.

"우리나라 명종과 선조 때에 백성을 다스리고 교화가 융성해져서 많은 유현儒賢이 배출되었다. 이때는 퇴계선생이 계서서 끊어진 학문을 밝히시고 천하의 영재를 즐겁게 기르셔서 영남은 완연히 추로지향鄒魯之鄕이라 불리게 되어 복주福州가 더욱 빛나게 되었다. 학봉 김성일, 서애 류성룡, 백담 구봉령 등과 같이 사문의 이름 높은 제자들이 유림의 영수가 된 것이다.

그리고 회곡 권 선생은 참으로 같은 지역 사람으로, 어려서는 백담 구

厲之行, 以自高而標致哉? 蓋亦儻然惟義之視, 而無疾於心耳. 雖其資質之美, 學力之深, 而其得於師友漸磨之間者, 又烏可誣也? 孔子謂子賤曰: 君子哉, 若人. 魯無君子, 斯焉取斯? 若先生者, 豈非所謂君子人耶? 先生標韵淸曠, 風流醞藉, 嘗結茅溪上, 扁以鑑源. 日靜處其中, 不以事物經心, 惟以講求遺經, 興起後學, 爲己任. 於是, 『進學有圖』, 而述退陶『十圖』之遺訣.『言仁有錄』而倣南軒類聚之餘意. 間與同志, 尋究旨趣, 策勉工程, 樂而忘憂者, 三十年如一日. 其深造自得之工, 又有人所不及知者矣. 年高而德益邵, 迹屈而道益尊, 屹然爲鄕邦之蓍龜, 儒林之儀表, 而先生方且謙謙自持, 默默加工. 晦以名谷, 谷以藏身, 嘗歎學未修, 道未成, 而不免爲小人之歸, 則嗚呼, 此其所以爲先生也歟. 嘗聞芝山金公見先生少時製作而曰: 他日以斯文爲己任者, 必此人也. 西厓柳先生講論數日而曰: 老友間居, 洞觀踐履之實可見. 嗚呼, 其眞知言也. 夫先生有詩文若干篇, 收拾爛脫之餘, 而率多寓與應酬之作, 非先生之至者. 然辭氣䟽暢, 意味簡淡, 眞有德之言也. 若其進修之規模次第, 則有『進學圖』·『言仁錄』, 在後之欲求先生者, 盡於此求諸? 後學聞韶金垙序."

8) 龜沙 權曄(1574~1650)의 본관은 安東, 초명은 權啓, 자는 霱仲이다. 權鷗의 증손으로, 할아버지는 權深이고, 아버지는 한성부참군 權悟이며, 어머니는 李國柱의 딸이다. 1601년 생원이 되고, 1606년 蔭補로 광릉참봉에 제수, 이어 내섬시봉사를 거쳐 한성부참군이 되었으나, 1612년 金直哉의 誣獄 때 推官되어 역도들을 두둔하였다는 죄로 한때 파직되었다. 병자호란이 일어나자 왕을 호종하고 남한산성에 들어갔다가 환도한 뒤 강릉부사가 되었다. 1639년 오위도총부 부총관·고성군수를 역임하였다. 문집으로는 『龜沙集』이 있다.

봉령 선생을 종유했으며, 조금 있다가 퇴계선생의 문하에 들어가 의심나는 것을 질의하였고, 강론하는 자리에서 자주 칭찬을 받았다. 물러나서는 학봉 김성일과 서애 류성룡 두 선생과 교유하면서 그들의 좋은 점을 본받으면서 서로 배움이 되는 공부를 다 하였다. 진실로 쉬지 않고 부지런히 정진하여 그치지 않음이 있었다. 이 때문에 덕기德器를 온전히 성취하게 되었으며, 품은 뜻과 행실이 깨끗하게 닦여졌다.

집에 들어가면 효성과 우애가 빛났고, 밖으로 나오면 충성과 신의가 다른 사람들보다 뛰어났다. 벼슬길에 나아가서는 청환淸宦과 현관顯官을 두루 역임하였으며, 경연관으로 홍문관에 계셨다. 잠시 물러났다가 사헌부와 사간원을 제수 받았으나 갑자기 병으로 사퇴하셨으니, 벼슬의 실정이 기이하였다. 비유컨대 구름에 달이 숨었다가 나오는 듯하였다. 세 차례 군읍의 수령이 되어 정무에 힘썼으니, 이것은 대개 어버이를 봉양하기 위해서였다. 맛있는 음식으로 부모를 봉양하는 것 이외에는 조금도 자신을 더럽히지 않았다. 진퇴를 결정하기 어려운 절의가 사람들의 예찬과 감탄을 발휘하게 하였다. 청렴하고 결백한 지조가 사람들에게 전파되어 칭송되었다. 아, 이것이 어찌 선생께서 작정하고 깨끗한 척 행동하여 스스로를 높이고 드러내고자 한 것이겠는가? 대개 또한 자연스럽게 의리를 보인 것이니, 마음에 병통이 없었던 것일 뿐이다.

자질이 뛰어나고 학력이 깊었지만, 사우에게 점진적으로 연마하여 얻은 것이니, 또 어찌 속일 수가 있겠는가? 공자가 자천을 평하시면서 "이 사람은 군자구나. 노나라에 군자가 없다면, 이 사람은 어디에서 얻었는가?"[9]라고 하셨으니, 선생 같은 분을 어찌 군자다운 사람이라고 말하지

---

9) 『論語』, 「公冶長」, "子謂子賤, 君子哉, 若人. 魯無君子者, 斯焉取斯?"

않을 수 있겠는가?

선생의 마음은 시원하게 트이고 풍류는 너그럽고 여유가 있었다. 평소 시냇가에 초가집을 짓고 편액을 '감원鑑源'이라고 하였다. 종일 그곳에서 조용히 지내면서 사물에 마음을 쓰지 않았고, 오직 남겨진 경전을 강구하여 후학을 흥기시키는 것을 자신의 임무로 삼았다. 이에『진학도』를 만들었으니, 이것은 퇴계 이황의『성학십도』의 유결遺訣을 계술繼述한 것이었다.『공문언인록』은 남헌[10]이 분류하여 모은 뜻을 본받은 것이다. 간간이 뜻이 같은 사람들과 함께 지취旨趣를 찾아 밝히고 공정工程을 부지런히 하여 즐거워 시름을 잊은 것이 30년을 하루같이 하였다. 그의 깊이 닦아 자득한 공부는 또한 다른 사람이 미처 알지 못한 곳이 있었다. 나이가 들어 갈수록 덕은 더욱 아름다워졌고, 자신을 낮출수록 도는 더욱 높아만 갔다. 우뚝하게 고을과 나라의 시구蓍龜가 되었으며, 유림의 의표儀表가 되었지만, 선생은 더욱 겸손하게 스스로를 지키고 묵묵히 공부에 박차를 가하셨다.

회晦라는 글자로 골짜기의 이름을 짓고, 그 골짜기에 몸을 숨기셨다. 일찍이 학문이 아직 닦이지 않고 도가 아직 이루어지지 않아 소인으로 돌아감을 면하지 못할까 걱정하셨다. 아, 이것이 아마 선생이 선생 된 이유일 것이다. 일찍이 듣건대, 지산 김팔원 선생은 선생께서 어릴 때 글을 지은 것을 보고는 "훗날 사문을 자신의 책임으로 여기는 이는 반드시 이 사람일 것이다"라고 하였고, 서애 류성룡 선생은 여러 날 강론하시면서 "오랜 벗이 한가하게 지내는 것을 통찰하고 몸소 실천하는 실상을 볼 수

---

10) 南軒 張栻의 자는 敬夫, 欽夫, 樂齋, 시호는 宣이다. 중국 남송의 학자로 張浚의 아들이다. 음보로 承務郎에 임명된 뒤 吏部員外郎과 右文殿修撰 등을 역임했다. 가학을 계승하는 한편 胡宏에게 二程의 학문을 배웠는데, 程顥에 가깝다는 평을 받았다. 朱熹, 呂祖謙과 함께 '東南三賢'으로 불렸다. 저서에는『論語解』,『孟子解』,『南軒易說』등이 있으며, 문집으로는『南軒集』이 있다.

있었다"라고 하셨다. 아, 진실로 말을 아는 분들이다.

무릇 선생은 시문詩文 몇 편을 남기셨는데, 버려지고 남은 것을 수습한 것이다. 대부분 흥기하거나 응수한 작품이나 선생이 남긴 정수는 아니다. 그러나 사기辭氣가 통창하고 의미가 담백하니, 진실로 덕이 있는 말이다. 진덕進德과 수업修業의 규모와 차제와 같은 것은 『진학도』와 『공문언인록』이 있으니, 훗날 선생에게서 구득하려는 사람이 어찌 여기에서 찾지 않을 수 있겠는가?

후학 의성 김굉11)은 서하다.

3. 「사헌부집의 회곡 권춘란 선생 묘지명」12)

권씨는 태사 행幸이 성씨를 얻은 이후로 7~8백 년을 내려오는 동안에 문학文學과 현로賢勞와 공명功名이 역사책에 쓰이지 않은 적이 없었다. 우리 선조宣祖 때를 당하여 회곡선생이란 분이 계셨는데, 실로 태사의 25대손이다. 그의 휘는 춘란春蘭이고, 자는 언회彦晦이며, 호는 회곡晦谷이고, 살았던 곳은 안동安東이고, 관직은 옛날의 중승中丞이다. 아버지는 좌승지에 추증된 석충錫忠이고, 할아버지는 군기시주부를 지내고 좌통례에 추증된 모模이며, 어머니는 숙부인 함창김씨咸昌金氏이다.

---

11) 龜窩 金㙆(1739~1816)의 본관은 義城, 자는 子野이다. 光憲의 아들이다. 大山 李象靖의 문하에서 수학하였다. 39세에 문과에 급제하여 벼슬이 예조참판에까지 이르렀다. 벼슬에 재직 시 胥吏를 엄단하는 등 군민들 사이에서 명성이 높았으며 문학에 남달리 뛰어났고 필법이 높아 능히 한 체제를 이룰 만하다. 스승인 대산 이상정을 제사하는 高山書院 설립을 주선했고 영조 초 이인좌의 반란에 영남유림의 창의 사적을 입증한 소를 올렸으며, 고장 사림의 청으로 『永嘉誌』를 교정하기도 했다. 그는 당시의 대문장가로서 영남지방에 큰 영향력을 행사하였던 인물이다.

12) 『晦谷先生文集』附錄, 墓誌,「司憲府執義晦谷先生權公墓誌銘【幷序】」[金尙憲], "權氏, 自太師幸得姓以來, 七八百年, 文學賢勞功名, 不曠于史. 當我宣祖時, 有晦谷先生者, 實太師之卄四世孫也. 其諱春蘭, 其字彦晦, 其號晦谷. 其居安東, 其官古中丞. 其考贈承旨錫忠, 其王考軍器寺主簿, 贈左通禮模, 其妣淑夫人咸昌金氏. 其生嘉靖己亥七月之二十二日, 其卒萬曆丁巳八月之十六日, 其壽七十有九. 其葬師尼山未向之原. 距其葬二十四年, 崇禎己卯之歲, 其從子泰精, 狀其行, 問銘于其同郡金尙憲. 其狀曰: 先生年二十三, 中司馬, 三十五, 登文科. 隷成均館, 爲學諭, 轉學祿. 薦授藝文館檢閱, 序陞待敎奉敎, 遷司憲府監察, 出爲大同察訪, 入拜司諫院正言, 改持平, 病辭. 除直講, 禮曹正郎, 乞外得永川郡守. 丁亥, 遭父憂, 廬墓盡禮. 服除, 除直講獻納, 病辭, 又出爲義城縣令. 明年, 棄歸, 久之除世子, 弼善, 掌令, 司諫, 皆病辭. 除執義, 兼世子輔德, 謝恩卽歸, 遞爲通禮院相禮, 還輔德, 固辭不許. 亡何, 請告歸鄕, 屢除直講, 司藝, 司成, 司諫, 執義, 兼史館編修, 皆病辭. 辛丑, 赴靑松府使, 居三月, 遭母憂, 廬墓如前喪. 自是尤息意世事, 優游林下, 讀書談道甚適, 間往來山洞, 與柳西厓諸公, 講究疑義. 以弘文館修撰, 校理召, 皆病辭. 除榮川郡守, 引年不赴, 以此竟其身, 先生天性, 純潔靜正, 容貌白晳, 如冰壺洞澈, 表裏無雜. 少卽有向學之意, 一日問承旨公曰: 天地間何物爲貴, 曰惟人? 曰何以貴? 曰爲子孝, 爲臣忠. 由是而用爲貴, 仕曰仕固不足貴. 若欲盡忠孝, 舍學何能? 承旨公心異之. 試授『孝經』. 讀已曰: 讀此而如不讀者, 非人也. 時時取『周易』, 效晝卦默玩. 承旨公曰: 此大人學, 非兒所可解. 先生跪曰: 兒竊慕大人志. 承旨公益奇之. 已就柏潭具公學, 晨輒造門外, 待朝, 大寒暑不變, 柏潭喜曰: 不意今日, 復見立雪之人, 先生益自刻勵. 於聖賢遺訓, 求必力踐, 不獨資口耳爲也. 至於科第仕宦, 非其所樂, 特爲親屈焉. 先生又就退溪李文純公請益, 退溪久聞其名, 爲之遜席, 甚重待之. 先生潛心墳典, 自六經四子, 以至九流百家之書, 鮮所不窺, 而其所喜尤在於『易』. 常書中字, 揭座隅, 朝夕顧諟, 尋思喜怒哀樂未發前氣像, 其靜中涵養工夫, 多有人所不及知者. 其事親周詳婉篤, 平居務盡承奉. 歿, 饋奠必哀愨, 致毁瑜節, 見者愍然. 金夫人疾篤, 割股見愈者月餘, 幼遇外王父喪, 哭泣素食, 如成人. 勸之肉, 不肯從曰: 父母之父母, 與父母奚間哉? 兄弟四人, 怡愉湛樂, 起處與同, 衣履僕御, 不知其有常主也. 每朝謁家廟, 退坐書齋, 無一日不開卷, 如『心經』·『近思錄』諸書, 雖臨民聽訟之時, 亦未嘗去案也. 其爲守令, 以正民心厚風俗爲先. 月朔, 行養老禮, 親爲勸酬, 撫摩單赤, 不翅乳哺而祗席之, 嘗遇飢歲, 發倉賑救, 多所全活. 及秋, 將收糴, 悉焚劵曰: 若有公讁, 吾當任之. 自大同歸, 不以西州, 一絲自近, 幷卻道路費. 其去義城, 到中途, 親閱行李, 見有紫草一囊, 責謂家人, 顧雖微, 亦係官中物, 豈容閒吾橐立反之? 永川俗尙鬼, 崇奉淫祠, 否則必有風灾疾疫, 前爲守者, 不能禁, 或爲其所動, 反助其事, 積歲年亡敢廢之. 先生至下禁令曰: 鬼能死人, 吾亦能死人. 違吾令者, 不汝貰, 是後其柏帖然遂絶. 鄭寒岡治安東, 訪先生, 嘗從容. 先是, 官舍有花名女妓者, 寒岡命剪去, 先生問其意. 曰: 人之易惑者, 莫如色, 故惡其名而去之耳. 先生曰: 苟吾心有主, 南威, 西子, 尙不能移, 何畏乎假其名者乎? 明府之政, 抑末也歟? 寒岡深服其言, 蓋先生久客關西, 黎渦百媚, 終不能回先生一眄云. 在胄筵僅數月, 極盡誠意, 不止應文備數, 世子亞稱其益. 一時雖若忘先生者然, 每當朝議相軋, 紛然爭進之際, 不得不思先生, 必擬諸顯望, 以風靠競之徒. 宣廟謂近臣曰: 權某不樂仕, 豈以予不足與有爲耶? 常爲慨然. 其難進易退之節, 人主有不能奪者如此. 先生雖居家, 聞朝廷行一善政, 喜形於色, 聞善人去不善人用, 則爲之憂歎累日, 以是知先生不果於忘世也. 待師友無閒終始, 柏潭病, 置官事轑救, 至棺斂葬送, 無少憾. 後與諸生, 校校遺文, 定爲完藁, 以期不朽. 人謂子雲不死, 侯芭在也. 一鄕議建書院于龍山, 以祠柏潭, 先生實倡

선생이 태어난 때는 가정嘉靖 기해년(1539) 7월 25일이고, 졸한 때는 만력萬曆 정사년(1617) 8월 16일로, 향년은 79세이다. 장사 지낸 곳은 사니산師尼山 미향未向의 산등성이다. 장사 지내고 24년이 지난 뒤인 숭정崇禎 기묘년(1639)에 그의 조카인 태정泰精이 행실을 적은 「가장家狀」을 들고 와서 같은 군에 사는 나 김상헌에게 묘지명을 지어 주기를 요청하였다. 그 「가장」을 살펴보니 다음과 같았다.

선생은 23세 때 사마시에 급제하였고, 35세 때 문과에 급제하였으며, 성균관에 소속되어 학유學諭가 되었다가 학록學錄으로 옮겨졌다. 천거를 받아 예문관검열에 제수되었다가 순서에 따라 대교待敎와 봉교奉敎로 승진하였다. 다시 사헌부감찰로 옮겨졌다가 외직으로 나가 대동도찰방이 되었다. 내직으로 들어와 사간원정언에 제수되었다가 지평으로 고쳐졌는데, 병으로 인해 사임하였다. 다시 직강과 예조정랑에 제수되었다가 외직으로 나가기를 구해 영천군수가 되었다.

정해년(1587)에 아버지의 상을 당하여 여묘살이를 하면서 예를 다하였다. 상복을 벗고 직장과 헌납에 제수되었으나, 병으로 사임했다. 또다시

之. 金芝山八元居後母喪, 殆先生開以禮意, 芝山不從. 有善言, 歸語人, 人俾彰其善, 襟懷淸曠, 酷愛山水, 於山牛讀書處, 增飾小堂, 顔曰鑑源, 剔巖洞, 開陂畦, 蒔花種木, 宴處其間, 樂而忘食. 其視世上紛紜華名利之習, 若浮雲然. 其接於物也, 虛心巽志, 不設防畛, 燕語談笑, 不自示異. 論人, 善善長而惡惡短, 至辨義理, 擇是非, 一刀兩段. 聞先生之風來, 無不願識其面, 及其見之, 無不起敬. 旣退, 又無不洒然易思, 道使者, 州縣守長, 修刺詣廬, 干旄溢巷, 一成賓主禮而已. 無城府跡, 引誘後生, 勉進爲學, 嘗夜坐聞鳥聲, 絮蠻不息. 顧諸姪曰: 彼微物, 猶知率其性, 人而不學, 豈不愧於彼乎? 始先生學於柏潭, 前輩多見期以異日斯文之重, 至其晚歲, 而驗之日用心身之間, 純如也. 臨絶, 屛婦女, 戒家人, 斥巫卜祈禳之術, 易衣整容, 取筆書歲在龍蛇. 昔人興嗟, 乘化歸盡, 不復有恨. 治命毋入堪輿家言, 從先人葬. 所著『進學圖』, 『孔門言仁錄』, 藏于家. 嗚呼, 先生可謂學問中得力人也. 先生娶府使朴承侃女, 無子, 所養弟之子參判泰一. 尸其祀, 側室女一人, 爲李夢得妻, 生四男一女. 天啓壬戌, 多士合議, 以先生配食于柏潭, 卽所謂龍山書院者也. 欲知先生之德者, 盍於是乎考焉? 銘曰: 鑑源之亭, 師尼之岡. 山若增高, 水若增淸. 云誰之宅, 其人如玉. 淸陰金尙憲撰.";『淸陰集』, 권35, 墓誌銘, 「司憲府執義晦谷先生權公墓誌銘【幷序】」.

외직으로 나가 의성현령이 되었다. 다음 해에 관직을 버리고 돌아왔다. 오랜 뒤에 세자시강원 필선·장령·사간에 제수되었으나 모두 병으로 사임하였다. 집의에 제수되어 세자시강원보덕을 겸임하였으나 사은한 뒤에 곧바로 돌아와 직임이 바뀌어 통례원상례가 되었다가 도로 보덕이 되었는데, 굳이 사임했지만 허락을 받지 못하였다. 얼마 뒤에 말미를 청하여 고향으로 돌아갔다. 그 뒤 여러 차례 직강·사예·사성·사간·집의에 제수되었으며, 사관의 편수관을 겸임하였는데, 모두 병으로 사임하였다.

신축년(1601)에 청송부사로 부임하였다가 3개월 뒤에 어머니 상을 당하였는데, 여묘살이를 아버지 상례 때와 똑같이 하였다. 이로부터 더욱더 세상일에 대한 생각이 사그라져 시골에서 한가로이 지내며 책을 읽고 도를 담론하며 뜻에 맞게 지냈다. 간간이 산동山洞을 오가면서 서애 류성룡 등 여러 사람들과 의심나는 곳의 의미를 강구하였다. 조정에서 홍문관 수찬과 교리 등을 제수하고 불렀으나, 모두 병으로 사양하였다. 영천군수에 제수되었으나 나이를 핑계로 부임하지 않았으며, 그것으로 자신의 일생을 마쳤다.

선생은 천성이 순수하고 결백하며 고요하고 단정했다. 용모가 희고 밝아 빙호氷壺와도 같이 투명하였으며, 안과 밖이 잡됨이 없었다. 젊어서 곧바로 학문에 종사할 뜻이 있어 어느 날 승지공에게 묻기를 "천지 사이에 어떤 물건이 가장 귀합니까?"라고 하기에, 답하기를 "오직 사람이 가장 귀하다"라고 하였다.

이에 다시 묻기를 "어째서 귀합니까?"라고 하기에, 다시 답하기를 "아들이 되어서는 효도를 하고 신하가 되어서는 충성을 해야 한다. 이 때문에 벼슬길에 나가는 것이 귀한 것이다"라고 하자, 선생이 말하기를 "벼슬길에 나가는 것은 참으로 귀한 것이 되기에는 부족합니다. 만약 충성과 효성

을 다하고자 한다면, 학문을 버려두고 어찌 능히 할 수가 있겠습니까?"라
고 하였다.

이에 승지공이 마음속으로 기특하게 여겨 시험 삼아 『효경』을 가르쳐
주었더니, 다 읽고는 말하기를 "이 책을 읽고서도 읽지 않은 자와 같이
산다면 사람이 아니다"라고 하였다. 가끔씩 『주역』을 가져다 놓고 획畫과
괘卦를 놓아 보면서 묵묵히 생각에 잠겼다. 이에 승지공이 말하기를 "이것
은 대인의 학문으로, 어린아이가 이해할 수 있는 것이 아니다"라고 하자,
선생이 꿇어앉으면서 말하기를 "저는 대인의 뜻을 몹시 사모하고 있습니
다"라고 하니, 승지공이 더욱더 기특하게 여겼다.

얼마 뒤에 백담 구봉령에게 나아가 공부하였다. 새벽이면 문 밖으로
나가 아침이 오기를 기다렸는데, 몹시 춥거나 더워도 변치 않았다. 이에
백담이 기뻐하면서 말하기를, "뜻하지 않게도 오늘날에 다시금 눈을 맞으
며 서 있는 사람을 보게 되었구나"라고 하였다. 선생은 더욱더 성현들의
유훈遺訓을 가슴속에 새겨 가다듬었으며, 듣고 말하는 데에 그치지 않고
배운 것은 반드시 힘써 실천하였다. 과거 시험과 벼슬길에 나아가는 것은
즐거워하는 바가 아니었으며, 단지 어버이를 위해 자신의 뜻을 굽힌 것일
뿐이었다.

선생은 또 퇴계 문순공 이황에게 나아가 가르침을 청하였는데, 퇴계가
선생의 이름을 들은 지 오래였으므로 선생을 위해 자리를 양보하면서 몹
시 중하게 대우하였다. 선생은 분전墳典13)에 깊이 침잠하여 파고들면서 육
경사서로부터 구류와 백가14)의 서책에 이르기까지 보지 않은 책이 드물었

---

13) 墳典은 三墳五典의 준말로, 삼분은 三皇의 책, 오전은 五帝의 책을 말한다.
14) 구류는 선진시대의 9개 학파로, 儒家, 道家, 陰陽家, 法家, 名家, 墨家, 縱橫家, 雜家, 農家
    를 말하고, 백가는 전국시대 諸子百家를 말한다.

다. 그러나 좋아하는 바는 특히 『주역』에 있었다. 항상 '중中' 자를 자리 모퉁이에 써서 걸어 놓고는 아침저녁으로 돌아보면서 희로애락이 발하기 전의 기상에 대해 깊이 생각하였다. 그 고요한 가운데 함양하는 공부는 다른 사람들로서는 미처 알지 못하는 바가 많이 있었다.

선생은 어버이를 섬김에 있어서는 주밀하고 상세하며 완곡하고 독실하였다. 평상시에 거처할 적에는 뜻을 받들어 봉양하기에 온 힘을 다하였으며, 죽은 뒤에 궤전饋奠을 올리면서는 반드시 슬픔과 정성을 지나치게 하다가 몸을 손상하였으므로, 보는 이들이 애처롭게 여겼다. 김씨 부인의 병이 위독해졌을 때에는 넓적다리 살을 베어 드려 한 달 남짓 병세가 나아지게 하였다. 어려서 외할아버지의 상을 당하여 곡읍하고 소식하기를 어른과 같이 하였으며, 고기를 먹으라고 권하자 따르지 않으면서 말하기를, "부모님의 부모님은 부모님과 무슨 차이가 있겠습니까?"라고 하였다.

선생은 형제가 네 사람이었는데, 아주 화락하고 즐겁게 지내면서 거처를 함께하였고, 의복과 신발 그리고 노복 등을 서로 돌아가면서 써서 누가 주인인 줄도 몰랐다. 매일 아침마다 가묘家廟에 배알하였으며 물러 나와서는 서재에 앉아 하루도 책을 펼쳐 읽지 않은 적이 없었다. 『심경』이나 『근사록』 등의 여러 서책은 비록 백성을 다스리고 송사를 처리할 적에도 역시 일찍이 책상 위에서 떠난 적이 없었다.

선생은 수령이 되어서는 민심을 바르게 하고 풍속을 도탑게 하는 것을 우선으로 삼았으며, 매달 초하루마다 양로례養老禮를 행하면서 친히 술잔을 권하였다. 외롭고 어린 사람들을 어루만져 돌보아 줌에 있어서는 젖을 먹여 주고 자리를 깔아 주는 것보다도 더 정성스레 하였다.

일찍이 기근이 든 해를 만나서는 창고의 곡식을 풀어 진휼해 주어 온전하게 살려 낸 사람이 많았는데, 가을이 되어 장차 곡식을 거두어들일 때가 되어서는 문서를 모두 불태운 다음 말하기를, "만약 공적으로 견책을 받을 일이 있을 경우에는 내가 그 책임을 질 것이다"라고 하였다.

대동도찰방으로 있다가 돌아올 적에는 서쪽 고을의 물품을 실오라기 하나도 가져오지 않았으며, 대동도에서 주는 노자도 모두 물리치고 받지 않았다. 의성 고을에서 떠나올 적에는 중간쯤에 도착하여 직접 행장을 점검해 보다가 시초柴草 한 자루가 있는 것을 보고 집안사람들을 꾸짖으면서 말하기를, "이것이 비록 하찮은 물품이기는 하지만, 역시 그 고을의 물품이다. 그런데 어찌하여 나의 행장을 더럽힌단 말인가?"라고 말하고는, 그 자리에서 돌려보내게 하였다.

영천 고을은 풍속이 귀신을 숭배하는 것을 좋아하여 음사淫祠를 떠받들면서 섬겼는데, 그렇게 하지 않을 경우에는 반드시 풍재風災와 역질疫疾이 있게 된다고 믿었다. 그러므로 전에 수령으로 있던 자들이 능히 금하지 못하였으며, 혹 그들에게 뒤흔들려서 도리어 그 일을 돕기까지 하여 여러 해를 내려오는 동안에 감히 폐하지 못하고 있었다. 선생은 그곳에 도착하자마자 금령을 내리면서 말하기를, "귀신이 능히 사람을 죽게 할 수가 있다면 나도 역시 능히 사람을 죽일 수가 있다. 나의 명령을 위반하는 자를 너희가 살리지 못할 것이다"라고 하니, 그 뒤로는 괴상한 일이 드디어 자연스럽게 없어졌다.

한강 정구가 안동을 다스릴 적에 선생을 방문하여 항상 서로 조용히 담론을 나누었다. 이보다 앞서 관사에 여기女妓의 이름을 한 꽃이 있었는데, 한강이 그것을 베어 버리라고 명하였다. 선생이 그 뜻을 물어보자 한강이 답하기를 "사람들을 쉽게 고혹시키는 것은 여색보다 더한 것이 없습니다. 그러므로 그 이름을 미워하여 베어 버리게 한 것일 뿐입니다"라고 하니, 선생이 말하기를 "참으로 나의 마음에 주관이 있다면 남위南威나 서자西子도[15] 오히려 마음을 빼앗아 갈 수 없는데, 어찌 그 이름을 빌린 것을 두려워한단 말입니까? 지방관(明府)의 정사는 아마도 말단인 것 같습니다" 라고 하니, 한강이 그 말에 깊이 심복하였다. 대개 선생은 오랫동안 관서 지방을 떠돌아다녔으나 여와黎渦나 백미百媚도[16] 끝내 선생의 눈길 한 번 돌리게 할 수 없었다고 한다.

선생은 주연胄筵에 있은 것이 겨우 몇 달 동안이었으나, 온 성의를 다해 강론하면서 글이나 해석하고 숫자나 갖추는 데 그치지 않았으므로, 세자가 보익해 주는 데 대해 몹시 칭찬하였다. 이에 한때는 비록 선생을 잊은 것처럼 하였으나, 매번 조정의 논의가 서로 어긋나 분분하게 다툴 때에는 선생을 생각하지 않을 수가 없었다. 그리하여 반드시 현망顯望에 주의注擬하여 분경奔競[17]하는 무리들을 은근히 비꼬았다.

선조宣祖가 근신들에게 이르기를, "권춘란이 벼슬살이하기를 즐거워하지 않는 것이 어떻게 내가 함께 일을 하기에는 부족하다고 여겨서가 아니겠는가?"라고 하면서 항상 개탄하였다. 진출하기는 어렵게 여기고 물러나기는 쉽게 여기는 선생의 절개는 임금도 능히 빼앗을 수가 없는 것이 이와

---

15) 남위는 춘추시대 晉나라의 미녀로, 晉 文公이 남위를 얻고 3일 동안 정사를 게을리하다가 마침내 그를 멀리하면서 말하기를, "후세에 반드시 여색으로 나라를 망치는 자가 있을 것이다"라고 하였다. 서시는 미인으로 소문난 越나라의 西施를 가리킨다. 월나라의 왕 句踐이 적국인 吳나라 夫差에게 서시를 바쳐 寵姬가 되게 하였는데, 부차가 이에 빠져서 국정을 피폐케 하여 월나라에게 멸망당했다.

16) 黎渦는 송나라 때의 기생인 黎倩의 보조개란 뜻이다. 百媚는 아리따운 여인이 온갖 아양을 떠는 것을 말한다. 宋 高宗 때 胡銓이 金나라와의 화친을 주장하는 秦檜 등을 탄핵한 죄로 귀양 갔다가 10년 만에 풀려나 돌아오는 길에 梅溪館의 기생인 여천을 건드렸는데, 그 이튿날 주인이 이를 추잡하게 여겨 밥 대신 어물을 주었다. 그 뒤에 朱熹가 그곳을 지나다가 시를 짓기를, "십 년 동안 호해에선 한 몸 한가했는데, 풀려나 돌아오다가 여천의 보조개 보고 욕정 일었네. 세상길 욕심보다 더 험한 것 없는데, 몇몇이나 이로 인해 일생을 망쳤던가?"(十年湖海一身輕, 歸對黎渦却有情, 世路無如人欲險, 幾人到此誤平生)라고 하였다.

17) 奔競은 벼슬자리를 얻거나 청탁을 하기 위하여 고관의 집을 찾아다니는 것을 말한다.

같았다.

선생은 비록 집안에 거처하고 있던 중이더라도 조정에서 한 가지 선정을 베풀었다고 들으면 기뻐하는 기색을 얼굴에 드러냈으며, 착한 사람이 떠나가고 착하지 못한 사람이 등용되었다고 들으면 그것을 걱정하고 탄식하기를 며칠 동안이나 하였다. 여기에서 선생이 세상을 잊는 데에 과감하지 못하였다는 것을 잘 알 수가 있다.

선생은 사우師友들을 대하는 데 있어 종시토록 차이가 없었다. 백담선생이 병이 들자 관가의 일을 버려두고 달려가 구료하였으며, 입관하고 장사를 지내 떠나보내는 것에 이르기까지 조금도 유감이 없게 하였다. 뒤에 제생諸生들과 더불어 백담의 유문遺文을 교정하여 완전한 원고를 작성하여 영원토록 전해지게 하니, 사람들이 이르기를 "자운子雲이 죽지 않은 것은 후파侯芭가 있어서였다"[18]라고 하였다. 온 고을 사람들이 의논하여 용산龍山에다 서원書院을 건립하여 백담을 제사 지냈는데, 선생이 실로 주창한 것이다.

지산芝山 김팔원金八元이 후모後母의 상을 치르다가 위태롭게 되자, 선생이 예의 뜻을 들어 깨우쳐 주었다. 그런데도 지산이 따르지 않으면서 훌륭한 말을 한 것이 있었는데, 돌아와서 보는 사람들마다 그 말을 해 주어 그의 착한 행실이 드러나게 하였다.

선생의 품은 마음은 맑고 시원스러웠으며, 산수山水를 몹시 좋아하여 산허리쯤에 있는 독서하던 곳을 증축해 작은 집을 짓고는 '감원鑑源'이라는 편액을 걸었다. 바위를 깎아 내고 연못을 판 다음 꽃과 나무를 심어 그

---

18) 子雲은 前漢시대의 학자인 揚雄을 가리키는데, 양웅의 제자인 侯芭는 그의 스승이 저술한 『太玄經』과 『法言』을 전수받아 이를 후세에 전하였으며, 양웅이 죽은 뒤에 心喪 3년을 실천하였다.

사이에서 한가롭게 거처하면서 즐거움에 밥 먹는 것마저 잊어버렸다. 이 세상의 분화紛華한 명리名利의 습속 보기를 마치 뜬구름과 같이 보았던 것이다.

선생은 상대를 접함에 있어서 마음을 비우고 뜻을 낮추어 벽을 두지 않았으며, 한가로이 말하고 담소를 나눌 적에는 스스로 이견을 보이지 않았다. 다른 사람을 논함에 있어서는 착한 점을 장려하기를 길게 하고 악한 점을 나쁘게 여기기를 짧게 하였다. 의리를 논변하고 시비를 가림에 이르러서는 일도양단一刀兩斷하였다.

이에 선생의 풍모를 들은 자들은 그 얼굴을 알기를 원하지 않는 사람이 없었으며, 선생의 모습을 본 자들은 공경심을 일으키지 않는 사람이 없었다. 또한 만나 뵙고 물러 나와서는 시원스럽게 생각을 바꾸지 않는 사람이 없었다. 도道의 사자使者나 주현州縣의 수령들이 명함을 가지고 집을 찾아오느라 깃발이 마을에 넘쳤으며, 한 번 빈주의 예를 이루고 나면 이미 마음에 벽을 두지 않았다.

선생은 후생들을 이끌어 학문에 힘쓰도록 하였다. 일찍이 한밤중에 앉아 있다가 재잘대는 새소리가 끊이지 않는 것을 듣고는 여러 조카들을 돌아보면서 말하기를, "저 새가 미물이기는 하지만 오히려 그 본성을 따를 줄을 안다. 사람이면서도 학문을 하지 않는다면 어찌 저 새에게 부끄럽지 않겠느냐?"라고 하였다. 처음에 선생이 백담에게 가서 공부할 적에 선배들이 대부분 뒷날에 사문斯文을 떠맡을 것으로 기대하였는데, 만년에 이르러서 그것이 증험되었다.

선생은 일상의 마음 씀과 몸가짐이 순수하였다. 죽음에 임해서는 부녀자들을 물러가게 하고, 집안사람들에게 무당을 불러 굿을 하면서 기도하는 일을 하지 못하도록 경계하였으며, 옷을 갈아입고 용모를 가다듬은 다음 붓을 들어 쓰기를, "그해의 간지 속에 용사가 들어 있자, 옛날 사람이 슬퍼하며 탄식했네. 이 몸 죽어 승화하여 본원으로 돌아가니, 다시금 또 그 무슨 한이 있겠는가?"(歲在龍蛇, 昔人興嗟, 乘化歸盡, 不復有恨)라고 하였다.19) 유명遺命을 내려 감여가堪輿家의 말을 쓰지 말고 선인先人의 묘역에 장사 지내게 하였다.

저술로는 『진학도進學圖』, 『공문언인록孔門言仁錄』이 집에 보관되어 있다. 아, 선생은 참으로 학문하는 중에 힘을 얻은 사람이라고 할 수가 있다.

선생은 부사府使 박승간朴承侃의 따님에게 장가들었는데, 아들이 없어서 동생의 아들인 참판 태일泰一을 양자로 맞아 제사 지내게 하였다. 측실에게서 딸 하나를 두었는데, 이몽득李夢得의 처妻가 되었으며, 4남 1녀를 두었다.

천계天啓 신유년(1621)에 선비들이 함께 모의하여 선생을 백담에게 배식配食하였는데, 바로 이른바 용산서원龍山書院이라고 하는 곳이다. 선생의 덕을 알고자 하는 자가 어찌 여기에서 상고해 보지 않을 수 있겠는가?

명은 다음과 같다.

감원이라는 정자	鑑源之亭
사니산의 위에 있네.	師尼之岡
산은 더 높아진 것 같은데	山若增高
물은 더 맑아진 것 같다네.	水若增清
누구의 무덤이런가?	云誰之宅
그 사람 마치 옥과 같다네.	其人如玉

---

19) 옛날 사람들은 그해의 干支에 龍인 辰과 蛇인 巳가 들어갔다면 흉한 일이 일어난다고 믿었다. 權春蘭이 죽은 해가 丁巳年으로, 간지에 '巳' 자가 들어 있기 때문에 말한 것이다.

4. 칠언율시

1)「진사 권언회 춘란에게 답하다」[20]

병든 눈에 피눈물 뿌리는 이때에	病眼方揮血淚時
고향 생각하니 길이 멀어 아득하네.	故園回首路遙岐
어지러운 세상에 단단히 얽매여 견디지 못하겠는데	世紛不耐深纏縛
사람의 일 갑자기 바뀌니 어찌 감당하겠나?	人事那堪忽改移
바람 속 구름과 기러기 외로운 그림자 나부끼고	風裏雲鴻飄隻影
이른 봄 자형 나무는 쇠잔한 가지를 떨구네.	春前荊樹落殘枝
그대 덕에 천 리 먼 곳에서 읊어 보내니	賴君千里吟相贈
수심에 찬 혼을 일으켜 밤낮으로 달려가네.	惹却愁魂日夜馳

2)「권언회가 영해에 가서 승경을 두루 유람한다기에 주다」[21]

한번 이별한 음성과 모습 바다에 막혔는데	一別音容隔海頭
필마로 어느 곳에서 신선이 되시었나?	匹驢何處作仙遊
붉은 노을 섬에 새벽빛이 아른거리고	紅霞島嶼晨光裊
백옥의 누대에는 눈 그림자 떠 있네.	白玉樓臺雪影浮
시안은 속진을 벗어나 한만을 뛰어넘었고	詩眼脫塵超汗漫
취한 노래 달과 어울려 창주에 떨어지네.	醉歌和月落滄洲
돌아와 시 주머니 가득한 걸 보려 했더니	歸來擬覰奚囊富
소매 가득한 여주에 두 눈이 먼저 가네.	滿袖驪珠奪兩眸

【위는 이별을 서술한 것이다.(右敍別)】

---

20)『柏潭集』, 권4, 七言律詩,「答權進士彦晦【春蘭】」.
21)『柏潭集』, 권4, 七言律詩,「寄權彦晦, 時往寧海, 將歷遊諸勝」.

자라 머리 높은 누대 눈을 들어 멀리 보니　　　　　鰲頂高臺縱目遐

아득히 보이는 동해가 다시 동쪽 끝이라네.　　　　望窮東海更東涯

붕새의 깃이 해를 가려 물결에 구름 드리워졌고　　鵬翎曀日雲垂浪

고래 갈기 바람을 일으켜 파도에 산이 솟았네.　　鯨鬣掀風嶽聳波

손작22)이 호탕하게 읊조려 더욱 시원하고　　　　孫綽豪吟增爽朗

목화가 시를 지어 지극히 망라하였네.　　　　　木華文藻極包羅

거나하게 취해 백사장 길을 즐겨 밟으니　　　　乘酣好踏鳴沙路

갠 달이 맑고 밝게 달리는 말에 비끼네.　　　　霽月澄明趁馬斜

【위는 관어대觀魚臺이다.(右觀魚臺)】

동타23) 처참하게 보이고 임금의 길 황폐하니　　慘目銅駝御路荒

경주의 유적이 정녕 애달프기만 하다네.　　　　東都遺跡正堪傷

천 년 세월 전해 온 가업 아득하고　　　　　　一千歲月傳家遠

오십 명의 군왕 지내온 세대 오래라네.　　　　五十君王歷世長

허문 성곽 안개와 노을에 한 서린 학이 남아 있고　廢郭煙霞留怨鶴

옛 궁궐 벼와 기장에 석양이 머무르네.　　　　故宮禾黍駐斜陽

알겠네, 그대 큰 솜씨로 반좌를 깔보았으니　　知君大手凌斑左

최옹보다 졸필 드날릴 이 몇 되지 않는다는 것을.　不數崔翁拙筆揚

【졸옹 최해24)가 반맹견과 좌태충을 본받아 우리나라의 「삼도부」를 지었다.(崔拙翁澮效斑
孟堅左太沖作本國三都賦)】

---

22) 孫綽(314~371)은 중국 남북조시대 晉나라의 문신이자 문인이다. 詩賦에 능하여 「天
　　台山賦」 등을 지어 당대에 이름을 떨치고, 著作佐郎 등을 지냈다.

23) 晉나라 索靖이 천하가 장차 어지러워질 것을 미리 알고는, 洛陽의 궁문 앞에 서 있는
　　銅駝(낙타)를 가리키며 "너도 荊棘 속에 묻히고 말겠다"라고 탄식한 고사가 전한다.

24) 拙翁 崔澮(1287~1340)의 본관은 慶州, 자는 彦明父, 壽翁, 또 다른 호는 猊山農隱, 시호
　　는 文正이다. 최치원의 후손으로 아버지는 民部議郎 伯倫이며, 어머니는 大護軍 任某
　　의 딸이다. 長興庫使에 임명된 뒤에 1320년 安軸·李衍京 등과 함께 원나라의 과거에
　　응시하였으나 최해만 급제하였다.

【위는 경주이다.(右慶州)】

3) 「섣달그믐 좌랑 김희옥25), 내한 권언회와 대궐에서 만나 서로 주고받은
시」26)

구렁을 내달리는 긴 뱀 정녕 놀라운데	赴壑長蛇政可驚
거울 속의 흰 머리카락 천 가닥일세.	鏡中霜鬢白千莖
강남에서 문득 봄소식을 알려오니	江南忽報春消息
머나먼 고향 동산은 얼마나 정겹겠나?	千里田園幾箇情

4) 「권언회의 감원정27)에 제하여 보내다」28)

소나무 언덕 깎아 들에 정자를 짓고	手斲松崖敵野堂
기둥 따라 둥글게 작은 연못 만들었네.	帶楹規作小池塘
옥함을 벗어난 달 투명한 물에 가득하고	虛涵脫匣圓輪滿
구름이 휘감은 옥 물결 길게 흘러가네.	活引縈雲玉派長
일월의 정화는 혼연하여 물들지 않고	日月精華渾不染

---

25) 栢巖 金玏의 본관은 禮安, 자는 希玉이다. 증조부는 金萬秤, 할아버지는 金佑, 아버지
는 진사 金士明이다. 큰아버지 형조원외랑 金士文에게 입양되었다. 김륵은 퇴계 이황
의 문하에서 수학하였다. 1576년 식년문과에 병과로 급제하고, 1578년 검열과 전적
을 거쳐서 예조원외랑 정언이 되었다. 1580년 전적 겸 서학교수가 되고 홍문록에
등록되었고, 이듬해 부수찬 · 지평 · 직강 등이 되었다.

26) 『柏潭集』, 권4, 七言律詩, 「庚辰除夜金佐郎希玉權內翰彦晦相會闕內唱酬韻」.

27) 경북 안동시 와룡면 가구리 대밭골(竹田洞)에 있는 정자이다. 권춘란이 만년에 벼슬
을 버리고 마을 어귀에 정자를 짓고 물을 끌어 못을 만들어 '감원장'이라 하고 여기
서 소요하면서 후진을 양성하였다. 감원정이란 명칭은 주희의 시 「觀書有感」의 "반
이랑 방당이 거울처럼 펼쳐지니, 하늘 빛 구름 그림자 그 안에서 배회하네. 묻노니
어이하여 그처럼 해맑을까, 근원에서 생수가 솟아나기 때문이지"(半畝方塘一鑑開, 天
光雲影共徘徊. 問渠那得淸如許, 爲有源頭活水來)라고 한 데서 취한 것이다.

28) 『柏潭集』, 권4, 七言律詩, 「題寄權彦晦鑑源亭」.

천지의 본체는 광대하여 끝이 없구나.　　　　　　乾坤本體浩無疆

「관서유감」의 경구 교훈을 드리우니　　　　　　觀書警句垂明訓

옆에 앉아서 직접 가르침을 받는 듯하네.　　　　熏沐如承警欬傍

5. 편지

1)「권언회에게 주다」[29]

성주훈도는 어제 도목정사에서 이미 비답을 내렸습니다. 대체로 훈도의 직책이 '한산한 관직'이라 하더라도 날마다 선비들과 함께 공부하는 곳에 영재를 교육하는 즐거움이 있을 것이니, 이 때문에 선현들이 특별히 뜻을 두지 않은 적이 없었습니다. 호 선생의 소호법[30]이 그 한 가지입니다.

묘우를 경건하게 지키고 학도를 장려하며 예의와 겸양의 덕으로 인도하고 고인의 학문에 힘쓰게 하여 온 경내로 하여금 유학의 교화가 널리 퍼져서 성스런 조정의 문명의 다스림을 돕는다면 어찌 보잘것없는 사업일 뿐이겠습니까?

오덕계 자강이 이곳 훈도가 되어서 황금계와 마음을 모아 교육을 폈는

---

29) 『柏潭集』, 권8, 書, 「與權彦晦書」, "星學, 昨政已批下矣. 大槪學職, 雖曰冷官, 日與士子同遊處, 有教育英才之樂, 以是賢未嘗不別致意焉. 如胡先生蘇湖之法, 蓋其一也. 敬守廟庭, 獎進學徒, 導以禮讓, 勖以古人之學, 使一境儒化偕行, 以裨聖朝文明之治, 豈淺淺事業而已也? 吳德溪子强, 嘗爲此學, 與黃錦溪, 恊心開海, 其餘教之流, 至今猶存, 不可不知也. 鳳齡入城有日, 而節次有礙, 時未一伸情痛於殯殿, 亦以氣力之敗, 不得從公. 伏諦主上執喪守禮, 大臣與臺閣累有論啓, 而略不聽回, 滿朝方共憂憫耳."

30) 호 선생은 송나라 학자 胡瑗을 가리킨다. 蘇州와 湖州의 教授가 되었을 때에 규약을 엄하게 정하고는 솔선수범하면서, 지독한 더위 속에서도 반드시 하루 종일 공복을 입고 지내면서 제생을 가르쳐 수많은 제자들이 모여들었다고 한다.

데,[31] 남긴 가르침이 전해져서 지금도 남아 있으니 알지 못할 수 없습니다.

나는 도성에 들어간 지 여러 날이 되었으나 절차에 장애가 있어서 당시에 빈전에서 애통한 심정을 펴지도 못하였고, 또 기력이 쇠진하여 공무를 볼 수도 없습니다. 삼가 주상전하께서 거상 중에 예를 지키는 것을 자세히 보고 대신과 대각이 여러 차례 논계하였지만 거의 들어주지 않으시니, 온 조정이 바야흐로 모두 걱정할 뿐입니다.

2) 「권언회에게 답하다」[32]

편안하게 지낸다는 것을 잘 알아서 멀리 있는 사람의 마음이 위로되었습니다. 나는 어제 관직에 나갔으나 병들고 쇠약함이 여전히 심하니 결단코 남쪽으로 돌아가는 것이 아마 목숨을 구하는 길이 될 듯합니다.

다만 성상께서 거상하시는 것이 한결같이 일반 사람과 같아서 성상의 얼굴이 평소만 못한데, 아직도 권도權道를 따르지 않으십니다. 신하들이 날마다 조정에서 청하여 날이 이미 오래되었지만 성상께서 들어주심은 더욱 아득하니 민망함이 끝이 있겠습니까? 이러한 때에 행장을 꾸려 도성을 나서는 것이 어찌 신하된 도리에 편안하겠습니까? 이 때문에 주저하고 있는

---

31) 德溪는 吳健의 호이고, 錦溪는 黃俊良의 호이다. 1559년에 오건이 성주훈도로 부임하였고, 다음 해에 황준량이 성주목사로 부임하였다. 오건은 후학을 가르치는 것을 자기의 임무로 삼고 유생을 선발하여 네 등급으로 나누어 가르쳤고, 황준량이 목사로 부임하자 朱子書를 함께 강론하여 추위나 더위에도 그만두지 않았다. 황준량은 부임한 후 迎鳳書院을 중수하고 사당을 세웠으며, 孔谷書堂을 세우고, 八莒縣에 鹿峯精舍를 세워 교육에 힘썼다.

32) 『柏潭集』, 권8, 書, 「答權彦晦書」, "具悉淸迪, 聊慰遠懷. 鳳麟昨雖出仕, 疲薾尙劇, 決意南還, 庶可爲求生之道, 而但念聖上執喪, 一如怕人. 天顏不如平時, 而尙不從權, 羣臣日日廷請, 時月已積, 而天聽愈邈, 憫不可極. 當此之時, 束裝出城, 豈臣子所安乎? 以此趑趄, 於高見何如? 且學事之難, 奉諭示意, 驚慮驚慮. 人心至此, 無可措手之地. 吾儕之恨, 所不能已也. 然而水有擁處, 激而遏之, 必由向順之理, 姑沿而導之, 滙爲瀦淵, 決爲淪漣, 因心而誘掖之. 積誠而冀其感悟, 恐或一道也. 如此而彼猶不聽, 然後行吾所志, 如來示云云, 亦無妨也."

데 그대의 생각에는 어떻게 하면 좋겠습니까?

또 학생을 가르치는 일의 어려움에 대해 당신의 말씀을 듣고 놀랍고 염려됩니다. 인심이 이러한 데에 이르러 손을 쓸 수 없으니 우리들의 한스러움이 그칠 수 없는 바입니다. 그러나 물이 고여 있는데 격동시켜 막으면 순리대로 흐를 리가 없습니다. 우선 물길을 따라 흐르게 하여 모이는 곳은 웅덩이가 되고 터진 곳은 물길이 나도록 해야 합니다. 마음에 따라 인도하여 정성을 쌓아 감동하여 깨닫기를 바라는 것이 아마도 하나의 방법일 것입니다. 이렇게 하여도 저쪽에서 여전히 듣지 않으면 그런 뒤에 우리 뜻대로 해야 합니다. 편지에서 말씀하신 것도 무방합니다.

3) 「권언회에게 주다」[33]

나는 애시당초 결단코 내려가고자 하였지만, 사세가 곤란함은 과연 전에 말씀드린 것과 같아서 이렇게 지체하고 있습니다. 지금은 풍색風色이 달라 매우 우려스러우니 빨리 거두어 물러나지 않은 것이 한스럽습니다.

성주훈도의 일은 일찍 말씀하신 뜻을 들었지만 분명하지 않았기 때문에 망녕된 견해를 가지고 답하였던 것입니다. 그 뒤에 북쪽에서 사람이 와서 그 대략을 대강 들어서 비로소 당신의 처지가 참으로 이른바 '매우 잘못된 것을 자소한다'라는 것임을 알았습니다.

다만 석전釋奠이 임박하였다는 것을 들었는데, 시일을 조금 끌다가 성묘聖廟에 일이 생기기를 기다려서는 안 됩니다. 환로宦路에 어려움이 많은

---

33) 『柏潭集』, 권8, 書, 「與權彦晦書」, "鳳齡當初決欲下去, 而事勢之難, 果如前告矣. 玆用遲滯, 今則風色有異, 極可憂慮, 恨收退之不早也. 星學事, 曾蒙諭意, 不爲分明, 故以妄見致答. 後因 北來人, 槪聞其略, 始知高明所處, 實有所謂自笑迷謬之甚也. 但聞釋奠臨迫, 其不可少延時日, 以待聖廟之有事耶? 名途多艱, 如公未試一步, 而便至於此, 良可一笑. 想公豈足芥滯於懷耶? 願 乘閑篤學, 求知其所未知, 求盡其所未盡, 得見古人意趣, 是實眞樂, 人間餘事, 不須掛齒牙也."

데 공처럼 한걸음도 나서지 않고 곧바로 이러한 데 이르렀으니 참으로 한 바탕 웃을 만합니다. 생각하건대, 공께서 어찌 마음에 응어리지겠습니까?

바라건대, 한가할 때 학문에 힘써서 알지 못했던 것은 알기를 구하고 미진한 점은 다하기를 구하여 고인의 의취意趣를 얻으십시오. 이것이 진실로 참된 즐거움이니 인간세상의 나머지 일은 입에 올릴 것도 없습니다.

4) 「권언회에게 답하다」[34]

나는 누추한 생활이 가을에 비해 조금 나아졌지만 쇠약함이 날로 심해지고, 나머지는 말씀드릴 것이 없습니다. 고향을 그리워하는 마음은 밤낮으로 동쪽을 향해 달려갈 뿐입니다.

성주훈도의 일은 근래에 비로소 그대의 의중을 알았습니다. 이미 반드시 가겠다고 기약했으면 반드시 병이 깊고 제생을 교육하는 곳을 오래 비워 미안하다는 뜻을 가지고 사양하여 여러 번 올리면 매우 다행이겠습니다. 다만 마음에 병이 있다고 한 말씀은 어찌하여 이러합니까? 참으로 염려됩니다.

모든 사람은 피와 살, 그리고 근육과 뼈로 된 몸으로, 어둡고 습한 기운에 손상을 입으면 병들고 신음할 때가 생기는 것을 면할 수 없습니다. 그러나 떠들썩한 것을 끊어버리고 잡념을 삭히며 옛 성현의 좋은 말씀과 지극한 가르침을 눈으로 읽고 마음에 간직한다면, 약봉지가 주위를 둘러

---

34) 『柏潭集』, 권8, 書, 「答權彦晦書」, "鳳嶺醜陋, 視秋稍間, 而衰敗日甚, 餘無足言者. 首丘之思, 日夜東馳耳. 星學事, 近來始知高明意有所在. 旣以必適爲期, 則須以病重諸生敎育之地久曠, 未安之意爲辭, 累呈幸甚. 第察心蛇之論, 何以如此? 良慮, 凡人以血肉筋骸之身, 或爲陰明晦濕所感傷, 未免有違愆呻痛之時, 而若謝絕囂喧, 消遣雜念, 以古聖賢嘉言至謨, 接乎目有乎心, 則雖藥裹旁圍, 銚甌四列之中, 未嘗無淸寧境界中至味耳. 恐左右或忽於此否, 須持古聖遺書, 深閉雲山, 一以養淸氣, 一以勵精志, 此外餘事, 不須向人道也."

싸고 약탕기가 사방에 널려 있더라도 맑고 편안함 속의 좋은 맛이 항상 있을 것입니다. 혹시 그대가 이 점을 소홀히 하지는 않으셨습니까? 부디 옛 성현의 글을 가지고 깊은 산으로 들어가 한편으로 맑은 기운을 기르고 한편으로 정밀한 뜻에 힘쓰십시오. 이 밖에 다른 일은 다른 사람에게 말할 필요가 없습니다.

5) 「권언회에게 주다」35)

장맛비가 한창 이어지고 있는데, 객지 생활이 어떠한지 듣지 못해 궁금하기 그지없습니다. 보내 주신 조보朝報를 받았습니다. 병들어 궁벽한 곳에 사는 것이 꼭 귀머거리나 소경 같았는데, 이렇게 보내 주시니 참으로 다행입니다. 그러나 혹시 그대가 가지고 있던 것이 아니라면 이리저리 빌릴 때에 일이 많았을 텐데 그대도 이것을 생각했습니까?

6) 「권언회에게 답하다」36)

편지를 받고 당직하는 정황이 두루 편하다는 것을 알게 되어 위로되고 기쁩니다. 또한 날마다 어연御筵을 모시면서 은혜를 입은 것이 한 번은 아닐 것이라 생각됩니다. 오직 경敬과 직直 두 글자가 힘을 쓸 첫머리가 됩니다. 내가 요행히 은혜를 입은 것이 다소 한가한 듯하지만 오활한 사람이 외람되이 받은 것이니 마음을 잡을 수 없을 뿐입니다.

---

35) 『柏潭集』, 권8, 書, 「與權彦晦書」, “梅雨方霪, 未聞旅況何似, 馳傃不已. 朝報依受, 病廢窮僻, 正如聾瞽, 而蒙此寄示, 良幸. 但或此非左右處所有, 則轉借之際, 未免多事, 盛慮及此否?”
36) 『柏潭集』, 권8, 書, 「答權彦晦書」, “承信, 因知直況諸勝, 慰喜. 更想日侍御筵, 叨恩不一. 唯敬直二字, 自是最初着手地頭. 鄙之僥冒, 雖似較閑, 汚陋濫忝, 無以爲懷耳.”

7) 「권언회에게 답하다」[37]

추위가 다 가고 봄이 돌아왔는데 객지의 정황이 어떠한지 듣지 못하여 꿈속에서도 그리워하였습니다. 갑자기 안부 편지를 받고 새로운 경사가 생겼다는 것을 자세히 알게 되어 위로됨을 말로 다 할 수 없습니다. 돌아가 부모를 뵙는 것이 너무 더디니 마음에 미안할 뿐만이 아닙니다.

지난번에 들은 일은 두 번이나 말씀드렸는데 혹시 전해진 것이 잘못된 것이 아닙니까? 비록 말을 가리지 않고 했더라도 그 허물은 저쪽에 있는데, 남의 모욕을 당하고 앉아서 움직이지 않는 것은 선비의 도리가 아닌 듯합니다. 그 말이 헛되고 망녕된 것이라면 마땅히 조용히 잘 처신하면 됩니다. 그러나 지루하게 끌 수는 없습니다.

공께서 역마를 상당히 잘 다스렸다고 들었는데, 다행스럽고 다행스럽습니다. 새봄의 먼 길 행차에 여러 가지로 조심하십시오.

8) 「권언회에게 주다」[38]

들건대, 오랑캐들이 주모자를 잡아서 굴복시키려 한다고 하나, 머뭇거리며 결단하지 못하고 있다고 했는데, 개돼지 같은 교활한 오랑캐의 마음을 다 믿을 수 없을 뿐만 아니라, 지금 병기와 군량이 모두 떨어졌으나 조처할 바를 몰라 조정의 의논이 모두 민망해 할 따름입니다.

---

37) 『柏潭集』, 권8, 書, 「答權彦晦書」, "寒盡春回, 未聞旅況何似, 夢想方懸. 忽承訊問, 備審茂膺新慶, 爲慰不可言也. 回觀太遲, 非徒於情未安. 頃有所聞之事, 再度奉告, 豈或傳聞之誤歟? 雖其不擇辭而發, 其過在彼, 而受人之侮, 坐而無動, 恐非士子之道. 如涉虛妄, 則自當從容善處, 然不可遲遲也. 聞公馬政頗理, 但須謹終, 幸幸. 新陽遠途, 行斾萬嗇."

38) 『柏潭集』, 권8, 書, 「與權彦晦書」, "似聞胡人欲得謀首以服云, 而首鼠未斷云, 非徒犬豕狡詐之心, 不可盡信. 方以兵食俱匱, 未知所處, 廷議咸共憫惘耳. 天時易謝, 衣帶之限, 氷路消融, 則雪恥之擧, 恐歸虛地, 有識不無憂嘆耳."

계절은 쉬 바뀌어 가는데, 좁다란 강물 한 줄기를 사이에 두고 있는 상황에 얼었던 길이 녹아 버린다면 치욕을 씻는 일이 아마도 허사로 돌아갈 것이니, 지식인으로서는 걱정스럽고 한탄스러운 마음이 없지 않을 것입니다.

9) 「권언회에게 주다」[39)]

내가 동지사冬至使가 되어 8월에 길을 떠나 중국으로 갔는데, 공이 길머리에 나와 기다렸다가 여관에서 회포를 풀었으면 어찌 기이하고 다행한 일이 아니겠습니까? 그러나 끝내 어긋나게 되었으니, 조물주가 사람의 좋은 일을 시기하는 것이 한결같이 이러한 데 이르렀습니다.

6. 「통훈대부 행 사헌부집의 겸 세자시강원보덕 춘추관편수관 회곡 권 선생 행장」[40)]

공의 휘는 춘란春蘭이고, 자는 언회彦晦이며, 안동권씨이다. 고려 때 삼한벽상공신 삼중대광을 지낸 행幸의 24세손이다. 고조 구서九敍는 수의교위 부사직을 지냈고, 증조 자관自關은 병절교위 부사직을 지냈으며, 조부 모模는 통훈대부 통례원 좌통례로 증직되었는데, 선교랑 군기시주부를 지냈다. 아버지 석충錫忠은 통정대부 승정원 좌승지 겸 경연관참찬으로 증직되었다. 어머니는 함창김씨로 숙부인으로 증직되었는데 관찰사 이음爾音

39) 『柏潭集』, 권8, 書, 「與權彦晦書」, "僕以冬至使, 八月起程向西, 公在路頭, 則逆旅敍懷, 豈非奇幸? 終乃舛違, 造物之忌人好事, 一至於是也."

의 후손이다. 가정 기해년(1539) 7월 22일 경오에 안동부 동쪽 가구리 집에
서 태어났다.

---

40) 『晦谷先生文集拾遺』, 附○行狀, 「通訓大夫, 行司憲府執義, 兼世子侍講院輔德, 春秋館編修
官, 晦谷權先生行狀[柳台佐], "公諱春蘭, 字彦晦, 權氏, 安東人. 高麗三韓壁上功臣, 三重大
匡諱幸之二十四世孫. 高祖諱九叙, 修義校尉副司直, 曾祖諱自關, 秉節校尉副司直, 祖諱模, 贈
通訓大夫, 通禮院左通禮, 行宣敎郞軍器寺主簿, 考諱訓錫忠, 贈通政大夫, 承政院左承旨, 兼經
筵參贊官, 妣贈淑夫人咸昌金氏, 觀察使爾音之後. 以嘉靖己亥七月二十二日庚午, 生公于安東
府之東佳邱里第. 生有異質, 夙解文字, 髫齓時, 已有老成體段. 遊嬉羣兒, 有褻傲不敬者, 責而
絶之. 七歲, 遭外祖考喪, 哭泣行素, 承旨公慮其病, 勸令食肉. 公曰: 親喪不肉, 禮也. 父母之
父母, 與父母奚間? 固辭不食. 公慨然於門戶之衰替, 請學於承旨公. 承旨公嘉其意, 編小冊子,
寫若干聯句授之. 公手不暫釋, 口必成誦. 仍問天地間何物貴? 承旨公曰: 惟學耳. 曰: 何以貴?
曰: 爲子孝, 爲臣忠, 可以爲觀察, 可以爲太守, 父母欲之, 鄕人榮之. 曰: 觀察太守, 無足貴,
欲爲孝爲忠, 舍學何成? 承旨公心異之. 授『孝經』, 公俯讀仰思, 一字一句, 必反覆問難, 尋繹義
理. 自謂曰: 讀此而如未讀時, 這樣人非人. 時取『周易』, 或戲成卦畫. 或潛心默玩. 承旨公曰:
此非孩兒所解. 公曰: 兒雖兒也, 志則大矣. 年十四, 受業於栢潭具先生之門. 栢潭易若距之, 以
試誠否, 公每日昧爽造門, 祈寒暑雨不變. 栢潭深嘉之曰: 今者復見門外立雪, 敎誨不怠, 期以
遠器. 具贊祿・安霽, 皆公之所與同學人也. 芝山金公, 嘗語栢潭曰: 門人中才學孰優? 栢潭曰:
誦具, 製安, 精權. 芝山曰: 他日以斯文爲任者, 必楠權也. 公志學以後, 益自刻勵, 不獨口耳之
記誦, 而必求力踐聖賢遺訓. 辛酉, 中司馬, 俛勉於悅親之事. 就所居洞口, 泉石之勝, 搆精舍數
楹, 引水爲池. 取晦翁詩中方塘一鑑, 源頭活水之語, 扁其顔曰鑑源, 栢潭嘉其幽賞, 贈之以詩
曰: 手斲松崖敞野堂, 帶檻規作小池塘, 虛涵脫軍圓輪滿, 活引縈雲玉派長, 日月精華渾不染, 乾
坤本體浩無疆, 觀書警句垂明訓, 薰沐如承警欬傍. 公靜處一室, 藏修遊息, 脫略世累, 若將終
身. 又嘗請益於退陶老先生, 先生曰: 吾聞公之文行久矣, 亟加推詡, 萬曆癸酉, 擢式年文科, 考
官得公所對策, 歎向其淵源有自, 非尋常應擧之文. 乙亥, 隷成均館學諭, 陞學錄. 庚辰, 拜藝文
館撿閱, 兼春秋館記事官, 由國子爲翰林, 盖雋望也. 例陞待敎, 遷奉敎, 病未謝. 除司憲府監
察, 出爲大同察訪, 黎渦百媚, 一切不近, 布帛例俸, 毫末不取. 呈辭駘觀, 道上行裝, 亦盡送還.
乙酉, 除司諫院正言, 移拜司憲府持平. 又拜成均館直講, 皆以病辭. 丙戌, 除禮曹正郞, 栢潭在
京抵書曰: 故山烟霞, 隨意閒遊, 雖曰得計, 家貧親老, 仕亦一義. 公不得已赴謝, 上疏乞養. 除
永川郡守, 榮奉板輿, 小心淸謹其政, 以正民心, 善風俗爲先務. 月朔具酒食, 依澤州故事, 召鄕
人高年, 親自勸酬, 使人知養老事長之義. 書平易近民'四字於座右, 置『心經』・『近思錄』於几
案上, 公退之暇, 警者而披閱焉. 歲飢賑濟, 惠及流民, 前政逋負, 節縮補塡. 邑有淫祠, 弊痼莫
禁, 下令來告, 鬼怖遂絶. 栢潭有疾, 公卽馳往省診, 栢潭卧不能起. 覆以白單衣, 拖帶其上. 視
公執手曰: 平日挾書冊, 相與作虛說話, 亦非偶然. 及卒, 殯殮諸具, 躬親敦撿, 無不周悉. 禮葬
時, 又來操文以祭, 情義懇惻. 丁亥, 遭承旨公憂, 哀毁幾滅性. 葬而廬墓, 晨昏上塚, 如定省儀.
時省母夫人, 不入私室. 於書只讀『禮記』一書. 己丑, 服闋. 庚寅, 除成均直講, 又除司諫獻納,
皆不就. 除義城縣令, 爲親強赴. 辛卯, 呈病遞, 歸到雲山驛, 照撿一行卜馱中, 見紫草一封, 詰
問之, 卽母夫人壽辰染衣之餘, 公以爲官物, 送還之. 乙未, 拜司憲府掌令, 世子侍講院弼善, 皆
病辭. 除司諫・掌令・執義・輔德, 暫就辭歸. 宣廟語筵臣曰: 權春蘭, 未嘗肯一日在朝, 以予不
足與有爲而然耶? 筵臣以偏母在堂, 年至喜懼, 遠遊爲憫, 仰對. 上深加奬歎曰: 其孝可嘉. 除通

禮院相禮, 復除輔德, 固辭, 不允. 公每於書筵, 必以成就德性爲務, 不止涉獵書史, 講或一日有間, 必達以不接儒臣, 非朝夕承弼之意. 東宮有敎曰: 權某爲輔德, 身雖疲困, 學業則日就, 旋又病遞, 尋郷. 戊戌, 除執義·直講·司諫·司藝·司成, 皆不赴. 朝議以靑松開闢, 便於養親, 有除命. 公赴任數朔, 母夫人病篤, 公晝夜不解帶, 日必焚香祝天, 刲左股, 取血和藥以進, 遂甦月餘, 竟不起. 公水漿不入口者四日. 奉櫬以歸, 祔葬府旨公墓, 廬居省墓, 一如前喪. 母夫人病時, 厭聞慈臭, 公自是不食慈. 癸卯外除, 恒處鑑源, 益堅不樂仕宦之志. 纂述『進學圖』·『孔門言仁錄』若干編. 人有來學者, 必敎誨之不倦, 知其有才者, 心喜之, 必欲成就之. 甲辰, 與西厓·愚伏, 會西美洞, 講討前日疑難, 西厓先生曰: 老友閒居靜養, 洞觀踐履之實, 可以想見. 乙巳七月, 大水, 廬江書院漂沒, 將謀改建, 畏水患, 欲移建于他, 公曰: 退溪遺躅在是, 不可移也. 仍重建于廬江, 除弘文館修撰, 有旨召, 復除輔德趨行, 皆以病辭. 戊申, 除榮川郡守, 不赴. 庚戌, 除校理, 又以病辭. 讀書講道之餘, 以養花種樹, 修築臺池爲事. 洞人以不知農務爲之語, 公曰: 此吾農事, 種蓮實可食, 養菊英可餐, 植木則霜紅可賞, 幽獨燕閒之中, 斬然有成法. 淸風子鄭公, 每見公, 必收斂撿束, 爲詩美之曰: 擧世皆歸濁, 惟君獨汴淸, 能全晩年節, 自保歲寒貞, 松竹爲知己, 梅荷作弟兄, 羲皇卽此地, 霽月枕邊明. 公嗣子大諫公, 除慶州府尹, 行焚黃祭于家廟, 公曰: 汝則立揚以顯父母, 吾莫之及, 泫然泣下. 其慕父母之孝, 至老愈篤如此. 栢潭先生以詩示公曰: 心到靜時須見實, 學無文處卽知眞, 富貴不關身外事, 才華空逐夢中塵. 公書揭座右, 自少至老, 警省如一, 不以外累經心. 乙卯, 與蒼石李公, 同遊龍山書院, 讐校『栢潭先生文集』, 仍講學數月而罷. 丁未, 寒岡鄭公, 爲安東府使, 下車未數日, 首訪公于鑑源亭. 公曰: 安東號是文獻之地, 而自栢潭·鶴峯·西厓下世之後, 士大所依, 莫知其方. 幸明府來莅, 德業得有所考問, 趨向之定, 自今日始矣. 寒岡曰: 鄒魯之鄕, 何患無取斯之人乎? 酒三行, 公問曰: 明府下車翼日, 坐客舍, 見女妓花, 輒令芟去云, 有諸? 寒岡曰: 吾惡其花之名似除去也? 公曰: 苟吾心有主, 雖南威西子, 尙不能移, 何畏乎假其名者乎? 寒岡深服其言. 壬子, 龍山書院成, 奉安栢潭先生. 丁巳七月, 有疾, 子弟侍藥之外, 婦人女子, 不得近, 痛禁巫覡祈禱之事. 氣雖憊, 精神不耗, 衣冠端坐, 對越書籍, 命子姪奉紙墨, 親書乘化歸盡, 不復有恨之語. 八月十六日, 考終于鑑源精舍, 享年七十九. 是年十月六日, 葬于師尼山下承旨公墓側丙丑坐之原, 從遺命也. 配淑人錦城朴氏, 江陵府使承侃之女. 無子, 以弟判書公諱春桂子泰一爲嗣, 卽大諫公. 號藏谷, 大諫嗣子世後. 四女, 適安景淹·吳益煐·金耀亨·韓必久. 側室一男, 世從, 世後四男, 斗瞻·斗齊·斗山·斗七. 五女, 適李元裕·具碩昌·金俊·金國柱·李宜植. 景淹一男, 穢, 益煐二男, 德基·慶基, 耀亨一男, 碩昌, 必久一男, 汝玉, 參判. 世從一男, 斗齡, 斗瞻一男, 翯, 斗齊一男, 翺, 一女適金起漸, 斗山二男, 珝·翔. 斗七二男, 翎·珝. 元裕一男, 喬命. 碩昌一男, 興胄. 俊一男, 台瑞. 國柱一男, 後聃. 宜植一男, 光弼. 穢一男, 重鉉, 參奉. 二女適李元祿, 參判. 朴成廈, 汝玉一男, 基衍. 以下內外孫, 不盡錄. 公姿稟超異, 穎悟出類, 嚳齠而著老成之名, 始學而有忠孝之志. 經傳旨義之深奧隱微, 孜孜乎反覆問難, 潛心默玩, 蚤歲立雪於栢潭之門. 繼又就正於陶山. 亟蒙推許, 其所以擩染薰陶, 資之深而實有所得也. 栢老精權之詔, 芝翁斯文之奬, 已可見推重之令望. 而半畝方塘, 有亭翼然. 栢老贈詩中, 渾不染浩無疆之詠, 夫豈偶然乎哉? 至若心到靜時須見實, 富貴不關身外事之句, 寔是公一生奉守而勿失者. 故釋褐以後, 迨翰苑而至於臺省玉署, 華誥聯翩, 恩諭鄭重, 而謹難進之禮, 厲易退之節, 或抗章而力辭, 或奉身而亟去. 一郵四邑之强赴, 亦所以深有感於孝不及養之經訓, 爲親暫屈, 而小心淸謹, 平易近民, 又其居官始終之繩尺也. 其事親也, 生養死葬, 廬居省掃, 月朔拜廟, 誠孝備至. 其爲學也, 自四子

특이한 자질을 가지고 태어나 일찍 문자를 이해했고, 어릴 때 이미 노성한 모습을 지니고 있었다. 여러 아이들과 놀며 장난할 때 오만하고 불경한 사람이 있으면, 책망하며 교유를 끊었다. 7세에 외조부의 상을 당해 곡읍하고 행소行素[41]하자, 승지공은 그가 병들까 염려하여 고기를 먹을 것을 권면하였는데, 공이 "어버이의 상에는 고기를 먹지 않는 것이 예입니다. 부모의 부모가 부모와 어떻게 간격이 있겠습니까?"라고 하고 고사하며 먹지 않았다.

공이 개연히 문호의 쇠퇴를 염려하며 승지공에게 배움을 청하였다. 승지공은 그 뜻을 가상히 여겨 작은 책자를 편집하고 약간의 연구聯句를 적어 주었다. 공은 그것을 손에서 잠시도 떨어뜨려 놓지 않고 입으로 반드시 암송하였다. 이어서 "천지간에 어떤 것이 귀합니까?"라고 물으니, 승지공이 "학문이다"라고 하자, "어째서 귀합니까?"라고 물으니, "아들이 되면 효도하고, 신하가 되면 충성한다. 관찰사가 될 수 있고, 태수가 될 수 있으며, 부모도 그렇게 되기 바라고, 고을 사람도 그것을 영예롭게 여기기 때

六經, 以至於諸子百家, 無不該貫融會, 而晩年工夫, 專用力於大易一部. 拈出一中字, 揭之壁上曰: 古之聖賢, 必以此爲天下之大本, 亦可以驗喜怒哀樂未發前氣像, 語默動靜之間, 盖無一日而非學, 亦無一事而非學. 橫渠氏所謂晝有爲, 宵有得, 息有養, 瞬有存者, 公其庶幾焉. 常愛慕鶴峯先生, 愈久而愈篤, 撫敎其諸孫, 如己出, 使之成就. 淸陰金公撰述公幽宮之誌曰: 襟懷淸曠, 酷愛山水. 剔巖洞開陂塘, 宴處其間, 樂而忘食, 視世上紛華名利, 若浮雲然. 接於物也, 虛心巽志, 不設防畛, 善善長而惡惡短. 至辨義理, 擇是非, 一刀兩段, 聞先生之風者, 無不起敬而易慮, 道使州長, 修刺詣廬, 干旄陋巷, 一成賓主禮而已. 無城府跡, 引誘後生, 勉進爲學, 始學於栢潭, 前輩多見期重, 至其晩歲, 驗之日用, 純如也, 此其實錄也. 惜乎, 『進學圖』一帙, 雖成卷軸, 『言仁錄』, 未克成編, 其他著述, 亦皆散佚而不富. 龍山祠師門配食之縟禮, 豈足以慰百世士林羹墻之慕哉? 院儒金斯文星魯甫, 賫奉公家狀一通, 來請記行之文. 公之七代孫曅, 申之以謬囑, 辭旨鄭重, 顧惟陋劣, 何敢與聞於屬辭比事以犯汰哉之譏乎? 第伏讀遺集祭先祖文忠公文, 至有溯餘波尋本源之語, 當日道義之契, 實不勝感歎敬慕之懷, 忘其僭猥, 櫽括來狀, 而叙次如右, 以備當世秉筆君子之採擇焉. 嘉善大夫, 原任禮曹參判, 兼同知經筵義禁府事, 五衛都捴府副捴管, 豐山柳台佐撰."

41) 行素는 비통한 생각에 고기는 먹지 않고 채식만 하는 것을 말한다. 素飯 혹은 素食이라고도 한다. 소식만 올리는 제사를 素祭라고 한다.

문이다"라고 하자, "관찰사와 태수는 귀할 것이 없지만, 효도하고 충성하는 데 학문을 버리면 무엇을 이룰 수 있겠습니까?"라고 하니, 승지공이 마음으로 기특하게 생각하였다.

『효경』을 주니, 공은 읽고 생각하면서 한 글자 한 구절을 반드시 반복하고 질의하면서 의리를 찾았다. 스스로 말하기를 "이것을 읽었는데, 읽지 않을 때와 같이 산다면, 저런 이는 사람이 아니다"라고 하였다. 이때 『주역』을 가져다 간혹 괘卦와 획畫을 그리기를 즐거워하였고 잠심하여 묵묵히 완미하였다. 승지공이 "이것은 아이가 이해할 수 있는 것이 아니다"라고 하시자, 공이 "제가 비록 아이지만, 뜻은 큽니다"라고 하였다.

14세에 백담 구봉령 선생의 문하에서 수업하였는데, 백담이 겉으로 거절하는 듯하면서 성실함의 여부를 시험하였다. 공은 매일 새벽 문하에 나아갔는데, 춥거나 더운 날에도 변화가 없었다. 백담이 매우 가상히 여겨 "오늘날 다시 문 밖의 입설立雪을 보았다"[42]라고 하고는, 가르침을 게을리하지 않으면 큰 그릇이 될 것을 기대하였다.

구찬록[43]과 안제[44]는 모두 공이 함께 공부했던 사람들이다. 지산 김팔

---

42) 立雪은 송나라 游酢과 楊時의 고사를 가리킨다. 이들이 처음 程頤를 찾아갔을 때마침 정이가 눈을 감고 앉아 있으므로 두 사람은 인기척을 내지 않고 서서 기다렸는데, 정이가 눈을 떴을 때는 문밖에 내린 눈이 한 자가량이나 쌓여 있었다고 한다. 이것이 '程門立雪'이라는 유명한 고사로 전하며, 문하에서 가르침을 받는 것을 의미한다.

43) 松彦 具贊祿의 본관은 綾城, 자는 汝膺이다. 아버지는 幹, 어머니는 안동권씨이다. 어려서 족형인 백담 구봉령에게 가르침을 받았고, 커서는 퇴계 문하에 입문했는데, 퇴계가 크게 인정하였다. 사는 곳이 예안의 부포라서 도산과는 지척의 거리였고 월천 조목과 간재 이덕홍 등의 제현과 함께 학문을 연마했다.

44) 安霽의 본관은 順興, 자는 汝止이다. 그 선조는 순흥부 사람으로 문성공 安裕의 후예이다. 안제는 태어날 때부터 남다른 자질이 있는 데다 才氣가 남들보다 뛰어나 선생이 일찍이 말하기를 "子路의 勇"이라고 하였다. 임진왜란이 일어나자 그는 재물을 내어 군사를 돕는 데 힘을 다하지 않음이 없었다. 그는 일찍이 嚴父께서 돌아가시자 모부인을 효성을 다해 모셨다. 선생은 죽계라는 길의 언덕에서 태어났다. 백담선생의 문하에서 노닐었으며 남은 힘이 있으면 공부를 하여 소문이 일찍이 났다. 마침내

원이 일찍이 백담에게 "문인 가운데 재주와 학식이 가장 나은 이가 누구입니까?"라고 물으니, 백담이 "기송記誦은 구찬록, 제술製述은 안제, 정찰精察은 권춘란입니다"라고 하니, 지산이 "훗날 사문을 책임질 사람은 반드시 정찰의 권춘란일 것입니다"라고 하였다. 공이 학문에 뜻을 둔 이후 더욱 스스로를 책려하였는데, 입과 귀로 기송하는 것뿐만 아니라, 성현의 유훈을 반드시 힘써 실천하였다.

신유년(1561) 사마시에 합격하여 부모를 기쁘게 하는 데 힘썼으며, 거처하는 마을 어귀의 자연 경치가 빼어난 곳에 몇 칸의 정사를 짓고는 물길을 끌어와 연못을 만들었다. 그러고는 회암 주희의 시 가운데, "네모난 연못은 하나의 거울이요, 근원에서 물이 솟아나네"라는 말을 취해 '감원정鑑源亭'이라고 편액하였다. 백담이 그윽한 경관에 기뻐하며 다음과 같은 시를 지어 주었다.

솔 언덕 깎아 높은 당 세우고	手斲松崖敞野堂
정자 주위 둥글게 작은 연못 만들었네.	帶檻規作小池塘
빈 곳 둥근 달 온 가득 비치고	虛涵脫匣圓輪滿
구름 같은 옥빛 물결 길게 끌어 왔네.	活引縈雲玉派長
일월 광채 혼연히 물들지 않고	日月精華渾不染
건곤 본체 광대하여 끝이 없네.	乾坤本體浩無疆
「관서유감」의 교훈 담겨 있어	觀書警句垂明訓
옆에 앉아 가르침 받드는 듯하네.	薰沐如承馨欬傍

공은 방 한 칸에서 조용히 지내면서 학문을 닦고 소요하며 세속의 얽

과거에 합격하여 머리에 꽂은 월계수는 향기롭고 아름다운 재주는 못하는 것이 없었다.

매임에서 벗어나 삶을 마칠 듯하였다. 또한 퇴계선생에게 가르침을 청하였는데, 선생께서 "내가 공의 문행文行을 들은 지 오래되었소"라고 하면서 매우 가상히 여겼다.

만력 계유년(1573) 식년시 문과에 합격하였다. 고관考官들이 공이 지은 대책對策을 보고 학문의 연원이 유래가 있어 평범한 과거 응시자의 문장이 아니라고 감탄하였다. 을해년(1575) 성균관학유에 예속隸屬하였다가 학록으로 승진하였다. 경진년(1580) 예문관검열 겸 춘추관기사관에 제수되고, 국자감을 거쳐 한림이 되었는데, 덕망이 높았기 때문이다. 규례에 따라 대교로 승진하고 봉교로 옮겨졌지만, 병으로 사은謝恩을 하지 못하였다. 사헌부감찰에 제수되고 나아가 대동찰방이 되었는데, 여와나 백미를 일절 가까이 하지 않았고, 포백을 녹으로 받았지만 조금도 취하지 않았으며, 사장辭狀을 올리고 귀향할 때, 길 위에서 행구行具도 모두 돌려보냈다.

을유년(1585) 사간원정언에 제수되고 사헌부지평으로 이배되었으며, 다시 성균관직강에 제수되었지만, 모두 병으로 사직하였다. 병술년(1586) 예조정랑에 제수되었는데, 백담이 서울에서 편지를 보내 "고향 산천의 안개와 노을 속에서 마음대로 한가롭게 노니는 것이 비록 '계획을 이루었다'라고 할 수는 있지만, 부모가 늙고 집안이 가난하면 벼슬하는 것 또한 하나의 의리일 것이다"라고 하자, 공이 부득이 올라가 사은한 뒤에 상소하여 부모의 봉양을 청하였다.

영천군수에 제수되어 판여板輿45)를 영화롭게 받들었고, 신중하게 정사를 처리하여 민심을 바로잡고 풍속을 좋게 만드는 것을 급선무로 삼았다.

---

45) 板輿는 노인을 편히 모실 수 있는 푹신한 가마를 말한다. 晉나라 潘岳의 「閑居賦」에 "모친을 판여에 모시고 가벼운 수레에 태워 드린 다음, 멀게는 경기지방을 유람하고, 가까이는 집안 뜰을 소요한다"(太夫人乃御板輿, 升輕軒, 遠覽王畿, 近周家園)라고 하였다.

매월 초하루 술과 음식을 마련하고 택주의 고사46)에 따라 향촌에서 나이
가 많은 사람을 불러 직접 술을 권하여 사람들로 하여금 노인을 봉양하고
어른을 섬기는 의리를 알게 하였다. 그러고는 '평이근민平易近民' 네 글자를
좌석 한쪽에 쓰고 『심경』과 『근사록』을 책상에 올려놓았다. 공이 퇴청한
여가에 경계하고 성찰하면서 열람하였다. 흉년에는 진휼하여 유민들에게
도 혜택이 다다랐고, 이전 정사에서 거두지 못한 세금은 절약하고 저축하
여 메웠다. 고을에 음사淫祠가 있어 폐단을 막을 수 없었는데, 명령을 내리
고 조사하여 기괴한 일을 마침내 단절시켰다.

백담이 질병이 있어 공이 곧장 달려가 문병하였는데, 백담이 누운 채
일어나지 못하자, 백단의白單衣를 덮고 그 위에 띠를 둘렀다. 백담이 공을
보고 손을 잡고는 "평소 책을 가지고 서로 빈말로 했던 이야기 또한 우연
이 아니었네"라고 하고는 마침내 졸하였다. 빈렴殯殮에 필요한 여러 상구喪
具를 직접 점검해서 두루 갖추었다. 예장禮葬할 때 제문을 가져와 제향을
올렸는데, 정의情義가 간절하고 측달하였다.

정해년(1587) 승지공의 상을 당했을 때, 슬픔으로 거의 목숨을 잃을 뻔
하였다. 장사를 지낸 뒤에는 여묘살이를 했는데, 아침저녁으로 무덤에 가
서 혼정신성昏定晨省47)의 의절처럼 행하였다. 때마다 어머니를 보살폈지만,
사실私室에 들어가지는 않았다. 책은 오직 『예기』 한 책만 읽었으며, 기축

---

46) 택주의 고사는 程顥가 澤州의 진성으로 부임해 가서 효제충신의 도리를 가르쳐 부역
에 서로 돕게 하고 환난에 서로 구휼하게 하였으며, 또 시골에 鄕校를 설치하여 文風
을 일으킨 결과, 부임한 지 10여 년 만에 교화가 크게 행해져 儒服을 입은 자가 수백
명에 달하였다는 것을 말한다.
47) 昏定晨省은 어버이를 제대로 봉양하는 것을 말한다. 『禮記』 「曲禮上」에 "자식이 된
자는 어버이에 대해서, 겨울에는 따뜻하게 해 드리고 여름에는 시원하게 해 드려야
하며, 저녁에는 잠자리를 보살펴 드리고 아침에는 문안 인사를 올려야 한다"(凡爲人
子之體 冬溫而夏淸 昏定而晨省)라고 하였다.

년(1589)에 삼년상을 마쳤다.

병인년(1590) 성균관직강에 제수되고 다시 사간원헌납에 제수되었지만 모두 나아가지 않았다. 의성현령에 제수되었을 때는 어머니를 위해 억지로 부임한 것이다. 신묘년(1591) 병으로 사직을 청해 체직되어 돌아왔는데, 운산역에서 짐바리를 검사하던 중 자초紫草 한 묶음이 보여 따져 묻자, 모친의 생신 때 옷을 염색하고 남은 것이었다. 공이 관청의 물품이라고 여겨 돌려보냈다.

을미년(1595) 사헌부장령·세자시강원 필선에 제수되었으나 모두 병으로 사직하였다. 사간·장령·집의·보덕에 제수되었으나, 잠시 취임하였다가 사직하고 돌아갔다. 선조가 경연에 참석한 신하들에게 "권춘란은 하루도 조정에 있지 않으려고 하는데, 내가 함께 일하기에 부족하다고 여겨서 그런 것인가?"라고 하자, 신하들이 "편모가 살아계신데, 나이가 많아 한편으로 기쁘고 한편으로 두려워, 멀리서 지내는 것을 민망히 여기기 때문입니다"라고 대답하니, 임금이 "그 효성이 가상히 여길 만하다"라고 매우 깊이 칭찬하였다.

통례원상례에 제수되고 다시 보덕에 제수되자 고사하였으나 임금이 윤허하지 않았다. 공은 매번 서연書筵에서 반드시 덕성을 성취하는 것을 임무로 여겼으며, 경전과 사서를 섭렵하는 데에 그치지 않았다. 강론이 간혹 하루라도 간격이 생기면, 유신儒臣을 만나지 않는 것은 아침저녁으로 명을 받들어 보필하는 뜻이 아니라는 것을 반드시 진달하였다. 동궁이 하교하여 "권 아무개가 보덕이 되니, 몸은 비록 피곤하지만, 학업은 날로 성취된다"라고 하였다. 뒤에 다시 병으로 체직되어 고향으로 돌아갔다.

무술년(1598) 집의·직강·사간·사예·사성에 제수되었으나 모두 부임하지 않았다. 조정에서 청송이 한적하여 부모를 봉양하는 것이 편하다고 논의하여 제수의 명이 내려졌다. 공이 부임한 지 몇 개월 뒤 모친의 병세가 위독해지자 아침저녁으로 띠를 풀지 않고, 날마다 향을 피워 하늘에 기도하면서, 왼쪽 허벅지를 찔러 피를 모아 약에 타서 드렸다. 마침내 소생하셨지만 한 달 정도 뒤에 끝내 일어나지 못하자, 공이 나흘 동안 입에 물을 대지 않았다. 관을 받들어 돌아와서 승지공의 묘에 부장祔葬하고 부친의 상 때와 동일하게 여묘살이를 하였다. 모친이 병을 앓을 때 파 냄새 맡는 것을 싫어하였는데, 공은 이때부터 파를 먹지 않았다.

계묘년(1603) 삼년상을 마친 다음, 항상 감원정에 거주하면서 벼슬하는 것을 좋아하지 않는 것이 더욱 굳건해졌다. 『진학도』와 『공문언인록』 약간의 책을 찬술하였고, 와서 배우는 이들이 있으면 반드시 게을리하지 않고 가르쳤는데, 재기才器가 있다는 것을 알게 되면, 마음으로 기뻐하여 반드시 성취시키고자 하였다.

갑진년(1604) 서애 류성룡, 우복 정경세[48]와 함께 서미동에 모여 지난날의 의문점을 강토하였는데, 서애선생이 "오랜 벗이 한가롭게 거처하면서 고요히 심성을 기르고 있었는데, 그 몸소 행하는 실상을 통관해 보니, 그 실제를 상상할 수 있다"라고 하였다.

을사년(1605) 7월 홍수로 여강서원이 떠내려갔다. 장차 다시 건축할 것을 도모하면서도 수해가 두려워 다른 곳으로 이건하고자 하였다. 공이 "퇴계의 발자취가 여기에 있으니, 옮길 수 없다"라고 하고, 여강에 그대로 중건하였다. 홍문관수찬에 제수되었고, 교지를 내려 부르면서 다시 보덕

---

48) 愚伏 鄭經世(1563~1633)의 본관은 晉州, 자는 景任이다. 부친은 좌찬성 鄭汝寬이며, 모친은 陜川李氏로 李軻의 딸이다. 7세에 『史略』을 읽고 8세에 『小學』을 배웠는데, 불과 절반도 배우기 전에 문리가 통하여 나머지 글은 스스로 해독하였다 한다. 1578년 경상도 鄕試에 응시하여 생원과 진사의 초시에 합격하였고, 1580년 류성룡의 제자가 되어 학문에 진력하였다. 시호는 文莊이다.

에 제수하여 올라오기를 재촉하였지만, 모두 병으로 사직하였다.

무신년(1608) 영천군수에 제수되었으나 부임하지 않았다.

무술년(1610) 교리에 제수되었으나 다시 병으로 사직하였다. 독서讀書하고 강도講道하는 여가에 꽃을 기르고 나무를 심으며 돈대墩臺와 연못 만드는 것을 일삼았는데, 동네 사람들이 농사도 모르고 한다고 하자, 공은 "이것이 나의 농사라오. 연꽃을 심으면 열매를 먹을 수 있고, 국화를 기르면 꽃잎을 먹을 수 있으며, 나무를 심으면 서리 맞은 단풍을 감상할 수 있으니, 그윽한 가운데 결연히 성법成法이 있다오"라고 하였다.

청풍자 정윤목49)이 매번 공을 보면서 마음을 수렴하고 자신을 검속하기를 기필하면서 시를 지어 다음과 같이 찬미하였다.

온 세상 혼탁해져 가는데	擧世皆歸濁
그대만 홀로 맑음 지켰네.	惟君獨守淸
만년의 절조 능히 지키고	能全晚年節
세한의 곧은 마음 보전했네.	自保歲寒貞
솔과 대나무 지기로 삼고	松竹爲知己
매화 연꽃과 형체처럼 지냈네.	梅荷作弟兄
복희와 황제 이곳에 있으니	羲皇卽此地
맑은 달 베갯머리 비추네.	霽月枕邊明

공의 후사 대간공이 경주부윤에 제수되어 가묘에서 분황제를 지냈는

---

49) 淸風子 鄭允穆(1571~1629)의 본관은 淸州, 자는 穆如, 또 다른 호는 蘆谷, 竹窓居士이다. 우의정을 지낸 鄭琢의 아들로 태어났다. 한강 정구와 서애 류성룡에게 학문을 배웠다. 성리학뿐만 아니라 예학·음양학·병법·율학에 두루 뛰어났다. 1589년 사은사를 따라 명나라에 가서 선진문물을 둘러보고 왔다. 1616년 천거로 召村道察訪에 제수되고 1618년 通訓大夫에 제수되었으나 광해군의 난정에 실망하여 사직하였다.

데, 공이 "너는 입신양명하여 부모를 드러내었는데, 나는 너에게 미치지
못했구나"라고 하며 눈물을 흘렸다. 그의 부모를 사모하는 효성이 이처럼
나이가 들면 들수록 더욱 독실하였다. 백담선생이 시를 지어 공에게 보여
주었다.

마음이 고요할 때 실상을 보아야 하니　　　　　　　心到靜時須見實

학문은 꾸밈없을 때 진리가 보인다네.　　　　　　　學無文處卽知眞

부귀는 내 몸 밖의 일과 상관없는데　　　　　　　　富貴不關身外事

재화는 꿈속 티끌을 헛되이 따라가네.　　　　　　　才華空逐夢中塵

공은 이 시를 좌석 오른쪽에 걸어두고 젊어서부터 나이가 들 때까지
경계하고 성찰하기를 한결같이 하여 외물에 마음이 얽매이지 않게 하였다.

을묘년(1615) 창석 이준50)과 함께 용산서원을 유람하고 『백담선생문집』
을 교정하면서 수개월을 강학한 뒤에 파하였다.

정미년(1607) 한강 정구가 안동부사로 부임한 지 얼마 되지 않았을 때,
먼저 감원정으로 공을 찾아왔다. 공이 "안동은 문헌의 고장으로 불리는데,
백담 구봉령·학봉 김성일·서애 류성룡이 세상을 떠난 뒤로는 사림이 의
지할 곳을 잃어 그 방향을 알지 못하게 되었습니다. 다행히 부사께서 부임
하셔서 덕업을 살펴보고 문의할 곳이 있게 되었으니, 오늘을 시작으로 추

---

50) 蒼石 李埈(1560~1635)의 본관은 興陽, 자는 叔平, 시호는 文簡이다. 李兆年의 증손으
　　로, 할아버지는 李琢이고, 아버지는 李守仁이며, 어머니는 申氏이다. 1582년 생원시를
　　거쳐 1591년 별시문과에 병과로 급제해 교서관정자가 되었다. 임진왜란 때 피난민과
　　함께 안령에서 적에게 항거하려 했으나 습격을 받아 패하였다. 그 뒤 우복 정경세와
　　함께 의병 몇천 명을 모집해 姑姆潭에서 외적과 싸웠으나 또다시 패하였다. 1594년
　　의병을 모아 싸운 공으로 형조좌랑에 임명되었으나 사양하였다. 1597년 지평이 되었
　　으나 류성룡이 국정운영의 잘못 등으로 공격을 받을 때 함께 탄핵을 받고 물러났다.

향할 곳이 정해졌습니다"라고 하자, 한강이 "추로지향에서 어찌 이런 사람을 취하지 못할까 걱정하십니까?"라고 하였다. 술이 3번 돌자 공이 "부사께서 부임한 다음 날 객사에 앉았다가 여기화女妓花를 보시고는 바로 베어 버리도록 명했다고 하는데, 그런 일이 있었습니까?"라고 묻자, 한강이 "내가 그 꽃의 이름이 비슷한 것을 미워하여 없애 버린 것입니다"라고 하였다. 이에 공이 "진실로 내 마음에 주재가 있다면 비록 남위나 서자라도 오히려 마음을 빼앗을 수 없는데, 어떻게 그 이름을 가차한 것으로 두려워하겠습니까?"라고 하니, 한강이 그 말에 깊이 탄복하였다.

임자년(1612) 용산서원이 완성되자 백담선생의 위패를 봉안하였다.

정사년(1617) 7월 병세가 있자 자제들이 약시중을 드는 것 이외에 부인과 여자들은 가까이 오지 못하게 하고 무당이 기도하는 일을 엄격하게 금하였다. 기력이 없어도 정신을 놓지 않았고, 의관을 단정히 하고 바르게 앉아서 서적을 대하다가, 자질에게 명하여 먹과 종이를 받들게 하여 "조화를 타고 돌아가니, 다시 한이 없다"라는 말을 써 놓고 8월 16일 감원정사에서 고종考終하니, 향년 79세였다. 같은 해 10월 6일 유언에 따라 사니산 아래 승지공의 묘역 옆 축좌丑坐의 언덕에 장사 지냈다.

아내는 숙인 금성박씨로 강릉부사 승간의 따님이다. 자식이 없어 공의 동생 판서공 춘계의 아들 태일을 후사로 삼았다. 이분이 대간공이며 호는 장곡이다. 대간공의 아들은 세후이고, 4녀는 안경엄·오익황·김요형·한필구에게 시집갔으며, 측실이 1남 세종을 낳았다. 세후는 4남 두첨·두제·두산·두칠을 두었고, 5녀는 이원유·구석창·김준·김국주·이의식에게 시집갔다. 경엄은 1남 헌을 두었고, 익황은 2남 덕기·경기를 두었으며, 요형은 1남 석창을 두었고, 필구는 1남 참판 여옥을 두었다. 세종은 1남 두령을 두었다. 두첨은 1남 학을 두었고, 두제의 1남은 고이고, 1녀는 김기점에게 시집갔다. 두산은 2남 후·상을 두었고, 두칠은 2남 영·공을 두었다. 원유는 1남 교명을 두었고, 석창은 1남 홍주를 두었으며, 준은 1남 태서를 두었고, 국주는 1남 후담을 두었으며, 의식은 1남 광필을 두었다. 헌의 1남은 참봉을 지낸 중현이고, 두 딸은 참판 이원록과 박성하에게 시집갔다. 여옥은 1남 기수를 두었다. 이하 내·외손은 다 기록하지 못한다.

공은 품수 받은 자질이 남달랐고 영특하였다. 어렸을 때부터 노성하다는 명성이 있었고, 처음 배울 때부터 충효의 뜻이 있었다. 경전의 심오하고 은미한 뜻을 부지런히 반복하고 질의하여 공부하였고, 마음을 침잠하여 고요히 완미하였다. 일찍부터 백담의 문하에 들어가 제자의 예를 갖추었고, 다시 퇴계선생에게 나아가 질정하였는데, 자주 칭찬을 받았다. 감화를 받고 훈도를 입으면서 자질이 더욱 깊어졌고 진실로 얻은 바가 있었다. 백담이 정밀한 사람이 권춘란이라고 자랑하고 지산이 사문을 책임질 사람이라고 장려하였으니, 추중을 받을 만큼 훌륭한 명망이 있었음을 알 수 있다.

반 이랑의 네모진 연못에 날아오를 듯한 정자를 지었는데, 백담이 지어 준 시에 "혼연히 물들지 않고, 광대하여 끝이 없네"라고 읊은 것이 어떻게 우연이겠는가? 심지어 "마음이 고요할 때 실상을 보아야 하니, 부귀는 내 몸 밖의 일과 상관이 없다네"라는 구절에 대해 공은 그 무엇보다 일생토록 지키며 잃지 않았다. 그래서 처음 벼슬길에 나아갈 때부터 예문관으로부터 사헌부와 사간원 그리고 홍문관에 이르기까지 왕의 교지가 연달아 내려왔고, 왕의 말씀이 정중하였지만 나아가는 예를 어렵게 하고 물러나는 의절을 쉽게 하여, 간혹 글을 올려 힘써 사양하거나 혹은 몸을 소중히 여겨 자주 물러났다. 한 차례의 찰방과 네 차례의 수령에 억지로 부임했던 것도 효성만으로는 봉양할 수 없다는 경서의 가르침에 깊이 감동

했기 때문이다. 부모를 위해 잠시 뜻을 굽혔지만 조심스럽고 청렴하고 신중하며 가까운 백성을 공평하게 다스리는 것이 관직생활의 척도였다.

부모를 섬길 때에는 살아서는 봉양하고 돌아가서는 장례를 치르며, 여막에서 성묘하고 매월 초하루 사당에 배알하는 일에 정성과 효심을 극진히 갖추었다. 배울 때에는 사서육경으로부터 제자백가에 이르기까지 모두 융회관통하지 않는 것이 없었다. 만년 공부는 전적으로 『주역』 1부에 힘썼으며, '중中' 한 글자를 뽑아 벽에 걸어 놓고는 "옛 성현은 반드시 이것을 천하의 대본으로 여겼다. 또한 희로애락이 발하기 전의 기상을 징험할 수 있으니, 말하고 침묵하고 움직이고 고요한 사이에 한 순간도 학문이 아님이 없고 하나의 일도 학문이 아님이 없다"라고 하였는데, 공의 말은 횡거 장재[51]가 "낮에는 하는 일이 있고, 밤에는 얻는 것이 있어야 하며, 숨 쉴 때에는 기름이 있어야 하고, 눈을 깜빡할 사이에도 보존하는 바가 있어야 한다"라고 한 말과 거의 유사하다.

평소 학봉 김성일을 존모하여 오래될수록 더욱 독실하였고, 그의 여러 손자들을 마치 자기 자식처럼 가르쳐 성취시키고자 하였다. 청음 김상헌이 공의 묘지명에서 "마음이 맑고 시원하였으며, 산수를 좋아하여 바위를 깎고 연못을 판 다음, 그 사이에서 한가롭게 거처하면서 즐거워 밥 먹는 것도 잊어버렸다. 이 세상의 화려한 명리의 습속을 뜬구름처럼 여겼다. 사물을 응접할 때 마음을 비우고 뜻을 공손히 하여 벽을 두지 않았으며, 남의 훌륭한 점을 칭찬할 때에는 길게 하고, 나쁜 점을 비판할 때는 짧게 하였으며, 시비를 가릴 때에는 일도양단하였다. 선생의 풍모를 들은 이들 가운데 공경을 일으켜 생각을 바꾸지 않는 사람이 없었다. 도道의 사자使者

---

51) 橫渠 張載(1020~1077)는 북송시대의 학자로 신유학의 기초를 세운 사상가이다.

나 고을의 수령들이 이름을 돌리고 집을 찾아와서 깃발이 누추한 거리에 나부껴도 오로지 빈주의 예를 갖출 뿐 마음에 담을 쌓는 일이 없었다. 후생들을 이끌어 학문에 힘쓰게 하였다. 처음 백담에게 공부할 때, 선배들에게 기대와 추중을 받았는데, 만년에 이르러 증험되었다. 평소의 마음 씀과 몸가짐이 순수하였다"라고 하였으니, 이는 사실을 기록한 것이다.

아, 『진학도』 1질은 비록 책을 엮었지만, 『언인록』은 편찬하지 못했고, 다른 저술도 모두 흩어져 많지가 않다. 용산사의 사문師門에 배향하는 예가 어떻게 백세 사림의 갱장羹墻에서 그리워하는 마음을 위로할 수가 있겠는가? 서원의 유생 김성로가 공의 「가장」 한 통을 가지고 왔고, 공의 7대손 엽이 정중하게 거듭 부탁하였다. 생각하건대, 비루하고 용렬한 내가 어찌 감히 말을 엮어 일을 서술하는 데에 참여하여 태재汰哉의 비난52)을 범할 수가 있겠는가? 다만 유집에 선조 문충공에 대한 제문을 읽다가 "퇴계로부터 여파를 거슬러 이락에서 연원을 찾았네"라는 말이 있어, 당시 도의로 맺은 교유에 진실로 감탄하고 경모하는 마음을 가눌 수가 없었다. 이에 참람함을 잊고 가져온 「가장」을 교정해서 위와 같이 서술하여 붓을 잡은 군자가 채택할 것에 대비한다.

가선대부 원임 예조참판 겸 동지연연 의금부사 오위도총부 부총관 풍산 류이좌가 찬하다.

---

52) 태재의 비난은 『禮記』 「檀弓上」에 나오는 이야기로, 공자의 제자 子游에게 司士賁이 묻기를 "시신을 침상 위에 두고 襲을 해야 될 듯합니다"라고 하니, 자유가 대답하기를 "그렇게 하라"고 하였는데, 縣子가 그 말을 듣고 말하기를 "분에 넘치는 짓을 하는구나, 자유여! 예를 제 마음대로 남에게 허여하도다"(汰哉叔氏專以禮許人)라고 하였다는 데에서 유래한다. 여기에서 태재의 비난이란, 자유가 예를 근거하지 않고 마치 자기가 예를 제정하듯이 말하는 것을 비난한 것이다.

晦谷先生文集序
嗚呼惟我 晦谷先生自冲齡以來志尚
之超越才學之造詣有不可以尋常論之
而及夫請益于退翁也至承公之有文有
行吾聞已久之教其蒙許於大人亦大矣
以今恧之凡係述作宏不零星而多有可
訏者雖以家狀所錄言之 疏章宏有十
六七本而遺稿中所錄則只是一件詩亦

회곡선생문집서

晦谷先生文集卷之一
  五言詩
  柏潭精舍雜詠
  柏潭
翠柏影寒潭頃人之所舍從今至歲寒於葛可坐歐
  二樂軒
仁智天所性山水我所樂動靜日相涵忘飢朝復暮
  藏源峽
好藏桃花源莫放流出峽出則到人間恐教舟子涉
  逗青峯

회곡선생문집권지일

【해제】

『몽재선생문집』은 퇴계 이황의 적손嫡孫인 이안도李安道(1541~1584)의 시문詩文을 모아 놓은 것이다. 아명兒名은 민도敏道였다가 안도로 개칭하였고, 자 또한 아몽阿蒙이었다가 봉원逢原으로 바꾸었으며, 호는 몽재蒙齋이고, 본관은 진성眞城이다. 아버지는 군기시첨정을 지낸 준寯이고 어머니는 예안훈도 금재琴緈의 따님이다. 조부인 퇴계는 그가 학자의 자질을 가지고 있다고 판단하고 직접 가르쳤다고 한다.

몽재는 5세 때부터 퇴계에게 그 자신이 필사한 『천자문』을 배우기 시작하여, 8세에 『효경』을 읽었고, 20세가 될 때까지 경전을 중심으로 경학 공부에 전념하였다. 이 외에도 『십구사』나 『고문진보』 등과 같은 책을 읽어 문사철을 모두 소홀히 하지 않았다. 20세에 안동부사로 있던 권소權紹의 딸과 결혼한다. 몽재는 주로 남계서재南溪書齋에서 지내면서 위기지학에 침잠한다. 21세에 향시의 초시에 합격하고 26세에 문과 초시까지 합격하였다. 그러나 퇴계의 걱정과 그의 학문적 열정 때문에 출사하는 일에 적극적이지 않는 모습을 보인다. 퇴계 사후 조정과 유림의 중론衆論에 의해 34세에 목청전참봉에 제수되고, 37세에 풍저창부봉사에, 41세에 상서원부직장에, 43세에 사온서직장 등을 역임하였다.

『몽재선생문집』은 3권 1책의 필사본으로 되어 있다. 권두에는 「몽재선생연보」가 실려 있는데, 종구대손從九代孫 향산響山 이만도李晩燾(1842~1910)의

「연보발年譜跋」이 붙어 있어 「몽재선생연보」가 작성된 경위를 자세히 확인할 수 있다. 권1에는 40여 수의 시와 16편의 편지가 수록되어 있는데, 대부분 계문溪門의 동문들과 수창한 시들이고, 동문제현들에게 답한 편지들이다. 퇴계의 연보를 교감한 내용을 보여 주는 「여동문제현품정선생연보與同門諸賢稟定先生年譜」와 퇴계의 상례 절차에 대한 문제를 설명해 놓은 「여동문제현논선생예장시의절與同門諸賢論先生禮葬時儀節」이 특히 중요하다. 권2에는 「잡저」, 「책策」, 「논論」으로 구성되어 있는데, 「잡저」에는 「선생언행차록先生言行箚錄」, 「가정잡록家庭雜錄」, 「고종기考終記」가 실려 있어 퇴계의 행적을 확인할 수 있다. 권3은 부록으로 계문의 동문제현들이 쓴 21편의 「만사輓詞」와 15편의 「제문祭文」, 「유사遺事」, 그리고 「묘갈명」과 「묘지명」 등이 기재되어 있다. 이 밖에도 택당澤堂 이식李植(1584~1647)이 찬술한 「부공인권씨묘지명附恭人權氏墓誌銘」이 부록되어 있는데, 그녀는 갑인년(1614)에 열녀烈女에 봉해졌고, 그 행적이 『속삼강행실도』에 수록되어 있다. 발문은 척암拓菴 김도화金道和(1825~1912)의 글이다.

몽재는 퇴계의 적손으로 그의 언행은 모두 유림에게 주목되었다. 그러므로 그의 학행과 덕행은 퇴계의 가르침과 관련이 된다. 따라서 『몽재선생문집』에서 가장 중요한 것은 퇴계의 학문과 덕행을 후대에 알리는 것이 될 수밖에 없다. 퇴계의 임종을 지켜본 「고종기考終記」는 퇴계의 마지막 여정을 확인할 수 있고, 「여동문제현논선생예장시의절」 또한 계문의 동문제현과 논한 퇴계의 예장에 대한 절차와 의절을 살펴볼 수 있다는 점에서 매우 중요한 기록이라고 할 수 있다.

1. 「몽재선생연보발」[1]

백조 몽재 부군의 유고가 300년 세월이 흐른 뒤에 나왔으니, 소략하고 풍부하지 않은 것은 실로 그러하다. 또 부록 가운데 묘지와 묘갈만 있고 후세에 전할 행장은 없으며, 유사遺事는 5세대 뒤에 만들어졌기에 또한 탈락과 오류가 많다. 이 때문에 당시 학문하신 차례를 자세히 궁구하기 어렵다. 주손 충호가 이것을 근심하여 중협에게 「연보」 찬집을 부탁하였다. 중협이 곧 『도산전서』 및 첨정부군 준寯의 가서家書, 그리고 동문제현의 문집을 바탕으로 5~6년 동안의 노력을 쏟고서야 「연보」가 완성되었다. 이것을 가지고 장작형將作兄 이만인李晩寅에게 교정을 청하여 번잡한 것을 산삭하고 간략함을 취하여 대략 조리를 갖추게 되었다.

그로부터 다시 5~6년 동안 또 새로운 사실을 얻는 대로 보충하였다. 그 후 병을 앓아 산속에서 우거하고 있는 만도에게 찾아와 함께 감수하고자 하였다. 못난 내가 주제넘게 천견淺見을 반영한 것이라고는 중복된 내용을 삭제한 것에 불과할 뿐, 본디 완성되어 있던 범례는 고치지 않고 보존하였다.

---

1) 『響山集』, 권10, 跋, 「蒙齋先生年譜跋」, "伯祖蒙齋府君遺稿, 出於三百年劫灰之後, 草略不敷固也. 又附錄中只有誌碣而行狀無傳焉, 遺事作於五世之後而亦多脫失, 故當日居業次第, 難以盡究. 冑孫忠鎬以是爲憂, 託中協輯「年譜」, 中協乃據『陶山全書』及僉正府君家書及同門諸賢文集, 積五六年之工而編乃就. 求訂於將作兄晩寅, 刪煩取簡, 略成條理. 其後五六年, 又隨得添補, 詣晩壽病寓中, 欲與對勘, 不肖僭入謏見者, 不過去其重複而已. 其見成凡例, 存而不動. 噫, 通一譜而言之, 府君自乙巳受學於老祖, 至庚午二十六年, 于家于汴, 蹙院山房, 江舍公舘, 無非讀書肄業之日, 而學問由是而進, 德業由是而成. 自辛未至甲申十四年, 含恤若積仕之日爲多矣. 然猶仰念傳付之重, 乃與同志, 編其遺文訂其纂輯, 凡商確去取之際, 諸賢無或異辭, 所造之精深, 此焉可知? 又「箚言行」及「年譜」·「世譜」, 皆所以繼其志而述其事也. 當時悼亡之語, 有曰: 『中庸』未輯, 遽奪闕里之孫. 以今觀之, 何可曰『中庸』全未有作乎? 惟此徽美, 散在羣書, 邈逭管天, 無以端倪. 今系年系月, 合爲一譜, 使始末畢擧, 鉅細無遺, 一盥手而如對鄕黨之畵, 則二君之用心用誠, 庶可曰無忝者矣. 若又繼此更釐而入梓, 則豈特爲一家文獻之幸也哉?"

아, 「연보」 전체를 통틀어 말하면 다음과 같다. 부군은 을사년(1545) 퇴계선생에게 수학할 때부터 경오년(1570)까지 26년 동안 집이나 성균관에서, 의원醫院이나 산방山房에서, 강사江舍나 공관公館에서 책을 읽고 학업을 익히지 않는 날이 없었다. 학문이 이로 말미암아 진보하였고, 덕업이 이로 말미암아 완성되었다. 신미년(1571)에서 갑신년(1584)까지 14년 동안은 거상을 하거나 벼슬한 기간이 많았다. 그러나 오히려 물려받은 중임을 생각하여, 이에 여러 동지와 퇴계의 유문을 편집하고, 찬집한 것을 교정하였다. 어느 것을 산삭하고 채택할지 상의할 때에 제현들이 조금도 이의가 없었으니, 정심한 조예를 여기에서 알 수 있다. 또 「퇴계선생언행차록退溪先生言行箚錄」과 「연보年譜」 및 「세보世譜」는 모두 퇴계의 뜻을 잇고 사업을 계승하기 위한 것이다.

당시 몽재공을 곡하는 시문 가운데 "『중용』이 아직 완성되지 못했는데, 하늘이 문득 궐리闕里의 손자를 빼앗아 갔구나!"라고 한 말이 있었다. 하지만 지금 이 유집을 보건대 어찌 "『중용』이 전혀 지어지지 않았다"라고 할 수 있겠는가? 이런 종류의 찬사가 여러 서책에 산재해 있지만, 단편적인 기록을 만난 것으로는 그 경지를 가늠할 수 없다.

지금 연대와 월차에 따라 편차한 다음 합하여 하나의 연보를 만들어, 시말始末이 모두 온전해지고 대소大小가 누락됨이 없게 하였다. 삼가 손을 썼고 펼쳐 봄에 마치 『논어』 「향당鄕黨」의 그림을 대하는 듯하니, 충호와 중협 두 군의 용심用心과 용성用誠이 조상을 욕되게 하지 않았다고 할 수 있다. 만약 또 이 뒤에 다시 수정하여 간행한다면 어찌 단지 한 집안의 문헌에만 다행한 일이겠는가?

2. 「이몽재선생유집발」2)

퇴계선생에게 장손이 있는데, 이름은 안도安道이고, 세상에서는 몽재蒙齋선생이라고 부르니, 대개 공자 문하의 자사子思에 해당한다고 할 수 있다. 어릴 때부터 지성과 능력이 일찍 성취되었고 아침저녁으로 퇴계선생을 모시고 직접 가르침을 받은 것이 가장 깊었다. 그러므로 무릇 퇴계선생께서 평소 움직이고 고요하며 말하고 침묵하는 것이 천하의 법칙이 되는 것을 모두 익숙히 살펴보고 상세히 기록하여 「가정잡록」 및 「고종록」을 저술하였다. 또 「연보」 1책을 편집하여 부사父師의 시말始末을 갖추었으며, 상세하고 간략한 것들을 서로 참고하고 거대하고 미세한 것을 모두 갖추고 있었으니, 대개 급문제자 가운데 이를 모두 알고 있는 자는 아마 없을 것이다.

옛날 자사가 중니의 언행을 서술하여 『중용』을 저술하였는데, 선생이 퇴계선생의 언행을 찬술하여 이 책을 만든 것은 그 생각이 동일한 것이다. 하늘이 성현의 문하에서 반드시 그 뒤를 계승하여 서술하게 한 것, 그 뜻이 어찌 우연이겠는가? 이는 마땅히 백세에 전하여 천하와 함께 공유해야 하는 것이다. 다만 불행히도 선생께서는 중도에 돌아가셨고, 집안이 대대

---

2) 『拓菴集』, 권17, 跋, 「李蒙齋先生遺集跋」, "退陶老先生有長孫曰安道, 世稱蒙齋先生, 蓋孔門之子思也. 自童歲知能夙就, 晨夕侍隅, 親炙最深, 故凡老先生平日一動一靜一語一默爲天下法則者, 皆熟察而詳記之, 著爲「家庭雜錄」及「考終錄」. 又編輯「年譜」一冊, 以備父師之始末, 詳略相因, 巨細畢擧, 蓋有及門諸子之未及悉知者. 噫, 昔子思述仲尼之言行以爲『中庸』, 先生撰老先生之言行爲此書, 其揆一也. 天之於聖賢之門, 必使繼其後而述之者, 其意豈偶然哉? 是宜傳之百世, 與天下共之, 而不幸先生中途殂逝, 家世又滄桑, 當日巾箱之蹟流落, 而後人莫之知也. 迺者先生之裔孫中協甫嘗慨然於斯, 就議於前寢郎中慶甫悉心蒐訪無遠不到, 積十許歲始得公手本於航頭之傳, 若有神相者. 然方謀繡棗以廣其傳, 而寢郎君又不少須矣. 嗚呼, 惜哉! 今中協君更與諸族相議, 整頓幷取先生遺稿詩文雜著若干編爲數絿, 始克鋟板. 其追慕尊衛之誠可謂至矣. 旣又携遺卷就余以正三已, 因責一言識其事. 顧道和以眇然末學, 固知不堪, 而夙昔景仰之餘, 竊以託名爲榮, 遂不辭而略敘顚末, 以見文武之道不墜在人如此云爾."

로 상전벽해가 되어 당시 상자에 담아 두었던 유적이 사라져서 후인이 그 것을 알지 못하게 된 것뿐이다. 이에 선생의 후손 중협이 일찍이 여기에 대해 숙연하게 생각하고, 전前 침랑 중경에게 나아가 논의하여 마음을 다 해 자료를 찾으려고 어디든 가지 않은 곳이 없었으며, 10여 년이 넘어서야 비로소 공의 수고본手稿本을 얻을 수 있었는데, 『고문상서』를 큰 뱃머리에 서 찾았다는 전설과 마치 신묘하게 서로 부합하는 것이 있는 듯하였다.

그러나 막 문집을 간행하여 후대에 널리 전하고자 하였으나, 침랑군 또한 조금도 기다려 주지 않았다. 아, 애석하다. 지금 중협군이 다시 제족 諸族과 상의하고 정돈하여 선생의 유고인 시문과 잡저 약간을 가져다가 여 러 번 규합하니, 비로소 책판을 만들 수 있게 되었다. 그가 선생을 추모하 고 존위하는 성실이 지극하다고 할 만하다. 조금 있다가 또 유집 몇 권을 가지고 나에게 와서 재삼 교정하게 하였다. 이로 인해 한마디 말로 그 일 을 기록한다. 다만 나는 어리석은 말학으로 진실로 감당할 수 없다는 것을 알지만, 예전 앙모하는 마음이 남아 있어 가만히 내 이름을 기록하는 것을 영광으로 여기고는 마침내 사양하지 않고 간략하게나마 그 전말을 서술하 여 문무文武의 도道를 실추시키지 않음이 이와 같이 사람들에게 달려 있다 는 것을 보인다.

3. 편지

1) 「퇴계선생의 예장 때의 의절을 논하기 위해 동문제현에게 보냄」[3]

제가 평소 가정에서 이미 예를 배우지 못하였는데, 하루아침에 여기에 이르고 말았습니다. 통곡하고 죽고만 싶습니다. 남기신 경계의 말씀이 한두 조목이 아니지만, 먼저 불일치하는 여러 의론을 먼저 여쭙습니다. 바라건대, 예를 잘 아시는 곳에 의론하여 알려 주시는 것이 어떻겠습니까?

첫째, 국장을 적용하지 말라. 해조에서 전례에 따라 적용하기를 요청하더라도 반드시 남기신 명령을 내세워서 상소를 올리고 고사하라.

둘째, 비석을 사용하지 말고 다만 작은 돌을 쓰되, 그 전면에 "퇴도만은진성지묘退陶晚隱眞城之墓"라고만 써라.

---

3) 「與同門諸賢論先生禮葬時儀節」, "安道平日家庭旣未學禮, 一朝至此, 痛哭欲死. 遺戒所言, 非止一二條而姑以群議不一者, 先稟. 伏望通議于知禮處, 回報何如? 一毋用國葬該曹循例請用, 必稱遺令陳疏固辭, 一勿用碑石只以小石書其前面云'退陶晚隱眞城李公之墓'【云云】. 或者謂王父常時以一品爲未安, 及其臨終遺戒之意如此, 則陳疏固辭自上雖未允許. 莫若以從親之令爲孝也. 且碣石旣書退陶晚隱, 則葬以大夫而書以晚隱可乎? 若用國葬, 則寫碣之官必奉命而來, 其官不可擅書晚隱, 當書職銜. 凡事妨礙於遺戒. 國葬終不用云云. 或者謂王父平日雖以退居, 官高爲未安. 然至於資憲崇政之秩, 固辭不得, 則竟受其銜. 几於父母贈爵, 亦從其職. 君臣之義無間於死生, 爲子孫者, 雖依遺戒陳疏固辭, 上終不許, 則豈可違君命而不用乎? 遺戒中所謂陳疏固辭者, 只以崇品爲未安之意. 非以陳疏固辭, 上雖不許而終不用之也. 其書晚隱, 不過以示志在山林而然也. 碣石雖書以晚隱而依君命用國葬, 亦或不礙也. 且寫碣之官, 奉命而來不得擅書晚隱, 則以遺戒之意具由啓稟, 然後書之, 亦似不妨. 不可以擅書晚隱爲嫌, 幷國葬而終不用也. 且陳疏固辭之後, 旣不可違君命用國葬, 則碑石君命也, 君命所立之石, 豈可以遺戒之意廢而不立乎? 依君命立碣, 則碑石書其職, 碣石書晚隱, 尤或不妨云云. 或者謂德望不世之人, 雖以隱士終身而自上特命禮葬, 則爲子孫者, 以其親未嘗爲職銜君命不用乎? 其依君命用其禮葬而碣石之面書以隱士之稱, 必矣. 然則葬以大夫而書以晚隱, 何不可之有? 或者謂爲子孫者, 陳疏固辭從遺戒也. 爲役官者來會董役, 以君命也. 雖陳疏固辭, 上若不許而役官來會, 則爲子孫者, 以遺戒而強拒役官乎? 爲役官者, 違君命而擅便各散乎? 且遺戒只言陳疏固辭, 而不言終不用, 則以遺戒而陳疏固辭以君命, 而終用國葬, 其於奉君親之道之不兩全乎云云. 安道百爾所思, 莫適所從. 然以王父常時不爲過激, 只是平常底道理推之, 則下二說似當, 不審以爲何如. 陳疏則當待國葬之命, 下于該曹, 然後爲之. 伏計伏望聞見下諭何如. 且不待陳疏固辭, 自上允不允之如何而先稟者, 蓋陳疏固辭, 上不允許之後, 稟議於諸丈, 則恐未及周旋於葬前. 玆以錄呈. 伏惟鑑諒裁定, 使不陷於非禮何如. 一門下諸人處平日聞見, 各錄下送, 以及誌文成草事, 一金檢閱處政院日記抄錄, 以及誌文成草事, 一禹檢閱處戊辰冬家庭日記冊子及李上舍養中, 處家庭雜錄, 推還以及誌文成草事, 一神主及櫝, 依禮式精造下送事, 一誌石書字時所用回回靑貿送事, 一近來內賜書冊及芸閣私件等冊, 一一推藏事. 此別錄韓判官【脩】鄭正郎【琢】尹執義【根壽】南正郎【彦經】吳佐郎【健】李校理【珥】金直講【孝元】柳修撰【成龍】禹檢閱【性傳】金檢閱【誠一】申君【沃】金上舍【睟】李正字【誠中・敬中】兄弟李上舍【養中】崔上舍【聊齡】僉座相議如何."

어떤 사람은 말합니다. "왕부(퇴계)께서 평소 1품관을 타당하지 않다고 생각하였고, 임종에 남기신 경계의 뜻도 이와 같으니, 상소를 올려 고사하는 것을 임금께서 비록 윤허하시지 않더라도 부모의 명령을 따라 효도하는 것만 못합니다. 또 작은 비석에 이미 '퇴도만은退陶晚隱'이라고 썼으니, 대부의 예로 장례를 지내면서 '만은'이라고 쓰는 것이 옳겠습니까? 국장의 예를 사용한다면, 비석에 글을 쓰는 관원이 반드시 명을 받들고 내려오는데, 그 관원이 마음대로 '만은'과 당시 직함을 쓸 수도 없게 됩니다. 모든 일이 남기신 명령의 경계에 저촉되니, 국장은 끝내 사용할 수 없습니다."

어떤 사람은 말합니다. "왕부께서 평소 물러나 지내면서 벼슬이 높아지는 것을 타당하다고 여기지 않으셨지만, 자헌이나 숭정 등과 같은 품계를 고사하다가 되지 않으면, 마침내 그 직함을 받으셨습니다. 부모에게 증직하는 것도 역시 그 직함을 따라 나오는 것입니다. 군신간의 의리는 죽고 사는 것과는 관계가 없습니다. 자손이 된 이가 비록 남기신 명령의 경계에 따라 상소를 올려 고사하더라도 임금께서 끝까지 윤허하지 않으시면, 어떻게 임금의 명령을 어기고 사용하지 않을 수 있겠습니까? 남기신 명령의 경계 가운데 이른바 '상소를 올려서 고사하여라'라고 하신 것은 단지 높은 품계가 타당하지 않다는 의미이지, 상소를 올려 고사함에 임금께서 윤허하지 않으시더라도 끝내 사용할 수 없다는 것은 아닙니다. '만은'을 쓴 것은 선생께서 산수山水에 뜻이 있다는 것을 보여 주기 위한 것에 불과합니다. 작은 비석에 비록 '만은'이라고 썼지만, 임금의 명령대로 국장의 예를 적용해도 문제가 되지는 않을 것 같습니다. 또 작은 비석에 글을 쓰는 관원이 임금의 명령을 받들고 와서 마음대로 '만은'이라고 쓸 수는 없으니, 남기신 명령의 경계의 뜻을 갖추어 아뢴 뒤에 쓰는 것도 문제가 없을 것 같습니다. 마음대로 '만은'이라고 쓰는 것이 혐의가 된다고 해서 국장의 예를 병행하며 끝까지 사용하지 않을 수는 없습니다. 또 상소를 올려 고사한 후에 이미 임금의 명령을 어길 수 없어 국장의 예를 사용한다면, 비석은 임금의 명령인데, 임금의 명령으로 세우는 비석을 어떻게 남기신 명령의 경계의 뜻을 내세워 세우지 않을 수 있겠습니까? 임금의 명령대로 비석을 세워야 한다면, 비석에는 직함을 쓰고 작은 돌에는 '만은'이라고 쓰는 것도 문제가 없을 것 같습니다."

어떤 사람은 말합니다. "불세출의 덕망을 가지고 있는 사람이 비록 은사隱士로 일생을 마쳤지만, 임금께서 특별히 예장禮葬을 명하신다면, 자손이 된 사람이, 그 부모가 벼슬한 적이 없다는 이유로 임금의 명령을 사양하고 쓰지 않을 수 있겠습니까? 임금의 명령에 의해 그 예장을 사용하되, 작은 돌의 빗면에 '은사'라는 호칭을 쓰면 문제가 없을 것입니다. 그렇다면 대부의 예로 장례를 지내고 작은 비석에 '만은'이라고 쓴다고 해서 무슨 잘못이 있겠습니까?"

어떤 사람은 말합니다. "자손이 된 사람이 상소를 올려 고사하는 것은 남기신 명령의 경계를 따른 것이고, 역관役官이 와서 일을 감독하는 것은 임금의 명령 때문입니다. 비록 상소를 올려 고사하였더라도 임금께서 윤허하지 않아 역관들이 온다면, 자손이 된 사람으로 남기신 명령의 경계를 이유로 역관을 거절할 수 있겠으며, 역관이 임금의 명령을 어기고 제멋대로 편의에 따라 돌아갈 수 있겠습니까? 또 남기신 명령의 경계를, 단지 상소를 올려 고사하라고만 하고, 끝내 사용할 수 없다고 말하지 않으셨으니, 남기신 명령의 경계를 이유로 상소를 올려 고사하고는 임금의 명령을 이유로 국장을 적용하면 됩니다. 그러면 군주와 어버이를 받드는 도리에 있어, 어떻게 두 가지가 온전하지 않겠습니까?"

제가 여러 번 생각해 보아도 적합하게 따를 만한 것이 없습니다. 그러나 왕부께서는 평소 과격하지 않으셨습니다. 단지 평상의 도리로 미루어 보면, 아래의 두 설이 합당한 듯합니다. 어떻게 생각하시는지 잘 모르겠습니다. 상소를 올리는 일은 마땅히 국장으로 지내라는 임금의 명령이 예조로 내려지기를 기다린 다음에 생각해 봐야 합니다. 삼가 바라는 것은, 보고 들은 것으로 깨우쳐 주십사 하는 것입니다. 또 상소를 올려 고사하는 일을 임금께서 윤허하실지의 여부를 기다리지 않고 먼저 품의稟議하는 것은, 대개 상소를 올려 고사하는 것을 임금께서 윤허하시지 않은 다음에 여러 어른들께 품의한다면, 장례 전에 주선하지 못하게 될 듯해서입니다. 이렇게 적어 보내오니, 살펴보고 결정하여 저로 하여금 비례非禮에 빠지지 않도록 해 주시기를 삼가 바랍니다.

[필자: 이하는 안도의 요청사항임]

첫째, 문하의 여러 사람들은 평소 보고 들은 것을 각자 기록한 뒤에
    보내 주어서 묘지문의 초고를 완성할 것.

둘째, 김검열은 『정원일기』를 초록하여 묘지문의 초고를 완성할 것.

셋째, 우검열은 무진년(1568) 겨울에 쓴 『가정일기』 책자 및 상사 이양
    중의 「가정잡록」을 챙겨 돌려보내 묘지문의 초고를 완성할 것.

넷째, 신주 및 주독은 예식 및 여러분의 논의에 따라 정밀하게 만들어
    서 내려보낼 것.

다섯째, 묘지석의 글자를 쓸 때 사용할 회회청을 사서 보낼 것.

여섯째, 근래의 내사內賜 서책 및 교서관의 사건기私件記 등 관련된 책을
    챙겨 보관할 것.

이 별록은 판관 한수·정랑 정탁·집의 윤근수·정랑 남언경·좌랑 오

건·교리 이이·직강 김효원·수찬 류성룡·검열 우성전·검열 김성일·
신옥·상사 김수·정자 이성중 이경중 형제·상사 이양중·상사 최담령
등 여러분과 상의하는 것이 어떻겠습니까?

2) 「퇴계선생의 연보 교감에 대한 견해를 동문제현에게 보냄」[4]

‘온계리제溫溪里第’에 대해, ‘온溫’ 자 앞에 ‘예안현禮安縣’ 세 글자를 덧붙
이는 것이 어떻겠습니까?

---

4) 「與同門諸賢禀定先生年譜」, “溫溪里第, 溫字上加着禮安縣三字, 何如? 傷手而兄汝兄傷手不
哭【止】至當第於兄字下着, 一則字何如? 兄雖不哭【止】, 是以哭之, 豈有血流而不痛乎?
【止】此語文義未瑩不可詳知, 仍存兄, 雖不哭等語不妨, 況其時親自語不可在今拘文法變語
意如何? 此條哭字, 不當換着泣字何如? 汝已知爲學之方矣. 汝已解文義矣.【止】至當至當.
文科別擧初試別擧初試入格文科二字當削,【止】文科二字不可削也. 入格二字加書至當至當.
科有文武科仍存文科二字, 何所不可而必欲削之乎? 進士初試, 試字下加書入格二字何如? 自親
家【止】似不關當削之, 仍存此一條至當, 不可削去也. 況家庭慣聞之語乎? 此條甚關於末俗,
何以云不關耶? 八月長子某生八當作十, 會肄換着肄業至當. 李杜文章王趙筆, 李字上加書夫子
嶺之秀一白何如? 此一篇本長短句法也. 監試監換鄕至當, 衆別擧初試第二泰字削而試下入居
字【止】至當至當. 然則上生員弟二【止】條第字下書居字, 亦當別擧上加書文科二字與上同
爲一規幸甚. 凝然不動, 凝然不動異於舊所聞【止】此事家庭親所聞, 不可削也. 稱爲顔子, 雖
侮之之語, 若其時實有其事則不可削也. 侮之之中, 自見其人異常何必削也? 三月登文科乙科第
一三月上添入正月以試事赴都. ○閏二月講四書三經得十三分【『周易』粗, 『詩傳』通, 『書傳』
通, 『論語』通, 『孟子』通, 『中庸』通, 『大學』通.】○文科會試居第二. ○此三月一, 條違格今
書曰: 三月文科殿試登乙科第二何如, 四月選補選字上書初八日何如, 不有所啓處記日, 此處必
書其日, 然後上下分明也. 權知二字錯書於院字下, 當書於承字上也. 政通仕郎【止】還于承政
院政字上, 亦當書十八日何如? 下有二十日, 此條必書某日可也, 司諫以下削去至當. ○政字不
可削也. 不書政字而只書拜某官甚鶻突, 政字不可不書也. 況手錄日記有此例乎? 當仍存政字而
政字下階, 則例書授字官, 則例書拜字如何? 此亦有手錄日記之例, 不須爭論. 守字行字, 乃以
其官其階高卑不同而出也. 自有吏曹官敎不可損節於此二字也. 若削行字守字, 則官與階倒置,
尤不可削之也. 其有行字守字處, 則書曰: 政行某官守某官可也. 若作碣作誌作行狀, 則雖削
行字守字甚不妨. 如此等詳記之書, 何必削此二字使階與官有衮衣乎? 恐不必削也. 頃日其丈,
亦言其政字行字守字而其時急遽不能答其詳. 伏望僉何量處政字, 旣不可削而行字守字, 尤不可
削也. 政行承文院副正字政字上加書二十四日可也. 上下之條皆記日, 此處亦須記日, 然後其時
事尤分明也. 秘薦, 秘疑當作批.【止】秘字不當疑, 何以云批字邪? 凡史官薦之之時, 有焚香
誓天, 人不得干知之例. 是以曰: 秘薦也. 朝講以正言, 以正言三字當削【止】仍存最可削之,
亦不妨. 然則下文侍讀官侍講官等語, 皆可削也, 而今未付標, 玆敢幷禀叙用, 叙用字當削【止】

'상수이형傷手而兄'에 대해, "너의 형은 손을 다쳤지만 울지 않았는데"라고 한 이 말은 지당합니다만, '형兄' 자 아래 '즉則' 자를 놓는 것이 어떻겠습니까?

'형수불곡兄雖不哭 【지止】 시이곡지是以哭之'에 대해, "어떻게 피가 흐르는데도 아프지 않겠습니까?"라고 한 말은 글의 뜻이 명확하지 않아서 자세히 알 수가 없습니다. "형은 비록 울지 않았지만" 등의 말은 그대로 두어도 문제가 없습니다. 더구나 그 당시 부모님께서 친히 말씀한 것입니다. 지금에 와서 문법에 얽매여 말뜻을 바꿀 수는 없습니다. 어떻게 하겠습니까? 이 조목의 '곡哭' 자가 마땅치 않으니, '읍泣' 자로 바꾸는 것은 어떻겠습니까?

'여이지위학지방의汝已知爲學之方矣'에 대해, "네가 이미 글의 의미를 이해하는구나"라는 말은 매우 지당합니다.

'문과 별시의 초시'에 "'별시의 초시에 입격'으로 하되, '문과文科' 두 글자는 삭제해야 한다"에 대해, '문과' 두 글자는 삭제해서는 안 됩니다. '입격' 두 글자를 더 쓰는 것은 매우 지당합니다. 과거에 문과와 무과가 있는데, '문과' 두 글자를 그대로 두는 것이 안 될 무슨 일이 있어 굳이 삭제하고자 하는 것입니까?

'진사 초시'에 대해, '시試' 자 아래 '입격入格' 두 글자를 더하는 것이 어떻겠습니까?

'친가로부터' "관계가 없을 듯하기에 삭제해야 한다"에 대해, 이 하나

何以云削邪? 上言罷而此不言敍用, 則可謂誤矣, 愚意, 以爲不可削也. 嘗曰: 爲刑曹 【止】 心極未安, 此條當去之. 【止】 削去不妨, 然平日親所聞者, 而非聞於人也, 如何如何? 其恤刑之意如此, 削去何如? 【止】 削之至當. 仍啓曰: 【止】 有例也, 當削, 【止】 仍存此文可也. 其夕講必有以實錄事啓之者. 當夏考其夕講, 他人所啓實錄之槩而分註書之於此條之下, 不必削, 仍啓以下辭也. 災災之出以一字變體體書之, 必有其意. 考之韻書 何如? 曾聞此異用之語. 今敢稟焉."

의 조목을 그대로 두는 것은 지당하니, 삭제해서는 안 됩니다. 더구나 가정에서 익히 들은 말인데 어떻겠습니까? 이 조목은 말속末俗에 깊은 관계가 있습니다. 어떻게 관계가 없다고 하십니까?

'8월에 장자 아무개가 태어나다'에 대해, '8'은 마땅히 '10'이 되어야 합니다.

'모여 익히다'에 대해, "학업을 익히다"라고 바꾼 것은 지당합니다.

'이백과 두보의 문장이요, 왕희지와 조맹부의 필법이다'에 대해, '이李' 자 위에 "부자는 영남의 수재로다"라는 하나의 구절을 더 써 넣는 것이 어떻겠습니까? 이 한 편의 글은 본래 장구長句와 단구短句가 섞여 만들어진 문장입니다.

'감시監試'에 대해, '감監'을 '향鄕'으로 바꾸는 것이 지당합니다.

'별시 초시에 참여하여 제2등을 하다'에 대해, "'참參' 자를 삭제하고 '시試' 자 아래 '거居' 자를 놓는다"는 것은 매우 지당합니다. 그렇다면 생원시 제2등까지 조목의 '제第' 자 아래 '거居' 자를 쓰는 것도 역시 당연합니다. '별거別擧' 위에 '문과文科' 두 글자를 더 써 넣으면, 위와 함께 하나의 법례가 되니, 매우 다행입니다.

'응연부동凝然不動'에 대해, "응연히 움직이지 않은 것은 예전에 들은 바와 다르다"라고 하였는데, 이 일은 가정에서 직접 들었으므로 삭제할 수 없습니다.

'칭위안자稱爲顔子'에 대해, 비록 업신여기는 말이지만, 그 당시 실제로 그러한 일이 있었다면 삭제해서는 안 됩니다. 업신여기는 가운데 그 사람의 뛰어난 점을 저절로 알게 되는데, 기필코 삭제하시겠습니까?

'3월에 문과 을과 제1등에 오르다'에 대해, 3월 위에 "정월에 시험을 보기 위해 한양에 갔다"를 써 넣어야 합니다. ○윤2월 사서삼경을 강론하였는데, 13분을 얻다. 『주역』조粗, 『시전』통通, 『서전』통, 『논어』통, 『맹자』통, 『중용』통, 『대학』통. ○문과 회시에서 제2등을 차지하다. ○차삼월此三月' 한 조목은 격식을 어겼기에, 이제 "3월 문과 전시에 을과 제2등에 오르다"라고 쓰는 것이 어떻겠습니까?

'사월선보四月選補'에 대해, '선選' 자 위에 초8일을 써 넣는 것이 어떻겠습니까? 아래의 소개所啓한 곳에도 날짜를 기록하였으니, 이곳에도 반드시 그 날짜를 쓴 다음에야 위아래가 분명해질 것입니다. '권지權知' 두 글자는 '원院' 자 아래 잘못 표기하였기에, 당연히 '승承' 자 위에 써야 합니다.

'정통사랑政通仕郎【지止】환우승정원還于承政院'에 대해, '정政' 자 위에도 역시 18일이라고 쓰는 것이 어떻겠습니까? 아래에 20일이 있으니, 이 조목에도 반드시 아무 날이라고 쓰는 것이 좋겠습니다. '사간司諫' 이하는 삭제하는 것이 지당합니다. ○정政 자는 삭제할 수 없습니다. '정' 자를 쓰지 않고 단지 아무 관직에 임명되었다고만 말하면, 너무 모호하니, '정' 자를 쓰지 않을 수는 없습니다. 게다가 손수 쓰신 일기에도 이러한 사례가 있는데, 어떻겠습니까? 당연히 '정' 자를 그대로 두어야 합니다. 그러나 '정' 자 아래 관계官階는 전례대로 '수授' 자를 쓰고 관직에는 전례대로 '배拜' 자를 쓰는 것이 어떻겠습니까? 이것도 역시 손수 쓰신 일기에 전례가 있으니, 논란을 벌일 필요가 없습니다. '수守' 자와 '행行' 자는 바로 관직官職과 관계官階의 높고 낮음이 다르기 때문에 나온 것입니다. 본래 이조吏曹의 관교官敎가 있으면, 이 두 글자를 절목에서 빼서는 안 됩니다. '행' 자와 '수' 자를 삭제한다면 관직과 관계가 도치되기 때문에 더욱 삭제해서는 안 됩니다. '행' 자와 '수' 자가 있는 자리면, '정배행모관수모관政拜行某官守某官'이라고 쓰는 것이 옳습니다. 묘갈문, 묘지문, 행장을 짓는다면, 비록 '행수行守' 두 글자를 삭제하더라도 크게 문제가 될 것은 없습니다. 이와 같이 상세히 기록하는 글에 하필 이 두 글자를 빼서 관계와 관직에 혼란이 생기도록 하겠습니까? 삭제할 필요는 없을 듯합니다. 얼마 전 백담 구봉령 어른께서도 '정政' 자, '행行' 자, '수守' 자에 대해 말씀하셨지만, 그 당시에는 너무 급박하여 자세히 대답하지 못했습니다. 삼가 바라는 것은, 여러분들께서 부디 헤아려 처리해 주십사 하는 것입니다. '정' 자는 이미 삭제할 수 없고, '행' 자와 '수' 자도 더욱 삭제할 수 없습니다.

'정행승문원부정자政行承文院副正字'에 대해, '정政' 자 위에 '24일'을 더 써 넣는 것이 옳습니다. 위아래 조목에 다 날짜를 썼으니, 이곳에도 반드시 날짜를 써넣은 뒤에야 그 당시의 일이 분명해질 것입니다.

'비천秘薦'에 대해, "비秘는 아마도 비批라고 해야 한다"라고 하였는데, '비秘' 자는 의심할 수 없습니다. 어떻게 '비批' 자라고 하시는 것입니까? 무릇 사관史官을 천거할 때에는 향을 태우고 하늘에 맹세하여 남들이 참견하지 못하도록 한 전례가 있습니다. 이 때문에 '비천'이라고 한 것입니다.

'조강이정언朝講以正言'에 대해, "'이정언以正言' 세 글자를 삭제해야 한다"라고 하였는데, 그대로 두는 것이 제일 좋지만 삭제해도 문제가 없습니다. 그렇다면 아래 문장의 시독관과 시강관 등의 말도 모두 삭제할 수 있습니다. 지금 찌를 붙이지 못한 채, 이것을 감히 함께 여쭙니다.

'서용敍用'에 대해, "'서용敍用' 자는 삭제해야 한다"라고 하였는데, 무엇 때문에 삭제하자고 하시는 것입니까? 위에서 파직을 말했는데, 여기에서 '서용'을 말하지 않으면, 오류라고 할 수 있습니다. 제 생각으로는 삭제해서는 안 될 듯합니다.

'상왈위형조嘗曰爲刑曹【지止】심극미안心極未安'에 대해, "이 조목은 삭제해야 한다"라고 하였는데, 삭제해도 문제가 없습니다. 그러나 평소 직접 들은 것이고 남에게 들은 것은 아닙니다. 어떻게 하시겠습니까?

'기휼형지의여차其恤刑之意如此'에 대해, "삭제하는 것이 어떻겠는가?" 하였는데, 삭제하는 것이 지당합니다.

'잉계왈仍啓曰【지止】 유례야有例也'에 대해, "삭제해야 한다"라고 하였는데, 이 문장은 그대로 두는 것이 옳습니다. 석강夕講에 반드시 실록의 일로 아뢴 것이 있었을 것입니다. 당연히 더 상고해 보아야 합니다. 석강에서 다른 사람이 실록의 내용을 아뢴 것이라면, 주석으로 처리하여 이 조목 아래에 쓰면 됩니다. '잉계仍啓' 이하의 말은 삭제할 필요가 없습니다.

'재재지출災災之出'에 대해, '재災'와 '재灾'는 같은 글자를 변체變體로 쓴 것입니다. 반드시 어떤 의도가 있었을 것입니다. 운서韻書를 찾아보는 것이 어떻겠습니까? 이 두 글자가 다르게 쓰인다는 말을 들은 적이 있어 감히 여쭙니다.

3)「월천 조목에게 보냄」5)

안도가 여쭙습니다. 맹춘의 날씨가 여전히 매섭습니다. 어른6)의 기거

---

5) 『蒙齋先生文集』,「與趙月川【穆○辛未】」, "安道啓, 孟春猶寒, 伏惟尊體起居萬福. 安道母病濱重, 往復無常, 日夜憂悶. 尊侍所草誌文, 尾論初一自溪上來此, 侍藥悶憂之中, 粗得一番覆過. 卽送于鄭司諫處, 昨日又自彼還送矣. 適得母病稍歇, 從容按讀, 則其間不無可疑. 一一貼標, 封還伏望, 夏加商訂何如. 且誌文請製之人, 僉議尙不歸一, 最是哀悶. 安道初來, 欲請於靜存者, 只取交契之密知心之久而已. 今聞或者謂蘇齋一時儒宗, 不請一文, 則不無外議云云. 此言固有理, 大抵請製之文, 惟誌碣行而僉意所欲請製之人, 過三而四. 其中取舍, 實爲難處而人言亦可悲也. 蘇齋雖不無少差於學問思架, 言之則他是志同道一之人. 半年海島, 縱未得屢屢相從. 其勸慕敬信之篤, 何異於彼? 因僉議先請誌于朴思庵, 將觀外議之如何. 請碣于蘇齋, 則其於京外諸議, 必無異論矣. 行狀非高峯不可而誌碣之作, 如是爲計, 不審高明以爲何如, 事且急矣. 伏望從速通議于鄕中僉丈何如, 以此意書稟於鄭丈, 則其意亦如此伯舅氏及玄風叔主亦以爲可矣. 蓋心無定見, 此言則此爲是, 彼言則彼爲是. 凡事類如此, 可悶. 且必以碣行請于蘇齋者, 徐俟衆論之取舍, 而以誌請思庵者, 因葬期之已迫也. 此意幷伏惟鑑察."

6) 月川 趙穆(1524~1606)의 본관은 橫城, 자는 士敬, 또 다른 호는 東皐이다. 大椿의 아들로 禮安에서 살았다. 그는 15세에 퇴계의 문하에서 수업하였는데, 학문은 물론이고 처신함에 있어 예법에 어긋남이 없었으므로 스승이 그를 매우 아꼈다고 한다. 1552

가 만복하시기를 삼가 바랍니다. 저는 어머님의 병환이 심중하여 왕복이 일정치 않고, 밤낮으로 걱정스럽고 절박합니다.

어른께서 초를 잡은 묘지문의 말미에 대한 의론이 계상溪上에서 이곳으로 왔습니다. 시탕侍湯을 받드는 중이어서 한 번 대강 훑어보고 즉시 정사간鄭司諫에게 보냈더니, 어저께 또 그곳에서 돌려보내 주었습니다. 마침 어머님의 병환이 조금 차도가 있어서 차분히 짚어 가며 읽어 보았더니, 그 사이에 의심이 가는 곳이 없지 않아서 하나하나 찌를 붙이고 봉하여 돌려보냈습니다. 삼가 바라건대, 한 번 더 살펴보고 바로잡아 주시는 것이 어떻겠습니까?

또 묘지문을 요청할 사람에 대한 여러분들의 의중이 아직까지 한데 모아지지 않고 있으니, 이는 가장 절박한 노릇입니다. 제가 막 와서 정존재7)에게 요청하려고 한 것은 단지 교분交分의 친밀함과 지기知己의 오래됨만이 이유였을 뿐입니다.

이제 들으니, 혹자는 소재8)가 한 시대의 유종인데, 하나의 글도 요청하지 않는다면, 외부의 이론이 없을 수 없다고 합니다. 이 말은 참으로

년 생원시에 합격하였다. 1566년 천거로 공릉참봉에 제수되었으나 부임하지 않았고, 1568년에 집현전참봉에 제수되어 부임하였다가 곧 사퇴하였다. 그 후 1572년부터 1584년까지 여러 차례 벼슬에 제수되었으나 대부분 나아가지 않고 혹 부임했다 할지라도 곧 사퇴하였다. 40여 년 관직을 가졌어도 실제로 취임한 기간은 모두 합해 4년 미만이었다. 예안의 도산서원과 봉화의 文巖書院 등에 제향되어 있다.

7) 靜存齋 李湛(1510~1575)의 본관은 龍仁, 자는 仲久이다. 1538년 문과에 급제하여 공조정랑·응교·참의 등을 역임하였다. 퇴계 이황의 부탁으로「武夷九曲圖」에「무이도가」를 써서 보낸 적이 있다. 문집으로는『靜存齋集』이 있다.

8) 蘇齋 盧守愼(1515~1590)의 본관은 光州, 자는 寡悔, 또 다른 호는 伊齋, 暗室, 茹峰老人이다. 노수신은 우의정 嵩의 후손이며, 아버지는 활인서별제 鴻이다. 1531년 17세에 당시 성리학자로 명망이 있었던 李延慶의 딸과 결혼하고, 장인의 문하생이 되었으며, 1541년 27세 때 李彦迪과 최초의 학문적 토론을 벌였다. 1543년에 식년문과에 장원한 뒤로 전적·수찬을 거쳐, 1544년에 시강원사서가 되고, 같은 해 사가독서를 하였다.

일리가 있는 말입니다. 대체로 요청하여 짓는 글은 묘지문·묘갈문·행장 뿐인데, 여러분이 글을 요청하고 싶어 하는 사람은 세 분을 넘어서 네 분입니다. 그분들 중에 선택하는 것은 실로 어려운 일이며, 남의 말 또한 두렵습니다. 소재가 비록 학문에 있어 약간의 차이가 없지는 않지만 대체로 말한다면 다 한가지여서, 뜻과 도를 같이하는 사람입니다. 20년 동안 해도海島에서 귀양살이하여 비록 서로 자주 종유하지는 못하였으나, 경모와 신뢰의 독실함이야 어찌 저들과 다름이 있겠습니까?

여러분이 의논대로 먼저 묘지문을 박사암[9]에게 요청한 뒤에 외부의 의논이 어떠한지 살펴보고 묘갈문을 소재에게 요청한다면, 경외京外의 여러 의론에 반드시 이론이 없을 것입니다. 행장은 고봉[10]이 아니면 불가하며, 묘지문과 묘갈문을 짓는 일은 이와 같이 계획하고 있습니다. 고명께서는 어떻게 생각하시는지 잘 모르겠습니다. 일이 매우 급합니다. 삼가 바라건대, 빨리 향중의 여러 어른에게 알려 의논하시는 것이 어떻겠습니까? 이러한 생각을 정鄭 어른께 편지로 품의해 보니, 정 어른의 생각 또한 이와 같았습니다. 큰 외숙 및 현풍玄風의 작은아버지께서도 옳다고 생각하십니다.

대개 제 마음에 일정한 주견이 없어서 이 말을 하면 이 말이 옳다고

---

9) 思菴 朴淳(1523~1589)의 본관은 忠州, 자는 和叔, 시호는 文忠이다. 성균관대사성 朴 祐의 아들이며 訥齋 朴祥의 조카이다. 성균관대사성·예조판서·이조판서·한성부 판윤 등을 거쳐 우의정·좌의정·영의정에 올랐고 청백리에 녹선되었다. 정승은 내리 14년을 지냈으며, 그 중 영의정은 7년을 지내어 조선시대를 통틀어 장원급제자는 영의정이 되지 못한다는 징크스를 깬 몇 안 되는 인물이기도 하다.

10) 高峯 奇大升(1527~1572)의 본관은 幸州, 자는 明彦, 또 다른 호는 存齋이다. 아버지는 奇進이고, 어머니는 姜永壽의 딸이며, 기묘명현의 한 사람인 奇遵이 그의 季父이다. 퇴계의 문인이다. 1558년 문과에 응시하기 위하여 서울로 가던 중 金麟厚·李恒 등과 만나 太極說을 논하였고, 鄭之雲의 「天命圖說」을 얻어 보게 되자 퇴계를 찾아가 의견을 나누었다. 그 뒤 퇴계와 12년에 걸쳐 서신을 교환하였고, 그 가운데 1559년에서 1566년까지 8년 동안에 이루어진 四七論辨은 조선유학사상에 지대한 영향을 끼친 논쟁으로 평가되고 있다.

여겨지고 저 말을 하면 저 말이 옳게 여겨집니다. 모든 일이 이와 같으니, 절박한 노릇입니다. 또 묘갈문이나 행장을 반드시 소재에게 요청하자는 일은 천천히 중론의 취사를 기다려 볼 수 있으나, 묘지문을 사암에게 요청하는 일은 장삿날이 벌써 다가왔습니다. 이러한 뜻을 함께 살펴 주시기를 삼가 바랍니다.

4. 「가정잡록」[11]

송재께서는 성품이 간솔하고 엄정하셔서 자제들 가운데 인정받은 사람이 적었다. 선생과 중형 대헌공이 함께 송재에게 수학하였다. 송재는 선생이 배우기를 잘하는 것을 보고 "우리 형님에게는 이 두 아이가 있으니, 죽어도 죽은 것이 아니다"라고 매번 칭찬하셨다. 일찍이 대헌공에게 "이 아이는 기특한 남자이다"라고 하시고, 선생을 평가하며 "문호를 유지할 사람은 반드시 이 아이일 것이다"라고 하셨다.

---

11) 『蒙齋先生文集』, 「家庭雜錄」, "松齋性簡嚴, 於子弟少有許可. 先生與仲兄大憲公同受業. 松齋見其善學, 每稱之曰: 吾兄有此兩兒, 死不亾矣. 嘗謂大憲公曰: 此是奇男. 謂先生曰: 持門戶者, 必此兒也. 母夫人嘗曰: 汝文學已就, 科第無憂, 但汝性異於衆人, 恐不合於世俗. 仕至一縣監, 可也. 先生自中司馬, 無意擧業, 兄大憲公白母夫人, 勸之赴擧. 壬辰叅別擧初試第二. 自京還鄕宿路傍村舍, 夜遇群盜. 一行驚懼失措而先生獨凝然不動. 癸巳秋, 遊泮宮下鄕, 隨權忠定公【撥】見慕齋金先生【安國】於驪州梨湖村. 先生自言始聞正人君子之論. 自經己卯之禍, 士習浮薄, 見先生擧止有法, 人多笑侮之. 所與相從者, 惟金河西【麟厚】而已. 辛丑三月十四日, 先生以校理入侍, 夕講歇啓曰: 江陵府使具壽聘, 以禮曹叅議, 今當召還. 此人素有物望, 當初授江陵, 物論惜之, 皆以爲不當去. 然江陵本殘邑, 爲蘇殘起廢, 別樣擇遣, 故人亦以爲當焉. 果有政聲, 特陞堂上以襃之. 今又召還旣襃獎之義, 觀聽之美, 固非偶然. 但有送舊迎新之弊, 彼府極殘而此人爲倅, 僅得蘇復. 今方農月, 以送舊迎新, 農務失時, 則不得終歲之資, 於玆決矣. 俟農務之歇而召還, 無乃可乎? 上曰: 農務方劇, 待秋成遞還, 可也. 壬寅四月初六日, 先生以賑恤御史, 0引見時, 啓曰: 公州判官印貴孫, 性本悖戾, 牧使李蓂, 廉謹之人, 趨向擧措, 動輒矛盾. 家在至近, 貪汚無狀. 如此救荒方急之時, 先懲貪汚官吏然後, 飢民賑救之事, 廉可責效也.

上曰: 不謹如此, 懲治可也. 丙辰九月, 學子始構溪南書齋於退溪花巖之傍. 戊午四月徃遊鰲潭, 爲禹祭酒【伫】欲建書院於潭上, 妓遊, 蓋以相其地也. 己未二月, 呈焚黃受由. 出東湖買舟東歸. 三月溫淸風至龜潭, 主人李之蕃丹倅黃俊良, 同舟見迓, 卽上其舟泊于隱居之下. 逐入北谷, 泉石甚佳, 環坐小酌. 至夕還舟, 飮于中洲, 因宿其舍. 其舍前臨釣磯, 南對龜峯, 西挹玄鶴峯, 瀟灑有絶致. 翌日, 與黃李同舟, 泊于窪樽巖小酌. 過大小凌波石上葛仙臺至石柱灘, 李君還歸, 先生宿于郡館. 又翌日踰竹嶺, 歇馬于轟冷臺, 先生爲豐基時, 始築而名焉. 是行發榮川, 至松石臺, 先生前來京洛時, 因巖築之而名焉. 又植松蔭臺, 溫溪請親來迎. 庚申十一月, 陶山書堂成. 自是遇興輒徃, 或至數月而返. 每年秋夏之交, 官家始設, 魚梁於臺下, 一切不徃. 至秋晚梁罷, 酒徃來焉. 癸亥九月二十四日, 聞王世子【順懷】卒逝. 二十八日, 晨出陶山, 設位于堂, 其冠帶加生麻布帶, 入庭拜哭. 乙丑四月十三日, 聞文定王后薨, 出陶山行哭臨禮, 因過成服. 八月徃觀魚吞山雲巖寺, 宿枕流亭. 翌日歷月川入東村, 登凌雲臺, 暮還溪上訪葛仙臺, 新得魚樂臺. 丁卯八月初十日, 遞禮判東歸到溫溪. 以衰服不可入家廟, 只行再拜禮於門外.【時新有明廟喪放也.】九月十八日, 上龍壽寺. 以明日大行發引, 在家未安故也. 留五日而還. 十月初四日, 出陶山, 五日, 行大行卒哭之禮. 戊辰正月二十一日, 有旨曰: 予欲見賢士之心, 一日急於一日. 但年高之人, 如此隆寒, 或慮傷寒, 不克就道, 卿其勿拘遲速, 待時日溫和, 從容上來. 敎書來到, 肅拜展讀後, 禮接齎來習讀官. 初明廟因山將近, 先生以病還鄕, 未赴哭班. 至是【戊辰九月】求差獻官.【明廟康陵】十二月二十六日, 命以所上『聖學十圖』下政院曰: 此帖, 作屛風以進. 又一件體小, 作帖以入, 可也. 傳曰: 卿所上『十圖』, 甚切於爲學, 謹當作屛, 展於左右以自警焉. 己巳二月初二日, 先生將下鄕, 政院惊惶歸入啓, 上使注書兪大修, 諭以過明日慕義殿【明宗魂殿】親祭後引見許歸之意. 先生於臨事, 拜受命曰: 伏承傳敎, 不勝惶恐, 謹伏承命云. 對訖, 下庭拜送. 三月十七日, 到家. 四月初四日, 上書狀謝許退, 賜物, 因乞解職致仕. 其所賜米豆, 卽分散族人及鄕郷. 六月二十八日曉, 與縣監詣殿牌前. 同除練服, 受以烏紗帽, 溪染炭色靑領黑布帶. 遲明, 還鄕. 庚午正月, 上箋乞致仕, 幷上辭免書, 狀待罪. 二月十一日, 箋狀入啓. 十五日有旨. 卿年雖七十, 非若他人, 玆不敢允卿之去也. 不遞其職者, 念卿遭德, 姑遂所懇而非許辭退也. 還朝之期, 予日望之, 而卿遷欲謝事, 予甚缺然. 卽今春候漸和, 行道亦便. 卿其乘馹上來, 以副予望. 且卿別無所失, 宜勿待罪. 三月十七日, 上箋請致仕. 四月初三日, 箋文入啓. 答曰: 致仕事不允. 乘馹上來事, 自政院製送下諭可也. 有旨. 今觀卿乞辭召命箋文一通, 蒙恩退歸, 引年告休云云, 卿意則然矣. 第以官至一品, 年七十以上, 係國家重輕, 不得致仕者, 斯乃祖宗之令典. 其在予寡躬, 豈可不遵先王之成法, 而任卿之致仕歟? 知卿自少勵志聖賢之學, 有意帝王之治, 事中仁廟兩聖, 適遭相繼禮陟, 未訖于用. 不克展盡素蘊, 蒼生之無福可勝惜哉? 越至我皇考明宗朝, 初離塊口, 幾不自保, 賴皇考明聖, 復置周行, 其庶行道而權奸當國, 知不可爲, 卷而歸家. 及其去奸之後, 皇考有志變張, 將興盛治而召卿還朝. 不幸皇考賓天, 國家多故, 卿又興疾南歸, 重出脩門. 予於荒迷不次之中, 未能省識, 厥後因廷臣之啓, 始察其由, 蹵然于中, 累次召卿, 卿乃蟠然而起惠然而來, 則其退也比義, 其進也以禮, 賢者之去就, 豈不綽綽然哉? 惟卿抱負之重, 暨予期待之誠, 不但尋常而已也. 將以行眞儒之所學, 而企予先聖王之治也. 若此者, 奚啻予一人乃嘉? 實惟我三聖在天之靈, 亦有所默悅於冥冥之中矣. 是則以累朝未見之效, 收之於寡昧之躬, 千載一時, 豈不偉歟? 玆用不煩卿以職務, 專責經筵成就凉德. 六條之疏, 『十圖』之書, 面命耳提, 賓師是賴, 詎期末疾相尋, 遽爾辭歸, 豈惟孤當宁專心之託? 抑亦缺朝野引領之望然, 而姑聽卿去者, 養痾林泉筋骸博健, 有他日盍歸乎來之意也? 旣退之後,

모부인께서 "너의 문학은 이미 성취되었기에 과거는 걱정이 없다. 다만 너의 성품이 사람들과 달라서 세속에 맞지 않을까가 걱정이다. 벼슬은 현감까지만 하는 것이 좋겠다"라고 하셨다. 선생은 사마시부터는 과거에 뜻이 없었는데, 형 대헌공이 어머니에게 말씀드려 과거시험에 참여할 것을 권면하였다.

임진년(1532) 별시 초시에 참여하여 제2등에 올랐다. 서울에서 고향으로 돌아오는 길에 길가 촌사村舍에 유숙했는데, 밤에 도적을 만났다. 일행은 놀라 두려워 어찌할 줄 몰라 했는데, 선생은 응연히 흔들리지 않았다.

계사년(1533) 가을 성균관에서 유학하고 고향으로 돌아오는 길에 충정공 권벌12)을 따라 여주 이호촌을 찾아 모재 김안국13) 선생을 만났다. 선생은 자신이 '정인군자正人君子'라는 말씀을 들었다고 하였다.

所以不遞卿本職與兼帶者, 卿庶幾再來, 予日望之, 非敢以爵祿相縻也. 然則惟予與卿, 鹽梅之契, 其尙未替, 豈若宋哲宗之於伊川, 孝宗之於晦庵, 爲人言所間, 使之不安於朝廷之上而去之者比乎? 況今學問未進, 治效未著, 風俗日渝, 紀綱日隳, 年歲不登, 烝黎不毅, 災變層疊, 盜賊興行, 百弊乘時, 三邊有釁, 比如一人之身, 衆證俱發, 死亡無日, 苟非上醫, 決無可療之方. 予之望卿於今日者, 宜不遑於仄席臨食之際矣. 大抵時君之不願治者則已矣. 如其願治而不效者, 誠以眞儒難得, 因陋就寡, 經邦不績一切坐此故耳. 向使卿生於前昔, 使予有不同時之歎, 則予之於同時之幸, 顧不大歟? 卿須不以予爲不足與有爲也, 接淅而來, 補予不逮, 庶見世復大猷之盛, 民蒙至治之澤, 詎不美歟? 卿前日援皇朝薛文淸公爲例, 若予之意, 非以致仕爲得之, 直以時不遇也, 義未可也. 今者不然, 士無賢不肖皆倚卿爲重, 以爲卿如不起, 當如蒼生何? 加以予之心先定乎哉? 矧卿行年七十, 神力精强, 平日所養之功, 正不可誣而其於憂違樂行之義, 講之有素, 卿無固讓, 予言不再, 卿其乘馹, 斯速上來."

12) 沖齋 權橃(1478~1548)의 자는 仲虛, 또 다른 호는 萱亭, 시호는 忠定이다. 성균생원증 영의정 士彬의 아들이고, 어머니는 주부 尹塘의 딸이다. 1506년 진사에 합격하고, 이듬해 증광문과에 급제한 뒤 예문관검열·홍문관수찬·부교리·사간원정언 등을 역임하였다.

13) 慕齋 金安國(1478~1543)의 자는 國卿이고, 시호는 文敬이다. 趙光祖·奇遵 등과 함께 金宏弼의 문인으로, 도학에 통달하여 사림파의 선도자가 되었다. 1501년 진사과에 합격하고 1503년에 별시문과에 을과로 합격하여 승문원에 등용되었으며, 이어 박사·부수찬·부교리 등을 역임하였다. 1507년에는 문과중시에 병과로 급제하고, 사헌부지평·장령·예조참의·대사간·공조판서 등을 지냈다.

기묘사화(1519)를 겪고 나서부터 사습士習이 경박하여 선생의 법도 있는 행동을 보고 많은 이들이 비웃으며 모독하였다. 서로 교유한 사람은 하서 김인후[14]뿐이었다.

신축년(1541) 3월 14일, 선생은 교리로 입시하여 석강을 마치고 아뢰었다. "강릉부사 구수담이 예조참의가 되었으니, 이제 마땅히 불러들여야 합니다. 이 사람은 본래 물망物望이 있어 당초 강릉부사에 제수되었을 때에도 물론物論이 애석하게 여기면서, 모두 외직으로 보내서는 마땅하지 않다고 생각하였습니다. 그러나 강릉은 본래 피폐한 고을이어 잔민殘民을 일으키기 위해서는 뛰어난 사람을 보내야 했습니다. 그러므로 사람들 역시 당연하다고 말했습니다. 과연 선정을 베푼다는 소리가 있어서 특별히 당상관으로 승진시켜 포상하였습니다. 이제 다시 불러들이려는 것은 포상하고 권면하는 의리와 보고 듣기 좋은 미덕이니, 진실로 우연한 일이 아닙니다. 다만 옛 관료를 보내고 새로운 관료를 맞이하여 농사 때를 놓친다면, 이 결정 때문에 한 해의 수확을 얻지 못할까 걱정입니다. 농사가 끝나기를 기다려 불러들이는 것이 옳지 않겠습니까?" 임금께서 "농사가 한참 바쁘니, 추수할 때를 기다려 불러들이는 것이 좋겠다"라고 하셨다.

임인년(1542) 4월 6일, 선생이 진휼어사로 인견할 때 아뢰셨다. "공주판관 인귀손은 성품이 본래 패려하고, 공주목사 이명은 청렴하고 근실한 사람이지만, 취향과 행동이 모순된 사람입니다. 인귀손의 집이 지근거리에 있어 뇌물을 탐내는 것이 이를 데가 없습니다. 이처럼 구황하는 일이 한창 급박한 때일수록 먼저 탐관오리를 징치하고 난 뒤에 백성을 구휼하는 것

---

14) 河西 金麟厚의 본관은 蔚山, 자는 厚之, 또 다른 호는 湛齋이다. 아버지는 참봉 金齡이며, 어머니는 玉川趙氏이다. 1519년 金安國에게서 『소학』을 배웠다. 1531년 사마시에 합격하고 성균관에 입학하였으며, 이때 퇴계 이황과 교우 관계를 맺고 함께 학문을 닦았다.

이 실효를 거둘 수 있을 것입니다." 임금께서 "삼가지 않는 것이 이와 같
으니, 징치하는 것이 좋겠다"라고 하셨다.

병진년(1556) 9월, 배우려는 사람들이 퇴계 화암의 근처에 계남서재를
지었다.

무오년(1558) 4월, 오담에 가서 유람하셨다. 쾌주 우탁[15]을 위해 서원을
오담가에 건립하려고 하셨는데, 이 유람은 그 자리를 살펴보기 위함이다.

기미년(1559) 2월, 분황焚黃[16]을 하려고 휴가를 받았다. 동호로 나와 배
를 빌려 동쪽으로 갔다. 3월, 청풍을 지나 구담에 도착하니, 주인 이지번[17]
과 단양군수 황준량[18]이 배를 타고 마중 나왔는데, 곧바로 배에 올라 이지
번이 은거하고 있던 곳에 정박하였다. 북쪽 골짜기로 들어가니, 천석泉石이
아름다워 둘러앉아 술자리를 마련하였다. 저녁이 되어 배로 돌아와서는

---

15) 易東 禹倬(1263~1342)의 본관은 丹陽, 자는 天章 또는 卓甫, 또 다른 호는 丹巖이다.
시조 玄의 7대손으로, 남성전서문하시중으로 증직된 天珪의 아들이다. 1278년 향공
진사가 되고, 과거에 올라 영해사록이 되었다. 조선조에 와서 퇴계의 발의로 1570년
易東書院이 창건되었으나, 1871년에 훼철당하였다가 1966년 복원되었다. 시호는 文
僖이다.

16) 분황은 조선시대 죽은 사람에게 관직이 추증되었을 때 그 죽은 이의 자손이 조정에
서 수여하는 사령장과 황색 종이에 쓴 부본을 받아 선조의 무덤 앞에서 이를 고하고
부본을 태우는 일을 말한다.

17) 龜翁 李之蕃(?~1575)의 본관은 韓山, 자는 馨佰, 또 다른 호는 省菴・思亭이다. 李穡의
후손으로 판관을 지낸 李穉의 아들이자 『토정비결』을 지은 李之菡의 형이며, 선조
때 영의정을 지낸 李山海의 아버지이다. 인종 때 門蔭으로 천거된 뒤 여러 벼슬을
거쳐 장례원사평이 되었다. 그 무렵 아들 산해가 신동으로 소문이 나서 권력을 휘두
르던 尹元衡이 사위를 삼으려고 하자 벼슬을 버리고 동생 지함과 함께 충청북도 단
양으로 내려와 龜潭峰 밑에 은거하였다.

18) 錦溪 黃俊良의 본관은 平海, 자는 仲擧이다. 사온서주부 永孫의 손자로, 치의 아들이
며, 어머니는 교수 黃漢弼의 딸이다. 퇴계의 문인이다. 어려서부터 재주가 뛰어나
奇童으로 불리었고, 文名이 자자하였다. 성주목사로 나가서도 迎鳳書院의 중수, 문묘
의 중수, 그리고 孔谷書堂・鹿峰精舍를 세우는 한편, 이 지방의 학자 吳健을 敎官으로
삼는 등 교육진흥에 힘써 학자를 많이 배출하였다. 자식이 없어 아우 遂良의 아들로
양자를 삼았다. 풍기의 遇谷書院, 신녕의 백학서원에 제향되었다. 문집으로는 『錦溪
集』이 있다.

모래톱에서 술을 마시고, 그 길로 그 집에서 주무셨다. 그 집 앞은 낚시터가 있고 남쪽으로 구봉을 마주하고 서쪽으로 현학봉을 바라보고 있으니, 아주 깨끗하고 빼어난 운치가 있었다. 다음 날, 황준량·이지번과 함께 배를 타고 가다가 와준암에 정박하여 작은 술자리를 마련하였다. 크고 작은 능파석을 지나 갈선대에 올랐다가, 석주탄에 도착해서 이지번은 돌아갔다. 선생은 단양군 관사에서 주무셨다. 또 다음 날 죽령을 넘어 촐랭대에서 말을 쉬였는데, 선생이 풍기군수 시절 처음 이 대를 세우고 이름을 붙인 것이다. 이 걸음에 영주로 길을 열어 송석대에 도착했다. 선생이 서울을 왕래할 때 바위가 쌓여 있었기 때문에 이름을 그렇게 붙인 것이었다. 또 소나무를 심어 대에 그늘을 드리우게 하였다. 온계의 여러 친구들이 와서 맞이했다.

경신년(1560) 11월, 도산서당이 낙성되었다. 이때부터 흥이 나면 그때마다 찾아갔는데, 더러 수개월 만에 돌아오시곤 했다. 매년 여름과 가을 사이 관가에서 대臺 아래 어량魚梁을 설치하기 시작하면 일절 가시지를 않았다. 늦가을이 되어 어량을 거두고 나서야 이에 왕래하셨다.

계해년(1563) 9월 24일, 왕세자【순회】가 세상을 떠났다는 소식을 들었다. 28일 새벽 도산으로 가서 당에 영위를 마련한 다음 관대를 갖추고 생마포 대띠를 두르고 뜰로 들어가 절하고 곡하였다.

을축년(1565) 4월 13일, 문정왕후가 세상을 떠났다는 소식을 들었다. 도산서당으로 가서 곡임례哭臨禮를 행하고 그길로 성복成服하였다. 8월 관어사·탄산사·운암사로 갔다가 침류정에서 주무셨다. 다음 날 월천月川을 거쳐 동촌東村으로 들어가 능운대에 오른 뒤, 날이 저물어 계상溪上으로 돌아왔다. 갈선대에 들렀다가 어락대를 새로 찾았다.

정묘년(1567) 8월 10일, 예조판서에서 체직된 뒤 동쪽으로 귀향하여 온계에 도착하였다. 상복으로 가묘에 들어갈 수 없어 단지 문밖에서 재배례만을 올렸다. 【당시 새로 명종의 상복을 입었기 때문이다.】 9월 18일, 용수사로 올라갔다. 다음 날이 명종의 발인일이어서 집에 있기 미안했기 때문이다. 5일을 머물다가 돌아왔다. 10월 초4일 도산서당으로 갔다가, 5일 명종의 졸곡예卒哭禮를 행하였다.

무진년(1568) 정월 21일, "내가 현사賢士를 보고 싶은 마음이 하루하루 급해진다. 다만 연세가 많은 분은 이처럼 혹독한 추위에 행여 건강을 해칠까 염려되어 길을 나서지 못할 것이다. 경은 시간에 구애받지 말고 날이 따뜻해질 때를 기다려 편안히 올라오라"라는 교지가 내려졌다. 교지가 도착하자 숙배肅拜하고 펼쳐 읽어 본 다음 교지를 가져온 습독관習讀官을 예에 맞게 대접하였다. 초 아무 날 명종의 인산일因山日이 차츰 다가왔는데, 선생은 병환으로 고향으로 돌아왔기 때문에 곡반哭班에 참석하지 못하였다. 이때에 와서 【무진년(1568) 9월】 헌관에 차출되었다. 【명종의 능묘는 강릉康陵이다.】 12월 26일, 임금은 선생께서 올린 『성학십도』를 승정원에 내리면서 "이 열 장의 첩을 병풍으로 만들어 올려라. 또 한 건의 작은 첩을 만들어 들이는 것이 좋겠다"라고 명하셨다. 전교에서 "경이 올린 『성학십도』는 학문하는 일에 매우 절실하니, 삼가 병풍으로 만들어 좌우에 펼쳐두고 스스로의 경계로 삼겠다"라고 하셨다.

기사년(1569) 2월 초2일, 선생이 고향으로 내려오려고 하자, 승정원에서 곧장 돌아가 버릴까 염려하여 들어가 아뢰었다. 임금께서 주서 유대수를 시켜 다음 날 모의전 【명종의 혼전】 에 들러 친제親祭를 마친 뒤 인견하고 귀향을 허락하겠다는 유지를 내렸다. 선생이 청사에서 임금의 명령을 절하고 받으면서 "삼가 전교를 받듦에 두려움을 견디지 못하겠습니다. 삼가 임금의 명령을 받들겠습니다"라고 하셨다. 대답을 마치고 뜰로 내려와 절하고 주서를 전송하였다. 3월 17일 집에 도착하였다. 4월 4일 사직소를 올리니, 물러나는 것을 윤허하고 물품을 하사하셨다. 그 길로 해임解任과 치사致仕를 주청하였다. 하사받은 쌀과 콩을 족인 및 고을 이웃에게 나눠 주었다. 6월 28일 새벽, 현감과 함께 전패殿牌 앞으로 나아갔다. 연복練服을 같이 벗고 오사모에 짙은 검정색 흑단령과 검은 띠를 받았다. 동이 틀 무렵 돌아왔다.

경오년(1570) 정월, 전장箋狀을 올려 치사를 주청하면서 사직 상소를 함께 올리고 벌을 기다렸다. 2월 11일 전장이 입계되었다. 15일 유지有旨가 내려왔다. "경의 나이 비록 일흔이지만, 다른 사람보다 건강하기에 나는 감히 경이 가는 것을 윤허하지 않겠다. 경을 체직하지 않은 것은 경의 훌륭한 덕을 생각하여 우선 간청을 이루어 준 것이지 사퇴를 윤허한 것은 아니다. 조정으로 돌아온다는 말을 나는 날마다 기다리는데도, 경은 서둘러 물러가려고만 하니, 나는 매우 서운하다. 이제 봄기운에 날씨가 점점 따뜻해지니, 길을 다니기 편안할 것이다. 경은 역마를 타고 올라와 나의 바람에 부응하라. 또 경은 다른 잘못이 없으니, 벌을 기다리지는 말라."

3월 17일, 전장을 올려 치사를 주청하였다. 4월 초3일 전장이 입계되었다. 비답이 내렸다. "치사의 일은 윤허하지 않는다. 역말을 타고 올라오라는 내용을 승정원에서 지어 내려 보내는 것이 좋겠다." 유지가 내려왔다. "지금 경이 소명召命을 사양하는 전장 1통을 살펴보니, 은명을 입고 고향으로 돌아가 나이를 이유로 쉬기를 고한다고 하는데, 경의 뜻은 그럴 수도 있다. 다만 관직이 1품이고 나이가 일흔 이상이 되어도 국가의 경중이 달려 있어 치사할 수 없는 것은 바로 조종의 법령이다. 그것이 과인의 몸에 와서 어떻게 선왕의 성법成法을 준수하지 않고 경의 치사를 내버려 둘 수 있겠는가? 경은 젊어서부터 성현의 학문에 뜻을 다하고 제왕의 다스림에 마음을 두고 있었다는 것을 안다. 중종과 인종 두 조정을 섬기다 마침내 연이어 승하하시는 일을 당해 끝내 등용되지 못해 평소 품은 뜻을 다 펼치지 못했으니, 창생의 복 없음이 얼마나 안타까운가? 우리 황고 명종의 조정에 와서 처음에는 참소의 말에 걸리고 거의 스스로를 보존하지 못할 지경이었는데, 황고의 성명聖明에 힘입어 다시 큰 길을 열고 거의 도를 이룰 듯하였지만, 권간들이 나라를 담당하게 되니, 큰일을 할 수 없다는 것을 알게 되어 집으로 돌아갔다. 권간들이 제거된 뒤에 황고께서 경장更張에 뜻을 두고 장차 태평성대의 정치를 일으켜 경을 불러 조정에 돌아왔다. 그러나 불행히도 황고께서 승하하시고 나라에 일은 많은데, 경 또한 병이 들어 고향으로 돌아가기 위해 수레를 타고 다시 대궐문을 나갔다. 나는 초상을 치르느라 두서가 없어 미처 살피지 못하였다. 그 뒤 조정의 신하들이 아뢰어 비로소 그 연유를 살피고 마음으로 놀라 누차 경을 불렀는데, 경이 바로 생각을 바꿔 올라왔다. 물러난 때에는 의를 따르고 나올 때에는 예로써 하였으니, 현자의 거취가 어찌 여유롭지 않은가? 오직 경의 포부가 무겁고 나의 기대하는 정성은 평범하지 않았을 따름이다. 장차 참된 선비가 배운 것을 행하려고 하고, 선왕의 정치를 바라는 것이니, 이와 같은 일이야말로 어찌 나 한 사람의 기쁨일 뿐이겠는가? 실로 하늘에 계신 우리 삼성三聖의 혼령께서도 역시 가만히 하늘에서 기뻐하실 것이다. 이는 여러 조정에서 아직까지 보지 못한 효과를 어리석은 과인의 몸에서 거둘 천 년만의 한때이니, 어찌 위대하지 않겠는가? 이에 경을 직무로 번거롭게 하지 않고 오로지 경연을 책임지며 과인의 부족한 덕을 성취시키게 하였다. 「무진육조소」와 『성학십도』는 이목을 끌어당겨 빈사賓師처럼 의지하였는데, 노병으로 이렇게 서둘러 사직하고 돌아갈 줄을 어떻게 생각이나 했겠는가? 또한 조야에서 목을 늘여 바라는 기대에도 실망감을 주었다. 그런데도 먼저 떠나겠다는 경의 주청을 들어준 것은 임천에서 신심을 조섭하여 근력이 좋아지는 다른 날 어찌어찌 돌아오지 않겠느냐는 생각이 있어서였다. 이미 물러난 뒤에도 경의 본직과 겸직을 체직하지 않은 것은 경이 다시 돌아오기를 내가 날마다 바라서이지 감히 작록으로 묶어 두려고 한 것은 아니다. 그렇다면, 내가 경과 맺은 군신의 관계는 아직 중단된 것이 아니다. 송나라 철종 때의 이천伊川과 효종 때의 회암晦菴이 사람들의 이간질로 조정에 머무르기 불안하게 되어 스스로 떠난 것과 어떻게 비교가 되겠는가? 게다가 지금은 학문에 진전이 없고 정치의 효과도 드러나지 않아 풍속은 날로 투박해지고 기강은 날로 무너지고 있으며, 해마다 흉년이 들고 백성들은 불선해지며, 재변이 층층이 발생하고 도적이 횡행하며, 온갖 폐단이 일시에 일어나고 세 변방에 틈이 생겼다. 비유컨대, 한 사람의 몸에 여러 병이 한꺼번에 생겨 죽을 날이 멀지 않아 참으로 훌륭한 의원이 아니면 고칠 수 있는 방법이 없는데, 어떻겠는가? 내가 오늘 이렇게 경에게 바라는 것은 응당 자리에 눕거나 음식을 먹는 사이에도 겨를이 없는 지경이다. 대저 시군時君이 좋은 정치를 원치 않으면 그만이지만, 좋은 정치를 바라는 데도 효과가 나타나지 않는 것은 참으로 진유眞儒를 얻기 어려서이니, 비루한 소견만 따르고 개선하지 않아 나라를 경영하는 공적이 없는 것도 모두 이러한 이유 때문이다. 경이 옛날 태어났다면 나로 하여금 시대가 다르다는 탄식을 하도록 하였겠지만, 내가 시대를 함께한 운도 크지 않은가? 경은 모름지기 나와 함께 무엇을 하기에는 부족하다고 생각하지 말고, 어서 와서 나의 부족한 부분을 채워, 이 세상이 성대한 대도大道를 회복하고 백성이 좋은 정치의 혜택을 받을 수 있게 한다면, 어떻게 아름답지 않을 수 있겠는가? 경이 지난 날 명나라 설문청공薛文清公19)의 일을 사례로 삼았으나, 내 생각에는 문청의 치사는 잘한 것이 아니라, 때를 만나지 못하고 의리가 맞지 않아서일 뿐이네. 이제는 그렇지 않으니, 선비가 훌륭하거나 못나거나 간에 모두 경에게 의지하고 있으니, 만일 경이 세상에 나오지 않는다면, 창생은 어떻게 하겠는가? 게다가 나의 마음은 이미 정해졌는데, 어떻겠는가? 하물며 경의 나이 일흔인데, 정신은 건강하니 평소 수양한 공력을 정말로 속일 수 없으며, 시의에 따라 진퇴하는 의리도 평소 익혔으니, 경은 진실로 사양하지 마시게. 나는 두 번 말하지 않겠으니, 경은 역마를 타고, 속히 올라오라."

5. 「고종기」[20]

경오년(1570) 11월 9일, 시향時享이 있어서 온계溫溪에 올라가 재계하셨다. 종가에서 묵다가 처음 한질寒疾을 느꼈다. 제사를 지낼 때에 독櫝을 받들고 제물을 올리는 것도 여전히 친히 하셨는데, 기운이 갈수록 편치 않았다. 자제들이 "기후가 불편하시니, 청컨대 제사에 참예하지 마십시오"라고 고하니, 선생께서 "내가 이미 늙었다. 제사를 모실 날도 많지 않은데, 제사에 참예하지 않아서야 되겠는가?"라고 하셨다.

---

19) 敬軒 薛宣(1389~1464)의 자는 德溫, 시호는 文淸公이다. 중국 명나라 때의 철학자이다. 永樂 때에 進士, 英宗 때에 官禮部右侍郎이 되고 翰林院學士를 겸하였으며, 內閣에 들어가서 機務에 참여하였다. 宋學을 연구하여 躬行復性으로 주장을 삼아 門下人이 매우 많았다. 세상에서 그 학문을 河東派라고 하였다.

20) 『蒙齋先生文集』, 「考終記」, "庚午, 十一月九日, 以時享事, 上溫溪, 齋宿宗家, 始感寒疾. 行祭時, 奉櫝奠物, 猶親自爲之. 氣益不平, 子弟等告曰: 氣候不平, 則請勿參祭. 先生曰: 余今老矣. 行祭之日, 不多不可參. 十一日, 力疾赴溫溪洞會曰: 氣甚不安, 而余若不來, 則兄主想無聊, 故來此云云. 十二日, 『家曆日記』始絶筆, 三日四日五日, 益彌留. 奇明彦專件書問, 先生臥席修答, 改致知格物說. 令子弟正書寄明彦及鄭子中等處. 二十二日, 證尤潒重, 十二月三日, 證甚篤, 令子弟, 錄還諸人書籍屛簇書, 勿使遺失. 且命孫安道曰: 慶州本『心經』校正冊, 爲某人所借去, 汝可推還, 因便送傳韓參奉. 使之釐正板本中訛舛, 可也. 【○前此集慶殿參奉韓安命, 以慶州本『心經』校正事爲送人, 適此冊在他未得附送, 故有是命.】 命子某【時爲奉化縣監】速呈辭狀于監司道, 聞諸生三十餘人, 連日候病在外, 將欲呼見, 病甚未能. 疑家人等有祈禱之事, 一切禁之. 四日病少間, 屛左右書遺戒. 一. 毋用國葬, 該曹循例請用, 必稱遺令陳疏固辭. 一. 勿用油蜜果, 果實不足, 草作平排設用, 其餘一切勿用, 可也. 一. 勿用碑石, 只以小石書其前面云: 退陶晚隱眞城李公之墓. 其後唯略敍鄕里·世系·志行·出處大槩如『家禮』中所云. 【此事若託他人製述相知, 如奇高峯, 必張皇無實之事, 以取笑於世, 故嘗欲自述所志, 先製銘文, 其餘因循未畢草本, 藏在亂草中搜得用其銘, 可也. ○此銘, 楷書一小紙, 藏在平日所用書匣中, 意必其年秋所製也.】 一. 先世碣銘未畢, 至此爲終天之痛. 然諸事已具, 勢亦不難, 須稟於家門而刻立焉. 一. 汝弟裕食在汝, 時田民, 皆爲汝之田民, 固無可疑. 至於子孫時不爲優給奉祀者, 奴婢田民, 誰肯盡心裕食? 況其養父母神主奉祀條, 尤不可不優給, 使李氏求養人子, 以求食數世, 終無所歸, 必矣. 凡此曲折備細審量, 一一遵今所戒. 世俗薄惡, 稱爲人養而盡得其物, 不及一二世而頓不知養父母者多千萬戒之. 【○次子寀爲其外祖許瓚之弟璉之養子李氏璉之妻也璉旣歿李氏以寀爲養子, 故遺戒據李氏爲言.】 一. 人之觀聽, 四方環立, 汝之行喪, 非他例. 凡事必須多問於人家. 問鄕里中幸多知禮有識之人, 廣詢博議, 庶幾宜於今, 而不遠於古. 其中不用酒接客一節, 此最難處. 須與衆共議. 如葬時則不用酒接客, 固無難也. 但賓客所持之酒, 不用於賓客, 此難中又一難也. 此亦臨時共議, 不得已令自相酬酢, 則勿設盤果, 各以所持壺果, 遠處設廳行之, 可也. 至大小祥等禮, 又與葬時不同. 然諸喪主與客以酒行禮, 終爲未安. 門長中一人, 別廳接客, 喪人則勿參, 可也. 【○先生親自占文, 使猶子甯書之, 書畢, 一一親自覽焉, 遂命封置.】 午欲見諸生, 子弟請止. 先生曰: 死生之際, 不得不相見. 遂命加上衣, 語諸生曰: 平時, 以謬見, 與諸君終日講論, 是亦不易事也. 【○亦有艮齋芝軒所錄】五日, 命治壽器, 謂甯曰臺諫所啓, 今何如耶? 【時兩司方論削乙巳之勳】 甯曰: 猶不允兪. 曰未知其終如何, 再三歎之. 八日辛丑朝, 命灌盆梅. 至酉時, 令侍人正席而臥. 旋卽扶坐, 遂捐館. 遠近相知者, 爭相匍匐來吊, 如恐不及. 雖未嘗往來之人, 亦皆巷吊咨嗟, 以至愚氓賤隷, 莫不悲慟. 多有累日不食肉者. 十一日, 以備忘記傳于政院曰: 李某有病, 至爲驚駭. 內醫給馬齎藥, 急速下送李某處, 此意及十分善調事下書. 十八日, 慶尙道監司書狀禮安縣監孫英濟牒呈內, 判府事李某, 今十二月初八日初昏量, 痰塞胸膈熱極卒逝事, 入啓, 傳于政院曰: 李某卒逝, 予甚慟悼, 可追贈領議政. 致賻諸事, 速考前例以啓, 禮曹啓目判府事李某卒逝. 當日至十九日停朝市. 去刑戮禁屠殺斷音樂啓, 依允. 政院啓曰: 別致賻. 前例金安國·宋欽等事考啓. 傳曰: 卒判府事李某. 亦【中正布二十疋米太幷二十石眞末二十斗眞油淸】 【蜜各六斗】別致賻. 爲只爲戶曹傳敎禮曹堂上意郎廳啓曰: 臣等考諸大典喪葬條, 大臣卒, 啓聞輟朝致賻吊祭禮葬, 若擧哀會葬則有特旨, 乃行「五禮儀」, 爲貴臣擧哀儀, 曾經議政外擧哀與否, 隨恩典之淺深云. 今者判府事李某卒逝, 某一代大儒, 曾經從一品, 自上聞其卒逝, 慟悼之甚. 卽命追贈領議政恩賜之甚, 孰大於此? 自上當擧哀會葬而有特旨乃行之事. 此曠廢已久, 勢似難行矣, 而禮文之事, 不可不稟, 故敢啓. 傳: 曰五禮儀. 予已考見. 此禮非但曠廢旣久. 事勢溕便, 難以輕行. 但別遣承旨致祭可也. 傳于政院曰: 卒李某, 何等禮葬乎? 問啓傳卒判府事李某處, 別遣承旨致祭爲乎? 事是等諸事. 預備爲只爲禮曹等傳敎. 十九日, 政院回啓曰: 判府事李某, 當以二等禮葬爲之矣. 傳曰: 知道. 傳于政院曰: 李某旣追贈領議政後, 猶用二等乎? 其禮問啓: 政院啓曰: 李某禮葬事, 禮官處問之, 則考中廟朝以後前例, 則初喪, 卽爲追贈者, 無之. 此則似可以追贈之職爲禮葬矣. 然追贈之人,禮葬之例, 亦無之矣. 傳曰: 旣贈議政, 似當以議政禮葬也. 然禮曹議啓. 且祖宗朝前例, 亦博考可也. 政院以禮曹意啓曰卒李某旣蒙追贈領議政之命, 於初喪則以曾經議政禮葬之例, 爲之甚當. 且曹上各年膽錄及歸厚 署置簿相考, 則幷無贈職禮葬前例. 傳曰: 知道. 以議政例禮葬, 可也. 傳于政院曰: 議政別致賻, 前例考答可也. 二十日, 政院啓前例卒左議政安玹, 右議政閔箕, 別致賻考啓.【米太幷一百石, 紙一百五十卷, 白正布二十疋六升, 白水綿二十疋, 正布一同石, 灰五十石, 苧布十疋, 淸蜜一石十斗, 眞油一右, 黃蜜三十斤】等賜給事傳敎以議政致賻. 前例還下政院曰: 李某旣以議政禮葬, 致賻亦以此例爲之事. 捧承傳于戶曹而下書于本道. 二十一日, 禮曹啓目卒判府事李某處別遣承旨致祭. 吉日來正月十六日, 以推擇禮文致祭. 床品依前議政別致祭例, 油蜜果四行床令本道監司備設執事, 隣近守令差定祭文, 令藝文館製進香陪書吏, 給馬下送何如. 啓依允. 二十二日, 政院以禮曹言. 啓曰: 凡在外身死祭相吊祭, 一時幷行, 故依前例爲公事啓下矣. 今者, 贈領議政李某吊祭依在京例, 遣曹郎廳各行, 何如? 傳曰: 如啓. 政院啓曰: 禮曹公事, 循例爲之矣. 議政卒逝, 則例遣承旨吊喪, 故敢稟. 傳曰: 依前例遣承旨, 可也. 右副承旨李齊閔往哉. 政院啓曰: 李某處致吊承旨別遣事, 已下命矣. 禮曹請遣郎廳公事勿用. 傳曰: 可也. 弘文館上劄曰: 大臣卒未吊葬, 請勿行曲宴. 答曰: 雖大臣之卒, 自有國家定禮, 豈可至停爲上之宴乎? 其劄曰: 斯文不幸, 大儒云亡. 非但士林相吊, 在殿下大有爲之志, 其不遺一老之痛庸, 有極哉! 伏覩殿下聞訃之日, 卽下哀痛之敎, 贈以議政之爵, 其待以殊禮者, 實出於尊崇大賢之盛意. 中外之人, 孰不感激? 然先王制爲喪臣之禮, 於服則衰經, 於饍則小擧, 於樂則弛懸, 以至與飮徃吊, 莫不盡禮. 蓋君之於臣, 猶父之於子也. 其所以因情制禮者, 豈偶然哉? 我朝爲貴臣擧哀之規, 實倣於此. 今者雖以喪次在外, 不得行此盛禮, 其他弛懸不擧之遺意, 則不可不講究而盡其禮也. 今次曲宴之敎, 雖出於聖上懇悅兩殿之至意, 而大臣之喪, 纔經旬日, 陳饌張樂, 有若平時, 則此果合於先王之制而於殿下痛惜之情, 其亦安乎? 昔晉荀盈卒, 未葬, 平公飮酒樂, 膳宰屠蒯, 趨入, 遂酌以飮工曰女爲君, 耳將司聰也. 君之卿佐, 是謂股肱, 股肱或虧, 何痛之爲? 如不聞而樂, 是不聰也. 公悅, 遂撤樂, 夫以平公之爲君, 尙且撤酒於其臣未葬之日, 況以殿下之聖而反欲設宴於聞訃未吊之前, 其於殿下隆禮待賢之意, 果何如也? 況今天災物怪, 層見疊出, 此政君臣上下恐懼修省之不暇, 豈可晏然爲樂, 以重天心之不豫也? 伏願聖明留神焉. 二十四日, 政院以平安監司曰變上狀, 入啓. 傳曰: 大臣卒逝未久, 且有災異. 曲宴勿爲事, 兩殿下 敎勿爲, 可也. 二十六日, 御夕講于思政殿, 洪聖民進啓曰: 近者國家不幸, 大儒卒逝, 非但士林相吊, 自上亦爲痛傷. 聞訃之日, 贈以議政, 中外感激, 此人學問, 爲東方宗匠集大成之人也. 前者經席所啓之言, 無非大人格君之言, 每每追念而力行之, 則此人雖死, 其道則行也. 鄭琢曰: 東方學問之人, 雖或有之, 至於造詣之精溪踐履之純固, 則惟此一人而已. 其進退出處辭受取予, 皆可爲後人模範. 但遇聖明, 有病退居. 雖屢徵之, 竟不能至. 然戀闕憂國之心, 未嘗頃刻忘也. 上曰: 李某有病云. 特令遣醫而卒未及救, 安有如此之事乎? 琢曰: 自上待大臣, 可謂該備而無餘蘊矣. 必用其道, 然後方書待賢之道也. 二十九日左副承旨李齊閔, 以命致弔, 辛未正月初五日政院啓曰: 李某處賜祭日近, 何承旨往乎? 傳曰: 右承旨兪泓往哉. 正月子某上疏, 請勿用禮葬, 疏曰慶尙道禮安縣, 居前奉化縣監草土【臣】李某謹稽顙類百拜泣血上言于主上殿下.【臣】伏以【臣】父判中樞府事【臣】某以前年十一月痰熱劇發, 十二月初八日, 竟不起疾. 聖恩罔極, 軫悼有加. 又窃伏聞特垂厚典, 官尤葬事,【臣】感激號慟, 五內摧裂, 無地容措. 第先【臣】遺懇不忍不陳達. 玆敢拭淚瀝血, 仰瀆宸聰. 伏念先【臣】稟氣羸弱, 素有疾病, 不能供職, 辭退有年, 故歷事四朝, 實踐不多, 至于近歲, 累叨寵恩, 遂躋崇班, 血誠祈避,

11일, 병을 무릅쓰고 온계溫溪 동회洞會에 가셔서, "기운이 매우 불안하지만, 내가 만약 오지 않으면, 형님께서 무료해하실 것이다. 그러므로 여기에 온 것이다"라고 하셨다.

12일, 『가력일기家曆日記』 쓰는 것을 비로소 중단하셨다. 13일, 14일, 15일까지 더욱 병환이 낫지 않으셨다. 고봉高峯 기대승奇大升이 일부러 사람을 보내 편지로 문안하니, 선생께서 자리에 누운 채 답장을 쓰며 치지격물설致知格物說을 고치고, 자제들을 시켜 정서하게 하여 고봉과 문봉文峯 정유일鄭惟一[21]에게 부쳐 보냈다.

未蒙允兪, 常以虛名躐登, 心懷悶迫. 乃於未死前五日, 丁寧語【臣】曰: 身死之後, 該曹若循例請禮葬, 陳疏固辭云, 此實先【臣】平生情願. 【臣】尤切號慟不自知止. 伏乞特收成命, 使先【臣】獲遂素志, 微【臣】得行遺令, 則天地洪造, 終始兩盡, 先【臣】泉壤之魂, 益當感泣. 【臣】無任血泣祈懇兢懼罔極之至. 謹昧死以聞. 十六日, 國王遣承政院右承旨兪泓致祭. 二十四日, 禮曹佐郞趙仁後以命致祭【○致祭文在陶山年 譜】 二月, 子某上疏固辭禮葬. 疏曰: 伏以罪孼【臣】哀懇迫切, 率意陳達, 兢戰悚慄, 無地自容伏蒙聖批誅責不下敎諭諄至. 【臣】感激上恩, 不勝號痛之至. 第竊思惟【臣】之於君, 猶子之於父. 苟有所懷, 安有毫忽隱默之理乎? 此【臣】之泣血籲天至再而不知止也. 伏念先【臣】某本非遠世之人, 發身科第, 遂登華顯, 其終必辭退者, 非有他意, 誠以身本羸弱, 疾病早纏故也. 自先朝至于今日, 特寬許之, 雖時有召命而亦不得留供職事, 依前閒退, 以保餘命. 天地父母之恩, 無路仰酬. 但於其間, 仕無履歷, 勞無踐效. 旣退而常帶官銜, 屢辭而反陞崇秩, 義有未安. 分非當得故. 先【臣】悶迫踧踖, 具疏祈乞, 非一非再, 致仕一念, 如水必東. 雖於將死之時, 諄諄言戒, 亦在於此, 以其平生所不得遂者. 丁寧託【臣】冀免冒昧於泉壤, 其情益可悲矣. 旣死之後, 聖恩彌洪, 致弔賜祭特出常例, 寵贈之崇恩賻之重, 皆祖宗朝所未聞之盛典. 使先【臣】未死而叨此隆命, 宜必感激兢蹙, 措躬無所, 思所以奉承祈懇之道而事已無及. 【臣】只切號慟, 至於禮葬一事, 雖循本等, 【臣】之志己不可堪承, 况視三公之禮, 必以無前之異數, 則先【臣】九泉之魂, 益有所悶迫回惶而目且不能瞑矣. 【臣】非不知君命難違賤言難瀆而旣面受先【臣】遺訓, 若隱而不言, 言而不書, 則是【臣】於國家, 非徒失無隱之義. 其於先【臣】蔽抑不孝之罪大矣. 【臣】實何心? 尙忍爲此. 伏願聖明察先【臣】悶迫哀微【臣】籲呼, 亟寢成命, 俾先【臣】得遂垂死之願則國家之待先【臣】生死終始, 兩盡其道矣. 【臣】無任血泣祈祝兢懼罔極之至本欲三上疏章, 爲固辭得請之計. 二疏之答, 纔下, 葬期將迫, 命官已發遂不果. 十一日, 成均館四學儒生等致祭禮葬, 監役官歸厚署別坐金虎秀, 加定官氷庫別坐金就礪, 禮賓寺別坐崔德秀, 以命來. 三月二十一日壬午, 葬于禮安縣搴芝山南支子坐午向之原. 【距退溪本家僅二里許譜中所謂東巖在其山麓】 遠近士大夫及諸士子來會葬者, 二百餘人."

21) 文峯 鄭惟一(1533~1576)의 본관은 東萊, 자는 子中이다. 穆蕃의 아들이며, 퇴계의 문하에서 수학하였다. 1552년 생원이 되고, 1558년 문과에 병과로 급제하여 진보·예

22일, 병세가 더욱 깊어졌다.

12월 3일, 병세가 매우 위독해졌다. 자제들을 시켜 여러 사람들의 책을 잃어버리지 말고 돌려주라고 하였다. 그러고는 다시 그 손자 안도에게 말하기를, "전일에 교정한 경주본慶州本『심경』을 아무개가 빌려갔으니, 네가 받아 와서 인편에 한 참봉에게 보내어 판본 중에 틀린 곳을 고치게 하는 것이 좋겠다"라고 하였다. 【○전날 집경전 참봉 한안명韓安命이 경주본『심경』에 틀린 곳이 많이 있으므로 선생의 교정을 청하였다. 이때 그 책이 다른 곳에 있어서, 부쳐 보내지 못하였기 때문에 이런 명이 있었다.】

아들 아무개에게 명하여 【이때 봉화현감으로 있었다.】 관찰사에게 신속히 사장辭狀을 올리게 하였다. 도道를 들은 제생 30여 명이 연일 병문안을 와서 있었는데, 장차 불러 보고자 하였으나, 병이 위독하여 그럴 수 없었다.

집안사람들이 기도하는 일이 있는지 의심하시고는 일절 금지시켰다.

4일, 병세가 조금 나아져 병풍 좌우에 유계遺戒를 쓰셨다.

첫째, 국장國葬을 하지 말라. 예조에서 전례에 따라 국장을 하겠다고 하거든, 반드시 유명遺命이라고 일컫고 자세히 말해서 굳게 사양하라.

둘째, 유밀과油蜜果를 쓰지 말라. 과실이 부족하거든 풀로 만든 것을 받쳐서 다른 제수와 같은 높이로 진설하여 쓰고, 그 나머지는 일절 사용하지 말라.

셋째, 비석을 세우지 말라. 다만 조그만 돌을 쓰되, 그 앞면에는 '퇴도만은진성이공지묘退陶晚隱眞城李公之墓'라고 쓰고, 그 뒷면에는 오직 향리鄕里, 세계世系, 지행志行, 출처出處의 대강만을 『가례』에서 말한 대로 간략히 쓰

안의 현감을 거쳐 영천군수 등을 지냈다. 1570년 賜暇讀書하고 이듬해 사인으로 춘추관편수관이 되어 『명종실록』 편찬에 참여한 뒤 대사간·승지·이조판서 등을 지냈다. 안동의 栢麓里祠에 봉안되어 있다. 문집으로는 『文峯集』, 편서로는 『名賢錄』이 있다.

라. 【이런 일을 만일 다른 사람에게 부탁한다면, 가령 친구 고봉 기대승 같은 이는 필시 사실에도 없는 일을 장황하게 늘어놓아 세상의 비웃음을 살 것이다. 그러므로 내가 일찍부터 내 뜻한 바를 내 스스로 짓고자 하여 먼저 명문銘文을 지었고, 그 밖의 것은 이럭저럭 미루어 오다가 아직 마치지 못하였다. 그 초고본이 어지럽게 쓴 초서 중에 있을 것이니, 그것을 찾아 내어 그 명문에 쓰는 것이 옳을 것이다. ○이 명문은 해서로 작은 종이에 써 두었는데, 평일 사용하던 책 상자에 간직되어 있으니, 필시 그해 가을 작성한 것이다.】

넷째, 선대의 묘갈명을 마치지 못한 것이 지금 와서 생각하면 영원히 한이 된다. 그러나 모든 준비는 다 되었고 형세 역시 어려울 것이 없다. 모름지기 집안 여러분에게 물어서 새겨 세우는 것이 마땅할 것이다.

다섯째, 네 아우의 제사는 네게 달려 있고, 이때의 전민田民은 모두 너의 전민인 것은 진실로 의심할 만한 것이 없다. 자손 때에 이르러 넉넉하게 봉사奉祀를 제공할 수 없는 이들은 노비와 전민이니, 누가 마음을 먹고 제사를 기꺼이 하려고 하겠는가? 하물며 그들이 부모를 봉양하면서 제사를 받드는 조목은 더욱 넉넉히 제공하지 않을 수 없다. 가령 이씨李氏가 남의 자식을 구하여 양자로 삼고 몇 대 동안 제사를 구하려고 하지만 끝내 귀결될 곳이 없음은 반드시 그러할 것이다. 무릇 이것은 곡진하고 자세하게 살피고 헤아려서 하나하나 지금 경계한 것을 준수해야 한다. 세속에서 척박하고 사악한 것을 사람의 봉양이라고 칭하고 그것을 얻기를 도모한다. 한두 세대에 미치지 못하고 갑자기 부모를 봉양할 줄 모르게 되는 것을 천만번 경계하여라. 【○둘째 아들 채寀가 그 외조 허찬許瓚의 아우인 허련許璉의 양자가 되었다. 이씨는 허련의 처이다. 허련이 이미 죽고 이씨는 채를 양자로 삼았기 때문에 유계로 이씨를 거론하여 말한 것이다.】

여섯째, 사람들의 이목이 있어 사방에서 보고 들을 것이니, 네가 상례를 지내는 일은 다른 평범한 일과는 다르다. 모든 일을 반드시 남에게 물어 처리하라. 집안이나 마을에 다행히 예를 아는 유식한 사람이 많으니, 널리 묻고 두루 의논해서 요새 세상에도 맞고 옛날 예에도 멀지 않도록 행하는 것이 옳을 것이다. 그 가운데 술을 쓰지 않고 손님을 접대하는 의절은 가장 처신하기가 어렵다. 모름지기 여러 사람과 의논해야 한다. 장례 때와 같은 경우는 술을 쓰지 않고 손님을 접대하는데, 진실로 어렵지 않다. 다만 빈객이 가지고 있는 술은 빈객에게 쓰지 않는데, 이것이 어려운 가운데 더욱 어려운 것이다. 이 또한 임시로 함께 논의하되 부득이 서로 수작酬酌해야 할 때는 소반과 과일을 진설하지 말고, 각기 가지고 온 술병과 과일을 먼 곳에 마루를 설치하여 행해도 된다. 대상大祥과 소상小祥 등의 예는 또 장례 때와는 다르다. 그러나 여러 상주喪主와 빈객이 술을 가지고 예를 행하는 것은 끝내 편치 않다. 문중의 어른 한 사람이 별도로 마루에서 빈객을 접대하고, 상인喪人은 참예하지 않는 것이 좋다. 【선생께서 친히 글을 점검하고 아들 녕寗으로 하여금 쓰게 하였는데, 글쓰기가 끝나자, 하나하나 친히 열람하시고 드디어 명하여 봉해 두었다.】 오시午時에 제생을 보고자 하였으나, 자제가 그만둘 것을 청하니, 선생께서 "죽고 사는 때에 만나보지 않을 수 없다"라고 하셨다. 드디어 상의上衣를 입히라고 명하시고는 제생에게 "평소에 나의 잘못된 견해로 제군들과 하루 종일 강론하였지만, 이 역시 쉬운 일은 아니었다"라고 하셨다. 【간재艮齋 이덕홍李德弘(1541~1596)과 지헌芝軒 정사성鄭士誠(1548~1607)의 기록에도 있다.】

5일, 수기壽器를 정비하라고 명하셨다. 녕에게 "대간臺諫이 올린 계사啓事가 지금 어떻게 되었느냐?"라고 하셨다. 【그때 양사兩司에서는 한창 을사사화의 공훈을 깎아 버리자고 의논하고 있었다. 】 녕이 "아직도 윤허하시지 않았습니다"라고 하였다. "그 끝이 어떻게 될지 알 수 없구나"라고 하시고는, 재삼 탄식하셨다.

8일 아침에 화분의 매화에 물을 주라고 명하셨다. 유시酉時가 되어 모시는 사람으로 하여금 자리를 바로 하라 하시고 누우셨다. 부축하여 일으키자, 앉아서 운명했다. 이날 유시에 세상을 뜨니, 원근각지에 사는 지인들이 혹 뒤질세라 서로 다투어 분분히 모여 조문하고, 비록 이전에 오가지 않던 사람들도 다 거리에서 조상하여 슬퍼하였다. 그리고 무식한 백성들이나 천한 하인들까지도 슬퍼하지 않은 사람이 없었고, 개중에는 여러 날 고기를 먹지 않은 사람도 있었다.

11일, 「비망기」22)의 내용으로 승정원에 전교하기를, "이 아무개가 병이 있다고 하니 매우 놀랄 일이다. 내의원에게 말을 내주고 약을 조제하게 하여 급히 이 아무개가 있는 곳에 내려보내라. 이 뜻과 함께 십분 잘 조리하는 일로 편지하라"라고 하셨다.

18일, 경상도관찰사의 서장書狀과 예안현감 손영제23)가 보고서를 보내왔는데, 판의금부사 이 아무개가 금년 12월 초8일 초저녁에 가래가 나고 숨이 막혀 열이 오르다가 서거한 일이 있어 들어가 아뢰었다. 승정원에 전교하기를 "이 아무개가 졸서卒逝하였다니, 나는 매우 애통하다. 그는 영의정으로 추증할 만하며, 부의를 보내는 등 여러 가지 일을 이전의 사례에 맞게 신속히 처리하라"라고 하였다. 예조의 계목啓目에 판의금부사 이 아무개가 졸서하였으니, 당일부터 19일까지는 조정의 조회를 정지하고, 형

---

22) 비망기는 임금의 명령을 적어 승지에게 전하는 문서를 말한다.
23) 鄒川 孫英濟(1521~1585)의 본관은 密陽, 자는 德裕이다. 고려 때 문신 孫克訓의 후손이며 참봉 凝의 아들이다. 퇴계의 문인이다. 1561년 문과에 급제, 성균관전적·병예조좌랑·정랑·사헌부지평 등을 역임하였으며, 예안현감이 되어서는 善政을 베풀고 향교의 문묘를 중수하는 등 많은 치적을 남겼다. 이때 퇴계에게 나아가 학문과 정치에 대해 가르침을 구하기도 했다. 1574년에 陶山書院을 건립할 때 예안 烏川의 金富弼, 金富倫 등과 함께 주도적인 역할을 하였으며, 「學規十條」를 정하는 데에도 참여하였다. 밀양 慕禮祠에 제향되었다.

벌을 시행하는 것을 금지하고, 음악을 켜지 못하도록 하였다. 임금께서 아뢴 그대로 윤허하였다. 승정원에서 "별도로 치부致賻를 보내는 사례는, 이전의 김안국金安國과 송흠宋欽[24] 등의 일을 참고하여 아뢰라"라고 하였다. 전교하기를, "졸서한 판의금부사 이 아무개 역시【중정포中正布 20필, 미태米太 각각 20석, 진말眞末 20두, 진유청(眞油)과 청밀淸蜜 각각 6말】 치부를 내리도록 호조에 전교하라"라고 하였다. 예조 당상관의 뜻대로 낭청이 아뢰기를, "신臣 등이『경국대전經國大典』「상례조喪禮條」를 고구해 보니, 대신大臣이 졸했을 때는, 조정에서는 치부하고 제례에 조문하며 예장을 치러야 한다고 합니다. 만일 상례와 장례를 치를 경우에는 특지特旨가 있습니다. 이어「오례의五禮儀」를 행한다면, 귀신貴臣을 위한 상례 절차가 있습니다. 의정부에서 거애擧哀 여부를 논의한 적이 있는데, 은전恩典의 깊고 낮음에 따른다고 합니다. 지금 판중추부사 이 아무개가 졸서했으니, 이 아무개는 한 시대의 대유大儒이자 종1품을 역임하였습니다. 임금께서 그가 졸서했다는 것을 들으시고, 매우 애통해하며, 곧바로 의정부 영의정에 추증하셨으니, 어느 일이 이것보다 크겠습니까? 임금께서 마땅히 거애하고 장례할 수 있도록 특지를 내리셨습니다. 그런데 이미 시간이 오래되고 형세가 행하기 어려운 듯하지만, 예문禮文의 일을 여쭙지 않을 수 없습니다. 그러므로 감히 아룁니다"라고 하였다. 전교하기를, "『오례의』는 내가 이미 고찰해서 보았는데, 이 예는 폐지한 지가 이미 오래되었고, 일의 형세도 편안치 않아 가볍

---

24) 觀水亭 宋欽(1459~1547)의 본관은 新平, 자는 欽之, 또 다른 호는 知止堂, 시호는 孝憲이다. 영광 출신으로 참판 宋龜의 증손이고, 할아버지는 예조좌랑 宋處殷이고, 아버지는 문소전참봉 宋可元이다. 어머니는 생원 鄭彌周의 딸이다. 1480년 사마시에 합격하고 1492년 식년 문과에 병과로 급제, 승문원에 있다가 연산군의 포학한 정치로 물러난 뒤 후진 교육에 전심하였다. 기묘사화 뒤에는 한때 시냇가에 정자를 짓고 '觀水亭'이라는 액자를 걸어서 자기의 뜻을 붙였다. 數學에 정통했다고 한다. 영광의 壽岡祠에 제향되었다.

게 행하기 어렵다. 다만 별도로 승지를 보내 치제致祭하는 것이 좋겠다"라고 하였다. 승정원에 전교하기를 "졸서한 이 아무개에게 어떤 등급의 예장을 적용해야 하는가? 아뢰라"라고 하였다. 또 "졸서한 판중추부사 이 아무개에게 별도로 승지를 보내 치제할 일이 있는데, 여러 일들을 미리 준비하기 위해 예조 등에 전교하라"라고 전교를 내렸다.

19일, 승정원이 "판중추부사 이 아무개는 마땅히 2등의 예장으로 지내야 합니다"라고 회계回啓하였다. 전교하기를 "알았다"라고 하였다. 승정원에 전교하기를 "이 아무개가 이미 영의정으로 추증되었는데, 그런데도 2등을 적용해야 하는가? 그 예를 문계問啓하라"라고 하였다. 승정원에서 아뢰기를 "이 아무개의 예장에 관한 일을 예를 관리하는 곳에 문의하였는데, 중종中宗 이후의 전례라면, 초상에 곧바로 추증을 한 적은 없다고 합니다. 이는 추증의 직함에 맞게 예장의 등급을 정할 수 있어서일 듯합니다. 그러나 추증한 사람을 예장한 전례도 역시 없습니다"라고 하였다. 전교하기를 "이미 영의정으로 추증하였으니, 마땅히 영의정의 예장으로 해야 할 듯하다. 그러나 예조에서 의논하여 아뢰었으니, 우선 조종祖宗의 이전 사례 역시 널리 상고하는 것이 좋겠다"라고 하였다. 승정원이 예조의 뜻으로 아뢰니, "졸서한 이 아무개는 이미 영의정으로 추증하라는 은명을 받았습니다. 초상에는 영의정의 예장으로 하는 것이 매우 지당합니다. 우선 예조에서 각 해의 등록 및 각종 서류를 상고하였는데, 모두 증직으로 예장을 한 전례가 없었습니다"라고 하였다. 전교하기를 "알았다. 영의정의 전례대로 예장하는 것이 좋겠다"라고 하였다. 승정원에 전교하기를, "의정부 별치부別致賻의 전례를 고계考啓하는 것이 좋겠다"라고 하였다.

20일, 승정원이 아뢰기를 "전례에 고 좌의정 안현安玹25)과 고 우의정 민기閔箕26)에게 별치부로 【미태 각각 100석 · 종이 150권 · 백포정 20필 육승·백목면 20필·정포 1동·석회 50석·저포 10필·청밀 1석 10두·진유 1석·황밀 30근】 등을 내려 준 일로 고계합니다"라고 하였다. 전교하기를, "영의정을 지낸 사람에게 치부致賻한 전례를 승정원에 다시 내려 보내라"라고 하였다. 승정원이 "이 아무개가 이미 영의정이 되었기 때문에 예장과 치부 역시 전례대로 처리할 것을 호조에서 전교를 받들어 경상도로 글을 내리겠습니다"라고 아뢰었다.

21일, 예조의 계목에 "고 판중추부사에게 특별히 승지를 보내어 치제하십시오. 길일인 오는 정월 16일 예문을 선택하고 치제상에 올릴 품수는 전 영의정 별치제의 전례대로 유밀과와 사행상四行床을 경상도관찰사에게 명하여 차리도록 하고, 집사는 인근 수령들 가운데 차정差定하십시오. 제문은 예문관에서 지어 올리게 하고, 향배서리[27]에게 말을 내주어 내려보내는 것이 어떻겠습니까?"라고 하였다. 임금께서 아뢴 그대로 윤허하였다.

22일, 승정원이 예조의 말로 아뢰기를 "도성 밖에서 운명한 재상의 치조致弔와 치제致祭는 같은 때에 시행하기 때문에 전례대로 하라고 계하啓下하셨습니다. 오늘날 증 영의정 이 아무개의 치조와 치제는 서울에 있는

---

25) 雪江 安玹(1501~1560)의 본관은 順興, 자는 仲珍, 시호는 文僖이다. 1521년 별시 문과에 을과로 급제, 교서관권지부정자가 되었다. 1553년 이조판서를 거쳐, 1558년 우의정이 되고 이어 좌의정에 올랐다. 醫方에도 정통하여 내외 醫局을 관리하였고, 淸白吏에 녹선되었다.

26) 觀物齋 閔箕(1504~1568)의 본관은 驪興, 자는 景說, 또 다른 호는 好學齋, 시호는 文景이다. 할아버지는 형조참의 閔孝孫이고, 아버지는 현령 閔世瑠이며, 어머니는 장령 李仁錫의 딸이다. 김안국의 문인이다. 1531년 생원시에 합격하고 1539년 별시 문과에 병과로 급제, 승문원을 거쳐 이듬해 홍문관저작이 되었다. 그리고 춘추관편수관 겸 군기시첨정으로『중종실록』의 편찬에 참여하였다. 1567년 우의정에 올라 척신인 윤원형·이량의 여당을 다스리다가 재직 중 죽었다. 당대의 문장가로서 이름이 높았다. 저서로는『石潭野史』·『大學圖』가 있다.

27) 향배서리는 제향에 헌관이 祭香과 祭文을 임금으로부터 받아 가지고 갈 때 그 제향과 제문을 받들고 수행하는 서리를 말한다.

사람의 전례대로 예조의 낭청을 보내 각각 시행하는 것이 어떻겠습니까?"
라고 하였다. 임금께서 "아뢴 대로 행하라"라고 전교하였다. 승정원이 아
뢰기를 "예조의 공사公事는 전례대로 하겠습니다. 영의정이 졸서하면 전례
대로 승지를 보내 치조와 치제를 행합니다. 그러므로 감히 여쭙니다"라고
하니, "전례대로 승지를 보내는 것이 좋겠다. 우부승지 이제민李齊閔28)이
가라"라고 전교하였다. 승정원이 "이 아무개에게 치조하는 승지를 특별히
보내는 일은 이미 하명하셨습니다. 예조에서 낭청을 보내자고 청한 것은
받아들이지 마십시오"라고 하자, 임금이 "좋다"라고 전교하였다. 홍문관
이 차자를 올려 "대신이 운명한 뒤 아직까지 장사에 조문하지 않았습니다.
곡연曲宴을 열지 마십시오"라고 하자, 임금이 "비록 대신이 졸서했더라도
국가에는 정해진 예법이 있는데, 어떻게 윗사람을 위하는 곡연마저 멈출
수 있겠는가?"라고 대답하였다.

그 차자에서 "사문斯文이 불행하여 큰 선비가 떠났습니다. 사림이 조문
할 뿐만 아니라, 전하께서도 큰일을 이루려는 뜻을 가진 이때에, 하늘이
노유老儒를 남겨 주지 않으신 아픔이 어떻게 다함이 있겠습니까? 삼가 살
펴보건대, 전하께서 부음을 들은 그날 즉시 애통하다는 교지를 내리시고,
영의정의 작위를 추증하셨습니다. 특별한 예로 대우하는 것은 진실로 대
현大賢을 존숭하는 성대한 뜻에서 나온 것입니다. 그러므로 중외의 사람
중에 누구인들 감격하지 않았겠습니까? 그러나 선왕이 죽은 신하를 예우
하는 제도를 정하면서, 복장에는 최질을 하고 음식에는 성찬을 차리지 않

---

28) 西澗 李齊閔(1528~1608)의 본관은 全州, 자는 景闇이다. 의성군 이채의 증손으로, 할
아버지는 영신수 李怡이고, 아버지는 절충장군 증 함원군 李顓이며, 어머니는 平康蔡
氏로 蔡仲卿의 딸이다. 1552년에 사마시를 거쳐, 1558년 식년문과에 병과로 급제하였
다. 이후 여러 문한관을 거쳐, 1562년 정언에 올랐다. 이어서 부수찬·정언·수찬·
병조좌랑·지평·교리 등을 역임하다가 1566년에 문과중시에 병과로 급제하였다.

고 악기는 줄을 풀어서 걸어 두었습니다. 심지어 염을 하고 조문하는 일까지도 예를 다하지 않음이 없었습니다. 이는 군주와 신하는 아버지와 아들의 관계와 같아서입니다. 그러므로 심정을 따라 예를 제정한 것이 어떻게 우연이겠습니까? 우리 조정에서 훌륭한 신하를 위하여 거래하는 규정은 진실로 이를 따른 것입니다. 오늘 비록 여막이 지방에 있어 이러한 성례盛禮를 시행하지는 못하더라도 악기의 줄을 풀어 걸어 두거나 성찬을 차리지 않는 일 등이 남긴 뜻이라면 강구하여 그 예를 다하지 않을 수 없습니다. 이제 이 곡연을 열라는 교지가 비록 성스러운 전하께서 양전兩殿을 위로하고 기쁘게 해 드리려는 지극한 효성에서 나오기는 하였지만, 대신의 초상이 난 지 겨우 10일이 지났는데, 평상시처럼 음식을 차리고 음악을 연주한다면, 이 일이 과연 선왕의 제도에 합당하겠으며, 전하께서 애통해하시는 마음이 또한 편안하겠습니까? 예전에 진晉나라 순영荀盈이 죽어 장사를 지내지도 않았는데, 평공平公이 술을 마시고 음악을 즐겼습니다. 요리사 도괴屠蒯가 달려 들어가 술을 떠서 악공에게 먹이며 '너는 군주의 귀가 된 사총司聰이고, 군주의 공경公卿은 바로 고굉股肱이다. 고굉이 혹시 다치면 얼마나 아프겠느냐? 만일 듣지 못하고 음악을 계속 연주한다면, 이는 총명하지 못한 것이다'라고 말했습니다. 공이 기뻐하며 드디어 악관을 물리쳤습니다. 평공과 같은 군주도 오히려 그 신하를 장사 지내기 전날 술자리를 물렸습니다. 하물며 성스러운 전하께서 도리어 부음을 들으시고 조문도 하기 전인데, 도리어 곡연을 열려고 하신다면, 전하께서 예를 숭상하고 현인을 대우하시는 뜻이 과연 어떻게 되겠습니까? 게다가 지금은 하늘의 재앙과 괴상한 일들이 겹쳐서 드러나고 있는데, 어떻겠습니까? 이는 바로 군신이 서로 두려워하며 겨를 없이 살피고 닦을 시기입니다. 그런데 어떻게 편안하게 음악을 연주하면서 편안하지 않은 천심天心을 더욱 무겁게 할 수가 있겠습니까? 삼가 바라는 것은, 성스럽고 밝으신 군주께서는 유념하여 주십시오"라고 하였다.

24일, 승정원에서 평안도 관찰사가 그해의 변고를 올린 상소를 가지고 들어가 아뢰었다. 임금께서 "대신이 운명한 지 아직 오래지 않았는데 재변마저 일어났으니, 곡연은 열지 말라"라고 전교하였다. "양전께서도 하지 않는 것이 좋겠다"라고 하교하였다.

26일, 사정전 석강에 납시었는데, 홍성민洪聖民[29]이 앞에 나아가 아뢰었다. "최근 국가가 불행하여 대유가 운명하였습니다. 사림이 서로 위로할 뿐만 아니라 임금께서도 마음 아파하시며 부음을 들은 날 영의정으로 추증하시므로, 중외의 백성들이 감격하였습니다. 이 사람의 학문은 동방의 종장이 되어 집대성한 사람입니다. 지난날 경연에서 아뢴 말은 모두 대인이 군주의 마음을 바로잡는 말이어서 매번 돌이켜 생각하며 힘써 실천한다면, 이 사람은 비록 죽었더라도 그 도는 행해질 것입니다." 정탁鄭琢[30]이 말하였다. "동방에 학문하는 사람이 비록 더러 있기는 하였으나 조예의 정밀함과 실천의 굳건함의 경우는 오직 이 한 사람뿐입니다. 진퇴출처進退出處와 사수취여辭受取予가 모두 후인의 모범이 될 만합니다. 다만 성스럽고 밝으신 군주를 만나고도 병으로 물러나 있어서, 비록 여러 번 부름을 받았

---

29) 拙翁 洪聖民(1536~1594)의 본관은 南陽, 자는 時可, 시호는 文貞이다. 洪潤德의 증손으로, 할아버지는 洪係貞이고, 아버지는 관찰사 洪春卿이며, 어머니는 고성군 군수 李孟友의 딸이다. 1561년 진사가 되고, 1564년 식년문과에 병과로 급제, 정자·교리 등을 지냈다. 1575년 호조참판에 이르러 사은사로 명나라에 건너가 宗系辨誣에 대하여 힘써, 명나라 황제의 허락을 받아 가지고 돌아왔다. 문집으로는 『拙翁集』이 있다.
30) 藥圃 鄭琢(1526~1605)의 본관은 淸州, 자는 子精, 또 다른 호는 栢谷, 시호는 貞簡이다. 예천 출신으로 현감 鄭元老의 증손이고 할아버지는 생원 鄭僑이며, 아버지는 鄭以忠이며, 어머니는 韓從傑의 딸이다. 퇴계 이황과 남명 조식의 문인이다. 1552년 성균생원시를 거쳐 1558년 식년문과에 병과로 급제하였다. 예천의 道正書院에 제향되었으며, 문집으로는 『약포집』이 있다.

으나 결국은 조정에 오지 못하였습니다. 그러나 군주를 사모하고 나라를 걱정하는 마음은 잠시도 잊은 적이 없었습니다." 임금께서 "이 아무개가 병이 들었다고 하여 특명으로 의원을 보냈으나 역시 구제하지 못하였다. 어떻게 이러한 일이 있다는 말인가?"라고 말씀하였다. 정탁이 "임금께서 대신을 대우하시는 도리는 잘 갖추어져서 유감이 없다고 할 만합니다. 반드시 그 방도를 쓰신 연후에야 바야흐로 훌륭한 이를 대우하는 방도를 다하게 될 것입니다"라고 말하였다.

29일, 좌부승지 이제민이 왕명으로 치조하였다.

신미년(1571) 정월 초닷샛날, 승정원이 "이 아무개에게 사제賜祭할 날이 가까워지는데, 어느 승지가 가야 합니까?"라고 아뢰었다. 전교하기를 "우승지 유홍俞泓[31]이 가라"라고 하였다.

정월, 아들 아무개가 예장을 적용하지 말 것을 요청하는 소를 올렸다. "경상도 예안현에 사는 전 봉화현감 상주 신 이 아무개는 삼가 머리를 조아려 백배하며 피눈물로 주상 전하께 말씀을 올립니다. 신은 삼가 아룁니다. 신의 아버지 판중추부사 아무개는 지난해 11월 가래와 열이 갑자기 심해지더니, 12월 초8일에 마침내 병으로 일어나지 못하였습니다. 성은이 망극하게도 전하께서 특별히 슬퍼해 주시고, 또 특별히 두터운 은전을 내리시어 관가에서 장사를 도와주라고 하셨습니다. 신은 감격하여 울부짖으며 오장이 끊어지는 듯하여 몸 둘 곳이 없었습니다. 그러나 선신先臣께서

---

31) 松塘 俞泓(1524~1594)의 본관은 杞溪, 자는 止叔, 시호는 忠穆이다. 첨지중추부사 俞起昌의 증손으로, 할아버지는 판서 俞汝霖이고 아버지는 생원 俞縮이며, 어머니는 宜寧南氏 贈司僕寺正 南忠世의 딸이다. 1549년 사마시에 합격하고 1553년 별시 문과에 급제, 승문원정자 · 전적 · 지제교 · 지평 · 장령 · 집의 등 문관 요직을 역임하였다. 1594년 좌의정으로서 해주에 있는 왕비를 호종하다가 객사하였다. 문집으로는 『松塘集』이 있다.

남긴 유명의 경계가 간절하여 차마 진달하지 않을 수 없습니다. 이에 감히 눈물을 닦고 피를 토하는 심정으로 우러러 전하의 총명을 흐리게 합니다. 삼가 생각하건대, 선신은 타고난 기품이 유약하여 평소에도 질병이 있어서 직분을 제대로 수행하지 못하고, 여러 해 동안 물러나 지냈습니다. 그러므로 네 조정을 섬기면서도 실제 정사에 참여한 날은 많지 않았습니다. 근년에 와서는 전하의 은총을 자주 받아 마침내 정승의 반열에 올라 진심 어린 정성으로 면직을 바랐으나 윤허를 받지 못하였습니다. 그리하여 늘 헛된 명성으로 높은 벼슬에 오른 것을 마음속으로 절박해하였습니다. 이에 운명하기 5일 전에 신에게 "내가 운명한 뒤에 예조에서 만약 전례대로 예장을 요청하면 소를 올려 고사해라"라고 간절히 말하였습니다. 이는 실로 선신이 평소 바라던 일입니다. 신이 더욱 간절히 울부짖고 마음 아파하며 스스로 그칠 줄 모르는 이유입니다. 삼가 바라건대, 성명成命을 특별히 거두어 주셔서 선신으로 하여금 평소의 뜻을 이루게 해 주시고, 보잘것없는 신이 선신의 유명을 따를 수 있도록 해 주신다면 천지와 같은 큰 은혜를 끝까지 온전히 다하여 지하에 계시는 선신의 혼령이 더욱 감읍하게 될 것입니다. 신은 피눈물로 기원하며 조심스럽고 두려워 망극한 심정을 견디지 못하겠습니다. 삼가 죽음을 무릅쓰고 아룁니다."

16일, 국왕께서 승정원 우승지 유홍을 보내 치제하였다.

24일, 예조좌랑 조인후趙仁後[32]가 왕명으로 치제하였다.

2월, 아들 아무개가 예장을 고사하는 소를 올렸다. "삼가 아룁니다. 죄

---

32) 趙仁後(1540~1599)의 본관은 平壤, 자는 裕甫이다. 趙麟生의 증손으로, 할아버지는 趙懷이고, 아버지는 趙慶雲이며, 어머니는 金應武의 딸이다. 공조참판 趙仁得은 그의 형이며, 우의정 金貴榮은 외삼촌이다. 1567년 식년문과에 병과로 급제한 다음 일찍이 제주판관을 지냈는데 정사를 행한 이후로 여러 해 동안 쌓였던 폐단이 안개 걷히듯 없어졌다는 칭송을 들었으나 병으로 인하여 체직을 청하였다.

많은 신의 애절한 심정이 절박하여 경박하게 진달하다 보니, 조심스럽고 두려워서 몸 둘 곳이 없습니다. 삼가 성스러운 비답이 꾸짖지는 않으시고 교유가 간절하고 지극하시니, 신은 임금의 은혜에 감격하여 울부짖으며 마음 아파하는 심정을 견디지 못하겠습니다. 다만 삼가 생각건대, 신하와 군주의 사이는 아들과 아버지 사이와 같아서 참으로 마음에 품은 바가 있다면 어찌 털끝만큼이라도 묵묵히 숨길 수 있겠습니까? 이는 신이 피눈물 흘리며 전하께 아뢰는 일이 두 번째인데도 멈출 줄 모르는 이유입니다. 삼가 생각건대, 선신 아무개는 본래 세상을 멀리하는 사람이 아니었습니다. 몸을 일으켜서 급제하여 마침내 현달한 자리에까지 올랐는데도 끝내 굳이 사직하고 물러난 것은 다른 마음이 있어서가 아닙니다. 참으로 몸이 본래 허약하여 일찍부터 질병에 얽혔기 때문입니다. 이전 조정에서부터 오늘날에 이르기까지 특별히 과분하게 인정하시어, 비록 때때로 소명이 있었으나 역시 머물며 직분을 제대로 수행하지 못하고 이전대로 한가로이 물러나 남은 목숨을 보존하였습니다. 그러니 천지 부모와 같은 은혜를 우러러 보답할 길이 없었습니다. 다만 그 사이에 벼슬은 공적이 없고 노고는 효과가 없어서, 이미 관직에서 물러나 관함官衛도 여러 차례 사직하였으나, 도리어 높은 관계에 올랐습니다. 이것은 의리에 미안하고 분수에 마땅하지 않았기 때문에 선신이 절박해하고 두려워하며 소를 올려 물러나기를 빈 것이 한두 번이 아니었습니다. 치사하려는 하나의 생각은 하수가 반드시 동쪽으로 흐르는 것과 같았으니, 비록 죽음에 임박하였을 때에도 유명의 경계를 정성스럽게 말한 의도 역시 여기에 있습니다. 평소 이루지 못한 것을 신에게 간절히 부탁하여 지하에서나마 감히 벗어나기를 바랐으니, 그 심정은 더욱 비통해할 만합니다. 이미 운명한 뒤로 성은이 더욱 커져서 치조와 사제가 특별히 상례를 벗어났으며, 총애 가득한 증직의 높음과 은혜 넘치는 치부의 무거움이 모두 조종에서 아직 들어본 적이 없는 성대한 은전이었습니다. 만약 선신이 운명하기 전에 이 융숭한 왕명을 받았더라면 마땅히 반드시 감격하고 두려워하며 몸 둘 곳이 없어서 받들어 간청할 방도만 생각하였을 것입니다. 그러나 일이 이미 어떻게 할 수 없게 되었습니다. 신은 단지 간절히 울부짖으며 통곡할 뿐입니다. 예장의 의제를 적용하라는 한 가지 일의 경우는 비록 본래의 등급을 따랐다고 하더라도 선신은 이미 감당할 수 없다고 생각하였습니다. 더구나 삼공의 죽음을 애도하는 예로 비교해 보아도 전례에 없는 남다른 은수이고 보면, 지하에 있는 선신의 혼령이 더욱 절박해하고 배회하며 눈도 또한 감지 못할 것입니다. 신은 군명이 어기기 어렵고 천한 말이 올리기 어렵다는 것을 모르지는 않습니다. 그러나 이미 선신의 유명을 직접 받고도 만약 숨기고 말하지 않거나 말하면서도 다하지 않는다면 신은 국가에 숨기지 않는다는 의리를 잃어버릴 뿐만 아니라, 선신에게도 가리고 숨기는 불효의 죄가 클 것입니다. 신이 실로 무슨 마음으로 오히려 차마 이를 하겠습니까? 삼가 바라건대, 성스럽고 밝으신 전하께서 선신의 절박함과 애달프고 보잘것없는 신의 울부짖음을 살피시어 빨리 성명을 멈추어 주십시오. 그래서 선신으로 하여금 죽을 때의 바람을 이룰 수 있게 해 주신다면, 국가가 선신을 대우함에 있어 생사와 종시에 모두 그 도리를 다하게 될 것입니다. 신은 피눈물 흘려 기원하면서 조심스럽고 두려워 망극한 심정을 견디지 못하겠습니다"라고 하였다. 본래 상소를 세 번 올려서 고사하여 주청을 윤허를 받을 계획이었으나, 두 번째 상소의 비답이 막 내려오자마자 장삿날은 가까이 다가왔고 명관命官은 벌써 떠났다고 하여 드디어 하지 못하였다.

11일, 성균관과 사학의 유생들이 치제하였다. 예장의 감역관이 돌아간 뒤에 후서 별좌 김호수와 가정관 빙고 별좌 김취려와 예빈시 별좌 최덕수가 왕명을 받들고 왔다.

3월 21일 임오, 예안현 건지산 남쪽 줄기 자좌 오향의 터에 장사 지냈다.【퇴계선생의 본가에서 겨우 2리 정도 거리이다. 「연보」에서 이른바 동암은 그 산기슭에 있다.】 원근의 사대부 및 제자들 중에 장사에 온 사람이 200여 인이었다.

이안도가 작성한 시권

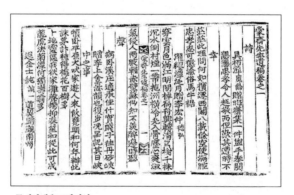

몽재선생유고권지일